»Jede Seele unterzieht sich mit Eintritt in ihre jeweils nächste Daseinsphase erneut den Notwendigkeiten zur Vorbereitung einer immer vollkommeneren Manifestation der Liebe Gottes.« *Edgar Cayce*

Das vorliegende Buch berichtet über die sieben Leben des Schlafenden Propheten. Es liest sich wie eine packende Abenteuergeschichte, die sich über viele Jahrhunderte erstreckt und umreißt gleichzeitig das Phänomen der Reinkarnation als grundlegende menschliche Erfahrung. Wir erleben Edgar Cayce – genauer gesagt seine spirituelle Wesenheit – in seinen verschiedenen Entwicklungsphasen mit dem beständigen Kampf gegen die Anfechtungen seiner physischen Natur, die Cayce immer zu schaffen machte. An Cayces Leben erkennen wir beispielhaft, daß viele unserer scheinbar zufälligen Bekanntschaften und Freundschaften auf Bindungen vergangener Leben beruhen.

Jess Stearn hat zwanzig Jahre lang für große amerikanische Zeitungen wie *The New York Daily News*, *The Chicago Tribune* und *Newsweek* regelmäßig Kolumnen und Leitartikel geschrieben. Er recherchierte über so kontroverse Themen wie Drogen, Homosexualität, Prostitution und den Kennedy-Clan. Später fing er an, Bücher zu schreiben und machte sich als »New-Age-Pionier« einen Namen – als jemand, der esoterische Inhalte korrekt und spannend vermittelt. Aus seiner Feder stammen u. a. der Weltbestseller über Edgar Cayce: »Der Schlafende Prophet« (Knaur-Tb 4124) und »Yoga, Jugend und Reinkarnation« (Knaur-Tb 4247).

Esoterik

Herausgegeben von Gerhard Riemann

Deutsche Erstausgabe Februar 1992
© 1992 Droemersche Verlagsanstalt Th. Knaur Nachf., München
Das Werk einschließlich aller seiner Teile ist urheberrechtlich geschützt.
Jede Verwertung außerhalb der engen Grenzen des Urheberrechtsgesetzes
ist ohne Zustimmung des Verlages unzulässig und strafbar. Das gilt
insbesondere für Vervielfältigungen, Übersetzungen, Mikroverfilmungen und die
Einspeicherung und Verarbeitung in elektronischen Systemen.
Titel der Originalausgabe »Intimates Through Time«
© 1989 by Jess Stearn
Originalverlag Harper & Row, Publishers, San Francisco
Umschlaggestaltung Peter F. Strauss
Satz DTP ba · br
Druck und Bindung Ebner Ulm
Printed in Germany
ISBN 3-426-04265-7

2 4 5 3 1

Jess Stearn

Die sieben Leben des Schlafenden Propheten

Edgar Cayce und die Reinkarnation

Aus dem Amerikanischen von Renate Holder

Für Hugh Lynn Cayce,
der die Fackel trug,
um anderen den Weg zu weisen –
und in Dankbarkeit für Tom Kay,
der mich auf diesem Weg begleitete.

Inhaltsverzeichnis

Einführung 9

Teil I: Edgar Cayce im Wandel der Zeiten . . . 31

1. Die Reinkarnation 33
2. Der Mensch Edgar Cayce 55
3. Atlantis – neu erstanden 80
4. Auf den Spuren des Ra 103
5. Persien 131
6. Troja 148
7. Lucius von Kyrene 177
8. Der Glücksritter 196

Teil II: Die ständigen Begleiter 219

9. Die Schwester des Meisters 221
10. Von Liebe erfüllt 249
11. Vor langer Zeit 277
12. Bindungen, die verpflichten 299
13. Träume 323
14. Der gute Gefährte 348
15. Heilgesänge 373
16. Dank für die Erinnerungen 396
17. Was uns erwartet 420

Nachwort 443

Einführung

Immer wieder werde ich gefragt, ob ich Edgar Cayce gekannt habe, und ich weiß nie, was ich darauf antworten soll. Denn obwohl er bereits zehn Jahre tot war, ehe ich überhaupt seinen Namen erfuhr, habe ich stets das Gefühl, ihm sehr nahe gestanden zu sein, und bin überzeugt, daß sein Zugegensein nicht nur für meine Karriere, sondern auch für mein persönliches Leben eine große Hilfe gewesen ist.

Was ich auch immer mit meinem Buch *Edgar Cayce. Der Schlafende Prophet* an Wirkung erzielt habe – ohne sein Zutun wäre dies nie möglich gewesen. Denn auf seine ganz spezifische Art hat er mir aus der jenseitigen Welt sowohl den Titel für mein Werk mitgeteilt als auch den Inhalt der wichtigsten Kapitel umrissen. Er hat mir Hinweise gegeben, wie es zu schreiben sei, und mir dessen letztendlichen Erfolg lange vorhergesagt.

Seitdem sind etwa zwanzig Jahre vergangen. Ich glaubte damals nicht an ein Leben nach dem Tod und schon gar nicht an die Realität der Reinkarnation mit ihrem Konzept einer unsterblichen Seele. Ich habe mich zwar mit diesen Ideen beschäftigt, doch niemals Beweise dafür gefunden, so sehr ich es mir auch gewünscht hätte – allein schon, um meinem Dasein eine zusätzliche Dimension zu geben.

Doch dann trat etwas ein – war es Schicksal oder bloße Synchronizität?[1] Nämlich das Zusammenwirken mensch-

---

1 Von dem Schweizer Psychoanalytiker C. G. Jung geprägter Begriff, der die sinnvolle, aber nichtkausale Koinzidenz von Ereignissen bezeichnet. Anm. d. Ü.

licher Aktivitäten, wodurch ein besonderes Ereignis herbeigeführt wurde und meine Einstellung eine radikale Veränderung erfuhr. Aus Kalifornien kommend, war ich soeben in New York eingetroffen, wo Jack O'Leary, einer der Geschäftsleiter von Doubleday, sich mit der Idee eines Buches über Cayce befaßte. Obwohl ich noch mit einem anderen Auftrag beschäftigt war, rief ich trotzdem, ohne zu zögern, Lee Barker an, meinen Herausgeber bei diesem Verlag. Er war auf dem Sprung zu einer Verabredung und ließ mich erst gar nicht zu Wort kommen. »Komm morgen zu mir«, sagte er, »ich lade dich zum Lunch ein.«

Ich war nicht besonders begeistert über das mir angebotene Buchprojekt, denn zu jener Zeit war mein Interesse an Cayce noch nicht sehr groß. Aber als ich den Hörer wieder einhängte, begann diese Idee von mir Besitz zu ergreifen. Es schien, als ob sich eine unsichtbare Kraft hinter meinem Rücken befände und meine Gedanken dirigierte. Es war schon ziemlich spät – nach elf –, und trotzdem begann ich einige ältere Unterlagen über Cayce durchzuforsten, geradeso als ob ich mich bereits für das Buch entschieden hätte.

Die Zeit verstrich wie im Flug, bis ich mich, noch gestreßt von der Reise, kurz vor eins zum Schlafengehen entschloß. Gerade in diesem Augenblick schrillte das Telefon, und eine mir vertraute Stimme klang dröhnend aus dem Äther. Es war die des Mediums Madam Bathsheba. Als ob sie mir einen alten Bekannten vorstellen wollte, gab sie mir ohne lange Vorrede ganz beiläufig zu verstehen: »Edgar Cayce ist soeben bei mir erschienen und läßt Sie wissen, wie sehr es ihn freut, daß Sie ein Buch über ihn schreiben wollen.«

Mich überfiel ein seltsames Gefühl wie ein plötzlicher Schauder. Niemand in der Welt außer Jack O'Leary und ich wußten von dem Vorhaben, und darüber hinaus war mir klar, daß Bathsheba nicht zu denen gehörte, die sinnlos daherredeten. Vor langen Jahren hatte sie während der Chicagoer Weltausstellung den dortigen Bürgermeister Anton Cermak gewarnt, mit keiner Persönlichkeit von höherem politischen Rang in ein und dasselbe Auto zu steigen, andernfalls würde ihn eine Kugel treffen und tödlich verletzen, die allerdings für diesen anderen bestimmt sei. Der Bürgermeister machte sogar noch Witze darüber – mit Reportern, die sich später an diese Szene erinnerten, als bekannt wurde, daß der designierte Präsident Franklin D. Roosevelt nur knapp dem Tode entgangen war, weil die ihm zugedachte Kugel aus der Waffe des Mörders versehentlich einen neben ihm sitzenden Parteifreund tödlich verletzt hatte – und dieser war Bürgermeister Anton Cermak aus Chicago.

Obwohl ich mir aus Geistern nichts machte, war meine Müdigkeit plötzlich wie weggeblasen. Wenn Madam Bathsheba mir zu nachtschlafender Zeit etwas mitteilen wollte, war das kein Scherz. Und auch wenn sie jetzt eine Pause einlegte, um die Sache dramatischer zu machen, wußte ich, daß sie mir noch mehr zu erzählen hatte, noch viel mehr. Ich wartete geduldig, und nun kam es: »Cayce hat eine Botschaft für Sie«, tönte es aus dem Hörer, »und er möchte, daß Sie mir aufmerksam zuhören.«

Ich griff nach Stift und Papier, hatte ich doch nichts zu verlieren, viel eher noch einiges zu gewinnen, indem ich ihre Worte sorgfältig notierte. Wer war ich denn, um behaupten zu dürfen, daß sie sich irre, solange ich nicht imstande war, sie zu widerlegen?

»Er möchte, daß Sie das Buch ›Der Schlafende Prophet‹ nennen; und das ist es, worum es ihm geht.«

Mein Stift flog förmlich über das Papier. Wer könnte sich wohl einen besseren Titel für ein Buch über Edgar Cayce ausdenken?

»Sie sollen beschreiben, was er den Kranken in seinen Gesundheits-Readings[1] empfiehlt, und seine Voraussagen über die Veränderungen auf dieser Erde bekanntgeben – besonders gegen Ende dieses Jahrhunderts. Außerdem über Reinkarnation und frühere Existenzen schreiben ... sehr wichtig! ... und seine Arbeit mit Dr. Ketchum, dem Yankee-Arzt.«

Ich schrieb so schnell, daß mir keine Zeit blieb, darüber nachzudenken.

»Wenn Sie dies alles beherzigen, wird das Buch im Nu ein Bestseller sein; Sie werden es schneller zum Abschluß bringen als jedes andere, das Sie bisher geschrieben haben.«

In der Meinung, daß damit alles Wichtige gesagt sei, legte ich meinen Stift aus der Hand, als Bathsheba noch einmal ansetzte – mit leisem Lachen, als ob sie etwas sehr Lustiges vernommen hätte: »Falls Ihnen irgendein Kapitel Schwierigkeiten bereitet, rufen Sie seine Hilfe an; er sagt, daß er Ihnen so lange über die Schulter sehen will, bis Sie mit allem fertig sind.«

Ich dankte meiner Gesprächspartnerin und bat sie, auch Cayce meinen Dank zu vermitteln.

Wenn ich heute noch einmal zurückblicke, fällt es mir schwer zu sagen, wie stark der Einfluß dieser Botschaft tatsächlich war. Immerhin bestärkte sie mich in meiner Arbeit, und ich tat, wie Cayce mir geboten hatte, erwähnte aber nirgendwo den nächtlichen Vorfall. Nach Monaten eifriger Studien in Virginia Beach[2] begann ich mit der Niederschrift des Buches. Es ging alles sehr glatt vonstatten. Nur bei einem Kapitel – dem über Dr. Ketchum – geriet ich

---

1 »Reading« heißt wörtlich »Lesung«, hier je nach Sinnzusammenhang soviel wie »Diagnose, Interpretation, Prophezeiung«. Anm. d. Ü.
2 Zentrum der 1931 gegründeten *Association for Research and Enlightenment* (»Gesellschaft für Forschung und Aufklärung«) zur Betreuung und Verbreitung von Cayces Werk. Anm. d. Ü.

ins Stocken und erinnerte mich an das, was Bathsheba mir geraten hatte. Ich fing an, über meine Schwierigkeiten zu meditieren, versuchte mir Cayce zu vergegenwärtigen, wie ich ihn von Fotos her kannte, und rief ihn um Hilfe an. Wie immer man es bezeichnen mag – ob durch Suggestion, durch Imagination oder die Macht des Übernatürlichen –, plötzlich waren meine Hemmnisse wie weggeblasen, und ich beendete das Kapitel innerhalb weniger Minuten. Die Arbeit am Buch kostete mich nicht mehr als drei Wochen, nie zuvor habe ich solch eine Rekordzeit erreicht – bei keinem meiner rund fünfundzwanzig Bücher. Die Subskriptionen des *Schlafenden Propheten* von seiten der Buchhandlungen waren bescheiden, aber nach Aussagen des Verlegers zufriedenstellend. Und dann ereignete sich etwas ganz Seltsames. Lee Barker, mein Herausgeber, teilte mir telefonisch mit, daß noch vor dem Erscheinen des Buches bereits Nachbestellungen eingegangen seien, und niemand konnte sich daraus einen Reim machen.
Nun wollte ich mein Geheimnis nicht länger für mich behalten. Barker lachte, als ich ihm alles erzählte: »Und du meinst, Cayce hätte hier seine Hände im Spiel?«
Ich pflichtete seinem Gelächter bei: »Ja, *er* hat es geschrieben, und jetzt sorgt er dafür, daß es gelesen wird.«
Bis heute wurden bereits Millionen von Exemplaren in aller Welt verkauft, welche wiederum den Anstoß zu Dutzenden weiterer Cayce-Bücher gaben, die ebenfalls in Millionenauflagen erschienen. Hätte ich mich Cayce entzogen, gäbe es überhaupt kein Buch von ihm.
Ferner zweifle ich, ob ich dies alles von Anfang an akzeptiert hätte, wäre dem nicht schon früher ein ähnliches parapsychisches Abenteuer vorausgegangen. Dies geschah, nachdem meine Ehe in die Brüche gegangen und ich im Begriff war, mich erneut zu verheiraten. Ich hatte mich unangekündigt zum Abendessen in einen Klub der East

56th Street in New York City begeben und – da ich niemanden fand, den ich kannte – gleich die Räumlichkeiten im Obergeschoß aufgesucht.
Im Vorbeigehen bemerkte ich an einem kleineren Tisch eine Frau mittleren Alters, die vor sich ein Kartenspiel ausgebreitet hatte. Sie blickte auf, lächelte mich an und sagte: »Soll ich für Sie die Karten befragen?«
Ich hatte absolut keine Lust dazu und hielt jeden, der sich auf so etwas einließ, für einen Spinner.
»Was können Sie mir schon erzählen«, sagte ich frostig.
»Allerhand«, sagte sie gutgelaunt, »aus Ihrer Vergangenheit, Ihrer augenblicklichen Verfassung und der Zukunft.«
»Wahrsagerei«, sagte ich abschätzig.
»Ich bin eine Sensitive«, erwiderte sie in einem Anflug von Unwillen, fuhr aber dann etwas versöhnlicher fort: »Ich weiß, wie Ihnen zumute ist. Sie haben soeben eine Scheidung hinter sich und sind stolzer Vater von zwei reizenden Kindern – habe ich nicht recht?«
Ich schaute mich argwöhnend um, ob ihr nicht irgend jemand etwas zugesteckt haben könnte. Aber der Raum war völlig leer. Sie beobachtete mich lächelnd. »Und eines Tages werden Sie noch stolzer sein: Ihre Tochter wird einen Heilberuf ergreifen und Ihr Sohn sich der Rechtswissenschaft zuwenden – nein, nicht als Anwalt«, fügte sie eiligst hinzu, als ob sie meine Gedanken erraten hätte.
Ich verhielt mich noch immer ganz unentschlossen, während sie scheinbar beiläufig bemerkte: »Sie haben vor, nochmals zu heiraten – aber Sie werden dieses Mädchen nie wiedersehen.«
Was blieb mir übrig, als bei ihr Platz zu nehmen, während sie bereits die Karten auslegte ...
Was sie entdeckte, schien auch sie zu überraschen, denn ihre Augen wurden plötzlich ganz groß.
»Sie sind von der Presse«, sagte sie, »aber nicht mehr lange.

Bald werden Sie viele Bücher über Dinge aus meinem Spezialgebiet schreiben.« Ihr Blick verriet, wie sicher sie sich ihrer Sache war. »Und Ihr Name wird in aller Munde sein.«
Mir war fast zum Lachen zumute. Es schien mir unbegreiflich, daß jemand wie ich über Dinge schreiben sollte, die es nicht einmal gab!
»Was ist denn Ihr Spezialgebiet?« fragte ich.
»Das Metaphysische«, sagte sie nahezu ungeduldig. »Sie werden sogar über mich schreiben.«
Sie wandte sich erneut ihren Karten zu. Als sie wieder aufsah, schien sich ihr Blick auf einen fernen Gegenstand zu konzentrieren.
»Ihr drittes Buch wird ein Bestseller und Ihr achtes in aller Welt bekannt sein. Sie werden viele Bestseller schreiben. Gegen Ende Ihrer Karriere werden Sie Drehbücher verfassen und bei der Verfilmung aktiv mitarbeiten.«
»Und was ist mit dem Mädchen?« fragte ich. »Sie sehen also keine Zukunft für uns beide?«
»Sie werden in sieben oder acht Jahren eine hübsche Blondine heiraten und auf ihre Karriere Einfluß nehmen. Mit dem anderen Mädchen ist es vorbei. Und das ist auch gut so.«
An diesem Abend hatte mir Maya Perez, die ich im Verlauf der Jahre noch viel näher kennenlernte, eine angemessene Kostprobe ihres Könnens gegeben. Und wie sich herausstellte, hatte sie alles richtig gesehen – bis ins kleinste Detail. Tatsächlich beendete ich meine Tätigkeit als Reporter und verlegte mich ganz aufs Bücherschreiben. Mein drittes Buch – *The Sixth Man*, eine Studie der männlichen Homosexualität – erklomm, obwohl von der Kritik verrissen, die Spitze der *New-York-Times*-Bestsellerliste und konnte sich dort monatelang halten. Mein achtes Buch war *Der Schlafende Prophet*.

Nach gut zwanzig Jahren wurde meine Tochter Ärztin, und mein Sohn avancierte zum Leiter der Sonderabteilung für Verbrechensbekämpfung des New Yorker Polizeipräsidiums.

Ich verfaßte rund fünfundzwanzig Bücher – meistens über Metaphysik. Danach setzte ich zwei meiner Bücher fürs Kino um; das eine handelte von Edgar Cayce, das andere trug den Titel *The Search for the Girl with the Blue Eyes*.

Fast vergaß ich's – die Sache mit der Frau, die ich heiraten wollte. Wir arrangierten uns telefonisch – und ich habe sie nie wiedergesehen. Nach acht Jahren heiratete ich, wie Maya vorausgesagt hatte, eine wunderschöne blonde Frau. Sie war von so großer Schönheit, daß sie sich auf mein Zutun hin als Modell versuchte und im Handumdrehen Erfolg hatte.

Dieses Erlebnis in dem Klub kam mir während meines nächtlichen Telefongesprächs mit Madam Bathsheba erneut in den Sinn – vor allem Mayas Prophezeiungen über mein achtes, noch gar nicht begonnenes Buch. Zu dieser Zeit wußte ich bereits genug über Cayce, um in ihm einen Gefährten und Freund zu sehen, und es fehlte mir nicht an dem nötigen Ansporn.

Seither habe ich sehr oft seine Anwesenheit verspürt und redete mir dennoch ein, daß dies bloße Einbildung sei. Doch die Botschaft war jedesmal sehr real und unmißverständlich. »Du wirst drei Bücher über Edgar Cayce schreiben«, sagte mir eine Stimme, »und außerdem einen Film machen.«

Wer – außer ihm – könnte es sonst gewesen sein?

Hugh Lynn Cayce hatte inzwischen mit einem Hollywood-Studio einen Kontrakt für einen Film über seinen Vater abgeschlossen, und ich verspürte keinerlei Neigung, nun auch noch ein zweites – oder gar drittes – Buch über Cayce zu schreiben. Was blieb denn überhaupt noch zu

sagen übrig? Während ich mit mir selbst haderte, ertönte die Stimme von neuem: »Dieser Filmvertrag wird nicht ausgeführt.«
Und tatsächlich teilte mir Hugh Lynn Cayce nach einigen Wochen mit, daß ihm das Drehbuch nicht gefiele und er deshalb die Übereinkunft für nichtig erklärt hatte: »Würdest du die Aufgabe übernehmen, ein Drehbuch über den jüngeren Edgar Cayce zu schreiben?«
Auf diese Weise entstand mein zweites Buch über Cayce – es trug den Titel *The Prophet in His Own Country* –, das ich kurz darauf in ein Skript umsetzte. Obwohl dessen Realisierung für die Leinwand noch aussteht, habe ich nun auch noch ein drittes Werk hinzugefügt und somit die Cayce-Trilogie vervollständigt.
Der Dahingeschiedene gab sich oft auf die seltsamste Weise zu erkennen. Auf einem Trip zur Westküste, den ich mit Hugh Lynn unternahm, um den Film zu diskutieren, zeigte er sich bereit, ein Medium zu Rate zu ziehen – allerdings unter der Voraussetzung, daß keinerlei Hinweise auf seine Identität gegeben würden. Und diese Bedingung konnten wir zu seiner Zufriedenstellung durchsetzen.
Kurz vor unserem Eintreffen in Hollywood, wo die Séance anberaumt war, erklärte er mir seine Vorbehalte gegenüber den Medien: »Sobald sie wissen, wer ich bin, stimmen sie sich automatisch auf meinen Vater ein – und deshalb schenke ich ihnen wenig Beachtung.«
Als wir Maria Morenos Empfangszimmer betraten, erfaßte ihn sofort der durchdringende Blick dieses Mediums, das kurz darauf in Trance verfiel. Maria Moreno stellte keinerlei Fragen. Vielmehr sprach sie ihn direkt an und stellte fest: »Sie sind krank, und Sie haben immer noch Schmerzen.«
Ich konnte bei Hugh Lynn eine überraschende Reaktion beobachten, die sich durch Kopfnicken kundtat. Nun hatte

ich zumindest die Erklärung, weshalb ich vor drei Wochen vergeblich auf ihn warten mußte, als er unser Treffen ohne Angabe von Gründen kontinuierlich verschob.

Im Verlauf der Sitzung streckte das Medium seinen Arm aus, um Hugh Lynns Unterleib zu berühren. Er zuckte zusammen, und ein Anflug von Schmerz überzog sein Gesicht.

»Hier liegt das Problem«, sagte Maria Moreno, »aber die Geistheiler werden es wieder in Ordnung bringen. Man wird Ihnen helfen.« Ihre Augen starrten ins Leere. Ich sah, wie Hugh Lynn sie mit ungeschmälerter Skepsis beobachtete.

»Es ist jemand im Raum, der zu Ihnen sprechen möchte«, sagte sie beinah mit Grabesstimme, »sein Name ist Eddie.« Soviel ich mich auch mit Edgar Cayce beschäftigt hatte – nie habe ich erfahren, daß er jemals »Eddie« genannt worden wäre. Jedoch sah ich, wie Hugh Lynn nickte und dennoch bedacht war, sich nicht selbst preiszugeben.

Maria Moreno murmelte mehrmals mit geschlossenen Augen: »Eddie, Eddie, Eddie – er will Ihnen etwas mitteilen!« Und während sich Hugh Lynns Ohren zu spitzen begannen, verklärte sich ihre Miene zu einem strahlenden Lächeln, und sie rief: »Edgar Cayce ist hier! Edgar Cayce!« Dabei sah sie Hugh Lynn an, und ihre Stimme verstieg sich in ein schrilles Crescendo: »Und Sie sind sein Sohn. Jetzt spricht er zu Ihnen: Er sagt, er ist glücklich, Sie hier zusammen mit Jess anzutreffen; er sagt, daß Ihr Film gedreht werden wird – wohlgemerkt, dies kann sich noch etwas verzögern, bis der richtige Augenblick gekommen ist. Er wird ein Riesenerfolg werden.«

Ich schaute zu Hugh Lynn hinüber, dessen Gesicht noch immer ausdruckslos verharrte. Mit keinem Muskelzug gab er seine Gefühle preis. Ein Pokerspieler könnte es nicht besser machen. Aber nachdem Madam Moreno aus ihrer

Trance erwacht war, ergriff er ihre Hand und lächelte ihr freundlich zu. »Ich danke Ihnen«, sagte er, »Sie sind eine sehr begabte Lady.«
Sie wehrte bescheiden ab: »Mir ist nichts bewußt von dem, was ich sage.«
Hinterher im Auto sahen wir einander an, und mir entging es nicht, wie beeindruckt er immer noch war.
»Nun weiß ich wenigstens«, sagte ich, »weshalb du nicht früher gekommen bist.«
Er seufzte. »Ich denke, sie hat mir all das gesagt, was mein Dad mir auch sagen wollte.«
Ich schwieg, denn diese Erfahrung war etwas, das nur ihm zukam.
»Was machen die Schmerzen?« fragte ich. »Hat Maria Moreno dir geholfen?«
Er lächelte. »Sie sind weg!«
Für mich gab es fortan keinen Zweifel, daß Hugh Lynn Cayce und ich zu jenen Wesen gehörten, die sein Vater um sich geschart hatte, damit wir gemeinsam an dem von uns noch zu bewältigenden Karma arbeiten konnten. Es geschah ziemlich oft, daß wir uns gegenseitig gewisse Gedanken vorwegnahmen und nach gemeinsamen Zielen strebten. Unser Zusammensein war jedesmal ein Erlebnis, und wir wurden gute Gefährten.
Wie sagte der große Mystiker? Selbst Gott bedarf der Gesellschaft, und deshalb erschuf er den Menschen, den er schließlich nach seinem Bilde formte oder – wie Cayce hinzufügte – zu einem Bildnis, das die Menschheit seither zu erreichen trachtet.
Das Gesetz des Universums ist unparteiisch. Jeder kommt mit seiner Gruppe zurück, sagte Cayce, um mit den Gefährten zusammenzusein, mit denen er eine bedeutsame Vergangenheit verbracht hat. Im Paradies gibt es keine Fremden.

»Ihr seid nicht allein«, pflegte der Mystiker zu all den Gefährten und Reisenden zu sagen, die bei ihm anklopften, »denn ihr habt nicht nur den Herrn als euren Begleiter, sondern auch viele, die ihr von früher her kanntet und die nun die Gegenwart mit euch teilen. Aber macht euch nicht voneinander abhängig. Geht euren Weg im Geist der Verbundenheit, wie euch geheißen ward, um euch selbst zu erklären, so daß ihr wachsen möget im Geist der Liebe und Tapferkeit.«

So wie Cayce sich an seine einstigen Gefährten erinnerte, erkannten auch diese in ihm den einstigen Vertrauten.

»Mit der aufdämmernden Erinnerung an ein früheres Leben«, pflegte Cayce zu sagen, »werden auch die einstigen emotionalen Prozesse wieder so real und lebendig wie alle Erfahrungen im Hier und Heute. Was ist ›Déjà-vu‹, wenn nicht das Bewußtsein, einen gewissen Ort oder Menschen schon einmal gekannt zu haben? Und ›Liebe auf den ersten Blick‹ ist nichts anderes als eine wiedergeborene und wiedererweckte Liebe aus früheren Zeiten, die ihrer höchsten Erfüllung entgegenharrt.«

Ob im legendären Atlantis oder seinem Wohnsitz in der Mainstreet – hier wie dort ging es Edgar Cayce vor allem um das menschliche Bedürfnis nach Liebe und Freundschaft. »Ohne jenes Gefühl des Zusammengehörens, des Liebens und Geliebtwerdens ist unser Leben hohl und unfruchtbar und führt zu einer unvermeidlichen Verarmung des Individuums.«

Je vertrauter ich mit Edgar Cayces Prinzipien wurde, desto besser begann ich die menschliche Umwelt zu verstehen, in die ich mich eingebunden fühlte.

Als eine seiner älteren Gefährtinnen, die bald auf ein volles Jahrhundert zurückblicken konnte, mir in die Augen sah und erklärte: »Sie sind hier kein Fremder«, zuckte ich nicht zurück, wie ich es noch vor Jahren getan hätte, sondern war bereits fähig, ihre Hand zu ergreifen und bewegten Herzens zu sagen: »Ja, und wir alle sind hier, um uns wie einstmals gegenseitig zu helfen.«

Sie lächelte. Hatte sie doch – wie auch ich jetzt – begriffen, daß einige von uns den Auftrag haben, das Vermächtnis von Cayce zu verbreiten und ein Feuer in den Herzen der Menschen zu entfachen, das ihnen neue Hoffnung gibt und dem weltweiten Frieden vorausleuchtet, wie Cayce ihn vorhergesagt hatte – mit einem neuen, durch eine friedliche Revolution transformierten Rußland als »Die Hoffnung der Welt«.

Cayce hat uns Berichte von seinen früheren Existenzen in Ägypten und Troja, im Heiligen Land und im kolonialen Amerika hinterlassen, wo er sein Leben mit Leuten teilte, die ihm auch im letzten Leben wiederbegegnet sind. Er war ein Weiser und ein Krieger, ein Heiler und ein Weltenbummler – mit sehr unterschiedlicher Bedeutung für unterschiedliche Leute. Aber vor allem war er ein Führer der Menschheit, ein Mann, der wegen seines enormen Wissens, das ihn mit seinen Gefährten von damals und heute verband, nicht ignoriert werden kann.

Einige seiner menschlichen Beziehungen waren verworren, andere hingegen kristallklar. Er hatte sich hohe Ziele gesteckt, aber auch Probleme geschaffen, die er noch aufarbeiten mußte. Er war ein Frauenfreund und ein großer spiritueller Führer, der schon in der Antike als der Mann von Atlantis bekannt war und Ägypten zur Wiege der Zivilisation machte.

Er war der große Sonnengott Ra, der den Nil zähmte und die Pyramiden errichtete und in dessen Gedächtnis all dies lebendig blieb – auch während seines letzten Erdenauftritts als Edgar Cayce, als *der* Mystiker des zwanzigsten Jahrhunderts, der nunmehr Amerika zur neuen Wiege der Menschheit machte.

Eine Spur jener frühen Anfechtungen, ausgelöst durch die normalen Begierden vitaler Männlichkeit, verfolgte ihn bis in die jüngste irdische Existenz. Aber ungeachtet der Konfrontation mit Mätressen, Gattinnen und Liebhaberinnen aus ferner Vergangenheit brachte er zum erstenmal die Kraft auf, sein Talent fleckenlos einzusetzen, und empfing als Belohnung jene reine, übersinnliche Begabung, für die es kein Beispiel gibt, seit der Herr selbst vor zweitausend Jahren auf Erden wandelte.

Rückblickend wird mir klar, daß meine eigene Beziehung zu Cayce, schon lange bevor ich überhaupt etwas von ihm wußte, geformt wurde. Als Keim schlummerte und wartete sie in meinem Bewußtsein bis zu dem Tag, an dem ich bereit war, sie anzuerkennen. Diese Bereitschaft spiegelte sich schließlich in dem Vertrauen und dem Zugehörigkeitsgefühl, das ich zu jenen Leuten entwickelte, die Cayce am nächsten standen. So wurde ich einer der Ihren, obwohl ich in meiner Eigenschaft als Reporter nur schwer den Zugang zu ihnen fand und mich zunächst damit begnügte, von Zeit zu Zeit vorzusprechen und ihre ergreifende Geschichte aufzuzeichnen.

Die Erklärung für den sogenannten Zufall, falls es ihn gibt, meiner Begegnung mit Cayce liegt in dem besonderen Zuschnitt meines eigenen Karmas, in meinem bereits vorhandenen Interesse am Übersinnlichen, das seinen Ursprung in einer früheren Konfrontation mit dem Parapsychischen hat.

Ich war Reporter in New York City – mit der für diesen Beruf typischen Skepsis –, als ich 1956 das erstemal von Cayce hörte, und schrieb gerade einen Artikel über das Phänomen der außersinnlichen Wahrnehmung (ASW). Zu diesem Zeitpunkt lief ich unversehens David Kahn, einem Großindustriellen aus Kentucky, in die Arme. Der wiederum war mit Cayce befreundet gewesen, dessen Ratschlägen er seinen enormen Reichtum verdankte. Kahns Begeisterung für Cayce hatte fast etwas Erschreckendes.

»Sie müssen unbedingt über Cayce schreiben«, sagte er, »er ist Amerikas größter Mystiker.«

»Wo finde ich ihn?«

Kahn zeigte zum Himmel.

»Er ist vor zehn Jahren gestorben, aber seine Botschaft lebt fort in Virginia Beach, wo sie alles zusammengetragen haben, was er je geäußert und vollbracht hat.«

Er lächelte mich an.

»Edgar Cayce war stets der Meinung, daß die Menschen sich nicht ohne Grund begegnen. Ich hab' so eine Ahnung, als ob wir uns hier treffen, damit Sie etwas über ihn erfahren.«

Sein Enthusiasmus amüsierte mich. »Und worin besteht seine Botschaft?« fragte ich.

»Daß wir gruppenweise diese Erde betreten – mit Gefährten, die wir schon zuvor gekannt haben –, so daß wir in Zusammenarbeit mit diesen Menschen aus der gemeinsamen Vergangenheit lernen und uns weiterentwickeln können.«

Für mich war dies alles sehr neu und erschien mir ziemlich fragwürdig, zumal Kahn nie verleugnete, was er tatsächlich war – ein pragmatischer Geschäftsmann und Familienvater mit einem Stadthaus in New Yorks vornehmer Park Avenue. Er war offensichtlich nicht auf den Kopf gefallen.

Fünf Jahre später, nachdem ich meinen Pressejob an den Nagel gehängt hatte, machte ich meinen ersten Besuch in der Edgar-Cayce-Stiftung in Virginia Beach.

Ich hatte keine Ahnung, was ich dort vorfinden oder wie man mich empfangen würde, aber meine Befürchtungen erwiesen sich als unbegründet. Hugh Lynn Cayce, bei dem alle Fäden zusammenliefen, begrüßte mich wie einen lange vermißten Bruder.

»Ich wußte, daß Sie früher oder später hierherkommen würden«, sagte er mit einem bedachtsamen Lächeln.
Die Cayce Foundation, welche die fünfzehntausend präkognitiven Readings des Mystikers beherbergte, wurde von weniger als achthundert lebenden Mitgliedern getragen. Das Gebäude mit seiner kleinen Bibliothek wirkte ziemlich baufällig, dem Verein fehlte es an finanziellen Rücklagen.
Ich war an einem Wochenende gekommen, und da die Stiftung kaum über Mitarbeiter verfügte, war die Bibliothek geschlossen. Aber Hugh Lynn, den sein Vater mit der Fortführung seines Lebenswerkes beauftragt hatte, konnte einige freiwillige Helfer zusammentrommeln, um mir die Sammlung zugänglich zu machen, und versorgte mich bereitwilligst mit jeglicher Art von Information.
Nie habe ich bisher einen so entgegenkommenden Zeitgenossen seiner Generation erlebt. Sein ungeheurer Eifer veranlaßte mich, einer der anwesenden Frauen mein Erstaunen auszudrücken: »Ich sehe Mr. Cayce heute zum allererstenmal, und er behandelt mich wie einen langjährigen Freund.«
Sie lachte bloß und erwiderte: »Wer weiß? Es wäre doch möglich.«
Des Rätsels Lösung ließ nicht lange auf sich warten. Ich verbrachte den Abend in der Bücherei und schmökerte gerade in einem der vor mir aufgetürmten Cayce-Dokumente. Es handelte von einer Heildiagnose, die Edgar Cayce als schlafender Prophet einem Krebskranken gab. Ich war total fasziniert, als ich von Hugh Lynn in meinen Studien unterbrochen wurde.
»Vielleicht interessieren Sie sich für dieses Schriftstück«, sagte er und zog dabei ein verstaubtes Blatt aus einem Hefter. Es war von 1931, der Zeit der großen Depression, und enthielt Ratschläge von Cayce – im Trancezustand gesprochen – über Mittel und Wege, wie seine Informatio-

nen einem größeren Publikum zugänglich gemacht werden könnten.

»Sie werden sich noch wundern«, sagte Hugh Lynn, wobei er mich unverhohlen beobachtete. Mein Blick überflog flüchtig die Zeilen, bis ich an einem Punkt anlangte, den er besonders markiert hatte. Ich war in der Tat überrascht, denn hier fand ich die Erklärung für den so freundschaftlichen Empfang.

»Seid gut zu Stern, wenn er von New York hierherkommt«, hieß es da, wobei mein Name eine leichte orthographische Veränderung erfahren hatte, »er wird eine Menge zum finanziellen Erfolg der Organisation beitragen.«

Ich sah, wie Hugh Lynns Blick den meinen erforschte.

Ich mußte ihn enttäuschen, denn schließlich gab es in New York viele Leute, die sich »Stearn« oder »Stern« nannten, und außerdem konnte ich mir zu dieser Zeit mit dem besten Willen nicht vorstellen, wie ich der Stiftung finanziell unter die Arme greifen sollte.

Hugh Lynn zeigte mir noch eine andere Mappe. Die Botschaft war ziemlich dieselbe und aus dem gleichen Jahr, als ich noch ein kleiner Junge war, der in der Nähe von New York lebte.

Ich gab ihm den Hefter achselzuckend zurück und wollte sogleich mit meiner Lektüre fortfahren. Aber Hugh Lynn blieb hartnäckig. Er schleifte einen weiteren Ordner herbei. Ich überflog die Seite, die er mir vorlegte, und hielt plötzlich inne. Mir flimmerte es vor den Augen, und für eine Weile verschlug es mir buchstäblich die Sprache. Denn aus diesem Schriftstück – ebenfalls von 1931 – ging hervor, daß Edgar Cayce seinem getreuen David Kahn – damals schon – vorgeschlagen hatte, mich zu kontaktieren und mir von seinem Werk zu erzählen. Dann folgte wie bei den anderen Schriftstücken der Zusatz, daß ich der Sache sehr dienlich sein könnte.

Ich versetzte mich in die Zeit vor fünf Jahren zurück. Denn damals – um 1956 – hatte David Kahn mir erklärt, daß unsere Begegnung aus einem ganz bestimmten Grund erfolgt sei. Und nun enthüllte mir Hugh Lynn diesen Grund! Ich merkte, daß er mich scharf beobachtete, um meine Reaktion festzustellen. Doch war ich noch keineswegs bereit, eine Erklärung abzugeben – nicht, bevor ich mir dies alles noch einmal zurechtgelegt hatte. Die Hälfte meines Lebens hatte ich damit verbracht, alles und jedes in Frage zu stellen, und ich konnte diese Haltung nicht einfach über Nacht verändern.

Auch am nächsten Tag erwähnte ich noch nichts von der Begegnung mit Kahn. Meine Reportermentalität suchte immer noch nach möglichen Flüchtigkeitsfehlern bei der Einordnung dieses Dokuments. Doch vergeblich – die mir vorgelegte Seite trug unwiderlegbar die gleiche Jahreszahl wie die anderen Beweisstücke auch.

Der Fall Edgar Cayce begann mich zu interessieren. Zunächst beschloß ich, ein Buch über das Phänomen des Metaphysischen zu schreiben. Es sollte ganz allgemein über die Leistungen verschiedener Sensitiver – in der Hauptsache jedoch über den Altmeister Edgar Cayce – informieren. Ursprünglich wollte ich nur das Wochenende in Virginia Beach verbringen, blieb dann aber etliche Monate!

Am Ende hatte ich einen ausführlichen Bericht über seine mannigfaltigen wundersamen Heilungen von Körper und Geist der Kranken zusammengestellt, die bei ihm Hilfe suchten. Jeder, der von ihm geheilt worden war, empfand nicht nur eine tiefe Zuneigung zu ihm, sondern betrachtete ihn als einen regelrechten Freund, der einen besonderen Einfluß auf sein Leben ausübte. »Er war Seelsorger, Arzt, Gefährte und Ratgeber in einem«, erklärte Navigationsoffizier Noah Miller und fügte geheimnisvoll hinzu: »Dabei hatten wir stets das Gefühl, ihn schon lange gekannt zu haben.«

Cayce hatte freilich noch andere Voraussagen gemacht, welche die Prophezeiung des Kontakts mit Kahn weit in den Schatten stellten. Lange vor Hitlers Erscheinen hatte er dessen Aufstieg zum Nazidiktator vorhergesehen, ferner den Ausbruch des Zweiten Weltkriegs, die Schlacht von Kursk, die die Wende an der russischen Front einleitete, sowie das Kriegsende – allerdings für August 1945.

Wie konnte ich da noch an seiner Voraussage über das Erscheinen eines Zeitungsreporters zweifeln? Schon gar nicht, wenn er sogar von Rußlands erstaunlicher Wende gesprochen hatte, und das schon sehr lange vor Gorbatschows Auftritt.

Das Buch *The Door to the Future* (1963), berühmt durch Jeanne Dixons Vorhersage von Präsident Kennedys Ermordung (die sich einige Monate danach ereignete), erregte beträchtliche Aufmerksamkeit und sorgte unter anderem für das Anwachsen von Cayces Popularität. Doch erst mit dem *Schlafenden Propheten*, der fünf Jahre später (1968) erschien, stieg die Zahl der Mitglieder von Cayces Association for Research and Enlightenment (A. R. E.) mit mehr als zwanzigtausend Eintragungen sprunghaft in die Höhe. Und diese Tendenz setzte sich fort, da das Thema Cayce nun auf vielfältige Weise den Büchermarkt erobert hatte. Heute zählt die Gesellschaft fast hunderttausend Mitglieder und hat eine neue, große Bibliothek eingerichtet, die zugleich als Zentrum für parapsychische Demonstrationen und für Vorträge über das Metaphysische diente und Besucher aus aller Welt anlockte.

Inzwischen war mein Interesse an Cayce-Büchern, -Filmen und -Vorträgen enorm angestiegen. Manchmal erschien es mir, als ob Edgar Cayce zu meinem einzigen Lebensinhalt geworden sei.

Im Gegensatz zu einigen anderen war zumindest David Kahn fest davon überzeugt, daß ich zu denjenigen gehörte, die in irgendeiner früheren Gestalt im dämmrigen Unbewußten seines ihm so wohlgesinnten Gefährten existierte.

»Sie sind der einzige dieses Namens, an den ich mich gewandt habe«, sagte Kahn, »und der einzige, auf den ich bauen kann.«

Ich erhielt mehr Anerkennung, als ich verdiente, ohne mir zu vergegenwärtigen, wie schmerzlich dies für Hugh Lynn sein mußte. Schließlich war er es, der zeit seines Lebens bemüht war, das väterliche Vermächtnis der Nachwelt zu erhalten.

Eines Tages läutete die Türglocke meines Hauses nahe der kalifornischen Küste. Als ich öffnete, standen Hugh Lynn und seine Frau mir gegenüber.

Mit ihrem anmutig-südlichen Lächeln begrüßte mich Sally sogleich, wobei sie jedes einzelne Wort bewußt in die Länge zog: »Ich bin gekommen, um euch Jungs einander näherzubringen.«

Ich lachte. »Sind wir uns denn so fern?« fragte ich und warf einen Blick auf Hugh Lynn, der nun auch amüsiert lächelte. »Hätte es Hugh nicht gegeben«, fuhr ich fort, wobei Sally nickte, »wäre auch meine Arbeit kaum denkbar. Er war es doch, der in all den einsamen Jahren die Fackel seines Vaters hochhielt, als nur wenige sich seiner Botschaft öffneten.«

Ich sah Hugh Lynns Augen feucht werden und spürte, daß es mir ähnlich erging.

Unsere gegenseitigen Gefühle waren ganz typisch für den engen Zusammenhalt jener langjährigen Gefährten, die den alten Meister zum Mittelpunkt ihres Lebens gemacht hatten. Eine Art wortlose Kommunikation hielt sie untereinander in Kontakt.

Einige Zeit später hatte ich plötzlich das zwanghafte Gefühl, daß es mit Hugh Lynns Gesundheit nicht zum besten stünde. Ohne zu zögern, besorgte ich mir ein Flugticket und befand mich schon am darauffolgenden Morgen in seinem Büro.
Er sah ein wenig mitgenommen aus, trug aber immer noch sein unverwüstliches Lächeln zur Schau und begrüßte mich mit einem kräftigen Händedruck.
»Das ging aber schnell«, sagte er, »erst gestern hab' ich den Brief an dich abgeschickt, weil ich dich unbedingt sprechen wollte.«
»Einen Brief habe ich nicht bekommen«, erwiderte ich, »aber eine Botschaft hat mich erreicht.«
Bald saßen wir einander gegenüber und betrachteten uns aufmerksam wie alte Freunde, die eine gemeinsame Bestandsaufnahme von all dem machen, was sich über die Jahre hinweg zwischen ihnen ereignet hat.
»Du bist milder und im Verlauf der Zeit viel gütiger geworden«, meinte er.
»Und du weitaus toleranter«, sagte ich.
Wir lächelten.
Er gehörte nicht zu denen, die lange um eine Sache herumreden. »Ich werde meine Angelegenheiten geordnet übergeben. Und mein Sohn Charles hat schon etliche meiner Funktionen übernommen. Ich bin sicher, daß er's in den Griff kriegt.«
Noch ehe ich meine Einwände gegen eine so offensichtliche Gewißheit über die eigene Situation machen konnte, winkte er leise lächelnd ab.
»Ich weiß, wohin ich gehe, und ich bin vorher schon dagewesen. Ich werde auch wieder zurückkommen. Aber bis dahin möchte ich, daß meine alten Freunde sich um meinen Sohn versammeln, so, wie sie mir zur Seite gestanden sind.«

Aus seinen blauen Augen, die nun auf mir ruhten, sprach eine große Entschlossenheit.
Ich sagte: »Du weißt ja, ich werde mein Bestes tun. Aber ...«
Nochmals erhob er die Hand. »Du solltest um meinetwillen nicht trauern. Ich werde mich unter lauter fröhlichen Freunden befinden. Und wer weiß, vielleicht werde ich Dad wiedersehen, und wir werden gemeinsam die Zeit abwarten, bis Gott von neuem über uns verfügt.«
Zwei Wochen danach hat sich diese mutige Seele mit einem feinen Lächeln zu einem weiteren großen Abenteuer auf den Weg gemacht. Wie sein Vater glaubte auch Hugh Lynn an das ewige Fortbestehen seiner Seele.

Teil I

Edgar Cayce im Wandel der Zeiten

1. Kapitel

Die Reinkarnation

Als Edgar Cayce an jenem denkwürdigen Tag aus seiner Trance erwachte, war seine Welt nicht mehr dieselbe wie zuvor. Was keinem anderen Menschen innerhalb zweier Jahrtausende widerfahren war – Cayce war es an diesem Tag gelungen, dem Geheimnis des Todes auf die Spur zu kommen. Schon beim Auftauchen aus dem entrückten Zustand konnte er den ungläubig dreinschauenden Gesichtern um ihn herum entnehmen, daß irgend etwas Außerordentliches geschehen war.
»Was habe ich denn diesmal gesagt?« fragte er lächelnd.
Arthur Lammers erwiderte kopfschüttelnd: »Nach allem, was ich heraushörte, muß ich schon einmal als Mönch auf dieser Erde gewesen sein.«
Edgar Cayce schaute in die Runde und vergewisserte sich vorsichtshalber bei den anderen Freunden, die dem Reading beigewohnt hatten, und stellte die gleiche Betroffenheit fest. Ursprünglich war es Lammers nur um die Beantwortung einer ganz simplen Frage zu seinem Horoskop gegangen.
»Wenn du recht hast«, fuhr der Geschäftsmann aus Ohio ein wenig verwirrt fort, »dann gibt es so etwas wie den Tod überhaupt nicht. Und wenn *ich* schon einmal gelebt habe, so gilt das wohl genauso für alle anderen Menschen.«
Doch Cayce konnte ihm nicht sogleich beipflichten. »Ich weiß nicht, woher mir dies alles kam, denn der Begriff ›Reinkarnation‹ ist mir völlig fremd. Und als christlicher Fundamentalist kann ich ihn noch nicht einmal akzeptieren.«

Lammers schien auf ein weiteres Reading zu drängen. Er – ein dreiunddreißigjähriger erfolgreicher Druckereibesitzer – war auf dem Gebiet der Metaphysik recht bewandert und sehr begierig, seinen Horizont zu erweitern.

»Sind dir die Konsequenzen deiner Aussage bekannt? Du hast mich nicht nur zu einem spanischen Mönch gemacht, sondern diese Existenz als meine dritte auf dieser Ebene [Erde] bezeichnet.«

Während seiner Readings pflegte Edgar Cayce seine Augen stets zu schließen, als würde er meditieren. Im vorhinein beriet er seine Klienten und teilte ihnen mit, was zu wissen erforderlich war. Dann fiel er in eine Art Schlaf und konnte sogar die Krankheiten von Menschen, die er nie zuvor gesehen hatte, diagnostizieren. Er verordnete ihnen Heilmittel, die ihnen wirklich halfen, und er schickte sie mit seinen Diagnosen und Empfehlungen von Heilmitteln zu Ärzten, von denen er einige persönlich gar nicht kannte.

Aber diesmal handelte es sich um etwas völlig anderes: etwas, an das er selber nicht glaubte und mit dem er nichts anzufangen wußte.

Dieses denkwürdige Reading hatte am 11. November 1923 in Arthur Lammers' Heimatstadt Dayton, Ohio, stattgefunden. Auch in anderer Hinsicht war das Jahr 1923 für Cayce von Bedeutung. Er verließ sein Fotostudio in Selma, Alabama, und zog nach Virginia Beach um, wo er Gladys Davis zu seiner Assistentin machte. Ihm selbst wurden Dinge offenbart, die zu allem, was er der Bibel entnommen hatte, in krassem Widerspruch standen.

Es verging eine Woche, bis er Lammers ein zweites Reading gab. Wieder wurde er einer Existenz aus früherer Zeit gewahr, aber gleichzeitig erfolgte eine Warnung. Zum erstenmal stieß Cayce auf den Begriff »Karma«, eine Art »Buchführung« über Verdienste und Verfehlungen, die sich von einem Leben auf das nächste überträgt und mit

der sich das Individuum auseinandersetzen muß, wenn es in seiner Entwicklung vorankommen will. All dies gehörte zu seinen Äußerungen, wobei er davor warnte, sich in eitler Selbstbespiegelung auf früheren Lorbeeren auszuruhen.
»In den so beschaffenen Gesetzen des Schöpfers erkennen wir den Plan zur Entwicklung des auf diese Ebene [Erde] abberufenen Individuums, um seine Eignung als Körperwesen zu beweisen und dann erneut als vollwertiger Teil der Schöpfung in die unmittelbare Nähe des Schöpfers zu treten. Deshalb wurde dieser Körper [Lammers] in diese Ebene versetzt.«
Wie ich es verstehe, war Lammers als Instrument ausersehen, um Cayces erstes Reading über Reinkarnation herbeizuführen. So wie die Welt von Jesus erfuhr, als er den Blinden heilte, so würde sie auch von Cayces Wundern erfahren.
Lammers' Inkarnation als Mönch war ohne erwähnenswerte Konsequenzen. In jenen Tagen war er kaum zu bremsen. »Ich möchte mehr über den eigentlichen Zweck des menschlichen Lebens erfahren!« Er hätte sich am liebsten den ganzen Tag etwas von Cayce prophezeien lassen, wenn dieser nur zugestimmt hätte. »Stellt euch vor – ich, ein Mönch in Spanien!« rief er. »Wie aufregend! Da kann ein Drucker nicht mithalten. Und was ist mit meinen anderen zwei Existenzen?«
Lammers erhielt insgesamt sechs Readings innerhalb von zwei Wochen. Zwei der Protokolle gingen verloren – das war keineswegs ungewöhnlich, bevor Gladys Davis die Aufzeichnung von Cayces Äußerungen übernahm. Als er sie selbst durchzulesen begann, wuchs sein Interesse an der Sache, obwohl ihm immer noch nicht klar war, was er davon halten sollte.
»Vielleicht war ich der Katalysator«, meinte Lammers, »die Information war vorhanden; es bedurfte nur eines Indivi-

duums mit entsprechendem Interesse, um sie aufzudecken.«

»Und ausgerechnet durch mich?« fragte Cayce immer noch ungläubig.

»Vielleicht hast du all diese Fähigkeiten nicht nur deshalb mitbekommen, um ein paar vereinzelte Leute hier und da zu kurieren, sondern um den Massen die Hoffnung auf ein ewiges Leben zu bringen.«

Cayce seufzte: »Ich weiß ja nicht einmal, was ich so von mir gebe.«

»Deine medizinischen Prognosen sind zutreffend – warum sollten deine Aussagen über Reinkarnationen nicht korrekt sein?« gab Lammers zu bedenken. »Schließlich kommen sie alle aus dem gleichen ›Topf‹.«

Lammers hatte seine ersten Readings an einem Tag mit höchst ungewöhnlichem Datum erhalten – es war der elfte elfte (11. November 1923) gewesen; die Zahl Zweiundzwanzig erschien ihm in gleicher Weise bedeutsam, deshalb bat er am 22. November um eine weitere Sitzung. Dies verkoppelte die Elf und die Zweiundzwanzig, wodurch, wie er glaubte, die intuitiven Kräfte des Meisters von geradezu himmlischer Klarheit sein mußten. Cayce – in seiner glückseligen Unwissenheit – stimmte, wenn auch zögernd, diesem Termin zu.

Das Reading ging relativ schnell vonstatten, aber als ihm die eigenen Aussagen hinterher mitgeteilt wurden, war Cayces Verblüffung größer als je zuvor. Denn diesmal hatte er außer Lammers' früheren Existenzen auch von einem Wesen berichtet, das er viel besser kannte – von sich selbst.

Als er sich das Protokoll später noch einmal vornahm, lief es ihm heiß und kalt über den Rücken. Hatte er doch nicht nur Lammers eine frühere Existenz als trojanischer Krieger zugeschrieben, sondern sah sich selbst in einer ähnlichen

Rolle – nämlich als Hüter von Trojas Toren während der Belagerung durch die Griechen.
Ein trojanischer Krieger gewesen zu sein entsprach ganz und gar nicht der Vorstellung von seinem eigenen Ich. Was er im Spiegel sah, war eine hochgewachsene, hagere, ja, gebückte Gestalt mit nach vorn gezogenen Schultern. Cayce konnte sich kaum ein Lächeln verkneifen, einem Krieger aus der Antike sah er ganz und gar nicht ähnlich.
»Es bringt mich noch völlig durcheinander«, sagte er zu Lammers.
Doch der geriet immer mehr aus dem Häuschen: »Geht dir denn nicht endlich ein Licht auf? Wir haben uns schon viel früher gekannt, und deshalb haben wir wieder zusammengefunden. Mir ist das auf einmal so klar wie nie zuvor. Und genau das haben wir unter Reinkarnation zu verstehen. Einst waren wir Waffenbrüder – und nun sind wir Gefährten im Geist.« Seine Augen nahmen einen ganz neuen Glanz an. »Wir sind endlich auf den wahren Zweck unseres Daseins gestoßen.«
Cayce kratzte sich hinter dem Ohr. »Und der wäre?«
»Weißt du's denn immer noch nicht?« platzte es aus dem entflammten Lammers heraus. »Den Sinn des Todes zu erhellen!«
Cayce sah unschlüssig zur Seite. Er war sich noch längst nicht im klaren darüber. Bisher waren ihm seine Trance-Erfahrungen stets verständlich gewesen. Von ihrer Stichhaltigkeit war er fest überzeugt. Handelte es sich dabei doch um Menschen mit erkennbaren Gesichtern, Namen und Adressen – Menschen, die seine Aussagen zu schätzen wußten, weil ihnen daraus Hilfe erwuchs.
»Du hast mir allerhand zu denken gegeben«, sagte er, »und genau das will ich jetzt tun – darüber nachdenken.«
Und dazu gab es genügend Anlaß, hatte er sich doch selbst drei weitere Existenzen verliehen, und im Moment machte

ihm das ziemlich zu schaffen. Eine im kolonialen Virginia, eine andere in Troja – beide überhaupt nicht vergleichbar. Und dann eine dritte im Zeitalter des durchtriebenen französischen Kardinals Richelieu unter der strengen Herrschaft Ludwigs XIII. Er konnte darin keinerlei Sinn erkennen. So beschloß er, vorerst keine Readings mehr zu erteilen, bis in seinen Gedanken mehr Klarheit eingekehrt wäre und er genügend über all diese Dinge nachgedacht hätte.

Außerdem plagten ihn dunkle Befürchtungen. Nachdem er Lammers – zumindest den Lammers in seiner jetzigen Lebenszeit – kaum näher kannte, nährte er sogar den Verdacht, daß dieser sich am Ende über ihn lustig machte.

Er befand sich regelrecht in der Klemme. Denn wenn seine Lammers-Protokolle auf fundierten Tatsachen beruhten und als Beweise für realisierte Reinkarnationen gelten konnten, ergab sich für ihn als gläubiges Mitglied der fundamentalistischen christlichen Kirche, die kein Verständnis für derart ketzerische Konzepte wie Reinkarnation aufbrachte, ein schwerwiegendes moralisches Problem. Auch hatte er niemanden in der Nähe, mit dem er darüber reden konnte. Er hatte seine Frau und die Kinder wie auch seine junge Assistentin Gladys Davis, nunmehr Teil der Familie, in Selma zurückgelassen.

Mußte er es nicht als Sünde empfinden, im gleichen Atemzug über Reinkarnation einerseits und Christus und Gott andererseits nachzudenken? Würde er nicht auf ewig verdammt werden, wenn er diese dubiose Lehre verbreitete?

Lammers versuchte, ihn von seinen Skrupeln zu befreien. »Reinkarnation«, so sagte er, »war ursprünglich ein jüdisch-christliches Konzept. Es steht sogar in der Bibel – wenn du nur richtig nachliest. Die Pharisäer glaubten daran, und einige Elemente davon finden sich sogar noch in der christlichen Lehre. Denk doch nur mal an Asien – der

größte Teil der Weltbevölkerung hält noch heute an der Reinkarnation fest.«
Aber Cayce ließ sich nicht überzeugen. Am meisten quälte ihn der Gedanke, was die Mitglieder seiner Sonntagsschule dazu sagen würden.
»Karma« war ein neues und fremdes Wort. Da er es nirgendwo in der Bibel fand, nahm er sein Lexikon zu Hilfe. Webster definierte es als eine Form des Nirwana – also ein Wolkenkuckucksheim? Ein Zustand des passiven Friedens, wobei nichts geschah und nichts getan wurde? Er suchte nach weiteren Definitionen: Karma als das gesamte Tun und Wirken einer Person. »Die Kraft, die durch die Aktivitäten einer Person erzeugt wird; im Hinduismus und Buddhismus die treibende Kraft im Kreislauf von Toden und Geburten, dem der Mensch unterworfen ist, bis er seine spirituelle Befreiung bewirkt und sich selbst von den Folgen dieser Kraft erlöst hat.«
Eine Frage machte seinem vom logischen Denken geprägten Bewußtsein besonders zu schaffen: Warum gab es keinerlei Erinnerungen an diese Vergangenheiten – Erinnerungen, die als Beweise herangezogen werden könnten?
»Wenn wir denn schon mal gelebt haben, ist es doch seltsam, daß wir überhaupt nichts mehr davon wissen« – ein Problem, mit dem die Menschheit sich seit Jahrhunderten beschäftigt.
Lammers hatte sich bereits mit den einschlägigen Aussagen indischer Gurus zu dieser für sie so entscheidenden Glaubensfrage auseinandergesetzt.
»Dann wären wir ständig von unserer Vergangenheit belastet und beeinflußt und nicht frei genug, um mit den aus ihr überkommenen Bedingungen und Problemen fertig zu werden. Wir würden nie etwas lernen. Doch *ohne* das bewußte Wissen über unsere einstige Rolle in früheren Existenzen können wir spontan auf unsere damaligen Verhal-

tensweisen im Bereich der Liebe, der Finanzen, der Ernährung oder Sexualität reagieren. Von dem, was wir einst waren, leiten sich oft unsere heutigen Fähigkeiten und Neigungen ab.«

Cayce war nie über die fünfte Schulklasse hinausgekommen, doch sein wacher Geist bemerkte dennoch einen offensichtlichen Widerspruch. »Aber warum konnte *ich* mich erinnern?«

Auch hier hatte Lammers eine Antwort parat: »Das Unbewußte ist ein ›Sammellager‹ all unserer Erfahrungen und Gedanken aus jeder Inkarnation. Dort ist nichts vergessen und geht nichts verloren. Und dein Unbewußtes, aus dem du über vergangene Erfahrungen gesprochen hast, ist nahezu einmalig.«

Angesichts dieses schier unlösbaren Dilemmas war Cayce nur zu froh, endlich nach Selma zurückkehren zu können, um mit seiner Frau über all diese Dinge zu sprechen. Sie war ihm von jeher eine gute Gefährtin gewesen, die ihm verständnisvoll zuhören konnte.

Gertrude Cayce wußte längst, daß ihr Mann von Sorgen geplagt war, aber wie stets wartete sie darauf, daß er von sich aus zu sprechen begann. Eines Abends, nachdem die Kinder im Bett waren, begann er ihr schließlich zu erzählen, was mit ihm in Dayton geschehen war.

»Ich habe immer geglaubt«, sagte er, »daß unser Leben allein von den Ereignissen der Gegenwart geprägt sei. Sind wir nicht deshalb in diese Welt hineingeboren, um zu lieben und zu arbeiten, Kinder zu zeugen und schließlich zu sterben – und dies alles im Hinblick auf das göttliche Strafgericht, im Tod wie im Leben? Doch meine jüngsten Eingebungen über frühere Existenzen und Reinkarnationen erweisen sich als völlig konträr zu meinem bisherigen Glauben. Aber Lammers bestätigt mir immer wieder, daß ich sowohl ihm wie auch mir mindestens drei Existenzen in längst vergangenen Zeiten zugeordnet habe – eine sogar mit ihm zusammen im alten Troja, wo er als Hektor auftrat und ich als Torwächter.«

Gertrude quittierte seine sorgenvolle Miene mit einem Lächeln: »Und ich? Könnte ich die schöne Helena gewesen sein?«

Er lachte: »Warum eigentlich nicht?«

Sie seufzte ein wenig, denn es war ja nicht leicht, mit einem Menschen verheiratet zu sein, der seltsame Gesichte hatte und Stimmen hörte wie kein anderer sonst.

»Ich sehe keinen Grund, weshalb du der Sache nicht nachgehen solltest. Dies ist nicht ungewöhnlicher, als Menschen zu heilen, die man nie zu Gesicht bekommt, und ihnen Arzneien zu verschreiben, die man selber nicht kennt.«

Dann dachte sie einen Augenblick nach.

»Warum machst du kein Reading über deine eigene Vergangenheit?« schlug sie ihm plötzlich vor und warf dabei einen verschmitzten Blick auf Gladys Davis, die dem Gespräch zugehört hatte: »Und von Gladys und mir? Wer weiß, was wir in diesen fernen Zeiten gewesen sind?«

Cayce nickte. »Gut, aber zuerst muß ich noch etwas nachlesen.« Er holte sich eine ziemlich abgegriffene Bibel herbei – ein frühes Geschenk seines Großvaters, der ihm als vierjährigem Jungen unter anderem beigebracht hatte, wie man in einem mit Wasser gefüllten Behälter aus der Zukunft lesen kann, und ihm dabei prophezeite: »Eines Tages wirst du noch ganz andere Dinge tun.«

Diese Worte waren ihm damals sehr rätselhaft erschienen, und oft – bei der täglichen Bibellektüre – mußte er daran denken.

Nun aber versuchte er, irgendwelche Hinweise in der Heiligen Schrift zu finden, die ihm bisher entgangen waren. Denn Lammers hatte ja behauptet, daß Reinkarnation zu Christi Zeiten kein Tabu gewesen sei. »Manche Leute deuten solche Gedankengänge hinein, andere stoßen tatsächlich darauf.«

Mit einer ganz neuen Perspektive fand er plötzlich die Textstellen heraus, die er früher übergangen hatte. Er war ganz aufgeregt, als er Gertrude auf einige Passagen im Buch des Johannes hinweisen konnte, und trug sie ihr laut vor:

»Ich aber sage dir: nur wer von neuem geboren wird, kann in das Reich Gottes eingehen.
Und Nikodemus, der Führer der Pharisäer, fragte Jesus: ›Wie kann ein erwachsener Mensch noch einmal geboren werden? Er kann doch nicht in den Leib seiner Mutter zurückkehren und ein zweites Mal auf die Welt kommen!‹
Und Jesus antwortete: ›Nur wer von Wasser und Geist geboren wird, kann in Gottes Reich eintreten.‹«

Auch über eine weitere Passage mußte Cayce erst lange nachdenken, bis ihm ihre Bedeutung blitzartig bewußt wurde.

Wieder begann er aus Johannes zu zitieren: »Kein Mensch ist in den Himmel aufgestiegen, es sei denn, er wäre vom Himmel gekommen – auch nicht des Menschen Sohn, welcher im Himmel ist.«

Seine Erregung steigerte sich noch, als er zu Gertrude bemerkte: »Erkennst du, was Jesus damit ausdrücken will? Es ist mir früher nie aufgefallen: Niemand verläßt die irdische Ebene, der nicht zuvor schon im Himmel war. Wie also konnten sie dorthin gelangen, wenn sie nicht schon vorher gelebt hätten, um wiedergeboren zu werden?«

Abend für Abend saßen die beiden über die Bibel gebeugt. Manchmal war auch Gladys dabei. Für ihre achtzehn Jahre erschien sie erstaunlich reif. Ihre schnelle Vertrautheit mit

Edgar und Gertrude betrachtete sie als Folge eines gemeinsamen früheren Lebens.

Aus Johannes fiel Cayce eine oft gelesene Stelle ein, die ihm nun in einem ganz neuen Licht erschien: »›Und seine Jünger fragten ihn: Wer hat gesündigt? Dieser Mann oder seine Eltern, da er blind geboren wurde?‹ Dutzende Male habe ich diese Sätze gelesen«, sagte er, »und stets ist mir ihre Bedeutung entgangen. Wie kann ein neugeborenes Kind gesündigt haben? Das ist doch nur möglich, wenn es schon einmal gelebt hat!« Er verwies auf eine Passage, wo Jesus einer Schar von ungläubigen Besserwissern erklärt:

»›Bevor Abraham geboren wurde, war ich schon da.‹
Sie machten sich über ihn lustig und sagten: ›Wie kann das sein – du bist noch keine fünfzig Jahre alt und willst Abraham gesehen haben?‹
Und Jesus antwortete: ›Ich kenne ihn. Ich wäre ein Lügner, wenn ich behauptete, daß ich ihn nicht kenne.‹«

Cayce lächelte, als er seinen Blick wieder Gertrude zuwandte und ihre leuchtenden Augen sah. Er hatte schon geglaubt, sie würde um seinetwillen die Rolle des Advocatus Diaboli übernehmen, wie er es mit Lammers tat – statt dessen war sie zur überzeugten Anhängerin geworden.

Doch Cayce hatte immer noch Zweifel. Am meisten war er von der Verklärung Christi beeindruckt. Wieder und wieder las er die Stelle, wo Christus zusammen mit Petrus, Jakobus und Johannes den Berg herabkam, nachdem die Jünger in einer Vision Mose und Elija bei Jesus stehen sahen. Hinterher ermahnte sie der Herr, niemandem etwas davon zu erzählen, bis er vom Tod auferweckt sei.

»Da fragten ihn die Jünger: ›Warum behaupten die Gesetzeslehrer, daß vor dem Ende erst noch Elija wiederkommen muß?‹

[Jesus antwortete:] ›Ich sage euch, Elija ist schon gekommen, und niemand hat ihn erkannt, sondern sie haben mit ihm gemacht, was sie wollten. So wird auch des Menschen Sohn durch sie zu leiden haben.‹

Da verstanden die Jünger, daß er vom Täufer Johannes sprach.«

Als Cayce seiner Frau diese Passage vorgetragen hatte, warf er ihr einen fast prüfenden Blick zu: »Wenn hier nicht von Reinkarnation die Rede ist – wovon dann sonst?«

Um endlich die Zweifel auszuräumen, entschloß er sich – wie Gertrude ihm längst vorgeschlagen hatte –, sein Unbewußtes zu erforschen, und fand auch die erhoffte Bestätigung.

»Meine Readings ergaben«, so schilderte er es einem Freund, »daß die damaligen Kirchenführer, die die Lehre unter das Volk bringen wollten, sich gegen die Idee der Reinkarnation wandten. Im Glauben daran, sie hätten weitere Chancen in späteren Leben, kümmerten sich viele nicht darum, was sie tun und lassen sollten. Und einige, die aufgrund ihres Glaubens an die Unsterblichkeit keine Furcht vor der Autorität empfanden, widersetzten sich sowohl der Kirche wie auch der Regierung. Dies wollten sich die Obrigkeiten nicht auf die Dauer gefallen lassen; sie setzten alles daran, die Hoffnungen der Menschen auf eine zweite und erst recht dritte oder vierte Lebenschance zu eliminieren.«

In seinen Readings entdeckte Cayce die Seele in ihrer Eigenschaft als unantastbaren Kern der Persönlichkeit, die unsterbliche Seele, die auch nach dem physischen Tod fortexistiert oder, wie Benjamin Franklin es so anschaulich ausdrückte, stets wiederkehrt »wie ein Buch mit einem neuen Einband«. In seinem Unbewußten fand Cayce schließlich den Zugang zur Seele. »Im Unbewußten«, so erkannte er, »sind alle Existenzen einer Seele gespeichert, nicht nur ihre Existenzen auf diesem Planeten oder in diesem Sonnensystem, sondern in beliebigen Sphären des Weltraums – das kann eine Gedanken- und Energieform sein, ein Stern oder irgendein Himmelskörper im unendlichen Universum.«

Und wie stand es um sein eigenes Unbewußtes? Konnte er sich überhaupt darauf verlassen? Konnte er dieser jüngsten Offenbarung trauen, die so weitgespannt war wie das Universum? Cayce versetzte sich ein weiteres Mal in Trance, um die Quelle seiner Informationen zu ergründen. Ihm wurde gesagt, daß sein individuelles Unbewußtes zu einer alten Seele gehöre, die sich über die Zeiten hinweg so sehr vervollkommnet hätte, bis sie – im Einklang mit einem universalen Unbewußten – nunmehr in der Lage sei, das im Unbewußten gespeicherte Wissen jedweder Seele aus all ihren verschiedenen Existenzen anzuzapfen.

In der Tat war dies eine einzigartige Begabung, die zu Cayces Lebenszeit in ihrer Wirkung noch dadurch verstärkt wurde, daß die Menschheit immer mehr Anlaß bot für jene alte Warnung, daß der Mensch ernten müsse, was er gesät habe.

Die Suche nach vergangenen Existenzen und die Erfordernis weiterer Readings, in denen Cayce nach dem Sinn seines jetzigen und seiner vergangenen Erdenleben befragt werden sollte, führte die kleine Familie nach Dayton zurück. Fortan übernahm Gladys Davis die Aufzeichnung der Aussagen, während Gertrude und Hugh Lynn der Runde als Zeugen beiwohnten.

Cayce selbst entschied über den Inhalt der Befragung, in der sein Unbewußtes die Zusammenhänge zwischen den früheren Existenzgemeinschaften und seinem jetzigen menschlichen Umfeld erhellen sollte. Die dabei angewandte Hypnose wurde zum Modell für weitere ungezählte Befragungen dieser Art.

»Du wirst uns nun über alle Beziehungen dieser Wesenheit [Cayce] und jene universalen Kräfte berichten, die die latent vorhandenen und jetzt zutage tretenden Bedingungen des gegenwärtigen Erdaufenthalts bilden – desgleichen über all jene Erscheinungsformen der Wesenheit auf diesem Planeten, welche ihre Entwicklung begünstigt oder verzögert haben und für ihre Fähigkeiten auf der gegenwärtigen sowie jeder noch zu erreichenden Ebene verantwortlich sind.«

»Ja, die Wesenheit befindet sich hier«, ließ ein schlafender Cayce vernehmen, »wir erkennen, daß sie mit ihrem gegenwärtigen Besuch jene Ebene erreicht hat, auf der ihre geistigen Kräfte im Verein mit denen ihres Umfelds die Rahmenbedingungen für diesen Aufenthalt schaffen. Doch erkennen wir eine Reihe von Triebhaftigkeiten, die noch zu befriedigen sind.«

Es mag in der Tat seltsam erscheinen, eine objektive Charakteranalyse ausgerechnet von dem Menschen zu verlangen, dessen Charakter zur Analyse bestimmt worden war. Aber Cayce gab sich sehr objektiv und sogar selbstkritisch, solange sein Trancezustand anhielt: Er war »jemand, der vielen Leuten hinsichtlich seiner Gedanken, Aktionen und Handlungsweisen als sehr widersprüchlich erschien. Jemand, der von der großen Masse kaum verstanden wurde und oft dazu neigte, exzentrisch zu sein. Jemand, der in der einen oder anderen Situation kein Talent zur Mäßigung zeigte. Dies bringt – wie wir meinen – destruktive Elemente in viele Angelegenheiten, die durch mäßiges Vorgehen besser gelöst werden könnten.«

Cayces Zuhörer erfuhren mehr, als sie erwartet hatten. Seinen immer noch anhaltenden Kampf gegen die körperlichen Begierden bezeichnete er als ein Überbleibsel aus anderen Existenzen, wo sie ihm sehr zu schaffen gemacht hatten: »Den in der fleischlichen Hülle werden Gedanken, Seele und Geist zu Sklaven der sinnlichen Begierden und der sie verursachenden Mächte; das Triebleben des Individuums wird auf der irdischen Ebene stets von der Strömung dirigiert, in die diese Begierden gelenkt werden.«

Cayce war nahezu schmerzhaft aufrichtig: »Wir sind der Meinung, daß in der gegenwärtigen Sphäre noch etliche Begierden fortdauern, die nicht in der Weise beherrscht werden, daß die Entwicklung schon jenen Punkt erreicht haben könnte, wie wir erwartet hätten.«

Er schrieb diese Mängel nicht etwa alle der unkörperlichen Vergangenheit zu, erklärte vielmehr, daß einige ebensogut Relikte aus früheren Existenzen sein könnten, die nun in diesem Leben überwunden werden müßten. Die Wesenheit ist »jemand, der oft in die Intrigen geheimer Liebesaffären verwickelt war; jemand, der sich Bedingungen aussetzt, die mit Herzensangelegenheiten und Sex zu tun haben«.

Doch hatte er auch eine bessere Seite, die seine Fehler wieder wettmachte – ein Gegengewicht zu seiner kapriziösen Vergangenheit. Oder, wie Cayce es ausdrückte: »Er entdeckte die größeren Kräfte des Spirituellen, die er in dieser Lebenszeit bis zu einem Punkt entwickelt, wo er den Massen dank seiner übersinnlichen Kräfte Frieden und innere Gelassenheit bringt.«

Aber so leicht war das nicht – weder für Cayce selbst noch seine jetzigen Gefährten. Für den Westen war dies ein ganz neues Konzept, das dem Individuum viel abverlangte. Es gab keine Beweise, auf die man zurückgreifen könnte, und die Öffentlichkeit tat das Ihre, um die Anhänger der Lächerlichkeit preiszugeben. Doch immerhin trug, was Cayce zu sagen hatte, zu einem besseren Verständnis der Vergangenheit und neuen Zukunftserwartungen bei. Er verstand es, die Dinge plausibel zu machen – »Fast zu plausibel«, bemerkte sein Sohn Hugh Lynn mit einem tiefgründigen Lächeln.

Zu dieser Zeit befand ich mich noch am Kreuzweg meiner eigenen Suche nach einem tieferen Lebenssinn. Cayce erschien mir damals wie eine ungeheure Provokation; er eröffnete meinem Denken ganz neue Wege – eine noch unbekannte Welt tat sich mir auf.

Sich mit Cayce auseinanderzusetzen hieß, die Idee der Reinkarnation, wie auch der Unsterblichkeit, auf den Begriff zu bringen. Das plötzlich aufkeimende Interesse an Reinkarnation innerhalb der westlichen Welt beruhte weitgehend auf den immensen Auswirkungen seiner Aussagen als »Schlafender Prophet«. Um soviel wie möglich über die Kontinuität der Seele zu erfahren, war es mir wichtig, mich nicht nur mit der kritischen Überprüfung seiner Worte und Gedanken über seine eigenen Reinkarnationen und ihre Folgen zu befassen, sondern auch mit den Aussagen seiner engsten Vertrauten über ihre gemeinsam mit Cayce verbrachten früheren Existenzen sowie deren Einfluß auf die Gegenwart.

Nach all diesen Bemühungen und unter Einbeziehung des unter Hypnose entstandenen Cayce-Bildes seiner Zeitgenossen war es nicht schwer, seine Entwicklung bis hin zu der einmaligen Persönlichkeit, die er schließlich verkörperte, nachzuvollziehen, seinen endgültigen Triumph in der letzten Lebenserfahrung nach schweren inneren Kämpfen gegen die fleischlichen Begierden darzustellen – Begierden, die ihm während seiner sieben aufregenden Inkarnationen ständig zu schaffen machten.

Während meiner Untersuchungen stellte es sich immer klarer heraus, daß ein bestimmtes, zwingendes Lebensmuster oder Karma die verschiedensten Leute, denen er viele

Male als Führer gedient hatte, anzog und an seinem Leben teilhaben ließ.

Einige von ihnen, die sich seine große Faszination derzeit noch gar nicht erklären konnten, verließen Heim und Hof, um ihm in Virginia Beach möglichst nahe zu sein und ein weiteres Mal die Früchte seiner Weisheit zu kosten. Einige von ihnen waren schon seit langer Zeit seine Seelengeschwister, und wie er es einmal erklärte, war die sogenannte »Liebe auf den ersten Blick« nichts anderes als ein spontanes Wiedererkennen einer weit zurückliegenden Gemeinsamkeit, die Männer und Frauen nahezu unerbittlich miteinander verbindet.

»Nicht alle Auftritte [frühere Existenzen] wurden [mir] vermittelt«, bemerkte Cayce, »aber doch solche, die auf das Individuum einen großen Einfluß ausübten oder von besonderer Tragweite waren. Die Ausdrucksformen einer Gesamtseele [Seelenkontinuität] werden ständig von dem bestimmt, was ein einzelnes Wesen entsprechend einem durch Erfahrung gewonnenen Ideal tut. Seine Entwicklung des Selbst kann die unterschiedlichsten Auswirkungen haben. Von daher gesehen sind es eher die Bedingungen als die Persönlichkeit, mit denen man in einer menschlichen Beziehung konfrontiert wird. Das sollte uns nicht verunsichern – obwohl manche, die so sehr auf die Persönlichkeit schwören, dieser Gefahr ausgesetzt sind.«

Für mich war das dennoch verwirrend, obwohl ich wußte, wie wichtig es war, Edgar Cayce in diesem Punkt zu verstehen. Denn in seinen verschiedenen Existenzen sah man ihn in einer ständigen Berg-und-Tal-Fahrt, einem ewigen Auf und Ab: einmal als Hohenpriester und wahren Herrscher über Ägypten, ein andermal als einfachen trojanischen Krieger und schließlich sogar als heruntergekommenen Tunichtgut im kolonialen Amerika.

»Was«, so fragte ich Jeannette Thomas, die Archivarin von

Cayces Aufzeichnungen, »was meinte er nur mit ›Bedingungen und nicht Persönlichkeiten‹?«
Sie überlegte nicht lange, denn diese Frage war ihr schon oft gestellt worden: »Es bedeutet, daß, falls du verstehen willst, wieso jemand, der einst Julius Cäsar war und dann auf die Stufe eines Straßenkehrers herabgesunken ist, du nicht vom Persönlichkeitsbild eines Julius Cäsar ausgehen kannst, sondern in ihm den ganz gewöhnlichen Menschen erkennen mußt, der, um das zu sein, was er ist, nur das tat, was er in jedem Fall getan hätte.«
Nicht alle Lebenszyklen tragen zur Ausformung der Persönlichkeit bei. Das läßt sich anhand einer flüchtigen Skizze von den sieben Existenzen Edgar Cayces unschwer demonstrieren.
In Atlantis, vor langer Zeit, war er die männliche Hälfte einer Zwillingsseele. Er hieß Asule und spielte eine wichtige Rolle in der Geschichte des legendären »Verlorenen Kontinents«. Seine Bewohner muß man sich in ihrer frühesten Phase als reine Gedankenformen vorstellen, deren Zivilisation jedoch fortgeschrittener war als die unsrige.
In seinem zweiten Leben war Cayce der ägyptische Hohepriester Ra-Ta, ein bedeutender Metaphysiker, der offenbar wegen einer Liebesaffäre mit der Frau eines anderen des Landes verwiesen wurde. »Wieder einmal finden wir die Wesenheit ihren fleischlichen Begierden erlegen, wobei sich destruktive Elemente ihrer Persönlichkeit bemächtigten.«
Dann tauchte er wieder als Stammeshäuptling Uhjltd in der persischen Stadt der Hügel und Grasländer auf. In dieser Existenz entwickelte er seine mediale Begabung und gründete etliche Heilzentren. »Von dieser Ebene aus erkennen wir, daß seine psychischen Kräfte mit den spirituellen verknüpft sind, was zum gegenwärtigen Zeitpunkt noch viel stärker in Erscheinung tritt.«

In Troja war er der Torhüter Xenon, der es zuließ, daß seine Mätresse einen allzu neugierigen Bewohner dazu überredete, das hölzerne Pferd samt den darin verborgenen griechischen Soldaten in die Stadt hereinzuziehen. Somit konnte Troja in Brand gesteckt und die schöne Helena zurück nach Sparta gebracht werden.
In Judäa trat Cayce zu Lebzeiten Christi als dessen Jünger Lucius von Kyrene auf, der auch in der Bibel erwähnt ist und wiederum in Affären mit Frauen verwickelt war.
Auch in Frankreich und später im kolonialen Virginia ging er seinen sexuellen Leidenschaften nach. Dort war er Vater eines unehelichen Kindes. Selbst von heroischen Taten ist in der Aufzeichnung die Rede. Sein Charakter war sehr komplex und viel weltlicher, als man es von einem Menschen mit spirituellen Neigungen erwarten würde.
Wenn ich mir diesen schlichten und volkstümlichen Philosophen Edgar Cayce vorstelle, fällt es mir schwer, in ihm einen Mann zu erkennen, der wie jeder andere seines Geschlechts den ganz normalen Versuchungen ausgesetzt ist. Doch viel aufregender war die Frage, wie seine Readings, die einen so engen Bezug zwischen längst Vergangenem und noch Gegenwärtigem herstellten, je als wirkliche Beweise für eine derartige Kontinuität des Lebens angesehen werden könnten.
Schließlich sah ich mich nach anderen Beispielen außerhalb von Cayces persönlichem Erfahrungsbereich um und versuchte, entsprechende Hinweise aus den unterschwelligen Erinnerungen anderer Leute zu erhalten. Insbesondere fiel mir die Geschichte einer jungen Mutter auf, die sich wegen ihrer unerklärlichen Angst vor den Löwen eines städtischen Tierparks an Cayce gewandt hatte. Sie vermied es, ihr Problem als etwas Mystisches auszugeben, um ihm die Antwort nicht gleich in den Mund zu legen. Normalerweise wäre sie nie in den Zoo gegangen, wenn ihre zwei

kleinen Jungen nicht so verrückt auf Löwen gewesen wären. Sie konnten es nicht begreifen, weshalb ihre Mutter sie plötzlich vom Käfig zurückriß, als eines der Tiere die Zähne zu fletschen begann.

Cayce stimmte sich sofort auf das Problem ein. Die Frau hatte in biblischen Zeiten in Rom gelebt. Als ergebene Christin, die den Kaiser nicht über ihren Gott zu stellen vermochte, wurde sie in die Arena geworfen und fand dort in den Klauen eines der Löwen ein schreckliches Ende.

Wie klar und bündig das war. Während dieses Ereignis ihrem Normalbewußtsein entschwunden war, lebte es tief unter der Oberfläche fort. Kein Psychoanalytiker hätte ihr besser helfen können. Sobald die Ängste in verständlicher Wortwahl auf den Begriff gebracht wurden, waren sie so gut wie gebannt. Ein Drama fand somit seine Lösung.

Als Cayce sich bemühte, sein Bewußtsein von Gedanken an körperliche Begierden zu befreien, öffnete sich sein Unbewußtes; und er gewann Impressionen, die er im Wachzustand seiner Seele empfing und in ihm den Glauben an die Unsterblichkeit des Menschen bekräftigten. Er fühlte sich sehr bestätigt.

Gar zu gerne dachte er darüber nach, wie er später einmal, nach seinem Tode, all die Zurückgebliebenen von seinem Fortleben informieren könne. Und er erinnerte sich an eine freundschaftliche Diskussion, die er mit Madison Byron Wyrik, dem Geschäftsführer der Western Union Telegraph Company in Chicago, noch vor dessen Ableben geführt hatte. »Worum es uns dabei ging, war die Frage nach der Fortexistenz der Persönlichkeit. Dies endete gewöhnlich mit dem scherzhaften Versprechen des einen oder anderen: ›Also abgemacht! Wer immer von uns am ersten geht, soll mit dem Zurückgebliebenen die Verbindung aufnehmen!‹«

Irgendwann nach etlichen Jahren wurde Cayce die Nach-

richt vom Ableben seines Freundes überbracht. Noch so manches Mal dachte er an die gegenseitige Vereinbarung, ja, versuchte sogar, darüber zu meditieren, indem er sich den Freund so vor Augen führte, wie er ihn zuletzt erlebt hatte: mit einem Lächeln auf seinen Lippen.
Eine Weile war er ihm jedoch aus dem Gedächtnis entschwunden, bis er sich eines Tages in seinem Heim in Virginia Beach ein Radioprogramm anhörte. Es handelte sich um die in jener Zeit so überaus populäre Musik der Seth-Parker-Songgruppe. Die Mitglieder der Gruppe hatten sich auf einige Lieder geeinigt, die dem Andenken ihrer verstorbenen Freunde gelten sollten.
»Eine unter den Zuhörerinnen«, berichtete Cayce, »erbat sich das Lied ›Sweet Hour of Prayer‹. Eine andere Teilnehmerin wollte sogleich von ihr wissen, für welchen ihrer verstorbenen Ehemänner dieser Song denn gedacht sei. Ich weiß noch, daß ich darüber sehr amüsiert war und mich belustigt in meinen Sessel zurücklehnte.«
Jedoch nicht für lange. Denn plötzlich fühlte Cayce in einem Moment erhöhten Bewußtseins, daß er sich nicht allein in dem Raum befand. »Ich spürte, daß irgend jemand bei mir war. Mir war heiß und kalt zugleich, als ob sich etwas Unheimliches anbahnte – etwas, das ich nicht ohne weiteres verstand. Währenddessen lief aber das Programm weiter und verschärfte noch meinen Sinn für die gespaltene Realität. Ich befand mich in einem undefinierbaren Zwielicht. Und als ich rein zufällig zum Radio hinüberblickte, sah ich meinen alten Freund davor sitzen, so als ob er der Musik zuhörte. Er wandte sich lächelnd zu mir um und sagte: ›Es gibt die Fortexistenz der Persönlichkeit – jetzt weiß ich es. Und ohne Gebet und Gottesdienst gibt es kein Leben.‹«
Für einen Augenblick dachte Cayce, er würde träumen, aber sein Körper und Geist belehrten ihn eines Besseren.

»Ich zitterte am ganzen Leib – so sehr ging mir das unter die Haut. Doch mein Freund war inzwischen verstummt und begann, sich in Luft aufzulösen.« Cayce lauschte noch eine Weile, bis das Programm beendet war, und wagte sich nicht zu bewegen. Er glaubte sich an den Stuhl gefesselt.
Eine Ewigkeit schien verstrichen zu sein, ehe er sich erhob, um das Gerät auszuschalten. Ihn fröstelte noch immer. »Ich spürte, daß seine Anwesenheit den gesamten Raum erfüllte, auch dann noch, als ich das Licht ausknipste und die Treppe zu meinem Schlafzimmer hinaufstieg. Ich hörte Stimmen aus dem Dunkel nach oben kommen.«
Dann sprang er ins Bett und zitterte noch immer. Er konnte nicht umhin, seine Frau aufzuwecken. Im Halbschlaf wies sie ihn darauf hin, daß das Radio noch immer lief. Hatte er sich alles nur eingebildet?
»Aber ich habe es doch ausgemacht!« versicherte er.
Sie stand auf, öffnete die Tür und sagte: »Da sind doch Stimmen, hörst du's denn nicht?«
Jetzt erst wurde ihm klar, daß sein Freund tatsächlich die Gelegenheit wahrgenommen hatte, um ihm seine Fortexistenz zu beweisen.
Über die Schultern seiner Frau gebeugt, lauschte er mit ihr nach den Klängen, die von unten heraufdrangen. »Die Stimmen waren nicht sehr deutlich, ab und zu konnte ich eines der Wörter verstehen. Ich glaube, jemanden sagen zu hören: ›Nun weißt du es.‹ Doch ganz sicher bin ich mir nicht. An die genaue Formulierung kann ich mich nicht erinnern, aber die Botschaft war unverkennbar. Für mich gab es nicht den geringsten Zweifel, daß hier eine unter Freunden abgeschlossene Wette vereinbarungsgemäß eingelöst wurde.«

2. Kapitel

Der Mensch Edgar Cayce

Hauptanliegen und Mittelpunkt im Leben dieses Mannes waren all die Menschen, die mit ihren Sorgen und Nöten bei ihm anklopften. Als sie sein Studio betraten – viele kamen, ohne zu wissen, was sie eigentlich dazu veranlaßt hatte –, geschah es häufig, daß Cayce in ihnen alte Vertraute aus einem früheren Leben erkannte. Oder es waren die Readings, die alte Gemeinsamkeiten erneut bekräftigten. Einige der Besucher, wie zum Beispiel David Kahn, gehörten schon im alten Ägypten, wo Cayce ein Hoherpriester und Heilkundiger war, zu seinen treuen Helfern. Unter den weiblichen Besuchern waren frühere Ehefrauen, Geliebte oder Mätressen, die nun in seinem gegenwärtigen Leben eine ähnlich bedeutsame Rolle innehatten.

Über sich selbst erfuhr er in seinen Rückführungen, daß er häufig vom spirituellen Pfad abgewichen war. Das könnte ihn diesmal zu der heroischen Anstrengung geführt haben, eine spirituelle Reife wie nie zuvor zu erreichen, was ihm nicht immer leichtfiel.

All diese erneuten Begegnungen waren von beträchtlicher Relevanz, ging es doch darum, unerledigte Aufgaben oder abgebrochene Beziehungen wiederaufzunehmen – andererseits gaben sie ihm die nötigen Anregungen, um schneller voranzukommen. Ruth Burks, eine ehemalige Zeitschriftenredakteurin, war eins seiner großen leitenden Lichter, obgleich er sie nicht allzuoft sah. Wie einstmals in biblischen Zeiten erkannten und berührten sich hier zwei verwandte Seelen. Das Ganze begann, wie so häufig, mit

einem Reading, bei dem der Zufall eine Rolle zu spielen schien. Für Cayce existierte der Zufall allerdings nicht, denn alles, so sagte er, würde von der Vergangenheit abgeschrieben, um in der Gegenwart ausgeformt und in die Zukunft projiziert zu werden. Nichts verläuft ohne Plan, auch wenn es manchmal so aussieht. Ruth war ganz »zufällig« in Virginia Beach, ohne zu wissen, weshalb, als sie zum erstenmal von Cayce hörte und sofort den unwiderstehlichen Drang hatte, ihn kennenzulernen.
»Ich konnte mir diesen Impuls nicht erklären«, sagte sie, »aber als ich Cayce gegenüberstand, glaubte ich, ihn schon immer gekannt zu haben.«
Und das Reading bewies es. Denn in jenen längst entschwundenen Zeiten hatte sie als Martha, eine Verwandte des Petrus, das Leintuch für den Gekreuzigten gewoben und kannte auch Cayce, den damaligen Lucius von Kyrene, der in der Bibel als Jünger des Apostels Paulus erwähnt wird.
Obgleich seit dieser hellseherischen Eröffnung durch Cayce im August 1943 fast fünfzig Jahre vergangen sind, erinnerte sich Ruth, die einstige Ehefrau des erfolgreichen Geschäftsmannes Leon Buckwalter, an nahezu jedes Detail. Die Kommunikation zwischen ihr und dem Propheten war für beide eine blitzartige Erleuchtung. Direkt nach der ersten Sitzung hatte er ihr die Hand gereicht und ihr für den großartigen Beistand gedankt.
»Ich wüßte nicht, wie ich Ihnen geholfen hätte«, sagte sie, »ich war völlig passiv.«
Er erklärte ihr, welche Anforderungen jedes Reading an den Sehenden stellt, daß er auf einem Lichtstrahl den mühsamen Weg zur Quelle des universalen Wissens beschreiten und gegen die obstruktiven Kräfte zu beiden Seiten des Weges ankämpfen muß. Doch ihre Anwesenheit hätte ihm die genaue Richtung gewiesen. Sie empfand wie in der

gemeinsamen geschichtlichen Vergangenheit ein tiefes Interesse an seiner Arbeit und fragte ihn, ob sie ihm nicht helfen könne. Belastet, wie Cayce in jenen Kriegszeiten durch zahllose Hilferufe geängstigter Eltern von Frontsoldaten war, nahm er solche Angebote alter Freunde dankbar an.

»Wenn Sie nach Hause kommen, können Sie parallel zu meinen Readings meditieren«, sagte er. Und nichts war Ruth lieber, als sich zu Hause in Lancaster, Pennsylvanien, zu den angegebenen Zeiten ganz auf Cayce und seine Arbeit in Virginia Beach zu konzentrieren.

Sie tat dies an jedem Tag, an dem er, wie sie wußte, ein solches Reading durchführte. Nur einmal, als sie durch einen Besucher verhindert war, mußte sie ihre Meditation abbrechen.

»Mr. Cayce schrieb mir schon am darauffolgenden Tag und fragte mich, wo ich denn gewesen sei. Er konnte sein Reading nicht zu Ende bringen.«

Ich hatte schon so viel über ihre enge Beziehung zu Cayce erfahren, daß ich sie unbedingt in Lancaster besuchen wollte. Sie lebte damals in einem Mennonitenheim und tat den Blinden und Behinderten viel Gutes, sie las ihnen vor oder führte sie im Rollstuhl spazieren, und das mit siebenundachtzig Jahren. Sie war praktisch für jeden da, der irgendein Problem hatte.

Als wir dann endlich zusammensaßen und miteinander plauderten, schienen plötzlich alle Schranken zwischen uns aufgehoben. »Sie müssen schon damals zu uns gehört haben«, meinte sie.

»Wahrscheinlich auch alle anderen«, pflichtete ich lächelnd bei und mußte immer daran denken, was sie mir vorher erzählt hatte. Es enthüllte mir nicht nur die gegenseitige Vertrautheit zwischen Cayce und Ruth, sondern sprach auch für ihre starke Persönlichkeit.

Sie lachte: »Schließlich war ich ja einmal die Herausgeberin von *Mind Digest*.«
Nach dem Tod ihres ersten Mannes hatte sie Colonel Arthur Burks, einen Berufsoffizier und Weltreisenden, geheiratet. Ihre Bindung an Cayce blieb davon unberührt. Sie besuchte ihn noch einmal, um ein weiteres Reading von ihm zu erhalten. Etwa ein Jahr danach ließ ein bereits todgeweihter Cayce ihr ausrichten, daß er sie dringend zu sehen wünsche. Als sie sich am frühen Morgen auf den Weg machen wollte, befiel sie ein Vorgefühl seines Endes, und so beschloß sie, noch bis neun Uhr zu warten und dann seine Familie anzurufen. »Kurz vor neun sind sie mir zuvorgekommen und teilten mir telefonisch seinen Tod mit.« Während der vorausgegangenen Wochen hatten sie mehrfach miteinander korrespondiert, und nun wurden seine Briefe ihr kostbarster Besitz. Sie holt sie sich immer wieder hervor.
Ihre Freundschaft blieb nicht ganz unbeobachtet. Es gab etliche Lästerzungen, die daraus einen Skandal machen wollten. Ruth lachte, als ich ihr das erzählte – es war ein strahlendes Lachen, das ihre ganze Heiterkeit zum Vorschein brachte. »Sie haben nichts Besseres zu tun«, sagte sie, »bei soviel innerer Leere.«
Sie seufzte, und dann, als sie lächelte, waren die Jahre wie weggefegt. »Ich spüre, daß wir uns eines Tages wiederbegegnen werden, denn wie Mr. Cayce sagte, ist der Tod nur eine andere Form des Daseins. Und mir ist nicht bekannt, daß Cayce sich jemals geirrt hätte.«
Cayce war in mehrfacher Hinsicht absolut einmalig. Es gibt zu unserer Zeit keinen, der sich mit ihm vergleichen könnte. So wie es nur *einen* Shakespeare, *einen* Nostradamus, *einen* Abraham Lincoln gab, so war auch Cayce ganz unvergleichlich. Jeder Versuch, sein Leben mit den herkömmlichen Maßstäben zu messen, muß an dieser Persönlichkeit

scheitern. Nicht nur im Trancezustand galt er als Quelle eines bis dahin unerreichten Wissens, auch im Wachzustand war er der große Weise, der mit Persönlichkeiten wie Thomas Edison oder Woodrow Wilson über Reinkarnation zu argumentieren verstand.
Wer sein Leben genauer betrachtet, wird schnell herausfinden, daß ein beträchtlicher Teil der aus seinem Unbewußten herrührenden Informationen sich auch in seinem Wachbewußtsein manifestierte und seinem Geist eine Breite und Tiefe verlieh, die in keinem Verhältnis zu seiner lückenhaften Erziehung steht. In der Schule war er nie über die untersten Stufen hinausgekommen und konnte sich dennoch mit der Leichtigkeit eines großen Philosophen über die relevantesten Probleme des Daseins auslassen.
Er wußte, was es hieß, die Pfeilspitzen und Steinschläge des Schicksals, den vernichtenden Hohn seiner Nachbarn und die Feindseligkeit der breiten Massen zu ertragen. Es verbitterte ihn keineswegs. Im Gegenteil, er brachte trotz allem die Gelassenheit auf, seinen Kritikern mit Verständnis und Einfühlungsvermögen zu antworten. Nur wenige Menschen erkannten wie er, daß all diese negativen Schwingungen wie Angst, Wut und Verstimmtheit sich für den Urheber weitaus verhängnisvoller auswirken, als sie je bei der Zielperson Schaden anrichten könnten. Das Wort Liebe, das vielen so leicht über die Lippen kommt, war für ihn eine Gedankenenergie, die er bei Kindern und ihren Eltern sowie vielen geplagten und leidenden Menschen in sprachloses Glück, Dankbarkeit und Bekundungen neuer Lebenshoffnung umzusetzen verstand.
Den Gedanken an eine Belohnung wies er weit von sich: »Im Geben selbst liegt die Belohnung«, pflegte er zu sagen, »denn auf den Händen derer, denen wir helfen konnten, gelangen wir in den Himmel.«
Als Junge, der sich an den Wunderheilungen Christi begei-

sterte, hatte er Gott oft um die Kraft gebeten, eines Tages selbst Kranke heilen zu können. Hatte nicht Jesus stets seinen Jüngern gesagt, daß sie mit Hilfe des Vaters dasselbe vollbringen könnten wie er – und sogar noch Größeres?
Und so kam es, daß ihm zwischen Wachen und Schlaf eine weiße Frau erschien, um ihm mitzuteilen, daß seine Gebete erhört und seine Wünsche erfüllt würden.
Zunächst hatte er dies für einen Traum gehalten. Schon von klein auf hatte er Stimmen gehört und Dinge gesehen, die sonst keiner sah. Als er vier Jahre alt war, wurde sein Großvater von einem scheuenden Pferd abgeworfen und zu Tode getrampelt. Nachdem der betrübte Sohn seiner Frau erklärt hatte: »Vater mußte sterben, weil er den Jungen zu retten versuchte« (der Enkel war gleichzeitig mit dem Großvater vom Pferd gestürzt), da begann der kleine Edgar zu schreien: »Er ist gar nicht tot – noch eben hat er mit mir gesprochen und gesagt, daß ihm nichts fehlt.«
Er war so verwirrt von diesen Erlebnissen, daß er darüber das Lernen vergaß und zum Gespött seiner Mitschüler wurde. Weil er nicht richtig schreiben konnte, mußte er auch noch die Schelte des Vaters ertragen. Als er Gott um Hilfe bat, vernahm er wieder eine Stimme, die ihm diesmal riet, sein Lesebuch unter das Kopfkissen zu stecken, dann würde er jedes Wort auswendig können. Und das bewies er am darauffolgenden Morgen seinem verdutzten Vater.
Doch da sein Interesse am Unterricht immer geringer wurde, nahm ihn sein Vater vorzeitig von der Schule. Von nun an arbeitete er auf der Farm eines Onkels.
In einer so kleinen Stadt wie Hopkinsville in Kentucky, wo er geboren und aufgewachsen war, geriet er bald in den Ruf eines kauzigen Sonderlings, den man nur dank seiner Herkunft tolerierte. Sein Vater konnte sich auf eine lange Ahnenreihe bäuerlicher Pioniere berufen, und seine Mutter, Carrie Major Cayce, war ihrem Gatten durchaus ebenbür-

tig. Nur der Sohn fühlte sich in seiner eigenen Heimat fremd. Die Leute ließen ihn links liegen, und der katholische Priester bekreuzigte sich dreimal und rief die heilige Muttergottes an, wenn er an Cayces Haus vorbeikam. Selbst als der junge Cayce erste Heilerfolge aufweisen konnte, stieß er bei den meisten auf Skepsis – wäre da nicht der neu eingebürgerte Yankee-Arzt Dr. Wesley Ketchum gewesen, der in ihm einen willkommenen Verbündeten gegen die Clique der südlichen Ärzte erblickte. Wo in aller Welt, sagte sich Ketchum, oder in welcher medizinischen Institution gab es jemanden wie ihn, der im schlafenden Zustand korrekte Diagnosen erstellte und wirksame Heilmittel verschrieb?

Obwohl Cayce wußte, was man generell über ihn dachte, blieb er offen und hilfsbereit. Wenn auch die Neugier des Heranwachsenden den vielen und kleinsten Dingen des Lebens galt, waren es doch die Menschen selbst, die ihn am meisten interessierten, deren Freuden und Leiden er teilte und denen er allein um der Sache willen gab, was er zu geben hatte – nicht anders, als er es in längst vergangenen Zeiten gewohnt war.

Ein Vorfall in seiner früheren Jugend, der ihn sehr nachdenklich gemacht hatte, unterstreicht seine besondere Einstellung gegenüber seiner Umgebung. Er hatte einen Job in einem Buchladen und mußte von den oberen Sprossen einer Leiter aus verschiedene Regale abstauben, als einer der beiden Ladeninhaber, zwei Brüder, ihm zurief: »Sei vorsichtig, Edgar, damit du nicht stürzt und etwas kaputtmachst.« Kurz darauf kam der andere vorbei und sagte: »Edgar, sei vorsichtig, du könntest fallen und dich verletzen!«

Daran mußte Cayce sein ganzes Leben lang denken und kam immer wieder darauf zurück. »Es ist vordergründig nur ein geringfügiger Unterschied«, erinnerte er sich, »aber ich erkannte, wie groß der Unterschied war, darin, wie ich reagierte. Für den zweiten der Brüder hätte ich alles getan, weil er offensichtlich an meinem Wohl interessiert war. Ich erkannte ihn als meinen Freund, und das war er auch. Seither weiß ich, daß man, um Freunde zu haben, selber ein Freund sein muß.«

Es war nicht schwer, mir ein Bild vom lebendigen Cayce zu machen, obwohl ich ihn nie persönlich gekannt habe. Er verfügte über einen unkomplizierten Geist und ein Charisma, das sich in seinem unvermittelten Charme und seiner Wärme spiegelte, über eine Selbstlosigkeit, die ihm sogar die Kritiker gewogen machte. Für Tiere und Pflanzen hatte er ein besonderes Verständnis, vor allem aber für Kinder, die ihm förmlich nachliefen, weil sie in ihrer unverbildeten Art in Cayce eine verwandte Seele erkannten.

Allein schon sein Augenzwinkern verriet einen trockenen Humor und eine Heiterkeit, die ansteckend war – Eigenschaften, die ihm Kredit eintrugen. Unvermittelt aufkeimende Freundschaftsgefühle waren für Cayce ein Beweis früherer Gemeinsamkeiten. Sein Glaube an die durch das Karma bedingte Reinkarnation machte ihn toleranter gegenüber seinen Mitmenschen und frei von Eitelkeit.

Als ein Kistchen mit dem ersten Buch über ihn – unter dem Titel *There Is a River*, verfaßt von Tom Sugrue – bei ihm eintraf, reagierte er auf charakteristische Weise; während der Rest der Familie nichts Eiligeres zu tun hatte, als es durchzuschmökern, brach er die Latten der Verpackung entzwei und übergab sie dem Herdfeuer. Es ist uns nicht überliefert, ob er dieses oder irgendein anderes Buch über ihn jemals gelesen hat.

»Nicht ohne Grund kommen wir hier alle zusammen«, sagte er einmal zu Dr. Ketchum, »doch wenn der Zweck unseres Hierseins erfüllt ist, geht jeder seinen eigenen Weg, um einem noch größeren Zweck zu dienen.«

Und so allein er sich manchmal selbst im Kreis seiner Angehörigen fühlte, seine Frau stand ihm bei seinen immer wiederkehrenden Depressionen und den inneren Widersprüchen zwischen seiner spirituellen Berufung und dem herrschenden Materialismus stets zur Seite.
Aus der Einsamkeit seiner unvergleichlichen Seele entrang sich ihm zuweilen der Ruf: »Mein Gott, warum hast du mich nicht Arzt werden lassen, wenn du schon willst, daß ich die Kranken gesund mache?«
Aber Gertrude antwortete ihm ganz ruhig: »Würdest du denn lieber ein Doktor wie jeder andere sein?«
Einmal überraschte ihn ein Geistlicher in seinem Arbeitszimmer, der eigens gekommen war, um ihn der Quacksalberei zu bezichtigen. Er fand einen Cayce vor, der mit gebeugtem Haupt und gedämpfter Stimme zu seinem Gott sprach: »Ich danke dir, Herr, für die Rettung eines weiteren Lebens.« Denn kurz zuvor hatte ihn eine überglückliche Mutter angerufen, die ihm für die Heilung ihres Babys dankte.
Ein andermal besuchte ihn ein Geistlicher, den Cayces Prophezeiung über eine am Ende des Jahrhunderts bevorstehende weltweite Katastrophe aufs höchste alarmiert hatte. »Wo soll ich mit meiner Familie denn hingehen, um dieser Gefahr zu entrinnen?«
Aber Cayce antwortete: »Nicht wo Sie leben, ist wichtig, Herr Pastor, es kommt auf das Wie an.«
Cayce versuchte, für jedermann die nötige Zeit aufzubringen, obwohl ihm eine Stimme geraten hatte, sich nicht mehr als zwei Readings pro Tag zuzumuten. Während des Zweiten Weltkrieges brachte er es sogar auf sieben bis acht. Es gab zu viele Eltern von Frontsoldaten, die mit ihm um das Leben ihrer so weit entfernten Söhne bangten. Wie sehr er sich auch bemühte, die Briefe der um Hilfe Bittenden türmten sich immer höher auf. Als seine Assistentin wieder

einmal die neu eingegangene Post zu sichten begann und weder Anfang noch Ende sah, meinte Cayce: »Nehmen Sie doch das Telegramm von ganz unten heraus – das könnte sehr dringend sein.«

Cayce hatte richtig getippt: Versehentlich war ein eiliges Ersuchen um ein sofortiges Reading in den untersten Teil des Postsacks geraten.

Seine normalen Instinkte kamen dabei keineswegs zu kurz. Er sah sich gerne von schönen Frauen und klugen Männern umgeben und gönnte sich gelegentlich ein Gläschen Wein, wobei er den Saft der Traube als Nahrung bezeichnete. Und als ein neu bekehrter Christ dies monierte, wies er auf das Wunder bei der Hochzeit von Kana hin, wo Christus zum Wohl der Gäste Wasser in Wein verwandelt hatte. Er scherte sich wenig um seine Gesundheit. Während einer gemeinsamen Mahlzeit bemerkte eine seiner Verehrerinnen mit leichtem Entsetzen, daß Cayce entgegen seiner generellen Tabuierung von Schweinefleisch es hier mit unverkennbarem Vergnügen konsumierte. »Mr. Cayce«, sagte sie, »Schweinefleisch ist aber gar nicht gut für Sie!«

Cayce nahm es gelassen hin. »Wenn es mir noch nicht mal gelänge, die Schwingungen [Qualität] dieses armseligen Fleischhäppchens zu steigern, wäre sicher nicht viel mit mir anzufangen.«

Anfangs war sein Temperament ziemlich unausgeglichen, bis er sich selbst so unter Kontrolle hatte, wie es seinen Grundsätzen entsprach. Seine anfängliche Verletzbarkeit und Gereiztheit wich dann einer gewissen inneren Balance, die aber gelegentliche Zornesausbrüche über die – wie er meinte – allzu anmaßenden Interpretationen seiner Tranceaussagen durch Gladys Davis nicht ausschloß. So unentbehrlich ihm seine treue Mitarbeiterin war, schon ein dutzendmal hatte er sie buchstäblich gefeuert, um ihr jeweils nach ein oder zwei Stunden reumütig lächelnd zu erklären, wie leid es ihm täte. Mit einem verzeihenden Blick, der den seinen erwiderte, war für sie die Angelegenheit wieder bereinigt. Ihr war klar, daß sie immer zusammenarbeiten würden.

Gertrude hingegen war die Frau, die ihn stets wiederaufrichtete, wenn er mit sich und der Welt zerfallen war. Gladys diente ihm eher als Ventil für die kleineren, alltäglichen Frustrationen und war für ihn eine Vertraute. Seit ihrem achtzehnten Lebensjahr hatte sie ihren festen Platz in der Familie und begleitete Edgar und Gertrude Cayce auf all ihren Wegen. Insgesamt waren es zweiundzwanzig Jahre, in denen sie faktisch jeder seiner unzähligen Readings aufzeichnete, bis der Tod nach einer von Cayce selbst vorausgesagten Lungenerkrankung den Schlußstrich unter sein irdisches Dasein zog.

Mit Geldangelegenheiten wollte Cayce sich nicht befassen. Nur einmal, nach dem Zweiten Weltkrieg, ging er, um eine Klinik für unheilbar Erkrankte zu finanzieren, zusammen mit David Kahn in Texas auf Ölsuche, wo er – wie immer in solchen Dingen – zwar fündig, aber dennoch nicht mit Erfolg belohnt wurde. Denn als der Bohrer sich nicht einbringen ließ, obwohl sich bereits riesige Ölflecken auf den umliegenden Regenpfützen zeigten, wurde ihm immer bewußter, daß Materialismus und Spiritualität sich kaum miteinander verbinden lassen. Seine Einstellung gegenüber finanziellen Angelegenheiten war nahezu infantil. Als frommer Christ ließ er Gott, seinen Herrn, auch in diesen Dingen walten, selbst wenn seine Kinder in zusammengeflickten Kleidern umherliefen und er selber Löcher in den Schuhsohlen hatte. Einmal war seine Familie in einem besonders kalten Winter ganz ohne Heizmaterial. Während sie – in dicke Mäntel gehüllt – ihre karge Mahlzeit einnahmen, hörten sie, wie ihr Vater mit gefaßter Stimme den allgütigen Gott um Feuerholz anflehte.

Einige Stunden später klopfte es an die Haustür. Es war der Straßeninspektor einer Elektrizitätsgesellschaft, dessen Leute beauftragt waren, einen alten Lichtmast in der Nähe des Hauses umzulegen, und falls Cayce nichts dagegen hätte, würden sie ihn gleich zersägen und das Kleinholz auf dem Rasenplatz aufstapeln.

Seine Fähigkeit, Ölquellen aufzuspüren, führte im mittleren Texas zu allerhand Gerüchten über seine magischen Qualitäten. Seit Monaten waren weite Landstriche von einer lang anhaltenden Dürre betroffen, und eines Tages wurde Cayce von einem Cowboy in Lederhosen und hohen, mit langen Sporen bestückten Stiefeln angesprochen. Unter der Krempe seines Stetson flackerte ein lauernder Blick hervor.

»Man sagt, Sie könnten Wunder vollbringen«, kam es von seinen Lippen, »und hier hat es seit vier Monaten nicht mehr geregnet. Wann endlich können wir wieder mit Regen rechnen?«

Cayce sah ihn an, und ohne sich seiner Worte bewußt zu sein, erwiderte er: »Am kommenden Freitag nachmittag um vier Uhr.«

Zu genau diesem Zeitpunkt ergoß sich ein gewaltiger Wolkenbruch über die Gegend. Niemand konnte sich erinnern, daß es jemals zuvor so heftig geregnet hätte. Nach einer halben Stunde war der Spuk wie weggeweht.

Als diese Story die Runde machte, kamen Leute von weit und breit, die Cayce darum baten, auf ihren Grundstücken nach Quellwasser zu suchen; und stets war er dabei erfolgreich und konnte in jedem der Fälle die exakte Stelle und genaue Tiefe des Wasservorkommens benennen. So avancierte er bald zu einer lokalen Berühmtheit, denn viele Siedler hatten lange Jahre hindurch ihre Herden von einer Wasserstelle zur anderen treiben müssen.

Cayce war jedoch nicht der Meinung, den Wolkenbruch

selbst herbeigeführt zu haben, dazu hätte er sich viel zuwenig Mühe gemacht. »Es handelte sich bloß um eine Vorhersage, die mir keine besondere Anstrengung bereitete.«
Aber in manchen prekären Situationen mußte er sich in der Tat das erwünschte Ergebnis zunächst vor seinem inneren Auge vergegenwärtigen. Einmal wurde er in eine ziemlich heikle Lage hineingezogen, als ein Texaner eine Affäre mit der Frau eines anderen hatte. Da ein blutiges Ende nahezu absehbar war, wandten sich einige Familienmitglieder beider Parteien an Cayce mit der Bitte um friedliche Vermittlung. Es kostete ihn etliche Gespräche und Readings für die drei Hauptbeteiligten. Dann bat er Gott um ein Zeichen, aus dem er entnehmen könne, daß es richtig war, sich hier einzuschalten. »In dieser Nacht erfuhr ich eine Offenbarung. Und das Ehepaar blieb seinem Gelöbnis treu, die Familien sind immer noch miteinander befreundet.«
Während der Depressionsjahre zeigten sich die Schirmherren der Association for Research and Enlightenment (A.R.E.), die zum Teil auch die Kosten für Cayces Klienten übernahmen, sehr ungehalten über sein finanzielles Gebaren, da er seine Fähigkeiten auch Leuten zugute kommen ließ, die nicht dafür bezahlen konnten. »Wenn keine Gelder mehr einfließen, können wir so nicht weitermachen«, erklärten sie.
»Der Regen kennt auch keine Unterschiede«, erwiderte Cayce. Damit mußten sie sich schließlich geschlagen geben. Etwa zur gleichen Zeit hatten ihm einige Hollywood-Direktoren, die von der Exaktheit seiner Voraussagen aufs höchste beeindruckt waren, eine enorme Summe geboten, falls er ihnen genaue Angaben über die Marktchancen ihrer Filmprojekte machen würde.
Cayce lehnte ab. »Mir ist klargeworden«, sagte er, »daß meine wie auch immer beschaffene Begabung nicht zu meinem persönlichen Nutzen bestimmt ist.«

Ohne die nötigen Mittel zum Unterhalt der Familie und seiner Sekretärin mußte er sich eines Tages (in einem Reading) der Frage stellen, warum keine Besserung möglich sei. Seine Frau formulierte das Problem folgendermaßen: »In Anbetracht der Tatsache, daß Edgar Cayce seine gesamte Kraft ausschließlich seiner Aufgabe widmet, gib uns die Begründung, weshalb er nicht in der Lage sein sollte, dennoch in ausreichender Weise für den Lebensunterhalt seiner Familie zu sorgen, und ferner, wie er – Edgar Cayce – derartige Bedingungen korrigieren könnte?«
Gertrude sah wie gebannt auf seine Lippen, die sich nun zu bewegen begannen: »Lebet näher bei dem, der alle guten und vollkommenen Gaben gewährt; bittet, so wird euch gegeben, klopfet an, so wird euch aufgetan; teilet aus, so werdet ihr das Vierfache zurückerhalten. Nie hat es an dem Notwendigsten gemangelt, und es wird auch daran nicht mangeln, solange das Festhalten an dem Weg des Herrn euer erstes und oberstes Gebot bleibet.«
Während der großen Depression wurde zu guter Letzt auch noch – wegen einer unbeglichenen Rechnung über 87,50 Dollar – der Name der Familie Cayce von der Kreditliste der örtlichen Lebensmittelhandlung gestrichen. Eine ziemlich genervte Gertrude forderte ihren Mann auf, sich endlich etwas einfallen zu lassen, wie das fehlende Geld zu beschaffen sei, schließlich mußten ja auch die Kinder ernährt werden.
»Mach dir keine Sorgen«, sagte Edgar in aller Ruhe, »das Geld wird bestimmt kommen.« Und er verließ das Haus, um fischen zu gehen.
Noch am selben Nachmittag brachte ihnen der Postbote einen Brief aus Paris mit dem Scheck eines alten Klienten. Die Summe reichte gerade aus, um die Schulden zu decken. Doch nach einer Stunde kehrte Cayce mit einer neuen Angelrute samt dem erforderlichen Zubehör zurück. Ger-

trude starrte ihn fassungslos an: »Wie konntest du nur ...«, sagte sie.
»Keine Angst«, entgegnete er voller Gleichmut, »auch dafür wird sich eine Lösung finden.«
Menschlich gesehen war es nur allzu verständlich, daß nun die gesamte Familie des Propheten die Hände über dem Kopf zusammenschlug. Doch wie die Zukunft beweisen sollte, hatte Cayce wieder einmal richtig vorausgesehen.
Einige seiner Mitmenschen bezeichneten ihn als Scharlatan, und Cayce konnte sich noch gut an eine frühe Erfahrung mit mißtrauischen Ärzten erinnern, die ihn während der Trance mit Nadeln traktierten, um die Echtheit seines Zustands zu überprüfen. Seine Visionen als kleiner Junge spielte er gerne mit der Bemerkung herunter, daß er möglicherweise nur geträumt habe, als ihm die weiße Frau mit den Worten: »Verzweifle nicht, deine Gebete sind bereits erhört worden« aus dem Dämmerlicht heraus erschienen war. Doch nach weiteren Visionen prophetischer Natur begann er seine besondere Begabung als Tatsache zu akzeptieren.
Sein Glaube war nicht an religiöse Systeme gebunden. Ob Katholiken, Protestanten, Juden, Hindus oder Buddhisten – mit allen war er gleichermaßen vertraut, wobei er den jüdischen Glauben als Vorläufer des Christentums verstand. Schließlich hatte er ihm selbst in einem früheren Leben als Lucius von Kyrene und in den Fußstapfen des Apostels Paulus angehört.
Cayce war sowohl im wachen wie auch entrückten Zustand zu paranormalen Wahrnehmungen fähig. Er bemerkte die Energiefelder oder Auren, die den Kopf seines jeweiligen Gegenübers umgaben, und konnte aus ihnen die Gemütslage oder gesundheitliche Verfassung des betreffenden Individuums ablesen. Eines Tages kam eine Frau in sein Studio, die noch völlig erregt von einem unmittelbar

vorausgegangenen Streit mit ihrem Nachbarn war. Cayce blickte von seiner Bibel auf und sagte: »Ich sehe eine rote Aura rings um Ihr Gesicht. Am besten kommen Sie nächste Woche zu mir, wenn sich Ihr Zorn gelegt hat.«

Ein andermal machte er sich ernsthafte Sorgen über eine Frau, bei der er überhaupt keine Energieausstrahlung wahrnehmen konnte. Nach zwei Tagen wurde ihm ihr Tod mitgeteilt.

Da er für alle derartigen Dinge so überaus empfänglich war, fand er es schwierig, sich auf normale Art zu entspannen, und unternahm alle möglichen Versuche, um abschalten zu können. Auch seine Liebe zum Kartenspiel hatte hier ihre Wurzeln. Einmal jedoch überkam es ihn plötzlich, aus einem verdeckten Pack Karten in korrekter Abfolge jede einzelne der zweiundfünfzig Karten exakt zu benennen, nur um darzulegen, daß es bei solchen Spielen nicht immer mit rechten Dingen zugehe.

Ähnlich wie Abraham Lincoln, den er neben General Robert E. Lee überaus verehrte, fiel es Cayce nicht schwer, sich Freunde zu machen. Er hatte dieselbe urige Art, Geschichten zu erzählen, aber andererseits gab es wie bei Lincoln Winkel in seiner Seele, die er mit niemandem teilen konnte, und aus jedem Freund wurde ein Fremder, wenn, wie so oft, ihn schreckliche Visionen überkamen. An einem sonnigen Junitag des Jahres 1936 – Cayce war gerade dabei, seinen Garten zu harken – vernahm er ein Summen wie das von ausschwärmenden Bienen. Er blickte nach oben und sah voller Bestürzung einen von vier weißen Pferden gezogenen Wagen über den Himmel dahinziehen. Dann hörte er eine Stimme, die ihm zurief: »Schau mal hinter dich!« Cayce drehte sich um und stand einem Krieger mit Schild und Helm gegenüber, der seine Hand zum Gruß erhob und sagte: »Der Streitwagen des Herrn, und dein Reitersmann.« Die Erscheinung des apokalyptischen Reiters war ein Vorbote des heraufziehenden Weltkriegs, eine Warnung an ein unvorbereitetes Amerika und die Ankündigung eines bis dahin unvorstellbaren Massensterbens und grenzenloser Zerstörung.

Bis ins Mark erschüttert von dieser beklemmenden Prophezeiung, ließ Cayce seine Harke fallen und stürzte zurück ins Haus, lief vorbei an Hugh Lynn direkt in sein Arbeitszimmer, wo er sich einschloß. Nach Stunden erst kam er – ein wenig gefaßter – wieder heraus, um seinem erschrokkenen Sohn von der Vision zu berichten. Er hatte nicht nur Millionen fremde Menschen sterben sehen, sondern auch drei junge Freunde von Hugh Lynn, deren deutlich umrissene Gesichter er im Gewirr eines Stacheldrahtverhaus erblickt hatte.

Für Gladys Davis war Cayce trotz des täglichen Umgangs mit ihm stets eine Art Halbgott. Das »Werk«, wie alle es nannten, war für Gladys der alleinige Inhalt ihres Daseins. Solange er lebte, blieb sie unverheiratet, erachtete dies aber nie als Opfer. Wie ein fürsorglicher Familienvater nahm er sogar ihren kleinen Neffen mit in die Familie auf und ließ ihn nie aus dem Auge, selbst wenn seine eigenen Augen geschlossen waren. So kam es eines Tages dazu, daß Gladys während eines gerade stattfindenden Readings den kleinen Burschen vom Fenster aus an einem nahe liegenden Teich entlangtorkeln sah. Nicht im Traum wäre ihr eingefallen, ihre Arbeit zu unterbrechen, obwohl sie wußte, daß der Junge nicht schwimmen konnte. Aber Cayce, der die Gefahr im Unbewußten erkannte, rief ihr plötzlich in gebieterischem Tonfall zu: »Geh sofort hinaus und rette den Jungen!« Erst jetzt ließ Gladys den Stenogrammblock fallen und erreichte das Kind in letzter Minute.

Auch sie selbst hatte schon zuvor die segensreiche Wirkung von Cayces Begabung erfahren. Sie war noch keine zwei Monate bei ihm und litt unter ständigen dumpfen, zuweilen auch quälenden Kopfschmerzen. Da sie von den Augen herrührten, trug sie eine Brille, was aber nicht half. In ihrer Not bat sie Cayce um ein Reading. Es war das erste, das sie von ihm erhielt. Seinen Aussagen zufolge waren die Schmerzen zwar durch eine Überbeanspruchung ihrer Augen bedingt, deren Ursache lag jedoch in mangelnder Blutzirkulation und einer schlechten Körperhaltung. Cayce empfahl ihr ein Muskeltraining, wobei sie den Nacken drei- oder viermal nach oben und unten sowie zur Seite strecken und mit ihrem Kopf in beiden Richtungen Kreisbewegungen beschreiben sollte. Dies gilt als traditionelle Yoga-Übung, doch war sich Cayce dessen gar nicht bewußt. Er empfahl außerdem dreimal pro Woche eine Behandlung mit ultravioletten Strahlen und riet ihr, die Brille beiseite zu legen. Gladys tat, wie ihr geheißen, und war fortan beschwerdefrei. Erst nach dreißig Jahren, als sie die Ziffern im Telefonbuch nicht mehr unterscheiden konnte, mußte sie wieder Gläser tragen.

Cayce war im wahrsten Sinne des Wortes ein Träumer und war überzeugt, daß die Menschen eine Menge über sich selbst und ihre Mitwelt erfahren könnten, wenn sie sich ernsthaft damit befaßten. »Im Traum«, so sagte er, »versucht sich die Seele zu befreien und geht ihren eigentlichen Aktivitäten nach.« Dabei berief er sich auf ein eigenes Traumerlebnis, in dem er eine himmlische Kapelle erklommen hatte, um dort zu beten. Ein Wächter in Gestalt eines Engels führte ihn in einen riesigen Raum, der mit herrlich verpackten Paketen vollgestopft war, und jedes von ihnen war an eine bestimmte Person adressiert. Nur waren sie bisher nicht zugestellt worden, und der Wächter erklärte mit trauriger Miene: »Es handelt sich hier um Gaben, um die uns die Menschen gebeten haben; leider verloren sie ihren Glauben gerade in dem Augenblick, als die Post abgehen sollte.«

Diese Gaben symbolisierten jene schlummernden Talente, deren sich ihre Besitzer fast nie bedienten. Cayce verstand dies als Aufforderung, sein begonnenes Werk noch intensiver fortzuführen.

Seine Fähigkeiten, Krankheiten aus der Ferne nicht nur zu diagnostizieren, sondern durch geeignete Rezepte gleichzeitig zu heilen, wurden häufig bestritten, und besonders Wissenschaftler versuchten, ihn lächerlich zu machen. Aber niemals ließ Cayce es zu einem offenen Streit kommen. »Ich habe mich selbst schon tausende Male in Frage gestellt«, sagte er, »weshalb sollte ich es dann ihnen verwehren?«

Andererseits verspürte er auch kein Bedürfnis, sich für wissenschaftliche Experimente zur Verfügung zu stellen, ebensowenig wie ein Hemingway oder ein Steinbeck bereit gewesen wäre, sich beim Romanschreiben irgendwelche Meßgeräte am Schädel anbringen zu lassen.

»Was ich tue«, bemerkte er einmal, »falls es überhaupt Beachtung verdient, ist nicht für Laboratorien gedacht, sondern um Menschen zu helfen, die anderswo keine Hilfe finden.«

Jedesmal wenn er von seinen Grundsätzen abwich – das heißt seine Talente zur Ölsuche oder für Börsengeschäfte in der Wallstreet einsetzte –, erlitt er persönliche Rückschläge. Wenn ihm ein materialistisches Ansinnen gestellt wurde, bekam er sofort Kopfschmerzen und verstand dies als Warnung vor einem mißbräuchlichen Umgang mit seiner Begabung.

Je positiver die Ergebnisse seiner Bemühungen waren, desto mehr wuchs sein Selbstvertrauen. Daß er sich seiner Berufung so sicher wurde, kam nicht erst mit der Heilung seiner Frau, die an Tuberkulose erkrankt war; schon vorher hatte er seine Mutter kuriert, und nur auf ihr Drängen hin fand er den Mut, auch für Gertrude ein Reading zu machen.

Hinterher bekannte er: »Im Grunde konnte mir niemand nachfühlen, was es für mich bedeutete, das Leben eines so geliebten Menschen in meine Hände zu nehmen, zumal mir plötzlich klar wurde, daß jene Kräfte, die ich bisher so unbekümmert eingesetzt hatte, nun ihre Feuerprobe bestehen mußten.«

Erst nachdem sie durch Inhalieren von Apfelbranntweindämpfen aus einem rauchgeschwärzten Eichenfäßchen – ein Rezept, das er ihr verordnet hatte – völlig genesen war, sah er sich wieder imstande, seine prophetischen Kräfte auch für andere einzusetzen. Seine fotografischen Aktivitäten gab er nun endgültig auf, sosehr es ihm Spaß gemacht hatte, die Leute so darzustellen, wie er sie sah. Es war Gertrude, die ihn zu weiteren Readings drängte, da sie in dieser – wenn auch ökonomisch wenig ertragreichen – Arbeit Cayces eigentliche Berufung erblickte. Schließlich hatte er damit nicht nur ihr Leben gerettet, sondern – entgegen allen ärztlichen Prognosen – ihren gemeinsamen Sohn vorm Erblinden bewahrt, dessen Augenlicht beim Experimentieren mit Magnesiumpulver in der väterlichen Fotowerkstatt so gut wie zerstört war. Die Trancediagnose unter der Leitung von Gertrude schloß jeglichen chirurgischen Eingriff aus und empfahl eine fünfzehntägige Ruhestellung in einem verdunkelten Raum in Verbindung mit hochkonzentrierten Gerbsäureumschlägen.

Die völlig ratlosen Ärzte erachteten die Sehkraft des einen Auges als unwiederbringlich verloren und – schlimmer noch – bestanden auf einer totalen Entfernung des anderen – angeblich, um das Leben des Jungen zu retten. Sie warnten vor einer Behandlung mit Gerbsäure, weil diese das zarte Bindegewebe des Auges angreifen würde.

»Von welchem Auge reden Sie eigentlich«, fragte Cayce sarkastisch, »dem bereits zerstörten oder dem, das Sie ohnehin herausnehmen wollen?«

Ein peinliches Schweigen war die Antwort, bis einer der Ärzte sich bereit erklärte, das von Cayce verschriebene Rezept zur Anwendung zu bringen. Nach vierzehn Tagen wurden die Kompressen abgenommen – die Augen des Jungen waren klar und hell.

»Ich kann wieder sehen!« schrie er und liebkoste das Gesicht seiner Mutter.

Nachdem Cayce die segensreichen Folgen seines Wirkens erkannte, begann er sich mehr und mehr mit der Frage nach den Ursprüngen seiner heilenden Kräfte zu befassen. Seine Frau meinte, es gäbe nur eine Person, die ihm darauf antworten könne, und das sei er, Edgar Cayce, selbst. Bereitwillig versetzte er sich in Trance, um zu erfahren, daß er als eine sehr alte Seele, deren parapsychischen Fähigkeiten sich bereits in vielen vorangegangenen Existenzen entwickelt hatten, über einen speziellen Zugang zur kosmischen Intelligenz verfüge, die alles vergangene, gegenwärtige und zukünftige Wissen in sich vereine.

Als Fazit seiner Trance-Erfahrung gab Cayce folgendes zu bedenken: »In jedem Individuum schlummert eine Kraft, die als Teil aller außerhalb seines Ichs wirkenden Kräfte zu verstehen ist. Natürlich bin ich nicht der einzige, der über solche Kräfte verfügt, die man als Brücke zur Weltseele bezeichnen könnte. Diese wiederum ist der Urheber jener unwandelbaren Gesetze, welche die Geschicke der Menschheit und die Bahnen der Gestirne lenken.«

Um dieses unendlichen Geistes teilhaftig zu werden, in dem Cayce eine göttliche Kraft erblickte, müsse er, so wurde ihm abverlangt, alle persönlichen Belange, ja, seine sehnlichsten Wünsche, zurückstellen und sich selbst zum Diener derer machen, die seiner Dienste bedürfen. »Die Menschen haben mehr Kräfte in sich, als ihnen bewußt ist, aber sie müssen erst innerlich frei sein, um diese Kräfte entfalten zu können.«

Gemeint war die Aufhebung der eigenen Identität, und nur wenige waren dazu bereit – kaum mehr als das Häuflein derjenigen, die sich vor zweitausend Jahren um Christus scharten, als dieser die Menschen aufforderte, ihm nachzufolgen und all ihr weltliches Hab und Gut hinter sich zu lassen.

War Cayce, wie seine hellsichtigen Worte es nahelegen, dem entsagungsvollen Pfad des Meisters gefolgt, und hatte er sich dessen Botschaft so zu eigen gemacht, daß dies als Erklärung für seine einzigartigen Fähigkeiten dienen könnte und darüber hinaus jedwede Begabung kraft solchen Glaubens und göttlicher Absegnung als möglich erscheint? Ist seine Begabung am Ende als Meilenstein auf dem Weg zur Freigabe letzter Geheimnisse, die sich um Leben und Tod ranken, zu verstehen und seine Wunderheilungen als Wegbereiter zu einer umfassenderen Spiritualität, einem neuen Glauben an Sinn und Ewigkeit alles Lebendigen? Weshalb offenbarte sich dieses Caycesche Phänomen eines mit kosmischer Weisheit verschmolzenen Unbewußten gerade zu einer Zeit, als die geängstigte Menschheit in seltener Aufgeschlossenheit – ja Begierde – nach neuen Beweisen für den ihr bestimmten Ort innerhalb der Weltenplanung Ausschau hielt?

Fragen über Fragen, mit denen sich Cayce zu befassen hatte. Daß nichts in des Schöpfers großartigem Entwurf auf reinem Zufall beruhte, war ihm längst klargeworden. Wie anders hätte sonst sein prophetisches Selbst sogar die Zukunft bis ins Detail vorhersagen können. Also mußte auch die Reinkarnation als Teil eines Gesamtkonzepts verstanden werden.

»Jedwedes Individuum«, so erklärte er, »entwickelt sich während seiner irdischen Lebenszeit gemäß einer ihm vorgegebenen Linie, die sich aus vorangegangenen Konditionen erklärt, so wie auch jeder kleinste Gedanke und die kleinste Gegebenheit eine Konsequenz früherer und durch das Ich erzeugter Bedingungen ist.«

Mir fiel es schwer, mich mit so eigenwilligen geistigen Vorstellungen zu befreunden. Wie, fragte ich mich, findet eine Seele ihren Weg in einen anderen Körper? Wo erneuerte sie sich? Warum kam sie immer wieder zurück?

Andere haben ähnliche Fragen gestellt: »Muß jede Seele sich ständig auf der Erde reinkarnieren, bis sie die ihr bestimmte Vollkommenheit erreicht – und was muß man sich unter einer ›verlorenen Seele‹ vorstellen?«

Cayce hatte sogleich eine Antwort zur Hand. Sein schlafendes Bewußtsein war ironischerweise immer hellwach: »Die Seele als solche ist nie verloren, nur die Persönlichkeit, die sich von ihr abspaltet. Die Reinkarnation – oder besser die Möglichkeit zur Reinkarnation – ist immer vorhanden, bis die Seele in ihrer Unteilbarkeit sich ganz von selbst zu einer Wesenheit fortentwickelt oder zu einer solchen zerfließt.«

»Aber was wird aus ihr, wenn sie es nicht schafft, sich zu vervollkommnen?«

Cayces Antwort klang zunächst wie ein Rätsel. Erst nach längerem Nachdenken wurde klar, was er meinte: »Aber da haben wir's doch. Genau deshalb wird die Seele wiedergeboren: damit ihr eine Chance bleibt. Kann denn ein Mensch willentlich seinem Schöpfer widerstreben?«

»Und besitzt wirklich jeder Mensch eine Seele?«

Alles, was Cayce an Antworten bereithielt, war von einer Schlichtheit, die durch sein provokatives Konzept der Wechselbeziehung von Mensch und Gott sowie das von Gott selbst erst richtig verständlich wurde. »Jeder Mensch besitzt eine Seele, die seine Ähnlichkeit mit dem Schöpfer verbürgt und ihm gegeben wurde, um einst sein Gefährte zu sein. Wie wir aus den uns umgebenden Kräften zu erkennen vermögen, verlangt die Natur selbst nach Geselligkeit – und so auch Gott, der sie hervorbrachte. Er verheißt uns die Möglichkeit, sein Gefährte zu werden, indem er uns eine Seele verlieh. Doch den Weg dorthin müssen wir selber gehen.«

Parapsychisches Heilen, Telepathie, Hellsehen – all diese Phänomene waren für Cayce etwas, das fast jeder Mensch aufgrund seines natürlichen Zusammenhangs mit der kosmischen Intelligenz durch Meditieren entwickeln kann.

»Die Fähigkeit zum Heilen«, so sagte er, »entspringt einem Zusammenwirken von inneren und äußeren Kräften oder Mächten, wodurch etwas zustande kommt, das wir als Wunder bezeichnen. Wunder sind in der Tat nichts anderes als die perfekte Anwendung universaler Gesetze, ein Wissen, das bereits Jesus benutzte, um den Menschen klarzumachen, von wem er gesandt war.«

Nach gründlicher Beschäftigung mit seiner Bibel und den Ergebnissen unzähliger Readings kam er zu der Einsicht, daß eine Menschheit ohne Gott dem Nichts gleichzusetzen ist: Gott habe die Menschen nach seinem göttlichen Vorbild geschaffen – und je mehr sie diesem Bilde gleichen, desto näher seien sie Gott. Außerhalb dieses Rahmens seien alle Bemühungen eitel und nutzlos. Ohne den Bezug zum Schöpfer sei selbst die Schöpfung ohne Sinn und Belang – nicht mehr als ein Wind, der verweht.

»Wenn man in Gott den Heiler, die Ursache jeglicher Heilung, erkennt«, sagte Cayce, »wird der Heilprozeß in Gang treten. Sobald man ihn zum Objekt des Meditierens macht, erfüllt sich der Geist des Meditierenden mit der fürs Heilen erforderlichen Energie. Wo aber Gott zum bloßen Ruhm oder Reichtum herhalten soll, wie darf man da noch erwarten, daß er heilen wird? Wie könnte er da noch das perfekte Ideal sein?«

Gott selbst hielt seine Hand schützend über den Propheten, der sich Tag für Tag mit der Bibel beschäftigte und sie mindestens einmal pro Jahr ganz durchgelesen hatte. Dies formte nicht nur sein Unbewußtes, sondern auch die Art, wie er seine Gedanken formulierte. Er hielt es für eine Vermessenheit, zu behaupten, daß Gott stets bei ihm sei, und erkannte es vielmehr als seine Pflicht, sich ihm im Gebet zu nähern.

Cayces Tod lag schon Jahre zurück, als mir dies alles durch den Kopf ging und ich schließlich mein Buch *Der Schlafende Prophet* zu Johnny Carsons »Tonight Show« mitnahm. Von einem Skeptiker wie Carson war natürlich nicht zu erwarten, daß er von Cayce begeistert sein könnte; seine Genugtuung war unverkennbar, als er sich mit folgendem Statement an das Publikum wandte: »In Anbetracht der Tatsache, daß Cayce, der bereits nach der fünften Klasse die Schule verließ und kaum über Bildung verfügte, muß man doch annehmen, daß er unmöglich über alle Einzelheiten der menschlichen Anatomie Bescheid wissen konnte – wie Sie es behaupten – und dazu noch derart ausgeklügelte Arzneimittel verschrieb. Wie läßt sich so etwas zusammenreimen?«

Ich konnte die erwartungsvolle Stille unter den Zuhörern, die auf meine Antwort gespannt waren, förmlich knistern hören. Carsons Frage war nichts Neues für mich, ich habe sie mir so oft schon selber gestellt.

»Es gibt nur eine einzige plausible Antwort«, sagte ich, »Gott selbst hatte seine Hand über dem Propheten.«

Einen Augenblick hielt das Schweigen noch an, dann erfüllte sich der Raum mit dem donnernden Applaus des Publikums, und der Abend endete, als ob das Stichwort, auf das es ankam, gefallen war.

Wie auch ich, so suchte das Publikum offensichtlich eine Art Bestätigung, daß Gottes Interesse an der Menschheit nach wie vor spürbar sei. An diesem Tag – und mit Edgar Cayce, dem Auserwählten des Herrn – war sein Verlangen gestillt.

3. Kapitel

Atlantis – neu erstanden

Wie konnte sie eine Prinzessin in Atlantis gewesen sein, fragte sich Eleanor Hoag, und nun, in ihrem jetzigen Leben, eine Behinderte, die im Alter von zwei Jahren ein Polio-Opfer geworden war? Ungläubig blickte sie auf den Mann, der schlafend auf der Couch vor ihr lag. Als er aber zu reden fortfuhr, fühlte sie sich zutiefst angesprochen, denn was er jetzt sagte, rührte an all die Dinge, die ihr das bisherige Leben zur Qual gemacht hatten – nämlich warum ihr diese schreckliche Last, von der Hüfte abwärts gelähmt zu sein, auferlegt war und sie sich ohne Krücken und Stützen so gut wie gar nicht bewegen konnte.

»Die Wesenheit [Eleanor] befand sich zu einer Zeit in Atlantis, als dort die großen Unruhen zwischen den Kindern des göttlichen Gesetzes und den Anhängern des Belials [Teufel] ausgebrochen waren. Die Wesenheit war damals eine Prinzessin, welche Behinderungen unter jenen hervorrief, die sich gerade zu entfalten begannen und dadurch an ihren Gliedern geschwächt wurden. Und nun sieht sie sich selbst mit dem konfrontiert, was sie anderen zugefügt hat.«

Es gab doch noch eine Hoffnung für sie. Damals – 1942 – war sie dreißig Jahre alt, und Cayce empfahl ihr eine Elektrotherapie und Massagen, die sie wenigstens zeitweise befähigten, ohne die schweren Krücken Schritt für Schritt in der Wohnung herumzulaufen. Aber ihre eigentliche Heilung, so betonte der Mystiker, würde sie in jenen Lektionen finden, die ihr durch ein geduldiges Eingehen auf die Nöte anderer und deren Betreuung erteilt würden. Frieden und tiefe Freude würden sie wieder mit Gott versöhnen.

Zuerst wußte Eleanor nicht, was sie mit alldem anfangen sollte. Doch obgleich sie nie etwas über Atlantis gehört hatte, war es ihr hilfreich, zu wissen, daß ihr Leiden einen tieferen Sinn hatte und ihr Karma sie letztendlich befähigte, eine alte Schuld abzutragen. Eines Tages würde sie reinen Herzens in ein neues Leben zurückkehren.

Inzwischen war sie siebenundsiebzig geworden, lebte jetzt in einer Vorstadt von Pittsburgh und konnte auf lange Jahre der Hilfsbereitschaft für andere zurückblicken. Siebenundzwanzig Jahre war sie bis zum Tod ihres Mannes glücklich verheiratet, gestärkt in dem Glauben, daß alles, was auch immer geschah, Teil der göttlichen Vorsehung war.

Nie zuvor bin ich einem Menschen von so fröhlicher Aufgeschlossenheit begegnet – und dies trotz der Tatsache, daß Eleanor, die noch drei gesunde Geschwister hatte, von ihrer offenbar überforderten Mutter nicht nur zurückgesetzt, sondern zuweilen sogar vor anderen versteckt wurde. Immer wieder wurde ihr klargemacht, daß sie kein vollwertiges Geschöpf sei.

Ich war äußerst betroffen von dem, was Cayce über ihren sträflichen Umgang mit den weniger glücklichen, atlantischen Zeitgenossen gesagt hatte; dies erinnerte mich in gewisser Weise an einige seiner späteren Bemerkungen hinsichtlich des Wandels und Fortschritts der menschlichen Spezies im alten Ägypten.

Auch Eleanor hatte sich darüber Gedanken gemacht. »Als ich im Lauf der Zeit mehr über seine Readings erfuhr«, sagte sie mir, »wurde es mir erst klar, daß ich in Atlantis sehr wenig Verständnis für die Bestrebungen, ein gesünderes Menschengeschlecht mit gutentwickelten Armen und Beinen heranzuziehen, gezeigt hatte. Und das war die Lektion, die mir damals erteilt wurde, als Cayce gemeinsam mit anderen – zuerst in Atlantis und dann Ägypten – eine

Bewegung zur Höherentwicklung der Menschheit eingeleitet hatte.«

Cayce hatte von etwa fünfhundert ehemaligen Atlantern gesprochen, von denen ein großer Teil zu jenen alten Gefährten gehörte, die der jungen Frau als erste ihre Hilfe anboten. Kurz zuvor war sie von Pittsburgh nach Virginia Beach umgezogen, um dort als Hand- und Fußpflegerin zu arbeiten, ohne freilich die geringste Ahnung von dem tieferen Sinn ihrer neuen Betätigung zu haben.

»Ich habe das erstemal von Cayce gehört, als eine meiner Klientinnen mit einer Augenbinde, die später entfernt wurde, zu mir kam und sagte, daß Cayce es war, der ihr das Augenlicht gerettet hätte, nachdem ihr kein anderer mehr hatte helfen können. Und dann habe ich mein erstes Reading von ihm erhalten.«

Auch war ihr damals noch nicht bekannt, daß Burlynn Davis, einer ihrer Kunden und Inhaber einer Gastwirtschaft im nahe gelegenen Oceana, ebenso zu den alten Atlantern gehörte, die sich Cayce erneut angeschlossen hatten. Sie stellte fest, daß es nichts Schöneres gab, als von diesen alten atlantischen Freunden und unter der persönlichen Anleitung und praktischen Beratung von Cayce gehätschelt, gepflegt, ermutigt und massiert zu werden – eine Form von Liebe, die sowohl dem Körper als auch der Seele zugute kam.

»Es ist leider so, daß die Wesenheit [Eleanor] leicht die Geduld verliert – niemand weiß das so gut wie sie selbst. Es ist ja auch ganz in Ordnung, seinen Gefühlen ab und zu Luft zu machen – sagte nicht Christus sogar: ›Seid zornig, doch versündigt euch nicht. Verdammet niemanden – und keinen Menschen und kein Ding sollt ihr je verfluchen. Haltet euch stets an den Herrn, und er wird mit euch sein.‹«

Es fanden noch weitere Readings statt, in denen Eleanor von ihrer persischen und jüdischen Präexistenz erfuhr. Zu

ihrer Befriedigung konnte sie aus der letzteren die Gründe für das Zerwürfnis mit ihrer Mutter entnehmen.
Sie versuchte, den schlafenden Cayce auszufragen: »In welchem der vergangenen Leben kam es zu diesen Verstimmungen und Feindseligkeiten mit meiner Mutter? Und wie soll ich mich dieser Situation stellen, um für uns beide das Beste daraus zu machen?«
»Im Gelobten Land bist du deinem Glauben treu geblieben, während deiner Mutter nichts lieber gewesen wäre, als daß du dich dem Ansinnen deiner Verfolger gebeugt hättest. Doch du hast nein gesagt.«
Erst aus heutiger Sicht wurde es der jungen Frau klar, daß jene Person, die schon damals ihre Mutter war, mit all ihrer Kraft versucht hatte, sie zu retten. »Damals konnte ich sie nicht verstehen«, sagte Eleanor, »und habe ihr das sehr übel genommen. Diese Verstimmung hat sich übertragen, denn auch sie war von mir enttäuscht und wegen meines Märtyrertums tief betrübt.«
Sie hatte eine gute Ehe geführt; zunächst war sie in ihr heimatliches Pennsylvanien zurückgekehrt, wo sie eine Handelsschule besuchte und dann als gutbezahlte Sekretärin arbeitete. Später heiratete sie Charles Van Horn, einen Maschinenschlosser, dessen Tüchtigkeit trotz eines angeborenen Herzfehlers unbestritten war. Beide hatten viel Gutes bewirkt, so daß Cayce sie in seinem Reading lobte: »Diejenigen, die in der Gegenwart mit der Wesenheit Kontakt aufnehmen, dürfen sich glücklich rühmen, aus ihrer beispiellosen Geduld, Beharrlichkeit, Ausdauer und Güte lernen zu können.«
Durch seine Readings, so könnte man sagen, verhalf Cayce einem legendären Kontinent zu neuer Realität mit realen Menschen. Während Plato, der größte Gelehrte des Altertums, dieser Insel erstmals und buchstäblich einen Platz auf der Landkarte eroberte, verlieh Edgar Cayce dem ural-

ten Mythos wieder Fleisch und Blut – so phantastisch und lebensnah, wie es sich die Hollywood-Regisseure nicht einmal erträumen konnten.

Doch während er dies alles im Schlaf erschaute, konnte sich ein erwachter Cayce an nichts mehr erinnern. Als ihm nach seinem ersten Atlantis-Reading die eigenen Aussagen enthüllt wurden, rieb er sich nur erstaunt die Augen und äußerte auf seine unschuldige Art: »Ich möchte nur wissen, woher mir dies alles zugeflogen ist und was es mit dieser Geschichte auf sich hat.«

Wie so viele seiner Offenbarungen entstand auch diese im Zusammenhang mit einer ganz simplen Frage, die mit der Sache selbst nichts zu tun hatte. Die Antwort lautete folgendermaßen: »Die Wesenheit befand sich zuvor in der heiteren Landschaft von Alta oder – genauer gesagt – von Poseida; sie gehörte zu der Bewegung, die eine Zivilisation und Wissenschaft hervorgebracht hat, wie sie auf Erden noch nie erreicht worden war. Dies war nahezu zehntausend Jahre vor der Ankunft des Friedensfürsten.«

Seit Plato vor zweieinhalb Jahrtausenden über Atlantis berichtete, hat niemand mehr so realistisch über die Insel jenseits der Säulen des Herakles gesprochen. Und wenn Plato bereits jene größere Landmasse westlich von Atlantis erwähnte, womit eindeutig der nordamerikanische Kontinent gemeint war, tat Cayce dies auf noch spezifischere Weise. Nach dem letzten von drei Holocausts etwa um 10 000 v. Chr., als Ra-Ta (Cayce) aus Atlantis flüchtete, um in Ägypten eine neue Zivilisation aufzubauen, wanderten Massen von Atlantern in die verschiedensten Richtungen aus – neben Ägypten in die Länder des Mittleren Ostens sowie nach Zentralamerika, Mexiko, Peru und in die Gegenden des heutigen Neumexiko und Colorado – kurz, in jene Gebiete, deren hochstehende Kulturen ihnen zum größten Teil schon vertraut waren.

In einem gewissen Sinne war Cayce gegenüber Plato im Vorteil, dessen Einblicke in das atlantische Geschehen nur aus großer zeitlicher Distanz und von außen her möglich waren, während Cayce (als Ra-Ta) sich sozusagen mitten im Geschehen befand und über Informationen aus erster Hand verfügte. Aus seinen Readings geht ferner hervor, daß er außerdem schon vor fünfzigtausend Jahren mit den ersten Atlantern auf dem versunkenen Kontinent gelebt hatte, die man sich in dieser frühen Epoche als reine Gedankenformen, als Energie ohne fleischliche Hülle, vorstellen muß und die aufgrund ihres Glaubens an den zeitlosen und ewigen Schöpfer erst allmählich physische Gestalt annahmen.

Über seine eigene Erschaffung, ein offenbar berauschendes, festliches Ereignis, äußerte sich Cayce in der eines Barden würdigen Sprache: »Als die Gestirne des Morgens gemeinsam ihre Stimmen erhoben und die flüsternden Winde die Botschaft von der Ankunft des in den Schöpfergeist eingeborenen Menschen verkündeten, wurde zusammen mit dieser riesigen Menschenschar auch die Wesenheit [Cayce] ins Dasein erweckt.«

Wiederum mußte ich mich erstaunt fragen, wie dies alles möglich sein konnte, als ich beim Weiterlesen noch viel mehr aus all den geschichtlichen Epochen erfuhr, in denen Cayce mit den verschiedensten Menschen zusammengelebt hatte – angefangen beim atlantischen Zeitalter, wo der Mensch noch ein androgynes Wesen war und sich erst allmählich in männliche und weibliche Formen spaltete und dabei den unvermeidlichen Drang zur Reproduktion entwickelte.

»Als die vom Körper gesteuerten Kräfte die Erde in Besitz nahmen, gehörte die Wesenheit [Cayce] schon zu den ersten, die in dieser Gestalt die irdische Ebene bewohnten ... Hier vollzog sich ihre weitere Entwicklung, denn nun war sie bereits fähig, als eigenständiges Wesen über jene Seelenkräfte zu verfügen, wie sie den Menschensöhnen verliehen waren, und auch imstande, im Schöpfer den Vater zu erkennen.«

Ich empfand Cayces Sprache als ziemlich kompliziert und dennoch faszinierend. Aber wie ließ sich auch nur eine einzige seiner Aussagen als stichhaltig erklären?

Und so fragte ich Jeannette Thomas: »Aber wie können wir wissen, ob Cayce je auf Atlantis war und ob es diesen Kontinent überhaupt gegeben hat?«

Sie erwiderte lächelnd: »O ja, darüber gibt es eine ganze Reihe von Anhaltspunkten. Wie Sie wissen, führten die Russen, die ihre Nase in alles mögliche stecken, im atlantischen Umkreis von Bimini bis zu den Azoren – und auch noch tausend Meilen nördlich davon – die verschiedenartigsten hydrographischen Messungen durch und stießen bei ihren Lotungen auf unterseeische Gebirgszüge und Täler, entdeckten auf dem Meeresboden sogar versunkene Flüsse. Unsere eigenen Forscher fanden die unterseeische Fortsetzung des Susquehanna, dessen teilweises Verschwinden sie mit der Großen Flut gleichsetzen. Andererseits hob sich 1969 ein Teil des Bahama-Gebietes wieder in die Höhe; das ist genau die Stelle, wo nach Cayces Prophezeiungen die ersten Teile von Atlantis wiederauftauchen sollen.«

»Das mag ja alles richtig sein«, gab ich zu, »aber mir vorzustellen, daß aus Gedanken Menschen werden, bereitet mir erhebliche Schwierigkeiten.«

»Ist Ihnen noch niemals bewußt geworden, daß die Welt, so wie sie jetzt aussieht, mit ihren riesigen Wolkenkratzern, ihren großartigen Kunstwerken, ihrer göttlichen Poesie und ...« Hier verzog sich ihr Gesicht zu einem breiten Lächeln. »... die Kinder, die wir so lieben, ein reines Produkt unserer Gedanken sind?«

Das wollte mir noch nicht einleuchten, aber es fiel mir schwer, ein Gegenargument zu finden. Sicher hatten mich hin und wieder die schier unbegrenzten Möglichkeiten des menschlichen Geistes fasziniert, und mir war klar, daß der Mensch im Grunde alles, was er sich ausdenkt, auch verwirklichen kann.

»Sie meinen also«, wandte ich ein, »daß die Menschen, die Sie als Gedankenformen bezeichnen, in der Lage wären, sich gegenseitig zu verständigen, ohne zum Telefonhörer zu greifen, oder gar eine Weltreise zu unternehmen, ohne ins Flugzeug zu steigen?«

Sie grinste. »Das ist es doch, was Cayce die ganze Zeit tat.«

»Es gibt aber viel zu wenige Menschen wie Edgar Cayce«, wagte ich zu erwidern.

Sie nickte. »Aber immerhin haben wir Edisons und Einsteins und Marconis und dann all die Shakespeares und Keats, die insgesamt unserer Welt ganz neue Dimensionen erschlossen haben.«

Jeannette Thomas und ich befanden uns in dem Raum des A.R.E.-Instituts, wo all die Aufzeichnungen der Cayce-Readings archiviert waren. Sie zusammenzutragen war das Lebenswerk der ewig jugendlichen Gladys Davis, die erst zwei Jahre zuvor das Zeitliche gesegnet hatte. Ich sah, wie Jeannettes Blick über die Aktenreihen hinwegglitt. Sie mußte nicht lange überlegen, um zu finden, wonach sie suchte.

»Sie wissen doch«, fuhr sie fort, »daß Mr. Cayces Begegnung mit Gladys kein Zufall war. Sie hatte kaum sein Fotostudio in Selma, Alabama, betreten, da war ihr der Job schon sicher. Damals war sie erst achtzehn und hatte so gut wie keine Erfahrung als Sekretärin. Aber er stellte sie ein, ohne sie einer Prüfung zu unterziehen. Er wußte einfach, daß sie die richtige Person für ihn war. Wie sich später herausstellte, waren sich die beiden schon in früheren Exi-

stenzen begegnet: einmal in Ägypten und in Persien und zuvor in Atlantis. Die Nähe, die sie einmal miteinander verband, konnten auch Jahrtausende nicht ungeschehen machen.«
Ich lächelte. »Sie glauben also, daß Gladys ebenfalls eine Gedankenform war?«
Jeannette reichte mir eine Akte herüber. »Lesen Sie doch selbst einmal nach, was hier über das Zusammenleben der beiden in Atlantis dokumentiert ist. Dann werden Sie wissen, daß dieser Job für Gladys ganz unvermeidlich war.«
Ich überflog die eine Seite, die sie mir aufgeschlagen hatte. Dort war ein Reading vom Juni 1924 beschrieben, dem Zeitpunkt, an dem sich Gladys' Einstellung zum erstenmal jährte, und genau ein Jahr war seit Cayces Inkarnations-Reading für Lammers in Dayton vergangen.
Was mich daran besonders faszinierte, war die exakte Wiedergabe der gemeinsamen Entwicklung von Cayce und Gladys aus zwei Gedankenformen in Wesen aus Fleisch und Blut.
»In den Fleisch-und-Blut-Wesen erkennen wir die ersten irdischen Formen innerhalb der Kräfte von Poseida, als beide [Geschlechter] noch in einen weiblichen Körper eingeschlossen waren. Denn ein so beschaffenes Wesen manifestierte sich in den geäußerten oder angewandten Kräften um so stärker – eben als Doppelwesen in jener [anpassungsfähigeren, weiblichen] Form. Jedoch mit den Erfahrungen, die in diese Ebene und Periode eingebracht wurden, erkennen wir die Teilung in [männliche und weibliche] Körper. Diese beiden Geschlechter waren in diesem Land das Geschenk der spirituellen Entwicklung an die Menschen jenes Tages und Zeitalters – das Geschenk ihres Aufschwungs.«
Voller Skepsis erhob ich meinen Blick von dem Gelesenen. »Und Cayce hat Gladys wiedererkannt?«

»So verstehen Sie doch endlich – sein Unbewußtes erinnerte sich! Er wußte ganz einfach, daß er mit ihr schon einmal zusammengewesen war, so wie er jeden, mit dem er irgendein Leben geteilt hatte – gleich, ob auf Atlantis, in Ägypten, Persien, dem kolonialen Virginia oder irgendeiner seiner Erdenreisen –, auf Anhieb erkannte.«

Es bedurfte keiner großen Anstrengung, um sich die enge Beziehung zwischen den beiden klarzumachen, denn es gilt ja beinahe als selbstverständlich, daß jeweils die erste Frau im Leben eines Mannes auch immer diejenige ist, die er nie vergessen kann. Und umgekehrt ist das vermutlich nicht anders.

Cayce blieb nicht lange die Gedankenform, die er anfangs gewesen war. Schon bald materialisierte er sich in einem menschlichen Körper, und das völlig im Einklang mit den Gesetzen der Schöpfung und der Evolution, in welchen die Atlanter keinen Widerspruch entdecken konnten. Gott erschuf die Menschen, und alles Weitere, so sagte Cayce, blieb den Geschöpfen selbst überlassen. Sie entwickelten sich physisch und geistig ganz nach eigenem Willen und vor allem gemäß den jeweiligen Herausforderungen und dem Verlangen nach höherer Entfaltung des eigenen Ichs. So war es im alten Ägypten und Persien, und so ist es auch im heutigen Amerika nicht anders, wo die Menschheit auf ihrer von Cayce so oft angesprochenen Suche nach der Unendlichkeit bereits im Begriff ist, die Grenzen von Zeit und Raum zu durchbrechen.

Jenes Atlantis, das Cayce beschrieb, ist der heutigen Welt, in der es überall brodelt und gärt, gar nicht so unähnlich. Bevor dieser verlorene Kontinent sich selbst zerstörte, hatte er einen so hohen Grad an technologischer Entwicklung erreicht, daß unsere modernen Errungenschaften teilweise dahinter zurückbleiben. Schon in dieser Periode erwies sich Cayce, der gerade erst eine physische Form angenommen hatte, als ein Heiler und Vermittler eines umfassenden Wissens universaler Gesetze, was ihn in seinen späteren Inkarnationen in Ägypten, Persien und schließlich im gegenwärtigen Amerika zu einem spirituellen Führer werden ließ – im neuen Ägypten innerhalb der Nationen.

In Atlantis knüpfte er bereits die Gemeinsamkeiten mit jenen Gefährten, denen er dann in den verschiedenen Leben wiederbegegnete und die sein Schicksal – wie er das ihre – mitgestalteten.

Er war ein Gast der Mächtigen, die er bedrängte, daß sie für Frieden und Einigkeit sorgten, wenn immer sich dunkle Wolken am Horizont zeigten, und zur Entfaltung ihrer noch schlummernden Talente aufrief, mit denen seine eigene ätherische Natur so reich gesegnet war. Aber genau wie heute gab es auch damals innere und äußere Bedrohungen, die die Prosperität des Staatswesens gefährdeten. Noch ehe sich Nationen gegeneinander erhoben, verunsicherten riesige Dinosaurier die fünf atlantischen Inseln; nie zuvor war die Fortexistenz der Menschheit dermaßen bedroht! Die Inselbewohner einigten sich kurz entschlossen und reagierten mit großem Einfallsreichtum, indem sie die Kräfte der Natur gegen diesen furchterregenden Feind einspannten. In einer späteren Phase waren sie sogar von Kernwaffen bedroht, wie Cayce prophezeit hatte, und schließlich lösten sie mit ihrer fortgeschrittenen Technik eine Serie schwerer Erd- und Seebeben aus, bis eine mächtige Flutwelle den riesigen Kontinent in die Tiefen des Ozeans riß.

»Es war eine Schlacht, die sich über Jahrhunderte hinwegzog«, erklärte Jeannette Thomas, »und wie so häufig, machte auch hier erst die Not die Menschen erfinderisch, die nunmehr wirksamere Ideen entwickelten, um mit den Ungeheuern fertig zu werden. Wo sich Schwerter und Steine als unbrauchbar erwiesen, traten Explosivwaffen an ihre

Stelle. Und als sich die dickhäutigen Mastodonten noch immer ungerührt zeigten, gingen die Atlanter zu elektrischen Waffen über und erwogen sogar den Einsatz von Todesstrahlen und Kernenergie.«
»Kernenergie?« fragte ich ungläubig.
»Genau das, denn in gewisser Hinsicht handelte es sich um eine sehr fortgeschrittene Zivilisation. Leider unterschätzten sie die destruktive Gewalt des Atoms und zerstörten sich selbst.«
»Atombomben, um etwas zu groß geratene Elefanten und Rhinozerosse zu bekämpfen?« Das erschien mir als reichlich absurd.
Sie lachte. »Geschichtliche Vorgänge wiederholen sich zuweilen. Weshalb verfielen denn unsere Wissenschaftler auf die Idee, das Atom zu spalten, wenn nicht ein Kampf auf Leben und Tod mit einem noch mächtigeren Feind als den Dinosauriern zu bestehen gewesen wäre?«
Doch wie sich herausstellte, verzichteten die Atlanter in diesem Fall auf die Anwendung der Atomenergie, da sie das Risiko eines radioaktiven Niederschlags nicht eingehen wollten. Um die gefürchteten Kreaturen, die größer als Häuser waren, dennoch ohne Gefahr loszuwerden, bedienten sie sich kosmischer Strahlen. Diese Information schien selbst Cayce kaum akzeptabel.
Auch Jeannette war sich ihrer Sache nicht sicher. »Jedenfalls hat er es so berichtet«, sagte sie achselzuckend und überreichte mir ein weiteres Blatt aus ihrer dicken Akte.
Fasziniert setzte ich meine Lektüre fort, denn hier hatte ich es offenbar mit einer Gesellschaft zu tun, die sich ähnlich der unsrigen schon damals in einem Kampf um die nackte Fortexistenz befand, allerdings mit dem entscheidenden Unterschied, daß die Gefährlichkeit unserer Feinde ernster zu nehmen ist als eine Bedrohung durch Raubtiere.
»Damals«, so hieß es in dem mir vorliegenden Dokument,

»kam es auf dem Kontinent im Zuge vorangegangener Veränderungen zu riesigen Invasionen von Eindringlingen aus dem Tierreich, welche zur Folge hatten, daß sich die verschiedenen Völkerschaften des Planeten untereinander berieten, wie diese Gefahr abzuwenden wäre, um anderenfalls nicht zu ihrem Opfer zu werden. So kam es zu den ersten destruktiven Mitteln, deren Stärke entsprechend bemessen und eingesetzt werden konnte. Es war der Anfang der Entwicklung transportfähiger Explosivwaffen, zu einer Zeit, als der Mensch erstmalig seine Stärke an der Übermacht derartiger Bestien, die weite Gebiete der damaligen Welt überrannt hatten, erprobte.«

Im Angesicht dieser gefährlichen Tiere besannen sich die Menschen erneut auf ihren Schöpfer, der vermutlich auch diese Kreaturen nach seinem Bilde geschaffen hatte. Sie beteten zu ihm, daß er sie vor Gegnern schütze, die größer waren als jedes von Menschenhand errichtete Bauwerk.

»Gleichzeitig mit solchen destruktiven Praktiken erfolgte die Umwandlung von den Altarfeuern in Opferfeuer; und bei den Geopferten handelte es sich meistens um Leute [Sklaven], die auf verschiedenste Art ihrer Freiheit beraubt worden waren. Somit wurden erstmalig Menschen geopfert.«

Schon vor der Flutkatastrophe setzten sich viele Inselbewohner von Poseida ab. »Gleichzeitig bildete sich eine erste Auswandererwelle, die sich zunächst nur bis in die Pyrenäen ausdehnte. Später unterwanderten diese Menschen die schwarze oder gemischte Bevölkerung Ägyptens, woraus schließlich die ägyptische Dynastie entstand. Andererseits drangen sie auch bis nach Peru vor und begründeten das Inkareich, dessen Bewohner zu dieser Zeit Mauern quer durch die Berge errichteten. Aber die Masse der Bevölkerung blieb im Lande, und diese war es, die die destruktiven Kräfte [wie sie uns heute wieder bekannt sind]

den Eingeweiden der Erde entriß und die Zerstörung des Landes herbeiführte.«
Jeannette betrachtete den Verlust von Atlantis als einen Gewinn für Ägypten. »Dies erklärt das Erscheinen von Ra-Ta, denn er sagte, daß der Hohepriester aus einem hochentwickelten Land in der Absicht nach Ägypten gekommen wäre, um dort einen Opfertempel und eine den Atlantern überlegene Rasse zu begründen.«
Für Plato war die atlantische Migration, die nach der letzten der drei Katastrophen erfolgte, Teil einer großen Invasion, von der die Mittelmeerländer heimgesucht waren. Den Athenern sei es gelungen, die Atlanter zurückzuschlagen, doch einer größeren Macht hätten sie zu jener Zeit kaum widerstanden. Plausibler hingegen erscheint mir Cayces Version, nach der die Griechen lediglich eine Gruppe versprengter Heimatloser vertrieben, wie sie sich damals so zahlreich von Insel zu Insel durchkämpften, um eines Tages Persien und später Ägypten zu erreichen.
Jeannette wies mich ferner auf die bemerkenswerte Tatsache hin, daß es in jener frühen Epoche zu beiden Seiten des Atlantiks nahezu identische Kalendersysteme gegeben hätte, die viel exakter gewesen wären als die im späteren Europa über Hunderte von Jahren hinweg gebräuchlichen. »Die Genauigkeit der mathematischen Kalkulationen in bezug auf Architektur wie auch Astronomie war für Ägypten und die Maya-Kulturen gleichermaßen bezeichnend.«
Auf der Halbinsel Yucatán und im südlichen Mexiko – doch nicht minder im noch ferneren Peru – stießen die spanischen Eroberer auf uralte Kulturdenkmäler, deren frühe Entstehung auch durch die Cayce-Readings bestätigt wird. Pizarro und seine Männer entdeckten in Peru Tausende Meilen vorzüglich gepflasterter Straßen, die von Relikten prächtiger Herbergen gesäumt waren.
Bei einem Vergleich von Ortsnamen aus so weit entfernten

Gebieten wie Mittelamerika und dem Mittleren Osten wurden erstaunliche Übereinstimmungen registriert. Fünf Beispiele aus der vorkolumbischen bzw. der frühchristlichen Epoche mögen dies belegen:

Mittlerer Osten	Zentralamerika
Chol	Chol-ula
Colua	Colua-can
Zuivana	Zuivan
Cholima	Colima
Zalissa	Xalisco

Aus einem Kommentar der *New York Times* von 1962 über die ältesten Zivilisationen beider amerikanischer Kontinente stammt folgendes Zitat des Autors William Luce: »Vierzig Kilometer nördlich von Mexico City gibt es eine frühgeschichtliche Fundstätte, die so alt ist, daß selbst die Azteken sich nicht mehr daran erinnern. Gemeint ist die Sonnenpyramide von Teotihuacán – für lange Zeit eine Ruine. Das Bauwerk müßte etwa tausend Jahre vor der Ankunft von Cortés entstanden sein. Bei seiner Rekonstruktion ergab sich, daß seine ursprüngliche Höhe der eines Wolkenkratzers mit zwanzig Stockwerken entsprach. Die Ruinen provozieren ebenso viele Fragen wie Antworten. Wer waren die Erbauer der einstigen Pyramide, wo kamen sie her, was waren ihre Motive, und was ist mit ihnen geschehen?«

Cayce hatte damit keine Probleme, aber erst Jahre nach seinem Tod schlossen sich die Wissenschaftler allmählich seinen Vorstellungen an. In den Kostümfilmen über Atlantis waren dessen Bewohner stets weißhäutige Menschen – nicht so bei Cayce. Er ordnete sie den Rothäuten zu und stellte einen Zusammenhang mit den amerikanischen Indianern, einer der fünf Rassen, her, die sich unabhängig voneinander entwickelt hatten. Die anderen vier waren schwarz, gelb, braun und weiß. Woher bezog Cayce dieses Wissen, da er doch nie etwas über die Vergangenheit gelernt hatte? 1963, etwa vierzig Jahre nach dieser hellsichtigen Aussage, rief Dr. Carlton Coon, Professor für Anthropologie am Museum der University of Pennsylvania, mit seinem Buch *The Origin of the Races* einen Sturm der Entrüstung hervor. Dennoch wurde es in Philadelphia mit dem hoch angesehenen Atheneum Award ausgezeichnet. Das *Philadelphia Bulletin* legte in einer Besprechung Coons Auffassung dar, wonach sich die Menschheit vor mindestens einer halben Million Jahren in fünf Rassen oder Unterarten gespalten habe und diese Rassen sich von diesem Zeitpunkt an unabhängig voneinander entwickelt hätten. Aus dem Homo erectus (dem aufrechten Mensch) wurde der Homo sapiens (der denkende Mensch), und dieser Vorgang vollzog sich nach Coons Meinung nicht einmal, sondern fünfmal in paralleler Sequenz innerhalb jeder dieser getrennten Unterarten, so daß praktisch fünfmal die kritische Intelligenzschwelle überschritten wurde. Wie bereits Cayce, so teilte auch Coon die Rassen nach Hautfarben ein. Der Kampf um Cayces Glaubwürdigkeit schien nunmehr gewonnen zu sein, doch gab es noch einige Zweifel. Was meinte er mit seinen »Gedankenformen«, und wie konnten sich die damaligen Menschen »kosmischer Strahlen« bedienen, um die Dinosaurier zu eliminieren? Aus der Art, wie er die letzten Tage von Atlantis zu schildern pflegte, sprach eine gewisse »B-Film-Mentalität«: Luftkissenfahrzeuge, die mit Schallgeschwindigkeit über die Meeresoberfläche hinwegglitten, Spezialgeräte, die Gedanken in Worte verdichteten, Frischwasserressourcen, die zur Selbstreinigung verhalfen, oder Verjüngungszentren für Menschen mit besonderen Verdiensten. Alles, was diese

Filme zeigen, hatten auch die Atlanter; die Sonnenenergie hatten sie so weit im Griff, daß sie tödliche kosmische Strahlen hervorbringen oder diese durch ihren Willen wirkungslos machen konnten.

Im Zusammenhang mit der Ausbeutung von Sonnenenergie kam Cayce auf einen rubinähnlichen Stein zu sprechen, dessen Energien die eines Laserstrahls bei weitem übertrafen und durch Ausfilterung von Sonnenstrahlen mit Hilfe dieses »Feuersteins« immense Energien freisetzten. »Die Aktivitäten [Energien] dieses Steins«, so erklärte Cayce, »werden den Sonnenstrahlen entzogen. Die durch Prismen oder Rubinglas erreichte Konzentration wirkte sich auf Instrumente aus, die mit den verschiedenen Fortbewegungsformen verbunden sind – vergleichbar der heutigen Fernkontrolle durch Radiowellen. Der ›Feuerstein‹ war in einem kuppelförmigen Gebilde mit Schiebedach untergebracht. Seine mächtigen Strahlen konnten in alle Richtungen gelenkt werden – entweder als Todesstrahlen oder konstruktive Energie. Die Auswirkungen der Strahlung waren für das menschliche Auge unsichtbar, aber wirkten sich auf die Steine aus, die zu Energiezentren wurden für durch Gase angetriebene Flugapparate oder Fahrzeuge, die nahe über dem Erdboden schwebten, oder Schiffe auf oder unter dem Wasser.«

Überall auf Atlantis wurden Stationen errichtet, die diese kosmische Energie erzeugten. Der »Feuerstein« war ein ausgeklügeltes Wunderwerk. »Er war ein großes, zylindrisches Glas von facettenhaftem Zuschnitt, wodurch bewirkt wurde, daß die im Deckstein angesammelte Energie sich zwischen dem Zylinderende und dem Deckstein konzentrierte.«

Und in der Tat bewirkte dieses Wunderwerk auf geniale Weise die völlige Ausrottung der Dinosaurier, ohne den Atlantern als Erfinder dieser Art von Naturbeherrschung

im geringsten zu schaden – so jedenfalls wurde es Cayce offenbart.
Ich selbst bin noch ein zweites und drittes Mal zu der stets hilfsbereiten Jeannette zurückgekommen, um weitere Informationen zu erhalten.
»Diesmal möchte ich noch mehr über die kosmischen Strahlen wissen«, sagte ich.
Sie nickte mir lächelnd zu. »Gedankenformen und kosmische Strahlen – das ist eine Wissenschaft für sich.«
»Wie ist es nur möglich, daß diese mächtigen Strahlen die Dinosaurier vernichteten, ohne dabei die Menschen zu beeinträchtigen?«
»Nur wenn sie korrekt gehandhabt wurden.« Sie warf mir einen verschmitzten Blick zu. »Ich habe etwas für Sie – etwas ganz Spezielles.« Aus ihrer Schreibtischschublade zog sie einen Zeitungsausschnitt heraus. Die Überschrift erregte sofort mein Interesse: »Kosmische Strahlen im Zusammenhang mit dem Dinosauriersterben«.
Ich fragte mich, welches Hollywood-Genie sich hier mit einem neuen Reißer hervortun wollte. Doch ich irrte mich. Der Artikel stammte von David Dietz, dem wissenschaftlichen Herausgeber eines renommierten Verlages, dessen Glaubwürdigkeit verbürgt war. Bei der im Titel erwähnten Ursache der »Dezimierung und weltweiten Auslöschung der mächtigen Dinosaurier« handelte es sich um eine Vermutung, die Professor Bruce Heezen und seine Kollegen vom geologischen Observatorium der Columbia-Universität auf dem 2. Internationalen Kongreß für Ozeanographie in Moskau unter der Schirmherrschaft der UNESCO und der Sowjetregierung zur Diskussion gestellt hatten.
Die kosmische Strahlung muß sich demnach im Zusammenhang mit einer plötzlichen Umkehrung des irdischen Magnetfelds und einer gegenteiligen Aufladung der beiden Magnetpole verstärkt haben, ein Ereignis, das sich

nach Meinung der Wissenschaftler alle sieben- oder achthunderttausend Jahre wiederholt. Ich kann mich noch vage erinnern, in einem von Cayces Readings auf eine dementsprechende Aussage gestoßen zu sein.

»Zumindest«, sagte ich, »geben sie zu, daß es Dinosaurier gegeben hat.«

»Und leugnen auch nicht, daß zu gewissen Zeiten eine Umkehrung der magnetischen Felder und Pole stattfindet, wobei das die Erde umgebende und schützende elektromagnetische Feld völlig zusammenbricht«, fügte Jeannette noch hinzu.

Im Artikel las ich noch mehr zu diesem Thema: »Normalerweise wirkt dieses Feld wie ein Schutzschild gegen die kosmischen Strahlen, die aus dem Weltraum kommen. Wenn es zusammenbricht, ist die Erde ihrem unerbittlichen Bombardement ausgesetzt, das im Verein mit der Sonneneinstrahlung unweigerlich zu Hautkrebs führt. Es ist eine längst bekannte Tatsache, daß diese Strahlen auch genetische Mutationen hervorrufen, wodurch völlig neue Arten von Lebewesen entstehen können ... durch Veränderungen der Gene in den Fortpflanzungszellen.«

Heezen bezog sich stets auf gewisse Unterarten der Dinosaurier, niemals auf Menschen. Und das war es. Offensichtlich verfügten die Atlanter über eine Art kosmischer Strahlensperre analog zu modernen Schutzvorrichtungen gegen ultraviolettes Licht. Dann fiel mir ein, daß Cayce auch vor einer möglichen Verlagerung der Rotationsachse unserer Erde, deren Beginn er auf 1936 ansetzte, gewarnt hatte, was eine Veränderung des Magnetfelds hervorrufen und weltweite Zerstörungen, Überflutungen sowie Erdbeben von kataklystischen Ausmaßen gegen Ende dieses Jahrhunderts auslösen würde.

Bei Heezen konnte man ähnliche Prognosen finden. »Die letzte Umkehrung des irdischen Magnetfelds ereignete sich

vor etwa siebenhunderttausend Jahren, und zur gegenwärtigen Zeit nimmt seine Stärke ständig ab. Falls diese Tendenz anhält, könnte in etwa tausend Jahren eine weitere Umpolung stattfinden.«
Meine Gedanken waren schon wieder bei dem, was Cayce über die möglicherweise drastischen Veränderungen auf unserem Planeten gegen Ende dieses Jahrhunderts vorhergesagt hatte, die eine weitgehende Zerstörung von Los Angeles, San Francisco, New York und anderen Teilen unseres Landes und der Welt nicht ausschließen würden.
»Wenn schon von siebenhunderttausend Jahren die Rede ist«, sagte Jeannette, »was bedeutet dann ein einziges Jahrtausend? Die Katastrophe kann ebensogut morgen oder nächste Woche eintreten.«
Cayces Readings über Atlantis, womit er stets die Idee der Reinkarnation verband, fanden zu einer Zeit statt, als noch keiner an Atombomben, geschweige denn an die verheerenden Auswirkungen dieser Waffe dachte und die Menschheit sich noch nicht bewußt war, daß sie alle Mittel in der Hand hatte, sich selbst in die dunkelste Steinzeit zurückzubefördern.
Was sich in Atlantis ereignete, warnte Cayce, kann ebensogut heute passieren, und ein neues Sodom und Gomorrha ist durchaus denkbar, falls der Mensch die Gebote Gottes ignoriert. Denn das war es, was in Atlantis geschah, als ein bedenkenloser Mißbrauch der Solarenergie die Atmosphäre zerstörte und somit das endgültige Chaos herbeiführte.
»Unter Mißachtung jener Gesetze, die den Söhnen Gottes wohl anstanden, gelang es dem Menschen durch seine destruktiven Fähigkeiten, die sich mit den natürlichen Gewalten der Gase und elektrischen Kräfte aus dem Inneren einer sich langsam abkühlenden Erde verbanden, jenen Teil von Atlantis, der der Sargasso-See am nächsten lag, in die Tiefe des Ozeans zu schicken.«

»Sehr verheißungsvoll sieht das nicht aus«, meinte Jeannette, »man braucht sich nur umzusehen, um zu wissen, was in Zentralamerika, Irland, dem Mittleren Osten, in Südafrika und anderen Teilen Afrikas vor sich geht. Wie Sie wissen, sah Cayce einen Weltholocaust noch vor der nächsten Jahrhundertwende voraus, falls der Mensch sich nicht eines Besseren besinnt. Doch es wird alles noch gut werden, denn Cayce hat seine Rückkunft für 1998 bereits angekündigt und wird uns sicher Rat und Hilfe bringen.«
»Als Gedankenform oder im Körper?« fragte ich.
»Ich denke, das wird keinen Unterschied machen, Gedankenformen waren für ihn stets etwas Reales. Er hat für eine Gefährtin aus diesem letzten Leben ein Reading gegeben, in dem er die Wirkungsweisen von Gedankenformen innerhalb wie auch außerhalb des Körpers beschreibt. ›Zu Anfang‹, sagte er, ›handelt es sich eher um Gedankenformen als Geistwesen mit eigener Persönlichkeit, wie die Gegenwart beweist. Demnach könnte man sagen, daß der parapsychische, der unbewußte Zustand für den Menschen zu Anfang ein ganz natürlicher ist.‹«
Jeannette war völlig in Gedanken versunken, ehe sie wieder aufblickte.
»Mr. Cayce war ganz vernarrt in Kinder und liebte es, sie genau zu beobachten und hinter ihrer Stirn zu lesen, als ob sich ihm dort ganz neue Einblicke offenbarten. Er glaubte, daß besonders Babys sich noch in diesem reinen, parapsychischen Stadium befänden. ›Wenn ein Kind geboren wird‹, sagte er einmal, ›und schlafend in seiner Wiege liegt, was geht dann in Wirklichkeit in ihm vor? Und wovon träumt es? Was erwartet es sich, und wer war es, bevor es auf die Welt kam? Und wohin gehen seine Gedanken – zu dem, was war, oder zu dem, was sein wird?‹«
Mit der Seele der Erwachsenen ist das eine ganz andere Sache; ob Theologen oder Wissenschaftler, ihr Unterbe-

wußtsein, der eigentliche »Draht« zur Vergangenheit, ist schon längst durch die verstandesbetonte Erziehung blockiert.

»Ein trainierter Geist«, sagte Cayce, »entwickelt aus seinem eigenen Bewußtsein heraus bestimmte geistige Vorstellungen. Aber ein Baby, woher bezieht es seine Gedanken und woher seine Träume? Wenn es lächelt, meinen wir, daß es von Engeln träumt. Daran könnte ja etwas Wahres sein. Aber wer gibt ihm diese Träume ein?«

Und dafür hatte Cayce schon eine Antwort bereit. Die Träume und Gedanken eines Babys, so glaubte er, kämen aus viel früheren Erfahrungen, denn andere Kontakte hatte es ja noch nicht gehabt. Und das gleiche gälte auch für die Atlanter, die sich als erste zu Gedankenformen materialisierten und von daher zurück in die Körper.

»Woher bezogen sie ihre Einsichten?« fragte Cayce. »Doch offensichtlich von denselben schöpferischen Kräften, denen sie auch den Antrieb verdankten, sich in Gedankenformen zu verwandeln, und die auch die gewaltige Entfaltung des gegenwärtigen parapsychischen Trends herbeigeführt haben, denn damals waren sie fast alle parapsychisch begabt – wie unsere Babys.«

Daraus erklärt sich, daß jene Atlanter, die nach Ägypten zogen, mehr als andere geneigt waren, sich zurückzubesinnen. Ihr psychischer Zustand erstreckte sich über eine längere Phase, und es gelang ihnen immer wieder, sich ihrer einstigen übersinnlichen Kräfte zu bedienen – noch bis heute.

Inzwischen war mir das alles viel klarer geworden als früher. Nur die Idee der physischen Manifestation von Gedankenformen – ihre Verwandlung in einen menschlichen Körper – bereitete mir noch etliches Kopfzerbrechen. »Nichts ist leichter als das«, behauptete Jeannette und amüsierte sich köstlich über meine Verwirrung.

Sie nahm eine Bibel zur Hand, die ich bisher noch gar nicht auf ihrem Schreibtisch bemerkt hatte, und trug mir aus der Schöpfungsgeschichte folgende Zeilen vor: »Und so erschuf Gott den Menschen nach seinem Bilde, nach seinem Bilde erschuf er ihn; er erschuf Mann und Frau.«
Endlich dämmerte es mir.
Für einen Gott, der Himmel und Erde innerhalb von sechs Tagen erschaffen hatte, mußte es ja ein leichtes sein, auch die Menschen ganz nach seinem Belieben zu formen.
»Ich habe keinerlei Schwierigkeiten mehr«, sagte ich, »mir Gott als eine Gedankenform vorzustellen. Er ist nie etwas anderes gewesen.«

4. Kapitel

Auf den Spuren des Ra

Ra-Ta faszinierte mich mehr als alle anderen Inkarnationen von Edgar Cayce. Er war eine geheimnisumwitterte Gestalt, die aus dem Dunkel der Geschichte auftauchte, und ehe er wieder so leise verschwand, wie er gekommen war, hatte er es vermocht, das Leben all derer zu ändern, mit denen er irgendwie in Berührung gekommen war.
Man sagte ihm nach, daß er noch die alte Kultur von Atlantis verkörperte, deren durchaus nicht legendäre Magie er auf das alte Ägypten und seine noch weitgehend primitiven Ureinwohner übertrug. Erst durch sein Einwirken war es, als er es verließ, zu dem Land geworden, dessen kulturelle Blüte in der damaligen Welt nicht ihresgleichen hatte. Kein Wunder, daß er in dem von ihm erwählten Ägypten in den Ruf eines Heiligen gelangte. Denn wie Cayce sich erinnerte, war er der eine und einzige Ra, der Sonnengott, dem die Pharaonen persönlich ihre Ehrerbietung bekundeten.
Es war schwierig für mich, mir den hochgewachsenen, etwas steifen und gebückten Mystiker aus Virginia Beach mit seinem so sanften Blick als jene dynamische Figur vorzustellen, die durch ihr damaliges Erscheinen eine ganz neue Zivilisation begründet hatte. Und dennoch war Edgar Cayce in gewisser Hinsicht noch immer jener astrale Abkömmling des großen Ra. Denn in seinem letzten Erdenleben war er mit derselben Frau wie im damaligen Ägypten verheiratet, was immer auch andere darüber dachten. Und wie Ra hatte Cayce als Schutzpatron der ganzheitlichen Medizin die Heilkünste auf eine Weise revolutioniert, wie

sie erst jetzt, und ganz allmählich, Anerkennung findet. Selbst seine wichtigsten Ziele – sein vorrangiger Wunsch, den Kranken und Mühseligen zu helfen und die körperliche und geistige Gesundheit der Menschen insgesamt zu heben – waren über Jahrtausende hinweg die gleichen geblieben. Doch ähnlich wie Ra war auch Cayce ständig von fleischlichen Begierden geplagt, denen er sich wie dem Teufel selbst widersetzte.
»Aber wenn der Teufel den Menschen nicht bezwingen kann«, sagte Cayce, »dann schickt er ihm eine Frau.«
Cayce hatte ihm oft ins Auge geblickt und schließlich den Sieg davongetragen.
Wie oft mußte er nicht seine Readings über sich selbst überprüfen und nach einer Möglichkeit suchen, den letzten Akt seines Lebens zum Guten zu kehren – und er wußte, daß ihm dies nur mit Gottes Hilfe gelingen würde.
Jetzt aber stand ich vor der Aufgabe, seine Seele zu erforschen. Wie durfte ich hoffen, etwas so Unantastbares wie ausgerechnet Cayces Seele zu erkennen oder gar zu verstehen?
Wenn es überhaupt irgendeinen Anhaltspunkt für Reinkarnation gab, dann waren es die sieben Leben, die er sich selbst zuschrieb und die einen gewissen Aufschluß über die Kontinuität des Lebens vermitteln konnten. »Auch nur einmal geboren zu sein«, hatte Voltaire einst geäußert, »ist an sich schon bemerkenswert.« Und wir haben es ja immer nur mit dem Leben zu tun, in dem wir uns gerade befinden. Das war auch genau das, was Cayce stets betonte. Wie in einer nie endenden Familienchronik, meinte er, wären wir ständig bestrebt, gemeinsam mit alten Gefährten unser Karma in den vergangenen Existenzen zu erforschen, um es im nächsten Leben von Anfang an besser zu machen.
»Hätte es nicht den Mann, der einst Ra war, gegeben«, sagte mir eine alte Gefährtin, »würde ich wieder dieselben Fehler

wie einst in Ägypten gemacht haben. Wie aus seinem Reading für mich hervorging, war ich ein notorischer Besserwisser und war es sogar noch in diesem Leben, sosehr ich mich auch bemühte. Er riet mir, mich einmal so zu betrachten, wie die anderen mich sehen – mit den Augen eines Außenstehenden –, um nicht ständig die gleichen Fehler zu machen.« Als sie es probierte, war sie sehr über sich selbst erschrocken.

»Bald merkte ich, wie rechthaberisch ich gegenüber meinen Ehemännern gewesen war, die ich besser zu kennen glaubte, als sie sich selbst kannten. Und schlimmer noch, ich rieb es ihnen stets unter die Nase.«

Meine Bekannte lächelte ein wenig gezwungen, als sie zu sprechen fortfuhr: »Ich wollte einfach nicht, daß mein Mann von mir wegging, zumal mir das in Ägypten schon einmal passiert war – das wußte ich von Cayce –, wo wir doch alle so glücklich vereint waren. Dann endlich hielt ich mir selbst den Spiegel vor und fand mich ziemlich abscheulich. Cayce hatte mir ja schon immer geraten, mich nicht so wichtig zu nehmen, doch ehe ich begriff, was er meinte, war es fast schon zu spät.«

Schließlich lernte sie es doch noch, nicht immer das letzte Wort haben zu müssen, und zum Glück hatte ihr Mann sie noch nicht ganz aufgegeben. »Ich habe aus Ägypten gelernt«, gestand sie mir lächelnd.

Das erste Lebens-Reading, das Cayce für Lammers gemacht hatte, war wahrscheinlich der Auslöser für die unzähligen anderen gewesen, die dem Wissen um die Kontinuität der Seele zu einer realen Grundlage verhalfen – falls es zutraf, daß Cayce in der Gestalt des Ra oder der anderen von ihm genannten Persönlichkeiten schon einmal existiert hatte.

Ich befand mich in einer ziemlichen Zwickmühle. Wie konnte ich die Dingfestigkeit seiner Aussagen je überprüfen? Ich brauchte noch etwas mehr als die vorliegenden Dokumente – ein paar Augenzeugen. Aber wie sollte ich an sie herankommen?

»Warum wenden Sie sich nicht einfach an die Menschen, mit denen er seine früheren Leben geteilt hat?« riet mir Jeannette. »Einige von ihnen sind schon ziemlich alt, vielleicht achtzig oder gar neunzig, aber geistig sind sie noch ganz frisch und erinnern sich sehr genau und werden Ihnen sicher eine hypnotische Rückführung in jene alten Zeiten erlauben. Manche können sich sogar im bewußten Zustand erinnern, und außerdem möchten sie alle miteinander noch viel mehr über ihre gemeinsame Vergangenheit mit Cayce wissen!«

Was für ungeahnte Möglichkeiten sich mir auf einmal auftaten! Zunächst gab es Ruth, die Schwester von Christus – und ich wußte bisher gar nicht, daß er eine Schwester gehabt hatte! –, ferner Lukas, den Apostel, Hektor, den Prinz von Troja, Garcia, welche die Trojaner verriet, und eine ganze Reihe anderer Personen, die weder damals noch heute besonders hervorgetreten sind. Und sie alle kannten Edgar Cayce, und er kannte sie. Die alten Bindungen waren so stark, daß sie sich auch von seiner jüngsten Wiederverkörperung als Edgar Cayce noch angezogen fühlten.

Einige waren sogar überzeugt, sich nur seinetwegen für dieses Leben entschieden zu haben, um sich seinem sanften Einfluß und seiner Führung erneut anzuvertrauen. »Ich habe mir«, sagte Anne Gray Holbein, »meine Eltern selbst ausgesucht, weil sie in Selma, Alabama, zu seinem Freundeskreis gehörten. Schon am Tag nach meiner Geburt hat er mich in der Klinik besucht, und von da an sind wir zusammengeblieben und sind es auch jetzt noch, nach seinem Tod.«

Nach seinem Tod?

»Als mein Mann im Jahre 1969 starb, sah ich Edgar Cayce

plötzlich vor mir stehen. Er hatte mir etwas zu sagen: ›Wenn sich eine Tür schließt, öffnet sich eine andere.‹ Er hatte recht, denn seitdem hat sich bei mir ein spiritueller Wandel vollzogen.«
Ich schaute mir Anne Gray Holbein genauer an. Sie war keineswegs eine Fanatikerin. Ihre kühlen, grauen Augen durchschauten die Menschen mit einem einzigen Blick. In Alabama war sie eine der ersten Optometrikerinnen und mit siebzig noch immer aktiv – man sah ihr das Alter nicht an. Ich hatte sie 1987 in Virginia Beach auf einem Kongreß von Gruppenführern getroffen, die mit ihren Leuten Cayce-Studien betrieben. Sie war ungeheuer an allem, was mit Präexistenz zu tun hatte, interessiert, die nach ihrer Meinung einen großen Einfluß auf das gegenwärtige und zukünftige Leben hatte, und vor dem Tod hatte sie keine Angst. Sie hatte zwei Söhne überlebt, die beide im gleichen Jahr starben, und zehn Jahre später war ihnen ihr Mann gefolgt. Wie Cayce glaubte sie an ein Fortleben der Seele, und der Tod war für sie kein endgültiger Abschied.
Sie erinnerte sich an mehrere frühere Existenzen. Eine davon hatte sie in Ägypten und die anderen im Mittleren Osten, in Troja und im kolonialen Virginia verbracht. Aber erst 1984, als Cayce bereits vierzig Jahre lang tot war, wurde ihr klar, daß sie all ihre irdischen Erfahrungen mit ihm geteilt hatte und er stets wie ein Vater für sie gewesen war. Ohne je von vergangenen Gemeinsamkeiten zu wissen, nannte sie ihn von frühester Kindheit an, kaum der Sprache mächtig, »Daddy Cayce«, und bis zu seinem irdischen Ende fand sie an seiner Schulter Hilfe und Trost. Er war der erste, der von ihren Heiratsplänen, aber auch ihren ehelichen Unstimmigkeiten erfuhr. Sie schrieb ihm zweimal pro Monat, und immer schrieb er ihr zurück, selbst als er so krank war, daß er sich nicht mehr allein im Bett aufrichten konnte. Und als ihn seine Readings offensichtlich überfor-

derten und er kaum noch ein Wort hervorbrachte, ließ er es sich dennoch nicht nehmen, für Anne Gray Holbein ein spezielles Heil-Reading zu geben, das ihr das Leben rettete, nachdem die Ärzte sie bereits aufgegeben hatten. Als sein erster Enkel geboren wurde, erhielt sie vor allen anderen die freudige Nachricht.

»Ich habe noch immer das Gefühl«, erklärte sie mir, »daß ich nur meine Arme auszustrecken brauche, um Mr. Cayce wieder bei mir zu haben.«

Diese Zuneigung beruhte auf Gegenseitigkeit. Cayce machte nie einen Hehl aus seinen väterlichen Gefühlen. Sie war gerade achtzehn, als er sie in einem Lebens-Reading buchstäblich davor warnte, eine Ehe einzugehen. Doch sie war noch viel zu jung, um auf seine Worte zu hören. Als ihr Verlobter an die Front mußte, schrieb sie dem väterlichen Freund: »Ich wünschte aus ganzer Seele, daß Sie hier wären, um mit mir über meine Pläne zu reden. Wahrscheinlich werden Fred [Holbein] und ich heiraten, noch bevor dieser Monat zu Ende geht.«

In seinem Antwortbrief erinnerte sie Cayce an das Lebens-Reading, das er für sie gemacht hatte: »Bitte, lies es noch einmal sehr sorgfältig durch, bevor Du irgendeinen entscheidenden Schritt unternimmst. Du sollst jedoch wissen, daß ich immer für Dich da bin, ganz gleich, wie Deine Entscheidung ausfällt.« Kein Vater hätte sich mitfühlender verhalten können. Dennoch entschloß sie sich für die Ehe. Sie lächelte, als ich noch mehr über ihre Beziehung zu Cayce wissen wollte. »Als Kind dachte ich ständig an ihn. Es war so tröstlich, einen Menschen wie ihn zu kennen, obwohl wir uns damals nur selten sahen. Er war wie ein zweiter Vater für mich, auch wenn ich nicht wußte, weshalb. Das kam erst viel später, nachdem ich das Reading gelesen hatte, das er mir gab, als ich bereits achtzehn war.«

Trotz ihrer beruflich bedingten Orientierung auf wissenschaftliche Objekte war Anne Gray Holbeins seelisches Feingefühl so ausgeprägt, wie ich es nur selten erlebt habe. Ihr Unbewußtes und psychisches Vermögen war so nah an der Oberfläche, daß man sie fast schon als Medium bezeichnen könnte. Sie war ideal für hypnotische Rückführungen geeignet.

Um einen tieferen Einblick in ihre Vergangenheit gewinnen zu können, besorgte ich mir ihr Lebens-Reading, das alles enthielt, was für mich wissenswert war. In einer ihrer Präexistenzen war sie die uneheliche Tochter eines Glücksritters (Cayce) im kolonialen Virginia, in einer anderen, die sich in Troja ereignete und in der sich Cayce als Torwächter gegen die anstürmenden Griechen zu behaupten hatte, war sie seine Mätresse, in Persien hingegen seine ältere Schwester. Und noch vor den Ereignissen in Ägypten, wo Cayce sich als Ra verdient gemacht hatte, gehörte sie einer atlantischen Familie an, die dem Hohenpriester nach dem Auseinanderbrechen des legendären Kontinents nach Ägypten gefolgt war. Schon damals hatte sie ihn, wenn auch unter völlig anderen Bedingungen, abgöttisch verehrt.

Es war, wie gesagt, gar nicht schwer, sie zu hypnotisieren, sie ließ sich mühelos an die Ufer der ewig währenden Erinnerungen zurückversetzen. Sie war im Nu untergetaucht, wenn ich mit ganz normaler Stimme auf sie einredete: »Geh zurück, weit zurück in das Land der Ägypter, wo du einem Geistwesen namens Ra-Ta begegnen wirst. Sprich jetzt klar und deutlich. Erinnere dich an jene ägyptische Periode. Es ist alles in deinem Bewußtsein gespeichert, und so wirst du es mir jetzt beschreiben.«

Ich hatte allen Grund, anzunehmen, daß ihre Aussagen völlig exakt sein würden. Schon einmal hatte ich sie – wie auch andere – unter Hypnose getestet und herausgefunden, daß sie sich mit erstaunlicher Klarheit an jene Augenblicke erinnerte, als ihr »Daddy Cayce« sie in ihrer Wiege betrachtet hatte, als sie gerade erst ein paar Tage alt war. Genauso deutlich hatte sie auch ihre Eltern wiedererkannt. Wie Einstein es einmal hervorhob, verfügt das Unbewußte über Kräfte, die der wache Geist sich nicht zu erträumen vermag. Während ich sie befragte, sah ich sie völlig entspannt und mit geschlossenen Augen in dem veränderten Bewußtseinszustand vor mir liegen, wie ich ihn mir idealer nicht hätte wünschen können. Ihre Stimme war anfangs kaum hörbar, wurde aber bald kräftiger, als ihr Geist Stück für Stück von dem, was sie sah, aneinanderfügte. Während sie auf einfache und direkte Weise ihre Wahrnehmungen schilderte, überkam mich plötzlich das Gefühl, als ob ich ungebeten in eine gänzlich neue Welt hereingeplatzt wäre – jenes Gefühl, das der alte Mystiker (Ra-Ta/Cayce) beim Anblick des kleinen Mädchens mit ihrer Familie während des langen Marsches nach Ägypten gehabt haben muß, als all die Atlanter ihrem angebeteten Führer in ein neues Leben am Ende des Regenbogens folgten.

»Er ließ uns an der Küste zurück und ging nach Süden und Westen in das Land des großen Nilstromes, der alljährlich überfließt und für reiche Ernten sorgt. Nachdem er gegangen war, entschlossen sich einige, ihm zu folgen. Meine Familie sorgte dafür, daß wir zusammenblieben. Ich mußte, obwohl ich noch so klein war, zu Fuß gehen. Meine Eltern hatten große Angst, daß wir Kinder die Strapazen nicht überstehen würden. Manchmal trugen sie uns, wenn die Wegstrecken zu lang waren. Auch für sie war die Reise sehr beschwerlich. Ich war das mittlere der Geschwister. Zwei von uns liefen vor mir und zwei hinterher. Die beiden Jüngsten mußten die ganze Zeit über getragen werden oder ritten auf den Packeseln, die ziemlich klein waren, aber das ganze Gepäck auf ihrem Rücken beförderten. Die Babywiege war an der Seite festgebunden.

Manchmal rasteten wir tagelang an einem Lagerplatz, aber

dann ging es wieder weiter, bis wir den herrlichen Nil mit seinen grünen Ufern unter den gewaltigen Granitfelsen erreichten. Dort trafen wir auch jene Landsleute wieder, die vorausgegangen waren. Ihr Führer hieß Ra-Ta. Er war ein so schöner Mann von wahrhaft königlicher Erscheinung. Selbst ich als Kind war von ihm ungeheuer beeindruckt, weil ich nie zuvor einen so schönen Mann gesehen hatte.
Er wußte das auch, sie alle, jeder in seinem Palast wußte, daß wir alles tun würden, was er von uns verlangte, und ihm in allen Dingen gehorchen würden, weil er unser Führer war, dem wir sogar unser Leben opfern würden.
Damals war er der Ra. Er hatte seinen Namen auf eine Silbe verkürzt, weil ihm das größere Macht verlieh, denn er verband seine Energie mit der Sonne. Er genoß hohes Ansehen und gründete neue Schulen. Er war ständig bestrebt, die Lehrmethoden zu verbessern. Viele der dort ansässigen Leute waren noch sehr rückständig, sie hatten noch nicht einmal unseren Standard erreicht. Im übrigen sahen sie ziemlich plump aus und trugen Federn und kurze Schwänze wie Vögel. In gewisser Hinsicht hatten sie etwas Tierähnliches, nur ihr Gang war bereits aufrecht wie unserer, die wir aus dem Norden und Osten in das als Ägypten bekannte Land eingewandert waren. Ra hatte sich entschlossen, diesen Leuten zu helfen, die auf großen Kähnen und Flößen aus den südlicheren, flußaufwärts gelegenen Landesteilen gekommen waren.«

Ich konnte nur staunend zuhören, denn was ich bei ihrer ersten Hypnose vernahm, sprudelte förmlich aus Mund und Seele einer Frau, mit der ich mich bisher nur über so beiläufige Dinge wie ihr Augenleiden und ihr Leben am Mississippi unterhalten hatte. Auf einmal erschien mir ihre Stimme ganz fremd und ohne ihr sonst typisches betontes Verweilen auf einzelnen Wörtern und Silben. Es lag soviel Überzeugung in ihren Aussagen, daß ich in ihr kaum noch

jene vornehme Lady aus dem amerikanischen Süden wiedererkennen konnte.
Sie schien jetzt eine ganz andere Heimat zu haben, eine neue Familie und andere Wertmaßstäbe – und dennoch die Gemeinsamkeit mit altvertrauten Gefährten, die aber auch »neu« waren. Ich vermute, daß sie zu einer Familie gehörte, wie sie für die damalige Zeit und geographische Lage ganz typisch war, und ebenso typisch muß ihre Kindheit gewesen sein, denn Tausende hatten sich mitsamt ihren Angehörigen dem langen Treck angeschlossen. Sie hatten wie Ra selbst große Erwartungen in die Zukunft und kamen aus einer Gegend nahe des Persischen Golfes, nicht allzufern von der später so blühenden Stadt der Hügel und Grasländer. Als Kind hatte sie Gespräche ihrer Eltern von einer noch früheren Reise mit angehört, als diese nach der Zerstörung der sagenhaften Insel jenseits der Säulen des Herakles schon einmal dem großen Ra in die Fremde gefolgt waren.
Dort war er zum Hohenpriester gewählt worden und begann sogleich den Pharaonen von seinen Plänen zu erzählen, wie er das arme Land mit seiner körperlich so entstellten Bevölkerung in ein blühendes Staatswesen verwandeln wolle.
»Er hatte eine so große Anziehungskraft, daß, sobald er zu reden begann, sich ihm niemand entziehen konnte. Ihm haftete etwas Besonderes an; denn so ungewöhnlich er war, so ungewöhnlich war auch der Ort seiner Herkunft mitsamt den Bewohnern, deren geistige Kräfte er nutzte, um wahre Wunder zu vollbringen. Man erzählte sich, daß diese Leute in früheren Zeiten keine Körper gehabt hätten, obwohl man sich dies kaum vorstellen kann; denn wie kann man körperlose Wesen überhaupt wahrnehmen? Man sagt ja, daß das Sehen sich auch auf rein geistiger Ebene vollziehen kann, so seltsam dies klingen mag.«

Nachdem die Leute im Tempel der Schönheit behandelt worden waren und sich ihr Aussehen ständig verbesserte, begann sich des Hohenpriesters Ruhm im ganzen Land auszubreiten, und die Menschen pilgerten in Scharen zu ihm, um sich ihre Körper und Geister erneuern zu lassen.
»Die Mißgestalteten schämten sich ihrer Gebrechen, denn sie gehörten einer weniger entwickelten Rasse an; ihre Haut war nicht so zart wie die unsrige, und ihre Züge waren nicht so regelmäßig. Aber Ra, der sich im Einklang mit den kosmischen Kräften befand, verstand es, sich derselben sowohl zur Heilung von Kranken als auch zur Verjüngung von Körper und Geist der Benachteiligten zu bedienen. Und wenn alle anderen Mittel versagten, wurden chirurgische Praktiken angewandt, um die Strukturen von Haut und Haar zu verfeinern.«
Während ich Anne Gray Holbein zuhörte, deren Stimme allmählich in eine gewisse Monotonie überging, malte ich mir bereits in Gedanken einen evolutionären Prozeß aus, wie ich ihn nie für möglich gehalten hätte, bis ich mich hier in einem kleinen Raum des A.R.E.-Centers plötzlich der Verzauberung durch eine Person ausgesetzt sah, der ich erst einen Tag zuvor begegnet war.
Denn alles, was ich aus ihrem Munde vernahm, erschien mir plötzlich so unglaublich real, daß ich mich einen Moment lang fragte, ob ich nicht derjenige sei, der sich gerade in Trance befand. Und als sie ihren Bericht fortsetzte, konnte ich buchstäblich die Spannung mitfühlen, die sich in Ägypten aufgebaut hatte, nachdem Ras Einfluß immer stärker geworden war und die herrschende Klasse in diesem fremden Aufsteiger einen gefährlichen Rivalen zu erblicken begann.
Auch für Anne Gray Holbein müssen diese Erfahrungen so nachhaltig gewesen sein, daß sie sich im Moment offensichtlich um Jahrtausende zurückversetzt fühlte. Und wie

dies alles zustande gekommen war, blieb ein Geheimnis der Vergangenheit.
Anfangs schien Ra noch keinerlei Schwierigkeiten zu haben.»Er hatte den Schönheits- und den Opfertempel errichtet, wo die Heilungen stattfanden. Aber schon kamen die ersten Gerüchte über ihn auf – insbesondere über eine Frau, die er einem anderen Mann abspenstig gemacht haben sollte. Doch er konnte sich der vollen Unterstützung jener Leute gewiß sein, die ihm, wie wir, gefolgt waren. Auch die einheimische Bevölkerung stand auf seiner Seite, denn er hatte diesen Menschen ohne Rücksicht auf Rang und Stellung sehr viel Gutes getan. Aber die Uneinigkeit im Lande wurde immer größer, bis schließlich im Palast selbst eine Gegenströmung entstand, deren Ziel es war, ihn des Landes zu verweisen. Einige Leute beklagten sich über die ständig anwachsende Zahl von Fremden, und beim nächsten Regierungswechsel gelang es ihnen, den Hohenpriester mit Hilfe des neuen Königs zu verbannen. Einige folgten dem Exilierten – darunter auch Frauen –, aber er bat uns inständig, im Lande zu bleiben und unser Bestes zu tun, denn eines Tages würde er wieder zurückkehren. Auch meine Familie konnte nicht mit ihm ziehen, denn wir Kinder waren noch viel zu jung. Ich war erst dreizehn und noch nicht erwachsen genug. Wir wußten, daß er zurückkommen würde, denn er war der große Ra, und wir alle wollten ihn wieder bei uns haben.
Dank der durchreisenden Karawanen blieben wir in ständigem Kontakt. Ra war nach Westen gegangen, nach Nubien, wo die Menschen noch dunkelhäutiger waren, und wir erfuhren, daß er auch andere Länder besuchte. Er setzte weiterhin seine Krankenheilungen fort, und sein Ruhm wuchs beständig.
Wir hörten Geschichten über seine Aktivitäten in Libyen, Indien und Persien, von wo wir selbst einst gekommen

waren. Den Bewohnern all dieser Länder und auch den Händlern war seine Anwesenheit sehr willkommen, denn er brachte Glück und Wohlstand mit sich, und in den Karawansereien kursierten Geschichten über seine Erfolge. Währenddessen gingen in Ägypten die Geschäfte zurück, und der wirtschaftliche Niedergang machte sich nicht nur bei den Kaufleuten bemerkbar. Im ganzen Land erhob sich ein Murren, selbst unter den Eingeborenen, und die Leute begannen den glücklichen Zeiten nachzutrauern, als der Hohepriester noch unter ihnen weilte, und baten uns, unseren Einfluß auf die Regierung zu verstärken.«

Allein das Wissen um seine Rückkehr gab dem jungen Mädchen genügend Vertrauen, um zu tun, wozu Ra sie einst ermutigt hatte, als er ihr natürliches Talent zum Zeichnen erkannte. Mit großem Eifer machte sie sich daran, allerhand Skizzen anzufertigen. »Ich malte Szenen von der Nillandschaft, von den Booten mit ihren bunten Segeln sowie den Fischern mit ihrem farbigen Kopfschmuck. Ich war immer wieder von der Schönheit des Landes überwältigt und versuchte sie mit meinem Farbstift festzuhalten.«

Diese Worte erschienen mir sehr vertraut, denn plötzlich fiel mir ein Reading von Cayce über ihre ägptischen Erfahrungen ein: »Die Wesenheit gehörte zu den Menschen, die nicht nur als erste nach Ägypten zogen, sondern mit der Inthronisierung des jungen Königs auch die Verbannung des Priesters [erlebten], welcher mit der Wesenheit verwandt war. Später, bei seiner Rückkehr, machte die Wesenheit Entwürfe, die jetzt als die kommerziellen Architekturskizzen sowohl für das Innere als auch das Äußere vieler Bauwerke gelten.«

Ägypten war in der Tat ein Künstlerparadies.

»Ich liebte den Nil. Er brachte dem Land die Fruchtbarkeit, doch nicht direkt an den Ufern, denn dort konnte man vor der alljährlichen Überflutung nichts anbauen. Die Stadt selbst befand sich auf den Felsenklippen, in deren Wände Zeichnungen geritzt waren, und ich liebte es, sie zu kopieren. Wegen meiner Zeichenkünste wurde ich Mitglied des Hofstaats und wohnte im Palast. Die Frauengemächer waren unbeschreiblich schön. Es gab dort ganz weiche Kissen, die mit Federn gefüllt waren, ein Luxus, von dem ich bis dahin noch nie gehört hatte.«

Ich war entzückt über all die farbigen Einzelheiten ihrer Schilderungen, die keinen Aspekt des ägyptischen Lebens ausließen, und staunte, wie gut sie das alles behalten hatte, denn immerhin waren Jahrtausende seit jenen Tagen verstrichen. Sie war im Palast gefangengehalten, wo die Feinde ihres geliebten Ra das Sagen hatten. Aber insgeheim schien es ihr gelungen zu sein, eine gewisse neutrale Position einzunehmen, so daß man gegen ihre künstlerischen Ambitionen nichts einzuwenden hatte.

»Ich kopierte alte Handschriften auf abgeschabten und mit Öl präparierten Tierhäuten und brauchte mich beim Zeichnen nicht mit angekohlten Stiften zu begnügen. Man bereitete mir eine Farbflüssigkeit aus Beeren, in die ich meinen Stift eintauchen konnte. Ich lernte auch bald, mir meine Farben selbst herzustellen.«

Noch während Ras Abwesenheit bemalte sie die Wände eines noch nicht fertiggestellten Schönheitstempels. »Ich stellte mir vor, wie er sich über meine Dekorationen auf den neu errichteten Mauern und über meine Deckengemälde freuen würde. Ich zerrieb farbige Steine und rührte das Steinmehl mit bestimmten Flüssigkeiten an, um mehrere Farben zu haben. Durch die Schnecken, die es in dieser Gegend im Überfluß gab, hatte ich eine purpurne Farbe zur Verfügung, wie Ra sie so sehr liebte. Desgleichen verwendete ich verschiedene Beeren, die am Wüstenrand wuchsen, um mit ihrem tiefen Rot und Karmesinrot die Wände möglichst lebendig zu gestalten.«

In der Zwischenzeit hatte sie einen Ägypter geheiratet und freute sich schon auf den Tag, an dem Ra ihre Verbindung segnen würde. Sie wußte, er sah es gern, wenn verschiedene Rassen sich miteinander vereinten, weil dies zur Beendigung der Feindseligkeiten beitragen konnte.

Es war ein fröhlicher Hochzeitstag, doch nichts im Vergleich mit der Freude, die Ras triumphale Heimkehr auslöste. Die junge Frau gehörte zu den vielen Menschen, die bei seiner Ankunft die Straßen säumten. Er hatte ihr zugewinkt und gelächelt und auch die anderen Leute mit derselben Gunst bedacht. In seiner unmittelbaren Nähe befand sich jene Frau, um derentwillen er soviel aufgegeben hatte, und auch andere Konkubinen waren dabei. Wie schon früher, so machte er auch jetzt keinen Versuch, dies zu verhehlen, denn er war der große Ra. Seine Rückkehr, die durch öffentliche Proteste erzwungen worden war, rechtfertigte sein Handeln und brachte ihm neues Prestige.

»Er war nun der erste Minister neben dem Pharao, und niemand als dieser konnte ihm seinen Rang streitig machen. Doch der war weit entfernt, dies zu tun, denn schließlich hatte er ihn zurückgeholt, um die Einigkeit unter der Bevölkerung wiederherzustellen und das Reich einer neuen Blütezeit entgegenzuführen.«

Nach einer Weile hatte die junge Frau Schwierigkeiten mit dem ihr anvermählten Ägypter und zog sich deshalb in die Tempel zurück, um ihr angefangenes Werk fortzusetzen.

»Ich wollte Ra möglichst nahe sein. Ich liebte ihn, so wie eine Schülerin ihren Mentor liebt. So konnte ich ihn wenigstens aus der Entfernung sehen. Eines Tages erschien mein Mann, um mich um Verzeihung zu bitten, nachdem Ra ein ernsthaftes Gespräch mit ihm geführt hatte. Mein Mann stellte sich meinen Wünschen nicht mehr entgegen, falls ich nur bereit wäre, zu ihm zurückzukehren.«

Unter diesen Bedingungen willigte sie ein.

»Nun konnte ich meine Arbeit im Schönheitstempel zu Ende führen. Ich verzierte die Wände mit meinen Farben. Den Hohenpriester sah ich nur selten. Ab und zu kam er vorbei, um zu prüfen, wie die Arbeit voranging. Manchmal lächelte er zustimmend und ging wieder weiter. Er war sehr bestrebt, für jedermann dazusein, und empfing jeden, der mit einem Gebrechen zu ihm kam. Es gab aber auch andere Heiler, die er selbst ausgebildet hatte, und wenn diese im Tempel Operationen ausführten, war er häufig dabei, um nach dem Rechten zu sehen. Man sagte, daß er niemals schliefe. Er kannte keine Müdigkeit, und seine Gestalt war stets von einem strahlenden Glanz umgeben – kein Wunder, daß die Leute ihn verehrten. Aber er hat von sich nie behauptet, ein Gott zu sein.

Obwohl er schon länger unter uns verweilte, als selbst die Ältesten sich erinnern konnten, sah man ihm sein Alter nicht an. Er erschien wie ein Mann in seinen besten Jahren.«

Als Anne Gray Holbein einen Moment schwieg, um ihre Gedanken erneut zu sammeln, überkam mich das Bedürfnis, noch mehr über diesen seltsamen »ägyptischen Jungbrunnen« zu erfahren.

»Wie mag er das bewerkstelligt haben?« fragte ich, denn für mich steckte mehr dahinter als eine Behandlung mit kosmetischen Cremes oder gar ein Facelifting.

»Es gibt Dokumente, die dies beschreiben: Hieroglyphen, die in die Wände geritzt sind, auch Bildzeichen auf präparierten Tierhäuten. Viele von ihnen habe ich kopiert, ohne sie jedoch verstehen zu können.

Man sagte, daß solche Verjüngungszeremonien in einer geheimen Kammer und mit Hilfe gewisser Strahlen, die von seltenen farbigen Steinen ausgehen, vollzogen würden, wie man es schon in Atlantis praktiziert hatte. Nicht jeder durfte diese Kammer betreten, und die Verjüngung wurde nur Leuten zugestanden, deren Leben für den Staat von besonderer Bedeutung war, und konnte nur unter dieser Voraussetzung wiederholt werden. Dann aber, nach zwei oder drei Lebensspannen, wurde auch für sie das Leben zu beschwerlich. Mir selbst war nur eine einzige Spanne zugedacht – und das war manchmal schon anstrengend genug.«

Mir war inzwischen klargeworden, weshalb der Mann, den Anne Gray Holbein mir beschrieb, eine derartige Faszination auf Frauen ausübte. Er hatte eine geradezu magnetische Ausstrahlung, die durch seine auffällige Erscheinung noch verstärkt wurde.

»Er schien eine goldene Aura um sich zu verbreiten, wie man es nur von der Sonne her kennt. Seine Hautfarbe erschien im Vergleich zum dunklen Teint der Ägypter als relativ hell, doch nicht von der Art mancher ausländischer Besucher. Sie hatte eher einen rötlichen Schimmer. Seine Augen sahen manchmal fast schwarz aus, im hellen Licht jedoch blau. Er brauchte einen Menschen nur anzusehen, um dessen Gedanken zu erraten. Ich schaute ihn nie direkt an; es war, als ob ich in die Sonne blicken müßte.«

Sie sagte das mit einem so seltsamen Unterton, daß ich nicht umhinkonnte, sie zu fragen: »Hast du ihn geliebt?«

»Wir alle liebten ihn.«

Ich wiederholte meine Frage: »Hast du ihn geliebt?«

Aber sie ließ sich nicht festnageln. »Wir alle haben ihn förmlich angebetet, aber er war zu unerreichbar für einen Menschen wie mich. Seine Erscheinung hatte so etwas Königliches.«

Erst hatte sie geglaubt, daß er für immer bei ihnen bleiben würde, doch dann kam eine Zeit, wo er ein wenig müde erschien. Er lächelte nicht mehr so häufig wie früher, wirkte nachdenklich, und sein Blick begann in die Ferné zu schweifen.

»Die Tempel waren alle errichtet, und die Pyramiden standen kurz vor der Vollendung. Ich spürte, daß sein Werk getan und es Zeit für ihn war, zur Ruhe zu kommen. Seinen Worten war das nicht anzumerken, denn er sprach ohnehin nicht sehr viel – und schon gar nicht vom Tod, der für ihn nichts Erschreckendes an sich hatte. Ra wußte ja, woher er gekommen war, so wie wir alle es wußten. Genauso war es ihm klar, wohin der Weg führte. Nie blieb ihm irgend etwas verborgen.«

Eines Tages, als sie sich umblickte, war er gegangen – ganz ohne Abschied, ohne Lebewohl und ohne Gefühlsbezeigungen. Er hatte die Welt verlassen – so geheimnisvoll, wie er sie einst betreten hatte.

»Die Älteren unter uns sagten, wir sollten uns deswegen nicht grämen. Seine Kraft würde uns stets begleiten. Er wäre gegangen, um sich selbst zu erneuern, und eines Tages käme er wieder zurück. Es gab auch kein Begräbnis und keinen feierlichen Nachruf. Seine Seele war dahingegangen.«

Unter dem Einfluß der Hypnose schien sich Anne Gray Holbein in ein Geschöpf des Ra zurückverwandelt zu haben – wie anders hätte ich mir sonst den Gleichmut erklären sollen, mit dem sie den Tod ihres einstigen Mentors akzeptierte?

Um sicherzugehen, fragte ich sie: »So war Ra also nicht nur Ihr Priester, sondern auch Ihr Führer? Und versuchte denn niemand herauszufinden, was tatsächlich mit ihm geschehen war?«

»Einige unserer Anführer, die ihn auf dem Weg nach Ägypten begleitet hatten, wußten, wohin er gegangen war, und sie versicherten uns, daß es keinen Grund zur Besorgnis gäbe und daß er mit uns sein würde, falls wir ihn brauchten.«

»Oder hat man ihn heimlich auf die Seite geschafft?«

»Aber keineswegs. Seine Zeit war abgelaufen. Er hatte sein

Werk vollendet.« Sie war offensichtlich über meine Vorstellung entsetzt.

Wieder einmal staunte ich über die Autonomie des Unbewußten. Ich, ein stets skeptischer Reporter, der keine noch so unerbittliche Frage scheute, um der Wahrheit auf die Spur zu kommen, hier saß ich auf meiner Stuhlkante, um einer Frau, die sich in Trance befand, die Frage zu stellen: »Und weshalb ist dieser Mensch überhaupt gekommen?«

Die Antwort sprudelte aus ihr heraus, als ob es Ra selbst wäre, der sich hier zu Wort meldete: »Um die Eintracht der Seelen herbeizuführen, um alle Menschen zu einen, um die Unterschiede zwischen den Rassen zu beseitigen. Denn in das Land, dem er seinen Stempel aufgedrückt hatte, kamen die Menschen von überall her, um von ihm, der die Geheimnisse des Universums kannte, zu lernen. Und weil er die Auffassung vertrat, daß jedem Individuum erlaubt sein müsse, sich selbst zu verwirklichen und die ihm gegebenen Fähigkeiten voll auszuschöpfen, durfte auch ich im Tempel mein Werk verrichten. Aber ich gehörte nicht zu den Privilegierten, auch wenn meine Bilder bewundert wurden und nicht jeder wie ich fähig war, eine gerade Linie zu ziehen, dafür um so besser die Flöte oder den Dudelsack spielte, während ich beim Musizieren stets aus dem Takt geriet. Ra wollte, daß jeder die Möglichkeit habe, seine inneren Kapazitäten zu entwickeln; denn was den einzelnen voranbrachte, nutzte auch der Gesamtheit. Niemals zuvor hat ein ägyptischer Führer derartige Gedanken entwickelt.«

In dieser Hinsicht unterschied er sich kaum von Edgar Cayce, wie dessen alte Gefährten aus seinem ägyptischen Vorleben es immer wieder bestätigten. Auch Cayce hatte seinem Land, zum Beispiel im sozialen Bereich, revolutionäre Anstöße gegeben, indem er im Süden die Sonntagsschule auch für Schwarze zugänglich machte, was bis dahin noch unvorstellbar gewesen war. Und daß Ra zum

Revolutionär wurde, mag seine Gründe in seiner Exilierung gehabt haben. Aber es ging ihm nicht nur um die Befreiung einer bestimmten Frau – oder einem halben Dutzend von Frauen –, er widersetzte sich jedem festgefügten System, das auch Ägypten zu einem Sklavenstaat gemacht hatte. Anfangs versuchte man die Schuld für seine Verbannung einer Frau anzulasten, die vor der Gewalt des eigenen Mannes zu Ra geflüchtet war, aber der strittige Punkt lag ganz woanders, wie es sich nach der Rückkehr der beiden herausstellte.

Aus seinem neunjährigen Exil hatte er große Pläne mitgebracht und war von hohen Erwartungen erfüllt. Er begann sogleich mit der Errichtung von Pyramiden, Tempeln und ausgedehnten Wohnkomplexen. Er war stets vor Ort, um nach dem Rechten zu sehen. »Er verstand es, die schweren Steine für die Pyramiden mit einer Leichtigkeit an die richtige Stelle zu bewegen, als wären sie aus Kork«, sagte Anne.

Schon seit Jahrhunderten fragen sich die Menschen, wie die Ägypter es wohl fertiggebracht haben, diese riesigen Quader an Ort und Stelle zu bringen. Niemand konnte es sich bisher erklären – es sei denn, jene Leute, die daran beteiligt waren.

»Geschah es durch Druck oder Winden oder mit Hilfe hydraulischer Kräfte?« wollte ich wissen.

»Ra redete mit den Steinen. Mit seinem Finger zeigte er auf einen bestimmten Fleck und sagte lediglich: ›Ich möchte dich hier haben.‹ Und sofort gehorchte der Stein. Nichts war leichter als das.«

Leicht? Für mich war es unvorstellbar. »Gab er dem Stein nur ein Zeichen, oder bediente er sich physikalischer Mittel?«

»Er faßte ihn nicht einmal an.«

Vielleicht lag es an der Frequenz seiner Stimme. Wenn

Anne auch nur irgendwie recht hatte, dann könnte dieser Wundermensch aus Atlantis das Gravitationsfeld so beeinflußt haben, daß die massiven Steine auf ähnliche Weise zu schweben begannen wie die Astronauten im Weltraum. Ich erinnerte mich an einen Ausspruch von Cayce, in dem er davor gewarnt hatte, mit unseren eigenen beschränkten Maßstäben die Natur eingrenzen zu wollen.
Ras heilerische Kapazitäten waren ebenso unbegreiflich. Als ein lockerer Stein der rechten Hand seines Schützlings eine so schwere Quetschung zugefügt hatte, daß Anne sie wochenlang nicht mehr bewegen konnte und schon glaubte, ganz auf sie verzichten zu müssen, sprach Ra sie eines Tages an: »Warum machst du so ein Gezeter? Hast du denn nur die eine Hand?«
Sie schaute ihn verständnislos an.
»Benutze die andere auch. Versuch es!«
Und er strich ihr einige Male über die verletzten Glieder. Zunächst schien es ihr nicht zu helfen. »Aber ich hatte ja schon gelernt, alle Dinge mit meiner linken Hand zu tun. Dann plötzlich, wie durch ein Wunder, konnte ich die rechte Hand wieder gebrauchen, noch nicht so perfekt und geschickt wie zuvor, aber ich konnte wieder zugreifen. Ra hat es mir ermöglicht. Er war uns so weit voraus und so überlegen, daß er uns wie ein Gott erschien.«
Anne hatte auch im Trancezustand keine Ahnung, welcher Gravitationsgesetze sich Ra bedient haben könnte, um die gigantischen Steine von der Stelle zu rücken. Aber Christus hatte sogar noch mehr getan: Er hatte Wasser in Wein verwandelt, hatte die aufgepeitschten Wellen beruhigt, Tote wieder lebendig gemacht und war plötzlich inmitten der Menge verschwunden. Hatte er nicht zu seinen Jüngern gesagt, daß auch sie mit Hilfe des Vaters dasselbe und noch mehr vollbringen könnten? Was war ein Wunder denn anderes, als Dinge zu tun, die das gewöhnliche Volk nicht

verstand? Wie die Erfindung des Streichholzes, des Schießpulvers oder des Flugzeugs?

Doch das Heilen betraf etwas, worüber sie Bescheid wissen mußte, hatte sie es doch am eigenen Leib erfahren.

»Hast du irgendein besonderes Gefühl gehabt, als er dir über die Hand strich? Sagte er dabei: ›Ich heile dir diese Hand‹?«

»Ich sah, wie sich seine Lippen bewegten, ohne daß ich ein Wort vernehmen konnte; doch seine Berührung war so heiß wie Feuer!«

Warum nur war sie mit ihrer Verletzung nicht gleich zu ihm gegangen, wo sie ihm doch so sehr vertraute?

»Ich wollte nicht, daß er merkte, wie ungeschickt ich war, und ich glaubte, es würde von selbst heilen. Es war wirklich dumm von mir. Der Stein war aus dem Gleichgewicht gekommen und auf meine Hand abgerutscht.«

»Ist das passiert, als die Pyramiden gebaut wurden?«

»Es war der Schönheitstempel, und die Leute waren fast schon fertig damit. Ra trieb sie ein wenig an, damit wir all die Fremden behandeln konnten, die von weit her gekommen waren, um geheilt zu werden. Er betrachtete dies als einen Weg, das Gute zu fördern und unserem Land Frieden mit allen Nachbarn zu bringen. Es waren Menschen aus den verschiedensten Ländern, die von ihm lernen wollten, um zu Hause ihre eigenen Landsleute kurieren zu können. Während seines Exils hatte Ra überall soviel Elend und Hunger gesehen und tat nun sein Äußerstes, um den ständig neu eintreffenden armen und heimatlosen Menschen zu helfen. Er sorgte dafür, daß sie bei uns ein neues Zuhause fanden, denn Ägypten war die fruchtbarste Gegend dieses Erdkreises.

Er machte unser Land zum Mittelpunkt der gesamten Zivilisation. Die Leute kamen sowohl vom Fernen Osten, wo die Gelbhäutigen wohnen, als auch dem kalten Norden;

und diese Leute, die noch schwere Felle trugen, machte Ra mit unserer Baumwollkleidung bekannt, damit sie vor der heißen Sonne besser geschützt waren. Sie kamen von überall her, um dem weisen Mann zuzuhören und ein friedliches Zusammenleben zu üben.«

Es schien mir, als ob das alte Ägypten dem heutigen Amerika in vielen Dingen vergleichbar wäre, so wie sich auch Ra mit Edgar Cayce vergleichen läßt, der den Menschen immer wieder sagte: »Vergeßt euer eigenes Ich, und dient eurem Nächsten.«

Anne Gray Holbein stimmte mit mir überein. »Ra hat uns gelehrt, daß wir unsere Güter miteinander teilen und uns bewußt sein sollten, daß auch andere Menschen Talente und Fertigkeiten haben, die von gegenseitigem Nutzen sind, ohne daß wir einander töten müßten. Und diese Botschaft gab er den Karawanen mit auf den Weg bis weit in den Osten und Westen. Und die Händler erzählten sich überall Geschichten über diesen großen Mann, so daß die Könige, Priester und Lehrer aus fernen Ländern mit den Karawanen nach Ägypten kamen, um zu Ras Füßen zu sitzen.«

Das war in der Tat eine wunderbare Geschichte. Doch als Reporter, der bis in die Zeit vor zwölftausend Jahren zurückblickt, schien mir eine wichtige Tatsache noch vorenthalten zu sein, die Ras Verbannung beschleunigt haben könnte, denn er war ein so vielseitig begabter Mensch, dem die Herrschenden allerhand zu verdanken hatten.

»Könnten noch andere Gründe eine Rolle gespielt haben?« fragte ich Jeannette Thomas, die Archivarin der Cayce-Aufzeichnungen, um ein möglichst exaktes Bild von der damaligen Realität zu gewinnen. »War der Exilierung vielleicht eine Art Revolution vorausgegangen?«

»Da sind Sie genau auf der richtigen Spur«, war Jeannettes Antwort, und sie legte mir auch gleich einen Bericht von

Hugh Lynn, Cayces Sohn, mit der Aufschrift »Ägypten« vor.

Ich fragte erstaunt: »Wieso von Hugh Lynn? Was konnte er davon wissen?«

»Nun ja«, sagte sie, »auch er verfügte über direkte Drähte.«

Als ich die Seiten der Akte durchflog, blieb mein Blick an einem besonderen Abschnitt hängen, worin es hieß: »Nach Betreten des Opfertempels, der ständig erweitert worden war, stellte Ra eine Verherrlichung der rein sinnlich-körperlichen Aspekte anstelle jener sexuellen Aktivitäten fest, die ausschließlich den geweihten Priestern vorbehalten waren. Ein Teil der Herrschenden vertrat die Auffassung, daß die oberen Klassen zu einem verstärkten sexuellen Engagement innerhalb des Tempels ermutigt werden sollten, weil dadurch – unter Ausschluß der für Nachwuchs sorgenden Priester – ein Ultimum an perfekten Körpern hervorgebracht werden würde, statt sich selbst nach dem Tempelbesuch der Perfektionierung der eigenen Körper zu widmen.

Ra widersetzte sich und zog den Zorn der herrschenden Klassen auf sich, indem er sie der Verunglimpfung der Fortpflanzungsgesetze zugunsten ihrer eigenen sexuellen Befriedigung bezichtigte. Nun lockten die Machthaber den Aufsteiger [Ra] in eine Falle, indem sie ein Mädchen von so unvergleichlicher Schönheit zur Tempeljungfrau erkoren, daß selbst Ra ihr nicht widerstehen konnte.

Unter den Töchtern eines bestimmten Priesters war eine Jungfrau [Isis], die in der besonderen Gunst des Königs stand und ihn und den Hofstaat mit ihren tänzerischen Darbietungen erfreute. Sie war es, die förmlich ermutigt wurde, auf Lockvogelart den Hohenpriester zu einer Fehlleistung hinzureißen.

Die Aktivitäten im Opfertempel ließen es zu einer engeren Beziehung zwischen Ra und Isis kommen. Hinzu kam das

Dekret, welches den Körper der Isis als Vehikel zur Hervorbringung eines solchen perfekten Körpers bestimmte, und Ra ließ sich darauf ein. Er war einer derjenigen, der allen und jedem vertraute, und die Götter lachten über seine Schwäche.«

Als schließlich das perfekte Kind geboren war, hagelte es sogleich von Vorwürfen jener Art, daß er ja höchstselbst die von ihm erlassenen Gesetze zur Unterbindung sexueller Aktivitäten in den Tempelbezirken verletzt hatte.

»In der Folge kam es zu allerlei Spaltungen und dem ersten Bruch zwischen Priestertum und Staat. Es wurde ein Gerichtsverfahren gegen Ra und Isis eingeleitet, was mit der Verbannung der beiden ins nubische Nachbarland endete.«

Während all dieser Ereignisse blieb Ra so mysteriös wie eh und je. Ob im Exil oder zu Hause, er war der Unantastbare, der wandernde Prophet, der Völker und Nationen beeinflußte, stets bedacht und bestrebt, die menschliche Rasse auf eine höhere Stufe der Evolution zu bringen, und auch bereit, seinen persönlichen Anteil an der Entwicklung zum Besten aller Menschen und Völker zu leisten. Seine unverkennbaren parapsychischen Fähigkeiten, tief verwurzelt in der atlantischen Tradition, wuchsen um ein Vielfaches, je mehr er sich ihrer bediente. Er gehörte zu den Größten im Lande, und es zeigte sich bald, daß keine Frau ihn lange halten konnte – außer Isis, der er auch dann noch ergeben blieb, als er sich an die Verwirklichung seines eigenen Programms zur Erschaffung jener neuen Rasse machte, die über Jahrtausende hinweg ihre Vorrangstellung unter allen bis heute bekannten Kulturen behaupten konnte. Alles in allem: Er war ein Universalgenie.

Was jedoch Hugh Lynn in diesem Zusammenhang betrifft: So gut ich ihn auch kannte, nie wollte mir recht einleuchten, was ihn persönlich so eng mit dem ägyptischen Sonnengott verband. Es schien, als ob er sich ihm gegenüber in einer unerklärlichen Schuld befand; er fühlte sich ständig verpflichtet, Ras Namen mit höchster Ehrerbietung auszusprechen, zuweilen in seltsamer Bußfertigkeit. Stets hatte ich das Gefühl, daß ein geheimer Drang ihn zu immer neuen Aktivitäten antrieb. Zu einer Zeit, als Edgar Cayces Name noch überall Spott und Gelächter hervorrief, hatte sein Sohn es sich bereits zur Lebensaufgabe gemacht, Amerikas größtem Mystiker zu der Anerkennung zu verhelfen, die ihm gebührte. Ohne Rücksicht auf sich und seine noch junge Familie zog er von Stadt zu Stadt, um jedem, der ihm zuhören wollte, von der Begnadung seines Vaters zu berichten.

Ich erinnere mich, wie ich eines Abends versucht hatte, ihn telefonisch in Virginia Beach, seinem ständigen Wohnsitz, zu erreichen. Seine Frau Sally nahm den Anruf entgegen und sagte mir: »Im Moment ist er in New York, um über Edgar Cayce zu reden, und ich bin mir nicht sicher, ob er schon morgen zurückkommt. Wenn die Spenden seiner Zuhörer ausreichen, wird er noch in anderen Städten Vorträge halten. Und wenn nicht, dann weiß ich selbst nicht einmal, wie der arme Mann nach Hause zurückkehren könnte.«

Da er einst an nervösem Stottern litt, scheute Hugh Lynn keine Mühe, sich selbst zu einem glänzenden Redner zu machen. Stundenlang hatte er vor dem Spiegel und auch seiner Pfadfindergruppe geprobt, und dann, »als ich spürte, daß sie mir zuhörten«, sagte er lachend, »wußte ich, daß ich nun in der Lage war, vor ein größeres Publikum zu treten.«

Dank seiner guten Ausbildung, seiner Kultiviertheit und geistigen Gewitztheit hätte er in jedem Beruf oder im Geschäftsleben gute Chancen gehabt. Statt dessen war seine Frau gezwungen, als Teilzeitlehrerin in Virginia Beach zu

arbeiten, und seine Kinder mußten auf viele Annehmlichkeiten verzichten. Es bestand überhaupt keine Aussicht, daß er es mit seinem persönlichen Engagement für die Sache des Vaters in voraussehbarer Zeit zu etwas bringen würde. Doch habe ich ihn kein einziges Mal mutlos gesehen. Andererseits ist mir klar, daß es Momente in seinem Leben gegeben haben muß, in denen er weinend darüber nachsann, wieviel Armut und Erniedrigung er bereits seiner Familie zugemutet hatte.
Wie oft hatte er es hinnehmen müssen, daß sein Vater, für ihn der Inbegriff christlicher Tugend, von einer Reihe wortführender Geistlicher jener Tage als Antichrist gebrandmarkt wurde. Und als Junge wurde Hugh Lynn von den anderen Kindern verhöhnt und ausgeschlossen. Aber all dies kümmerte ihn nicht besonders, da er zutiefst von den außergewöhnlichen Qualitäten seines Vaters überzeugt war. Hatte ihm dieser nicht seine Augen kuriert, als die Ärzte ihm lebenslange Blindheit prognostiziert hatten?
Aber daß er bereits in jener ägyptischen Periode eine Beziehung zu Cayce/Ra gehabt hatte, und mehr noch, eine bedeutende Persönlichkeit war, überraschte mich sehr, denn Hugh Lynn sprach mit mir kaum über seine früheren Existenzen.
Wie ich an Jeannettes Augen ablesen konnte, schien meine Verblüffung sie zu amüsieren: »Sie behaupten, nichts von seiner damaligen Rolle gewußt zu haben?«
Ich verneinte. »Wieso wußte er bereits alles, was Edgar Cayce wußte?«
»Er brauchte gar nicht sehr weit um sich zu blicken.«
»Heißt das, er hätte schon damals mit ihm zusammengelebt?«
»So könnte man es umschreiben.«
»Aber das geheime Komplott gegen Ra – woher kannte er all diese Einzelheiten?«

Jeannette konnte sich ihr Lachen kaum noch verkneifen. »Er war der Pharao, der den Hohenpriester verbannt hatte. Und deshalb ist Hugh Lynn so bestrebt, seine damalige Untat wiedergutzumachen.«

5. Kapitel

Persien

Anne Gray Holbein konnte sich kaum eine Zeit vorstellen, in der sie sich nicht gewünscht hätte, Augenärztin zu sein. Davon träumte sie bereits, lange bevor Edgar Cayce ihr das erste Reading gab. Augenärztin zu werden bedeutete zunächst ein vierjähriges Grundstudium, dann weitere vier Jahre Fachausbildung und schließlich noch eine dreijährige Assistenzzeit in einer Spezialklinik, um über alle einschlägigen Krankheiten und ihre Behandlung Bescheid zu wissen. Es war die Zeit der großen Depression, und allein schon aus finanziellen Gründen war an eine solche Ausbildung nicht zu denken, ganz abgesehen von all den hohen Anforderungen, die ein derartiges Studium an die Studierenden stellte. Aber Anne gab nicht auf und entschloß sich für eine Lehre als Augenoptikerin, ein Beruf, der ein etwa vergleichbares Wissen über das Refraktionsvermögen der Augen und die verschiedenen Krankheitsbilder voraussetzte. Als erste weibliche Fachkraft innerhalb dieser Berufssparte wurde sie in Alabama wegen ihrer Spezialkenntnisse und Geschicklichkeit sowohl von Kollegen wie auch Patienten sehr willkommen geheißen.
Als ich sie kennenlernte, war sie immer noch berufstätig und würde es bis in ihr hohes Alter sein, denn ihrem fachlichen Können lag eine uralte Erfahrung zugrunde, die sie sich als Pionierin eines vor vielen tausend Jahren entwickelten Handwerks in Persien erworben hatte – einem Land, wo die Menschen aufgrund der aggressiven Sonneneinstrahlung und des heißen Wüstensands häufig an Augenerkrankungen leiden.

Der Mann, den sie »Daddy Cayce« nannte, wollte ihr mit einem Reading zu einem neuen Start verhelfen. Er bezeichnete seine Enthüllungen als »hilfreich für das jetzige Leben der Wesenheit im Hinblick auf die Bedingungen oder die Umwelt. Dann kann der Sinn der Dinge aus den Erfahrungen entnommen werden, die die Wesenheit durchlaufen hat.«

Die Erfahrung war etwas, worauf Cayce, der im Gegenwärtigen längst Vergangenes wiedererkannte, so großen Wert legte. Denn die Erinnerung war nie völlig durch das Bewußtsein zunichte gemacht, auch wenn es sich ausschließlich mit den alltäglichen Aktivitäten befaßte.

»Die Seele manifestiert sich aus eigenem Antrieb«, sagte Cayce, »und zwar in allem, was wir tun oder wollen, was wir begehren oder verwerfen.«

Und Anne Gray Holbein fand sehr schnell heraus, weshalb sie ein so großes Interesse für das menschliche Auge entwickelt hatte. Aus dem Reading erfuhr sie, daß sie sich bereits vor achttausend Jahren als ältere Schwester des Stammeshäuptlings Uhjltd (Cayce) damit beschäftigt hatte, als sie gemeinsam in der persischen Stadt der Hügel und Grasländer, deren erleuchteter Herrscher er war, studierten.

»Während der Errichtung jener Stadt, aus der die Heilkünste kamen, gehörte die Wesenheit zu den Menschen seiner unmittelbaren Umgebung und trug in jenem Leben viel zur Heilung der Kranken bei.

Sie half vor allem den durch Wüstensand und grelle Sonne Erblindeten und gehörte in dieser Umgebung zu den ersten, die durch Schutzblenden aus Glas – eine Übernahme aus der ägyptischen und indischen Erfahrung – den Schutz des Augenlichts ermöglichten.

So kann die Wesenheit durch diese Aktivitäten genau wie damals Hilfe ermöglichen. Ja, als Lehrerin und Weisungsbefugte in ihrem Fachbereich könnte sie viel Gutes aus jener Welt in das jetzige Leben einbringen.«

Anne war in früheren Rückführungen so bereitwillig auf alle an sie gerichteten Fragen eingegangen, daß ich mir von einer erneuten Befragung über ihre Rolle als Schwester des Uhjltd aufschlußreiche Antworten über die Ereignisse in jenem ägyptischen Land erhoffte, wo Cayce einst gewirkt hatte.

Schon aus viel früheren Rückführungen, zum Beispiel des Romanciers Taylor Caldwell und anderen, ist mir ziemlich klar geworden, daß derartige Tranceaussagen, aber auch Träume ihre Wurzeln in realen Erfahrungen haben. Man kann sie nicht einfach als pure Phantasie, Einbildung und dergleichen bezeichnen. Sie als bloße Imagination abzutun kann dieses Phänomen weder erklären noch aus der Welt schaffen. Denn selbst Imagination beruht auf etwas Vorgegebenem.

Nachdem sich herausgestellt hatte, daß Tranceaussagen auf realen Erfahrungen beruhten und als einzig mögliche Erklärung für ansonsten kaum verständliche Aktivitäten des befragten Individuums anzusehen waren, war dies Anlaß genug für weitere Überlegungen – besonders im Fall von Anne Gray Holbein, deren gemeinsame Vergangenheit mit Edgar Cayce für phantastischen Gesprächsstoff sorgte.

Während der kurzen Augenblicke, bevor sie in Trance verfiel, schlief Anne wie ein Baby, und wie Cayce einmal bemerkt hatte, waren Babys ihrer Vergangenheit viel näher als die Erwachsenen mit all den Beschwernissen ihrer langen Erdenerfahrung.

Offenbar bereitete ihr die Rückführung nach Persien mehr Mühe als die nach Ägypten oder dem kolonialen Virginia. Sie gab ihren damaligen Namen Ujilda in veränderter Aussprache als »Yelda« wieder, was Cayces persischem Namen Uhjltd (sprich: »Yuelt«) klanglich sehr nahe kam, und liebte es, von ihm zu sprechen, wobei sie sich an seinem Ruhm und seinen Erfolgen nicht genugtun konnte und häufig in die Rolle der älteren, duldsamen Schwester verfiel.

In ihrer Stimme bemerkte ich einen fast weinerlichen Unterton, was überhaupt nicht mit ihrem gegenwärtigen Charakter zu vereinbaren ist. Denn als Anne Gray Holbein ist sie alles andere als eine wehleidige Person. Sie hatte sich mit allerlei Schwierigkeiten herumschlagen müssen, aber die Probleme stets bei den Hörnern gepackt und direkt in Angriff genommen. Sie schien mir viel eher der kleinen Ägypterin zu gleichen, die sich die Malerei in Ras Tempeln zur Lebensaufgabe gemacht hatte.

In Persien hatte sie lernen müssen, die eigenen Interessen den Zielen des Bruders anzupassen – eine Form von Ergebenheit, die sie mehr oder weniger auch Ra-Ta gegenüber entwickelt hatte.

»Uhjltd war damals erst einundzwanzig, als er nach Ägypten gesandt wurde«, ließ die schlafende Anne sich vernehmen, »man beabsichtigte, ihn mit der hochentwickelten, metaphysischen Kultur dieses Landes in Berührung zu bringen, damit er um so weiser einst unser Volk regieren könne. Er fühlte sich ohnehin vom alten Ägypten sehr angezogen, und seine Begeisterung darüber war so groß, daß ich mich oft fragte, ob er jemals zurückkehren würde.«

Im Grunde verabscheute sie das altpersische Gesellschaftssystem, das ihr als Frau keine Möglichkeit bot, aus ihrer gesellschaftlichen Stellung Nutzen zu ziehen, tat aber andererseits nichts, um ihre Lage zu ändern. Sie übte sich zwar in guten Ratschlägen, sagte zuweilen: »Du hättest auf mich hören sollen«, aber wer kümmerte sich in dieser Gesellschaft schon um das Gerede einer Frau. Die königlichen Ratgeber, die das Land verwalteten, brauchten sie –

da der Vater tot und Uhjltd weit weg war – nicht zu fürchten. Sie war nichts als ein Papiertiger und bedurfte dringend der Wiedergeburt, um sich unter neuen Bedingungen mutiger zu erweisen.
Ihr ganzer Stolz galt allein ihrem Bruder. Das zeigte sich in der Art, wie sie seine Erfolge hervorhob. Als er aus Ägypten zurückkam, ging er energisch gegen die Stammesstreitigkeiten vor und verschaffte dem Land hohes Ansehen unter den Völkergemeinschaften; sogar mit dem mächtigen Pharaonenreich, wo er als Ra begann und nun zum gelehrigen Schüler der Ägypter geworden war, brauchte er einen Vergleich nicht zu scheuen.
»Das Land war in sich zerstritten und ständigen Raubzügen unserer Nachbarn ausgesetzt. Aber als Uhjltd das Steuer ergriff, machte sich eine entscheidende Wende bemerkbar. Er war von stattlicher Erscheinung und aufgrund seiner charismatischen Ausstrahlung der geborene Führer. Die Leute liebten ihn. Er verfügte über die Weisheit eines gereiften Mannes, dem die landesweite Errichtung von Heilzentren besonders am Herzen lag. Eines war von spezieller Art und für jedermann zugänglich – so wie Uhjltd es von seinem geliebten Ägypten her kannte. Von dort brachte er viele noch unbekannte Kräuter mit, mit denen wir die Berghänge bepflanzten. Es handelte sich um Heilkräuter, die ihm bereits vertraut waren, da er sie zuvor schon probiert hatte. Auch die Petersilie mit ihrer reinigenden Wirkung gehörte dazu. Andere Pflanzen wurden bei Erkrankungen der Atemwege eingesetzt. Um das Sehvermögen zu steigern und die so häufigen Augenverkrustungen bei Wüstenbewohnern – als Folge der ständigen Überbeanspruchung durch die sengende Sonne – zu heilen, wurde ein mildes Öl verwendet, das sich aus zerstampften Oliven gewinnen ließ.
Die Heilungen waren das Kernstück von Uhjltds Regie-

rungstätigkeit. Wie Jesus gewann er sich durch seine Wunder eine Schar von Jüngern und zog das Interesse der Menschen auf sich. Seit dem großen Ra, der fast schon zur lebenden Legende geworden war, hatte es nicht mehr seinesgleichen gegeben. Uhjltd war ein Prophet, der in seinem eigenen Land hoch geehrt wurde.

Um genügend Leute ausbilden zu können, ließ er zwei Heiler aus Ägypten kommen, die wiederum andere mit ins Land brachten, um die Arbeit auf mehrere Schultern zu verteilen. Den zwei Ägyptern, die immer noch das Wort ›Ra‹ zur Beschwörung der heilenden Energien benutzten, wurde nahegelegt, diese Art von Personenkult zu unterlassen, denn Uhjltd duldete es nicht, daß ein Sterblicher wie ein Gott verehrt würde. Als man ihn fragte, ob er irgendeine Beziehung zu Ra hätte, kam nur ein leichtes Lächeln über seine Lippen. Er wurde selten zornig. Nur einmal sah ich, daß er in Wut geriet – das war, als er einen ägyptischen Heiler, der einem Patienten eine Bezahlung abverlangen wollte, ertappte. Uhjltd lehnte es ab, für seine Arbeit Geld zu verlangen. Es sollte dem Ermessen der Geheilten überlassen bleiben, ob und wieviel sie geben wollten.

Er war deshalb so wütend, weil dieser Ägypter namens Ta-rah als Gegenleistung für seine Dienste die junge Tochter des kranken Mannes haben wollte. Uhjltd schickte diesen falschen Apostel kurzerhand in sein Heimatland zurück und sagte, daß er nicht bereit sei, sich von einem faulen Apfel am Ende die ganze Fuhre verderben zu lassen.«

Es ist wohl auf meine Berufserfahrung als Reporter zurückzuführen, daß ich angesichts solcher Geschmacklosigkeiten immer wußte, daß ich es mit der Realität zu tun hatte. Andererseits erkannte ich auch den starken Einfluß von Uhjltds Einstellung zum Geld, die sogar noch in des Heilers gegenwärtiger Inkarnation, in Cayces Idealismus, eine erneute Bestätigung fand.

»Nicht für jeden war eine Hilfe möglich, nicht alle wurden geheilt, und dennoch war selbst das Sterben in gewisser Weise ein Teil des Heilungsprozesses. Einigen Unheilbaren konnten wir die so bitter nötige Sterbehilfe gewähren. Wir umsorgten sie und machten ihnen das Leben so angenehm wie möglich. Wir fanden Familien, die sie aufnehmen konnten. Aber wenn sie nach Hause gingen, war es nur, um zu sterben. Uhjltd bereitete sie auf den Tod vor. Er ergriff ihre Hände, blickte ihnen in die Augen und sagte ihnen, daß der große Geist, der Schöpfer aller Dinge, sie an einem anderen Ort brauchte und er, Uhjltd, dafür sorgen werde, daß sie in Frieden den Heimweg zu ihrem Schöpfer antreten könnten.

Um ihre Schmerzen zu lindern, bediente er sich der Samenkörner einer wundervollen rosenfarbenen Blume, die er zusammen mit Gräsern und einigen anderen Pflanzen in seiner riesigen ägyptischen Schale zu Pulver zerrieb. Davon gab er ihnen jeweils eine kleine Dosis auf die weit ausgestreckte Zunge und ließ sie etwas Wasser nachtrinken. All das hatte er in Ägypten gelernt.«

Über diese Art des natürlichen Heilens, dem sich sowohl Ra wie auch Uhjltd auf fast identische Weise verschrieben hatten – und bei beiden handelte es sich ja um die karmischen Vorfahren des Edgar Cayce –, ließe sich noch viel mehr berichten.

»Er brachte einigen unserer Leute bei, wie sie zu beten, zu meditieren und zu fasten hätten. Er unterrichtete sie in der Selbstreinigung von Körper und Seele, um ihren kreativen Kräften zum Durchbruch zu verhelfen. Sie waren Vegetarier und tranken auch keine vergorenen Säfte, wie andere es taten. Wer immer an der Reihe war, im Krankenhaus Dienst zu tun, nahm drei Tage lang keinerlei Nahrung zu sich, um für die Arbeit gereinigt zu sein. Jeder von ihnen diente je eine Mondphase lang – das heißt einen Monat ohne Unterbrechung. Manchmal waren fünfundzwanzig Hilfskräfte auf einmal tätig, und Uhjltd war ständig anwesend.«

Ich hatte bei Annes Rückführung gänzlich auf gezielte Fragen verzichtet, so daß ihr Unbewußtes völlig frei in die Vergangenheit zurückschweifen konnte und wichtige oder bedeutsame Dinge ganz ungezwungen an die Oberfläche kamen. Ihre anfänglichen Ausführungen über die Augenerkrankungen hatte sie plötzlich unterbrochen, als ich schon hoffte, etwas über die Zusammenhänge ihres damaligen mit dem gegenwärtigen Wirken zu erfahren, wie Cayce es oft hervorgehoben hatte. Hätte ich jedoch in den spontanen Verlauf dieser Rückführung zu sehr eingegriffen, wäre die Qualität von Annes Aussagen beeinträchtigt worden. Die Art, wie sie bestimmte Themen anging, war bezeichnend für ihr eigenes Unbewußtes – genauer gesagt, für den Charakter der damaligen Ujilda, ihrer ägyptischen Inkarnation, die in der Tat ihrer eigenen Situation kaum gewachsen war.

Schließlich kam Anne doch noch, wie erwartet, auf die Angelegenheit mit den Augenheilungen zurück, da sie ein so entscheidendes Kapitel ihrer frühen Erfahrung nicht einfach aussparen konnte, zumindest nicht bei dem Stellenwert, den es für sie persönlich hatte. Denn es war ihr Unbewußtes, das über die Wichtigkeit einer Sache entschied. Als ob sie sich der Auslassung plötzlich bewußt geworden wäre, sagte sie scheinbar unvermittelt: »Nachdem wir die Krusten von den Augen entfernt hatten, konnte mit der eigentlichen Behandlung begonnen werden, indem mein Bruder die erkrankten Stellen berührte und somit die alte Sehkraft der Augen wiederherstellte.«

Es gab auch noch spezielle Präventivmaßnahmen, um es erst gar nicht zum grünen Star und anderen für diese Region so typischen Augenleiden kommen zu lassen. Ge-

meint ist die erstmalige und bereits weit verbreitete Verwendung von dunklen Brillen.
Anne erläuterte dies folgendermaßen: »Sie waren im Besitz eines Minerals, das so klar war, daß sie daraus feine, transparente Blättchen zum Schutz der Augen vor dem aggressiven Sand und der grellen Sonne herstellten. Diese Glasblättchen wurden in Leder gefaßt, dessen riemenartige Enden um den Kopf gebunden wurden, um ein Verrutschen der Schutzbrille zu verhindern. Später gelang es uns auch, Metallbügel zu entwickeln, die über die Ohren gelegt wurden.«
Schließlich gingen sie dazu über, die kristallähnlichen Blättchen zusammen mit farbigen Mineralien und Sand zu zermahlen und erhielten somit die Grundsubstanz für die ersten getönten Augengläser.
»Zuweilen passierte es, daß Sandstürme die Brillen zerkratzten«, fuhr Anne fort, »und um diese Schäden zu beseitigen, hatten wir einen tiefroten Puder, der aus bestimmten Böden gewonnen wurde. Wir nannten ihn ›Rouge‹, ein Poliermittel, das keine Spuren hinterließ.«
Ujilda verrichtete in der Heilstätte auch Arbeiten, die wenig mit ihrem Spezialgebiet zu tun hatten; sie therapierte Fälle von Arthritis und Rheuma, und wiederum verwendete sie Mineralien von verschiedenartigsten Farben. »Wir versorgten hundert Erkrankte pro Tag im zentralen Behandlungszimmer. Uhjltd faßte sie für seine Meditationen in Gruppen zusammen. Er berührte jeden einzelnen Patienten und rief die göttlichen Kräfte herbei, daß sie ihn erleuchteten. Aber oft waren noch andere Dinge zu tun, und Uhjltd wußte schon durch bloße Berührung, welche Art von Mitteln – seien es Kräuter oder Heilwässer – er einzusetzen hatte.«
Mir kam plötzlich der Gedanke, daß Edgar Cayces Methoden kaum mit diesen zu vergleichen waren. Meist schickte

er seine Patienten zu professionellen Heilern wie Chiropraktikern oder Allgemeinmedizinern, die dann die Behandlung aufgrund seiner Diagnosen und Verschreibungen übernahmen. Aber nie hatte Cayce eine Neigung verspürt, irgendwelche Leiden durch Handauflegen zu kurieren. Im großen und ganzen hat es sich freilich um einen vergleichbaren Vorgang auf parapsychischer Ebene gehandelt – hier wie dort unterstützt durch Kräuter, Heilwässer und die entsprechende Diät.

Riesige, wuchernde Geschwulste zerplatzten förmlich unter Uhjltds Hand, so daß die Flüssigkeit wie eine Fontäne herausschoß. Sehr oft verwendete er auch die gesundheitsfördernden Quellwässer aus der umliegenden Region, indem er zum Beispiel medizinische Pulver darin auflöste und diese Mischung den Kranken zu trinken gab. »Er legte großen Wert auf eine fleischlose Diät und empfahl eine auberginenartige, jedoch purpurfarbene Frucht, sowie Lauch, Petersilie und die Erdartischocke – lauter hilfreiche Mittel gegen die Zuckerkrankheit.«

Kein Kranker oder Ratsuchender wurde je abgewiesen, und die Hautfarbe spielte nicht die geringste Rolle, so daß ich mich schon fragte, wie soviel Hilfsbereitschaft überhaupt möglich war. Dann aber wurde meiner Begeisterung ein Dämpfer versetzt, als Anne fortfuhr: »Die herrschenden Klassen der angrenzenden Länder betrachteten diese Entwicklung mit wachsendem Unmut, da immer mehr ihrer Landsleute bei uns verweilten, denen nirgendwo sonst soviel Verständnis und Liebe entgegengebracht wurde.«

Uhjltd hatte innerhalb weniger Monate den Städten und Landgemeinden wirklichen Frieden gebracht, er hatte erreicht, daß sich junge Leute zusammentaten, um die durchziehenden Karawanen vor Raubüberfällen zu schützen, denen außer Gold auch junge Frauen zum Opfer gefallen waren. Das ganze Land erlebte eine neue Blüte. Dennoch gab es etliche Unzufriedene, die es vorzogen, von leichter Beute zu leben, und einige der verwegeneren jungen Leute gegen ihre Führer aufhetzten, indem sie ihnen verlockende Geschichten über die Schätze des benachbarten Lydiens erzählten, die man sich bloß zu holen brauchte. Dieses Land wurde von König Krösus regiert, dessen Reichtum bis heute noch sprichwörtlich bezeugt ist. Als Uhjltd sich in freundschaftlicher Mission außerhalb des Landes aufhielt, setzte sich Oujida, der Oberkommandierende der Palastgarde, an die Spitze einer kleinen Truppe, mit deren Hilfe er die königlich-lydische Schule überfiel und Krösus' Tochter Elia samt einiger Schulgefährtinnen entführte. Es war eine gelungene Geiselnahme, und Oujidas nächster Schritt war es, Elias beste Freundin Ilya – Tochter des amtierenden Ministers – mit einer Lösegeldforderung zum König zu schicken. Oujidas Gefolgsmänner blickten mit hungrigen Augen auf die so attraktiven jungen Gefangenen. Doch statt sich dem Ansinnen der Geiselnehmer zu unterwerfen, zogen alle Gefangenen einschließlich der Königstochter es vor, ihrem Leben eigenhändig ein Ende zu setzen. Die Nachricht von diesem schrecklichen Ereignis breitete sich in Windeseile über ganz Lydien aus.

Als Uhjltd von seiner Mission zurückgekehrt war und von Oujidas Aktionen erfuhr, war er aufs äußerste bestürzt. Die Nachricht von Lydiens Mobilmachung zwang ihn zu einer raschen Entscheidung. Zunächst erwog er, eine Strafexpedition gegen Oujida auszusenden, die zugleich den Lydiern einen empfindlichen Schlag versetzen sollte, noch ehe ihre Truppen zum Angriff ausrücken konnten, dann jedoch entschloß er sich für einen mutigen Alleingang. Er wollte selbst in die lydische Hauptstadt reiten und seine faire Absicht zur Wiedergutmachung des angerichteten Schadens bekunden.

Unterwegs jedoch stieß seinem Pferd ein Mißgeschick zu,

so daß Uhjltd gezwungen war, seine Reise durch den heißen Wüstensand zu Fuß fortzusetzen.
Ich konnte aus Anne Gray Holbeins Stimme an dieser Stelle ihres Berichts die tiefe Bewunderung heraushören, die sie für ihren königlichen Bruder empfand, als er tapfer die Entbehrungen des langen Marsches nach Lydien auf sich nahm. Freilich waren ihr all diese Ereignisse erst hinterher bekannt geworden. Zu guter Letzt geriet ihre Erzählung ins Stocken, als ob eine mir unerklärliche Emotion sie am Weitersprechen hinderte.
Hugh Lynn war beim Ordnen der ägyptischen Cayce-Dokumente auf einen Bericht über dessen persische Vorgeschichte gestoßen, der die bis dahin lückenhafte Darstellung ergänzte und zu einer der ergreifendsten und folgenreichsten Geschichten aus seiner Vergangenheit machte.
Da, wo Annes Aussagen im Nebulösen geendet hatten, konnte Hugh Lynn mir nun weiterhelfen. Seine Aufzeichnungen sprachen von einem einsamen Wanderer, der sich einer kleinen Oase außerhalb einer vorgeschobenen lydischen Befestigungsanlage näherte und dort bei einer Quelle unter drei Palmen eine hübsche, junge Lydierin, die den hereinbrechenden Abend zu genießen schien, um etwas Wasser bat.
»Bei diesem Mädchen handelte es sich um Ilya. Noch immer hatte sie die Trauer um ihre Gefährtinnen nicht verwunden und war aus der schmutzigen Enge und Hitze der Festung in die kühle Stille der Oase geflüchtet. Der einsame Beduine war kein anderer als Uhjltd.«
Als die beiden im Verlauf eines Gesprächs sich auf seltsame Weise nähergekommen waren, gab Uhjltd sich ihr zu erkennen und unterrichtete sie gleichzeitig über den Grund seines Kommens. Er versprach ihr, für all die Folgen von Oujidas schändlichem Anschlag aufzukommen.

»Und meine Freundinnen«, schrie sie auf, »was ist mit ihnen?«
In ihrer Erbitterung veranlaßte sie zunächst seine Verhaftung durch den Festungskommandanten, was sie später bereute, als sich die karmische Zusammengehörigkeit der beiden zu offenbaren begann. Es schien ihr beider Schicksal zu sein, sich gegenseitig helfen zu müssen, und sie hielt sich daran, indem sie ihm die Flucht aus dem Gefängnis ermöglichte. Der erzürnte Kommandant verbannte sie daraufhin in die brennendheiße Wüste. Es wurde ihr nicht erlaubt, mehr an Wasser und Brot mitzunehmen, als gerade für zwei Tage ausreichend war.
In dieser Nacht träumte Uhjltd, daß seine Retterin sich, von Durst und Hunger geplagt, durch die unbarmherzigen Sanddünen quälte, und beschloß daraufhin, seine eigenen Spuren zurückzuverfolgen, bis er auf Ilya stoßen würde. Er selbst war schon halb verhungert und ausgedörrt, als er sie, die sich kaum noch voranbewegen konnte, vor sich erblickte. Mit eiserner Energie schaffte er es, sie teilweise zu tragen oder an die Hand zu nehmen, bis sie ein Vorgebirge erreichten, wo spärlicher Grasbewuchs Wasser vermuten ließ. Er ließ Ilya in einer kleinen Höhle zurück, so daß sie vor der Sonne geschützt war, und machte sich selbst auf Nahrungssuche. Beim Erklettern eines felsigen Steilhangs stürzte er ab, brach sich einen Arm und verlor für eine Weile das Bewußtsein. Schließlich fand er im Nest eines Adlers einen frisch getöteten Hasen, den er unter großer Mühe zur Höhle zurückschleppte.
Über ihrer ersten Mahlzeit sprach er mit rauher Stimme ein Dankgebet: »Der Allmächtige hat unser Flehen erhört. Wir haben Nahrung und Wasser und werden überleben. Ihm sei Lob und Dank.«
Als sie ihre Augen wieder erhoben, erblickten sie wie bei einer Luftspiegelung eine Reihe weißer Zelte, die über den

Wüstensand ausgestreut waren, dazwischen hier und da eine Gruppe von Palmen und das Ganze umrahmt von weit ausgedehnten Anbauflächen.
»Dies ist eine Zukunftsvision«, rief Uhjltd in großer Erregung, »hier werden wir die ewige Wahrheit unseres Gottes verkündigen.« Er hob seinen verletzten Arm wie zum Gruß in die Höhe, um den Schöpfer zu preisen. »Er schmerzt mich nicht mehr«, sagte er, »Gott hat mich geheilt.«
»Dann kam der Tag«, schrieb Hugh Lynn, »als Menschen aus vielen Nationen auf ihrer Suche nach Verständnis und Klarheit in der Stadt der Zelte eintrafen. Sie kamen aus Griechenland, Indien, Ägypten und dem fernen China; sie saßen zu Füßen Uhjltds und trugen die Botschaft dieses erhabenen Führers in ihre entlegenen Heimatländer. Tausende kamen, um geheilt zu werden, und viele wurden zu Zeugen der seltsamen Wunder, die Uhjltd und seine Jünger an ihnen vollzogen.«
Dann machte er die schöne Ilya in einer öffentlichen Versammlung zu seiner Braut. Er verneigte sich vor ihr, die mit glänzenden Augen zu ihm aufblickte, und sagte: »Niemand von uns war geduldiger und ergebener als unsere wundervolle Ilya. Vor euer aller Angesicht erkläre ich sie zu meiner lieben und offiziell anerkannten Braut.«
Nun verstand ich erst, weshalb Anne Gray Holbeins Stimme so plötzlich ins Stocken geraten war und sie die Rückführung abgebrochen hatte; sie fühlte sich in ihrer Rolle als Helferin und, mehr noch, als Uhjltds bisher engste Vertraute zurückgesetzt und sah keinen Grund, sich noch weiterhin mit dieser Vergangenheit zu quälen. Als Ujilda hatte sie nie geheiratet, und nun war eine fremde Frau in das Leben ihres Bruders getreten. Doch hatte er ihr versprochen, daß sie sich einst – und, wie sie wußte, unter glücklicheren Umständen – wiederbegegnen würden.
Hinsichtlich Uhjltds Beziehung zu Oujida bleibt noch eini-

ges zu ergänzen, denn ersterer zögerte sehr, den Führer seiner Leibgarde zu bestrafen – aus Gründen, die schnell dargelegt sind. Auch mit ihm hatte er ein früheres Leben geteilt, woraus sich die starke Bindung zwischen den beiden Männern erklärte. In Ägypten war Oujida ein Gefährte und auch Rivale des Ra gewesen, und beide waren gemeinsam aus Atlantis gekommen. Oujida hatte mehrere Monumente des alten ägyptischen Herrschers restauriert und war der sagenhafte Erbauer des größten Mysteriums aller Zeiten, der Sphinx.

»Die Wesenheit [Oujida] trug damals den Namen Arshra und war der Steinmetz des Königs. Sie bescherte dem Volk die Geheimnisse der Geometrie. Sie war Mathematiker und Assistent des Astrologen und Wahrsagers jener Tage.«

Oujidas jetziges Dasein ließ ihn – wie auch sein damaliges als persischer Leibwächter – häufig die Schwelle seines alten Gefährten betreten.

»Sein Name war Thomas B. Brown«, erklärte mir Jeannette Thomas, »und seine berufliche Karriere war eine Bestätigung seiner Fähigkeiten aus früheren Existenzen. In diesem Leben als Geschäftsmann und Erfinder aus Ohio versorgte er Cayce mit all den elektronischen Einrichtungen, die eine exakte Aufzeichnung seiner Readings garantierten.«

So gab es zwischen den beiden Männern eine über die Zeiten hinwegreichende Bindung. So kompromißlos Brown auch als Geschäftsmann war, für den Mann, dessen Leben er bereits zum drittenmal teilte, konnte er gar nicht genug tun.

»Obwohl die Depression sich bereits ankündigte«, erinnerte sich Jeannette, »stellte Mr. Brown große Summen für eine Edgar-Cayce-Klinik zur Verfügung und schrieb folgende Erklärung, die in den Grundstein eingemauert wurde: ›Diese Worte werden mit dem Grundstein begraben, nicht so unsere Hoffnungen für das Gedeihen dieser Einrichtung und der Ziele, die sie vertritt. Möge ihre Nützlichkeit für die Menschheit unsere gegenwärtigen Erwartungen noch übersteigen und vielen Generationen den Weg in die Zukunft erhellen.‹«

Leider fiel diese Klinik ein paar Jahre danach der Depression zum Opfer. Aber die Kraft der Worte, verknüpft mit weiteren großzügigen Spenden dieses enthusiastischen Gefährten aus alten Zeiten, ist noch immer lebendig.

Meine Gedanken wanderten inzwischen wieder zu Ilya und Uhjltd, deren irdischer Gemeinsamkeit nur der Tod ein Ende setzen konnte, deren Liebe sie jedoch seit urdenklichen Zeiten aneinandergeschmiedet hatte.

Ich war ein wenig bedrückt von der Vorstellung, wie leer und nichtig das Leben der meisten Menschen doch war, deren Liebe nie jene Vollkommenheit erreicht hatte, wie Cayce sie verstand – die Liebe der wahren Seelengefährten, wo zwei Flammen sich zu einem hellen Licht vereinen, das selbst den Tod überdauert. Gab es etwas Ergreifenderes als die Geschichte seiner unsterblichen Liebe?

Ich bemerkte, wie sich Jeannettes Augen mit Tränen füllten. »Ist es nicht wunderbar«, sagte ich, »wie Uhjltd und Ilya über die Zeiten hinweg ihrem Karma Ausdruck verliehen, erst in Ägypten und Persien und dann als Edgar und Gertrude im Amerika des zwanzigsten Jahrhunderts?«

Sie schaute mich etwas erstaunt an: »Aber Ilya ist nicht Gertrude!«

»Nicht Gertrude?« fragte ich zurück. »Und wer ist sie dann?«

Sie lachte. »Natürlich Gladys – Gladys Davis. Sie war schon in Atlantis seine Seelengefährtin und dann wieder in Persien.«

»Kein Wunder, daß sie diesen Job sofort annahm!« Nun war mir alles ein wenig klarer geworden.

»Ja«, sagte Jeannette, »Heilen und Helfen, das war ihr größtes Anliegen, nicht erst in unserer Zeit ... schon vor vielen tausend Jahren.«

6. Kapitel

Troja

Schon als Junge hielt mich der zehnjährige Krieg der Trojaner, den eine schöne Frau ausgelöst hatte, in Atem. An ihrer Schönheit war nicht zu zweifeln, wo doch Tausende von Schiffen in Bewegung gesetzt wurden und die Wirren kein Ende nahmen. Oder lag es an Paris, ihrem stattlichen Liebhaber aus Troja?
Ihr Ruhm hat die Jahrhunderte überdauert. Viele Krieger mußten für sie ihr Leben lassen. Der Held Achilleus, aber auch Xenon, der Hüter des trojanischen Tors, wurden wie bloße Schachfiguren in dem gewaltigen Kampf benutzt, der wegen der Vorherrschaft über den Seeweg ins Schwarze Meer und über die Ägäische See entbrannte.
Ihnen stand es nicht an, wie ein späterer Dichter es einmal ausdrückte, über Recht und Unrecht zu entscheiden; sie hatten nur ihre Pflicht zu tun und, wenn es sein mußte, zu sterben, während Helena aus sicherem Abstand über die Kämpfenden hinwegblickte oder lieber noch ihr unbestechliches Spiegelbild nach neuen Fältchen überprüfte. Man kann schwerlich behaupten, daß ein Mensch wie Edgar Cayce sich in solcher Umgebung hätte wohl fühlen können, und doch war ihm, wie aus einem der Readings hervorging, vom Schicksal bestimmt, als jener Torhüter Xenon mit anzusehen, wie griechische List die leichtgläubigen Trojaner zu Fall brachte, indem ihnen die Belagerer durch den Bau eines hölzernen Pferdes Kriegsmüdigkeit und Abzugsbereitschaft vorgaukelten. Weshalb die Belagerten nach zehnjährigem tapferen Widerstand gegen alle Regeln menschlicher Vernunft das Objekt ihrer puren Neu-

gier eigenhändig in die Stadt hereinholten, wo Kassandra sie doch so ausdrücklich vor den Griechen gewarnt hatte, war mir schon als Schuljunge ein Rätsel gewesen. Und wie uns überliefert ist, brach eine ganze Schar spartanischer Krieger mitten in der Nacht, als alle Trojaner schliefen, aus ihrem hölzernen Versteck aus und öffnete Tausenden ihrer Kameraden, die sich im Schutz der Dunkelheit wieder der Stadt genähert hatten, von innen die wehrhaften Tore.
Und wie konnte vor allem dem sonst so wachsamen Xenon eine derartige Kriegslist entgehen, wo doch die Griechen, insbesondere Odysseus, für ihre Gerissenheit buchstäblich berühmt waren? Warum sah selbst der König bedenkenlos zu, als seine kriegserfahrenen Untertanen das wunderliche Pferd in die Stadt hereinzogen, nachdem sie sich über zehn lange Jahre hinweg so erfolgreich verteidigt hatten? Wie man die Angelegenheit auch betrachtete, ein Sinn ließ sich darin nicht erkennen.
Noch unverständlicher schien es mir, daß Cayce sich ausgerechnet in Xenon wiedererkannte, falls ihm hier nicht seine Imagination einen Streich gespielt hatte; viel eher könnte er einer der erprobten Helden, etwa Priamos oder Hektor, gewesen sein, gegebenenfalls auch einer der ruhmreichen Griechen wie Achilleus, Ajax oder Odysseus.
Wer aber war Xenon, dessen unsterbliche Seele sich später in Cayce wiederverkörpern sollte? Oder anders gefragt: Weshalb war Cayce einstmals Xenon – und mit welcher Berechtigung? War dies nicht ein gar zu krasser Abstieg für jemanden, der sowohl in Atlantis wie im alten Ägypten und auch der Stadt der persisch-arabischen Grasländer eine so bedeutsame Rolle gespielt hatte? Welchen Sinn könnten wir der Reinkarnation dann noch beimessen, wenn sie uns nicht die Möglichkeit gibt, aus früheren Existenzen zu lernen und somit zur Höherentwicklung der Menschheit beizutragen?

Ich war aufs höchste gespannt auf Cayces eigene Aussagen über seine trojanischen Beziehungen, zumal mich jene von Homer glorifizierte historische Epoche schon immer fasziniert hatte, und begann, mir die entsprechende Aufzeichnung anzusehen. Bald erfuhr ich, daß Xenon vor seiner Rekrutierung ins heimatliche trojanische Heer bereits die verschiedensten Berufe ausgeübt hatte. Cayce nannte ihn »einen Studenten, Chemiker, Bildhauer und Künstler«, aber auch »den Soldaten und Verteidiger während der letzten Tage«.

Insgesamt waren dies nicht gerade die besten Voraussetzungen für einen tüchtigen Krieger, und so fragte ich mich, ob ein derart unmilitärischer Hintergrund jene verantwortliche Position, die Cayce sich selbst während der Belagerungszeit einräumte, rechtfertigen könne. Doch in seinen Augen war Troja keine typische Militärmacht und somit auch kein ebenbürtiger Gegner für die Griechen, die sich stark genug fühlten, ihre schöne Helena, die Paris aus dem spartanischen Palast ihres königlichen Gemahls Menelaos entführt hatte, zurückzuerobern.

Nach Cayces Meinung war Troja ein Staat, dessen Hauptinteressen auf künstlerischem Gebiet lagen, womit auch Xenons Vorliebe für seine ganz und gar friedvollen Aktivitäten zu erklären wäre – »was sich durchaus in den gediegenen Gepflogenheiten dieses trojanischen Landes manifestierte, dessen ganz auf Schönheit ausgerichtete Kultur, Kunst und höchste Vervollkommnung aller physischen, geistigen und materiellen Kräfte die Aufmerksamkeit der übrigen Nationen dieser Welt erregte. Und wiederum finden wir den Soldaten und Torhüter an dieser Stätte, wo die Zerstörung den Körper befiel.«

Obwohl dies kaum einen geeigneten Hintergrund für Spiritualität abgab, bescheinigte dennoch das Lebens-Reading dem trojanischen Cayce eine gewisse »Liebe für das Schöne

in jeder erdenklichen Form, besonders jener, die sich im Menschen als göttliche Teilhaftigkeit zu erkennen gab«.
Als Rekrut erfüllte er seine Pflicht, ohne sich zu beklagen, und er hatte keineswegs einen schlechten Charakter. Er hätte sich gern mit allerlei anderen Dingen beschäftigt, um seine spirituelle Entwicklung voranzutreiben, wäre nicht der Krieg über Troja hereingebrochen. Was mich wiederum in Erstaunen versetzte, war seine große Empfänglichkeit für die Reize des anderen Geschlechts, die ihn in immer neue Affären verwickelte. Dies stand so ganz im Widerspruch zu dem Bild, das ich mir vom realen Cayce als einem wahrhaft asketischen Menschen – sowohl in Worten als auch in Werken – gemacht hatte.
Während meiner Arbeit an anderen Büchern über Cayce war ich nie auf diese Seite seines Wesens gestoßen. Irgendwie ließ mir ihn dies verwundbar erscheinen, zumal er selbst mehr als einmal vor derartigen Versuchungen gewarnt hatte: »Denke vor allem daran, was Gott von dir erwartet.« Andererseits machte ihn gerade das so menschlich.
Während der langen Auseinandersetzungen mit den Griechen war er nicht nur an den Gefechten beteiligt, er war auch ein ausgezeichneter Beobachter des gesamten Spektakels. Er vermittelte ein lebendiges Bild von diesem historischen Konflikt. Etliche Aspekte der Szenerie hatten Edgar Cayce bis in die Träume seines letzten Erdenlebens verfolgt: »Wieder einmal befand ich mich inmitten jener Torhüter. Ich trug ein Kleidungsstück, das man heute als Toga bezeichnen würde. Meine Hosen bestanden aus einem lose um den Leib gewickelten Tuch, welches zwischen den Beinen noch einmal zusammengerafft war. Ein weiteres viereckiges Tuch mit einem Loch für den Kopf hing mir weit über die Schultern herunter, und um ein wenig mehr Freiheit für die Arme zu haben und das Gewand nicht

ständig hochschlagen zu müssen, machte ich mir links und rechts je ein Loch für die Arme, eine Art Patentlösung, die später von den meisten Kriegern – oder ganz einfach den Bürgern, die von der Armee gar nicht zu unterscheiden waren – übernommen wurde.«

Mir kamen plötzlich einige Szenen aus Homers *Ilias* in den Sinn, aber was mir da von dem denkwürdigen Duell zwischen dem trojanischen Hektor und dem griechischen Achilleus noch in Erinnerung geblieben war, kam mir kein bißchen gespenstischer vor als Cayces Darstellung dieses unheilbringenden Gefechts: »Ich sah den Kampf zwischen Hektor und Achill. Sie waren herrlich anzusehen. Von beider Häupter fielen dichte, schwarze Ringellocken auf ihre Schultern herab – ich fühlte mich unwillkürlich an Medusa erinnert. Auf dem Haar schien all ihre Stärke zu beruhen. Während das von Achill ziemlich dicht war, verfügte Hektor über eine regelrechte Mähne, deren Farbe sich stark von den Barthaaren abhob. Ich sah, wie Hektor durch jenes Tor geschleift wurde, dessen Hüter ich war – und bis hinab in die große Arena. Er wurde mehrere Male rund um diese Arena geschleift, und obwohl er schon etwas Blut verloren hatte, dessen Spuren auf dem steinigen Untergrund sichtbar wurden, bemerkte ich, daß er immer noch bei Bewußtsein war. Doch dann wurde er bei einer plötzlichen Kehrtwendung der Pferde, nachdem Achill die Zügel gestrafft hatte, gegen einen Torpfeiler in meiner unmittelbaren Nähe geschleudert. Ich sah, wie sein Schädel zerbrach und ihm das Gehirn herausspritzte. Noch bevor er sein Leben aushauchte und Muskeln und Nerven ein letztes Mal zu zittern begannen, waren bereits die Aasgeier zur Stelle und fraßen beträchtliche Teile seiner Gehirnmasse.«

Der grausige Bericht brachte mich völlig durcheinander. Cayces Leben als Xenon war so unvergleichbar mit seiner spirituellen Vergangenheit, daß für mich das Konzept des

Karmas und der Reinkarnation in Frage gestellt war. Andere, die ihn gut kannten, schienen meine Verwirrung zu teilen, denn sie hatten ihn schon vor Jahren um eine Erklärung dieses offensichtlichen »Ausrutschers« im Verlauf seiner spirituellen Entwicklung gebeten.

Cayce war achtundfünfzig Jahre alt, als er ein spezielles Reading zu diesem Thema in Virginia Beach gab. Das war 1936. Es wurde von seiner Frau Gertrude geleitet, während Gladys Davis in Anwesenheit mehrerer Mitglieder der Cayce-Studiengruppe die Aussagen protokollierte. Die Frage betraf »insbesondere seine irdischen Erfahrungen aus jener Phase, in der er unter dem Namen Xenon bekannt war«. Sie zielte somit direkt auf den Kern der Sache.

»Wir ersuchen die in diesem Geistwesen präsenten kreativen Kräfte, uns einen nochmaligen Einblick in die Erfahrungen und Aktivitäten des Xenon zu geben und uns zu erklären, wie und weshalb dieses Geistwesen versagte oder unterlag, nachdem es sich doch aufgrund anderer Informationen durch die gleichen Kanäle in Gestalt des Uhjltd und Ra-Ta als außerordentliche Persönlichkeit erwiesen hatte. Erkläre uns in verständlicher Form, wie das Geistwesen heute mit diesen Fehltritten fertig wird und sein früheres Niveau als Ra-Ta oder Uhjltd wieder zu erreichen vermag.«

Es ging um Dinge, die auch mir unbegreiflich erschienen, obwohl ich erkannt hatte, daß selbst Ra-Ta und Uhjltd von körperlichen Begierden nicht frei waren. Und der schlafende Cayce versuchte nichts zu beschönigen.

»Um das Wesen des Xenon und seine Versäumnisse verstehen zu können«, sagte er, »muß man die damaligen Bedingungen berücksichtigen.«

Der Trojanische Krieg muß etwa um 1000 v. Chr. stattgefunden haben, ein Datum, das die Historiker für angemessen halten. Cayce bezog sich jedoch in seinen Aussagen auf die gesamte Zeitspanne der Rivalitäten zwischen dem kleinasiatischen Stadtstaat Troja und seinen Gegnern in Sparta, Athen und dem übrigen Griechenland.

»Diese Ereignisse fanden nach unserer Zeitrechnung zwischen 1158 und 1012 v. Chr. statt, in jener Phase, als die ersten Ankömmlinge aus Atlantis und Lemuria mit den Angelegenheiten des Menschengeschlechts und einem Zyklus des sich anbahnenden Streits konfrontiert wurden. So war diese Lebenszeit von einer unterschwelligen Auseinandersetzung zwischen Griechen und Trojanern geprägt, die hier wie dort nur noch auf einen geeigneten Anlaß für den ersehnten Schlagabtausch warteten.«

Für eine Weile ging es bei den kriegerischen Auseinandersetzungen um die Frage der Vorherrschaft im östlichen Mittelmeerraum, und Xenon war ein Opfer dieses Machtkampfes. Er war nicht mehr oder weniger für seine Taten verantwortlich als beispielsweise die Soldaten des Zweiten Weltkriegs. Das immer mehr überhandnehmende Freund-Feind-Denken, nunmehr in Form des bewaffneten Kampfes, versetzte allen seinen Hoffnungen auf ein normales Leben einen gewaltigen Rückschlag.

»Ständig gibt es diese Streitigkeiten zwischen Recht und Unrecht oder Gewalt und Stärke, zwischen den Unnachgiebigen und den Unerschütterlichen, und sie hören nicht auf, einander zu bekämpfen. In solches Umfeld geriet [die Seele des] Ra-Ta und Uhjltd während ihrer irdischen Zeitspannen, und das sollte ihnen die Stärke, die Kraft des Widerstands im Angesicht der Feindseligkeiten verleihen, jene Stärke, die eher für den Aufstieg als für den Niedergang unerläßlich ist.«

Aber wie verhielt es sich mit Xenons freiem Willen? Denn es sind nicht die Ereignisse, die für die Entwicklung des Karmas verantwortlich sind, sondern der Mensch selbst und seine Art, auf sie zu reagieren, falls ich Cayce richtig verstanden habe. So also suchte ich bei Xenon nach irgendeiner Schwachstelle; unter karmischen Gesichtspunkten mußte es sie geben.

An sich hatte er als junger Mensch gute Voraussetzungen gehabt und wäre unter heutigen Bedingungen wohl ein höchst erfolgreicher Student gewesen. Ganz in der Tradition des Ra-Ta und des Uhjltd hatte er sich zunächst der Chemie, Mechanik und angrenzenden Fachgebieten gewidmet. Doch dann wurde er »gegen seinen Willen« in eine Auseinandersetzung verwickelt, die sich angeblich an Helena entzündet hatte. In Wirklichkeit ging es, wie Cayce vermutete, um die Kontrolle jener für den Handel so lebenswichtigen Seewege zwischen dem Ägäischen und dem Schwarzen Meer.

Letzten Endes war es Xenons eigenes Ich, das ihm selbst zum Verhängnis wurde. Denn wie Cayce meinte, überschätzte er sich, als er glaubte, den listigen Angreifern gewachsen zu sein. »Die Griechen hatten kaum eine Chance, in die Stadt einzudringen, denn die Tore hatten aufgrund der Macht, die der Wesenheit [Xenon] verliehen war, all den feindlichen Attacken standgehalten.« Doch mit der Hinterlist des geschickten Odysseus und anderer griechischer Anführer, die der Belagerung längst überdrüssig geworden waren, hatten die Trojaner nicht gerechnet – und auch nicht Xenon.

»Es kam zu Umständen, die seine Macht schwächten. Diese Bedingungen, die ihrem Selbstvertrauen übel mitspielten, brachten der Wesenheit Schande und einen Ehrverlust des mentalen Selbst. Denn sie hatte ganz auf die eigenen Fähigkeiten gebaut, was häufig zur Verderbnis der Seele führt. Auf diese Weise scheiterte die Wesenheit. Und mit dem Scheitern kam das Gefühl, ein Ausgestoßener, ein Entehrter zu sein, einer, von dem man nicht viel zu erwarten hat, und schließlich der Verlust des Ichs durch Selbstzerstörung.«

Es kam dann soweit, daß Xenon seinem Leben ein Ende setzte. Wie und weshalb, das ist nie ganz deutlich geworden. Wie konnte ihm das Eindringen der Griechen an seinem Tor entgangen sein? Und warum war seine Scham so groß? Offensichtlich galt er als tapferer Krieger, der die besondere Gunst des Königs Priamos und seiner Söhne Hektor und Paris genoß.

»Und darin besteht die große Schwierigkeit, die bedeutsame Erfahrung, mit der sich die Wesenheit in ihrem gegenwärtigen Leben auseinandersetzen muß – ihre vordringlichste Angelegenheit ist es, sich von dieser Erfahrung zu befreien.«

Noch immer fehlt hier eine exakte Aussage über die wahren Gründe seines Scheiterns. Aber Cayce verrät uns zumindest, wie sein jetziges Leben zu einem Triumph über die Vergangenheit wurde.

»In Gott setze dein Vertrauen und nicht in die Kräfte des eigenen Verstandes, nicht in deine Beziehungen zu einer materiellen Welt, nicht in dein Eingebundensein in diese oder eine andere Lebenserfahrung – sondern allein in Gott. Und da es einst dieses Scheitern gab, so mag durch Gottes Gnade im jetzigen Leben ein spirituelles Erwachen für diesen Menschen kommen.«

Cayce hatte viele Menschen in beiden Lebenserfahrungen kennengelernt, aber nie hatte er persönlich so sehr versagt wie in Troja, wo sein heutiger Freund Lammers, damals in der Rolle des Prinzen Hektor, vor den Augen der eigenen Familie auf so grausame Art – und ungesühnt – ums Leben kam. Weder sein Vater Priamos noch sein Bruder Paris überlebten das Gemetzel, auch nicht die übrigen Mitglieder des Königshauses. Troja wurde nach der Eroberung dem Erdboden gleichgemacht.

Der schlafende Cayce erblickte in seiner augenblicklichen Existenz eine Chance, sein damaliges Scheitern als Xenon auf spirituellem Weg wiedergutzumachen: »Die Kraft und Hilfe, die nunmehr vielen anderen in seinem jetzigen Leben zugute kommt, ist nicht nur den Werken des Ra-Ta oder Uhjltd gleichzusetzen, sondern übersteigt sie bei weitem. Denn seine körperlichen und seelischen Heilungen sind sehr überzeugend.«

Hatte er nicht den Nachweis erbracht, daß der getötete Hektor als Lammers fortexistierte, und somit klargestellt, daß es keinen Tod gibt? Doch während er auf die guten Werke in seinen zwei bedeutsamsten Vorleben hingewiesen hatte, ging er nicht wirklich auf die Frage ein, weshalb sein Ego als Xenon nicht aus diesen positiven Erfahrungen gelernt hatte. Und wie gelang ihm die Läuterung seiner leiblichen Person aus so bitteren Erfahrungen, wie er sie als Xenon und später noch einmal als nichtsnutziger Bainbridge gemacht hatte?

»Durch die heiligende Hingabe von Geist, Seele und Körper; durch ein Leben ohne Ansprüche. Und wie die Wahrheit als belebende und reinigende Kraft den Geist durchströmt, so reinigt und erneuert sie auch den Körper. Mit der Überwindung des destruktiven Dranges zur Selbstzerfleischung steht der Verjüngung nichts mehr im Wege.«

Wie konnte man Xenon die Niederlage anlasten, wo doch alle Trojaner mehr oder minder falsch gehandelt hatten, sogar der unbezwingbare Hektor, der lebensfreudige Paris und nicht zuletzt Priamos selbst? Einzig Kassandra, deren Prophezeiungen stets düsterer Natur waren, sowie der Priester Laokoon hatten die Trojaner immer wieder vor den heimtückischen Machenschaften der Griechen gewarnt. Doch niemand hatte auf sie gehört. Weshalb also schob man Xenon vor allen anderen, die viel verantwortungsvollere Positionen bekleideten, die Schuld zu?

Ich erinnerte mich, daß Cayce einmal gesagt hatte, wenn alles andere mißlinge, bediene sich der Teufel eines Weibes.

Diese Frau war Xenons Mätresse namens Garcia. Sie hatte, um den Griechen zu helfen, ihren gutgläubigen Torhüter hintergangen. Doch wie konnte eine Trojanerin ihr eigenes Volk verraten? Und was alldem noch eine besondere Würze verleiht: Diese Garcia ist eine frühere Inkarnation der jetzigen Anne Gray Holbein, die in ihren anderen Leben ihrem geliebten »Daddy Cayce« alias Uhjltd und Ra-Ta ergeben war! Ich konnte in Garcias Betrug keinerlei Sinn erkennen, selbst nachdem ich mich mit weiteren Cayce-Readings befaßt hatte.

»Wir begegnen der Wesenheit [Anne Gray Holbein] in einem Land, das nunmehr berühmt ist als Wohnsitz der Trojaner – oder vielmehr der Griechen und Trojaner. Es ist die Zeit der Trojanischen Kriege, der Auseinandersetzungen zwischen diesen, wegen der Wesenheit Helena aus Troja.

Während jener Aktivitäten war die Wesenheit [Garcia] die Gefährtin des Torhüters der Stadt. Und in dieser Lebenszeit fertigte sie Zeichnungen an, die es den Belagerern ermöglichten, in die Stadt einzudringen. Obwohl man es ihr kaum dankte, wurde es den Armeen möglich gemacht, Hektors Truppen zu vernichten. Und die Wesenheit sah diesen Aktivitäten zu.«

Der letzte Satz war von so entschiedener Schärfe, daß es mir kalt über den Rücken lief. Ich sah mich einer hellwachen Anne Gray Holbein gegenüber.

»Gibt es noch etwas, das Sie gerne gewußt hätten?« fragte sie. »Als Schwester des Uhjltd war ich so ein armes Ding.« Und lächelnd schüttelte sie ihren Kopf: »Armer Uhjltd!«

»Armer Xenon!« entgegnete ich.

Sie blickte mir offen ins Gesicht, und ich merkte, daß ihr dieser Name überhaupt nichts sagte. Er war in dem Reading, das Cayce ihr gegeben hatte, offenbar gar nicht erwähnt.

Sie hatte nichts dagegen einzuwenden, daß ich sie einer weiteren Rückführung unterzog. Ich begann sofort, sie in Trance zu versetzen, und ließ ihrem Unterbewußtsein freien Lauf. Es dauerte nicht lange, bis sie sich wieder in Troja befand.
Ich fragte sie nach ihrem Namen. Ohne zu zögern, sagte sie: »Mein damaliger Name war Garcia. Alle nannten mich Garcia.«
»Und das war in Troja?«
Sie nickte.
»Und was tatest du dort?«
»Ich lebte mit einem Trojaner zusammen, einem der Torhüter dieser Stadt.«
»Erinnerst du dich an seinen Namen?«
Als sie mir nicht antwortete, erstaunte mich das ebensosehr wie die Tatsache, daß sie ihre eigenen Landsleute verraten hatte.
»Warum«, fragte ich weiter, »hast du den Griechen geholfen, die sich mit deinem Volk in einem so erbitterten Kampf um Leben oder Tod befanden?«
Sie begann, heftig den Kopf zu schütteln; und dann kam die große Überraschung und, falls es stimmte, der entscheidende Hinweis, der die Niederlage der Trojaner und die Sache mit dem hölzernen Pferd in ein neues Licht rückte.
Anne Gray Holbeins Sprechweise wurde auf einmal ungeheuer emphatisch: »Die Trojaner waren ja gar nicht meine Landsleute. Ich bin mit meiner Herrin Helena hierhergekommen. Paris konnte sie nur in Begleitung ihrer Dienerinnen entführen, weil sie darauf bestand. Wir waren zu viert und der zehnjährigen Belagerung genauso überdrüssig wie sie. Wir konnten nur noch hoffen, daß die Griechen kämen und uns befreiten.«
Jetzt endlich war das Rätsel gelöst. Garcia war weder eine Trojanerin, noch hatte sie ihr Volk verraten. Sie hatte aus

reiner Liebe zu ihrem Heimatland sowohl Xenon wie auch seine Landsleute hinters Licht geführt. Der tapfere Achill war ihr großer Held. Über ihn gab es eine ganze Reihe wunderbarer Geschichten. Seiner Mutter Thetis soll schon bei seiner Geburt prophezeit worden sein, daß ihr Sohn in einer Schlacht getötet würde, und sie tauchte ihn in jenen Fluß Styx, dessen Wasser ihn für jede Angriffswaffe unverletzbar machte. Aber die Ferse, an der sie den Knaben festhielt, blieb unglücklicherweise verwundbar. Es war die Stelle, an welcher ihn der tödliche Pfeil des Paris traf.

Auch nach Achilles' Dahinscheiden blieb Garcias Glaube an die Befreiung unverändert. Sie wußte, daß Menelaos seine Gemahlin nicht dem Mann überlassen würde, der ihn so hintergangen hatte. Außerdem befehligte sein Bruder Agamemnon, der mit Helenas Schwester Klytämnestra verheiratet war, die griechischen Streitkräfte und hatte seiner Frau geschworen, nicht ohne Helena von Troja zurückzukehren.

Anne – oder richtiger Garcia – war als Augenzeugin unschätzbar; sie gab mir das Gefühl, mich auf einem Logenplatz im Theater der Weltgeschichte zu befinden.

»Und was weißt du über Helena?« fragte ich sie und bat sie zugleich, mir über deren Entführung und sprichwörtliche Schönheit, die Tausende von Kriegsschiffen in Bewegung gesetzt hatte, zu berichten. Außerdem war mir noch immer unverständlich geblieben, wieso es Paris auf völlig gewaltlose Weise gelingen konnte, die Königin aus einem Palast herauszuholen, zu dessen Schutz und Überwachung ganze Scharen von Gardisten aufgestellt waren.

Anne holte tief Atem, als ob sie von der Vergangenheit erneut überwältigt wäre. »Helena war wie ein Kind, und dazu äußerst apart. Die Farbe ihrer Augen – ein Veilchenblau, so einzigartig, daß ich mich nicht erinnere, es irgendwo anders gesehen zu haben. Ihre Haut glich dem feinsten

Alabaster. Ihr Haar war strohblond, aber zart und einfach wundervoll.
Auch Paris hatte, wie alle Griechen, von ihrer Schönheit erfahren. Er kam nach Sparta, jedoch als Freund, als Menelaos im Begriff war, eine längere Reise anzutreten. Wir wohnten hoch oben zwischen Hügeln und Bergen, und manchmal war es dort sehr einsam. Nachdem Menelaos abgereist war, begann Paris, auf Helena einzureden, daß sie und auch ihre Dienerschaft mit ihm nach Troja kommen sollten. Er war ein sehr stattlicher Mann, fast so schön wie sie selbst. Sein Schiff war schon zur Abreise bereit, und so brachen wir auf, noch bevor Menelaos zurück war. Helena wußte, daß er für längere Zeit weg sein würde.«
Menelaos' Sorglosigkeit versetzte mich in der Tat mehr in Erstaunen als Helenas wankelmütiges Verhalten.
»So ging er einfach fort und überließ seine Frau diesem attraktiven trojanischen Prinzen?« fragte ich und dachte im stillen: Er mag ja ein tüchtiger Krieger gewesen sein, aber seine Handlungsweise war nicht gerade von Scharfsinn geprägt.
»Paris war unser Gast.« Annes spröde Antwort ließ erkennen, was sie von dem Prinzen hielt, der so gröblich die höfische Etikette verletzt hatte. »Menelaos war kaum außer Sicht, als Paris um Helena zu werben begann.«
»Hatte sie ihn denn dazu ermutigt?«
Doch Anne schwieg. Meine Frage überforderte offensichtlich die Loyalität einer Dienerin.
Zum Zeitpunkt der Entführung war Garcia gerade erst sechzehn, und nun, nach all den Ereignissen, näherte sie sich ihrem dreißigsten Lebensjahr und war von der Lustlosigkeit des trojanischen Alltags mehr mitgenommen, als es ihr griechischer Sinn für Abwechslung hätte ertragen können.
»Ich war Helena sehr zugetan und deshalb so niederge-

schmettert, als uns das Schiff nach Troja hinwegtrug. Zumindest war es gut, bei ihr zu sein. Als sich unsere Befreier zum erstenmal nahten, wurden wir Dienerinnen aus dem Palast entfernt, um eine Verschwörung von vornherein auszuschließen. Am liebsten hätten sie uns umgebracht, wenn Helena sich nicht so energisch zur Wehr gesetzt hätte. Schließlich wurden wir aus dem Palast verbannt und verschiedenen Torhütern als Mätressen überlassen. Als Griechinnen, deren Schönheit die trojanischen Frauen nichts entgegenzusetzen hatten, waren wir dort sehr begehrt.«

»Wenn sie euch so mißtrauten, weshalb haben sie euch ausgerechnet den Torhütern zugewiesen, wo es euch doch ein leichtes gewesen wäre, aus der Stadt zu entkommen?«

»Wir hatten alle einen Aufpasser zur Seite. Ich wurde zum Stadttor gebracht, wo dieser Mann auf mich wartete, den sie mir ausgesucht hatten. Ich hatte gar keine Wahl. Mir waren die Augen verbunden, und als sie die Binde wieder entfernten, stand dieser Mann Xenon vor mir.

Er hat mich sehr freundlich begrüßt und mir beide Hände auf die Schultern gelegt und mich dann gefragt, ob ich sein Haus mit ihm teilen wolle.«

Xenon zeigte sich ihr in der Tat sehr entgegenkommend und versuchte, ihr stets gefällig zu sein. »Er hat mir fast jeden Wunsch erfüllt, nur in einem Punkt blieb er unerbittlich: Er ließ mich nie dorthin gehen, wo meine griechischen Freundinnen waren. Er durfte mir nicht einmal sagen, wo sie sich aufhielten. Wahrscheinlich hat er es selbst nicht gewußt.«

Ich glaubte zunächst, sie hätte sich eine Ehe mit dem Torhüter gewünscht; aber als Griechin lag ihr nichts ferner als der Gedanke, mit einem Trojaner verheiratet zu sein, und die zwei wären nie ein richtiges Paar geworden.

»Ich hätte ihn bestimmt nie geheiratet. Für uns vier Mäd-

chen gab es doch gar keinen sehnlicheren Wunsch, als zusammen mit Helena nach Hause zurückzukehren.«
»Bist du denn nie aus den Mauern herausgekommen?«
»Nein. Das Torhaus, in dem ich wohnte, war innerhalb der Befestigungen, aber wir konnten den Schlachtenlärm hören: das Klirren der Schwerter und die Schreie der Krieger. Wir hatten keine Ahnung, wie lange das noch dauern würde. Uns kam es schon wie eine Ewigkeit vor. Einmal hieß es, Hektor würde gewinnen und hätte die Griechen bereits zurückgetrieben, und dann erfuhren wir, daß unser großer Führer Achilles auf dem Vormarsch sei. Wir wußten ja von seiner Unverwundbarkeit, weil die Götter ihn als kleines Kind gesegnet hatten, und daß einer der Götter sein Vater war.«
Als der Krieg noch immer kein Ende nahm, entschloß sich Garcia in ihrer Verzweiflung, auf eigene Faust zu entfliehen.
»Ich war noch nicht lange aus dem Palast von Paris und Helena verbannt, als ich unsere Versorgungsschiffe herankommen und wieder wegfahren sah. Ich hatte geträumt, auf einem von ihnen heimkehren zu können. Als in der gleichen Nacht ein mächtiger Sturm aufkam, schien sich mir eine Chance zu bieten. Ich wollte mich ganz leise und unbemerkt aus dem Staub machen und kroch deshalb auf allen vieren aus dem Torhaus in Richtung eines Mauerabschnitts, dessen Innenseite eine stufenförmige Verstärkung aufwies. Auf halber Höhe wurde ich jedoch ertappt und unter Androhung der Todesstrafe zurückgerufen. Ich war ziemlich geschockt und mußte mir mit gebeugtem Haupt Xenons Strafpredigt anhören. Ich versprach sogar, nie wieder einen Fluchtversuch zu unternehmen. Insgeheim aber schwor ich mir, den Griechen zu helfen, wo immer ich konnte.«
In einem seiner Readings berichtete Cayce von gewissen

Zeichnungen, die den griechischen Belagerern große Dienste erwiesen hatten. Daran mußte ich denken, als Anne erneut ansetzte.

»Ich nahm Vermessungen vor und fertigte Stadtpläne an, die ich meinen Landsleuten über die Mauern hinunterwarf, um ihnen eine Vorstellung von der Innenstadt zu vermitteln.«

Dieses Unternehmen verlangte allerhand Mut, denn Xenon hatte seine Gefährtin mehr als einmal gewarnt, mit derartigen Aktionen nicht ihr Leben aufs Spiel zu setzen. »Er sagte, er würde mich lieber tot sehen, als seine Stadt meinem Verrat preiszugeben.«

Ihre inzwischen neunjährige Beziehung, aus der zwei Kinder hervorgegangen waren, ließe sich am ehesten mit einer »Vernunftehe« vergleichen. Als die Kämpfe immer heftiger wurden, brachte er die Kleinen aus Sicherheitsgründen ins Innere der Festung. Seltsamerweise reagierte Garcia auf diese Maßnahme völlig ungerührt.

»In meinen Augen waren die beiden trojanische Bürger genau wie ihr Vater, und mein Schicksal war nicht an das ihre gebunden. Das war auch Xenon längst klargeworden. Als wir uns gelegentlich über den Krieg unterhielten, sagte er, daß es hier um den Fortbestand seines Volkes ginge und ich mich nicht länger als Griechin betrachten könne, nachdem ich so viele Jahre mit ihm zusammengelebt hatte; ich würde zu den Trojanern gehören. Ich konnte ihm jedoch nicht zustimmen, selbst wenn ich zugeben mußte, daß meine Kinder Trojaner waren. Ich wagte ja noch nicht einmal, ihm einzugestehen, wie sehr ich mich nach Griechenland zurücksehnte. Und auch wenn sich Helena im Ernstfall für mich einsetzen würde, müßte ich doch ständig um mein Leben fürchten, zumal sich die Auseinandersetzungen immer mehr zuspitzten und täglich neue Opfer forderten.«

Gab es überhaupt noch irgendwelche Interessen, die die beiden miteinander verbanden? Immerhin war Xenon sowohl mit Cayce als auch Ra-Ta und Uhjltd identisch, und Garcia hatte eine ägyptische und eine persische Vergangenheit. So hoffnungslos war es um ihre Gemeinsamkeit weiß Gott nicht bestellt!
»Wußtest du irgend etwas über seine wahre Persönlichkeit? Er war nicht nur Soldat, er war auch Bildhauer, Mathematiker und in vieler Hinsicht ein künstlerisch begabter Mensch.«
Auf einmal hatte ich etwas in ihr zum Klingen gebracht.
»Er hat mir zugehört, wenn ich ihm über die griechischen Heldentaten erzählte oder über ihre wundervollen Schnitzereien und Skulpturen berichtete – hatte er doch selbst allerlei Objekte kopiert oder nach meinen Beschreibungen angefertigt. Und über viele Dinge hatte er ganz eigene Ansichten. Er war sehr talentiert, aber der Krieg hatte ihn völlig aus der Bahn geworfen und all seine Pläne zunichte gemacht.«
»Hat er sich durch irgendwelche mentale oder spirituelle Qualitäten hervorgetan, die auch dein Interesse erregten?«
»Vielleicht einige eher private Interessen, doch nicht in Form einer eigenen Philosophie. Ich mochte ihn, weil er mich vor all jenen Trojanern beschützte, die mich auf unflätige Weise beschimpften, nur weil ich als Griechin mit ihm zusammenlebte. Er hat sich stets zu mir bekannt und ihnen in aller Ruhe seine Meinung gesagt.«
Ihre Beziehung war keineswegs ungewöhnlich und nicht viel anders als viele der heutigen Ehen, die so häufig von einer kaum durch andere bemerkten Verzweiflung des einen oder gar beider Partner geprägt sind. Doch wegen der Kinder schien sich Garcia keine besonderen Gedanken zu machen.
Ich versuchte, noch mehr aus ihr herauszukriegen. Würden

die Kinder ihr nach Griechenland folgen? Meine Frage schien etwas in ihr aufzuwühlen, so daß ich ein leichtes Stöhnen vernahm.
»Ich glaube nicht«, sagte sie dann.
Nach Achilles' Tod, der für die zurückgebliebenen Griechen ein schier unersetzlicher Verlust war, mußte etwas geschehen, und so entstand die Idee des hölzernen Pferdes.
»Sie fühlten sich sehr geschwächt und waren gezwungen, eine völlig andere Strategie zu entwickeln. Die Trojaner, denen dank des ständigen Nachschubs aus dem Hinterland kaum Versorgungsprobleme erwuchsen, waren noch immer im Vorteil, während die Griechen ihr gesamtes Kriegsmaterial nur auf dem Seeweg herbeischaffen konnten.
Die Errichtung des hölzernen Pferdes bereitete ihnen zusätzliche Schwierigkeiten. Von unseren Stadtwällen aus beobachteten wir, daß etwas Ungewöhnliches im Gange war. Ständig trafen neue Schiffe mit Balken und Planken ein, und wir sahen, wie das phantastische Pferd langsam Gestalt annahm. Doch eines Tages schienen die Griechen verschwunden zu sein. Wir vermuteten, daß sie infolge der heftigen Kämpfe schwere Verwundungen erlitten und sich zu deren Behandlung auf die Schiffe zurückgezogen hatten. Ich war sehr bekümmert, obwohl ich wußte, daß meine griechischen Landsleute – auch ohne Achilles – uns nicht im Stich lassen würden. Der Krieg würde, auch wenn sein Ende nicht absehbar war, uns dennoch den Sieg bringen. Es ist nicht die spartanische Art, sich jemals geschlagen zu geben.«
Möglicherweise hatten die Trojaner einen Spion bei ihnen eingeschleust, um ihren Plan zu vereiteln.
»Warum haben sie dich ausgerechnet in die Nähe eines der Stadttore verbannt, wo sie sich deiner Loyalität keineswegs sicher waren?«

»Sie glaubten, ich stände unter dem Einfluß des Mannes, mit dem ich zusammenlebte. Solange ich von den übrigen Griechen getrennt war, machten sie sich wenig Gedanken. Auch wollten sie Helena nicht erzürnen, denn die hätte sich dann bei Paris beklagt.«

Garcias Skizzen, die Cayce schon erwähnt hatte, mögen den Griechen zwar nützlich gewesen sein, doch daß sie es verstand, ihren Mann hinters Licht zu führen, war von weit größerer Tragweite, und von da ab brauchte sie ihn nicht mehr zu fürchten. All die Bequemlichkeiten des Zusammenlebens im Torhaus, ja selbst seine Gutmütigkeit, bedeuteten ihr nichts im Vergleich zum erhofften Sieg und ihrer endgültigen Befreiung.

Sie wurde nicht müde, ihren Mann und die anderen Trojaner für das hölzerne Kunstwerk zu begeistern, das die Griechen angeblich zurücklassen mußten, nachdem sie sich so fluchtartig auf den Heimweg gemacht hatten, wobei Garcia sehr wohl wußte, daß die Flotte ihrer Landsleute sich hinter der nächsten Halbinsel verborgen hielt. Während der Nächte hatte sie heimlich das ferne Flackern der Schiffslampen beobachtet.

»Ich beschwatzte Xenon, wie toll doch dies hölzerne Kunstwerk sei und daß es in Griechenland viele Künstler gäbe, die solche Pferde aus purem Zeitvertreib herstellten. Aber er ließ sich nicht auf mich ein. Er meinte, daß irgend etwas an der Sache nicht stimme. ›Was soll daran falsch sein?‹ sagte ich. ›Wo die Griechen doch längst auf dem Heimweg sind.‹ So etwas Ausgefallenes gäbe es hier überhaupt nicht, wir sollten es uns als Kriegstrophäe hereinholen. ›Die kommen nicht mehr wieder. Sie haben den Krieg satt und wollen zu ihren Frauen zurück.‹«

Die Belagerer hatten den Platz, an dem sie ihr Werk errichteten, sehr geschickt gewählt.

»Der schlitzohrige Odysseus meinte, daß die Griechen, da

sie die Stadt niemals erstürmen könnten, auf listige Weise viel schneller zum Ziel kämen. So wurde vor Trojas Mauern das hölzerne Pferd gebaut, und die Einwohner verfolgten den Prozeß voller Neugier. Nach Odysseus' Ermessen mußte es so groß sein, daß es nicht durch die Stadttore hindurchpaßte und somit jeden Verdacht zerstreute, da sich die Belagerten nach all den Jahren der vergeblichen Umzingelung ohnehin einredeten, die Griechen geschlagen zu haben.

Überall in der Stadt verbreitete ich das Gerücht, das Pferd sei als ein Friedensopfer an die Göttin Athene zu verstehen, und die Menschen glauben ja stets, was sie gern wahrhaben möchten. ›Und was soll daran gefährlich sein‹, redete ich ihnen zu, ›wenn das Pferd nicht einmal in die Stadt eingeschleust werden kann, ohne daß die Tore erweitert werden müßten?‹

Trotzdem gab es eine ganze Anzahl von Leuten, die noch mißtrauisch waren. ›Traut ihnen nicht‹, rief der weise Priester Laokoon, ›solange Odysseus, der Listige, noch lebt‹, und seine beiden Söhne stimmten in seine Warnrufe ein. ›Was immer es mit diesem Pferd auf sich hat, wir müssen damit rechnen, daß es sich um ein äußerst tückisches Geschenk handeln könnte.‹

Einige jubelten ihm zu, und andere verspotteten ihn, aber als plötzlich zwei Schlangen aus dem Meer heraufkrochen und mit ihren mächtigen Leibern Laokoon samt seinen Söhnen umschlangen und erstickten, wurde dies als das entscheidende Omen angesehen.

Die weisesten unter den Trojanern hielten sich noch immer bedeckt und wollten nach all diesen hitzigen Gefechten nicht an einen so leichten Sieg glauben. Aber als sie mit ihren Waffen gegen die Seiten des Pferdes schlugen, klang es hohl zurück, und all ihre Zweifel waren zerstreut. Natürlich wußten sie nicht, daß sich Odysseus, der all dies vorausgesehen hatte, mit Menelaos und einigen Kriegern im obersten Teil des Pferdes verborgen hielt. Von dort aus konnten sie im gegebenen Moment über eine eigens eingebaute Treppe nach unten gelangen.

Während der Nacht, nachdem das Pferd in die Stadt gebracht worden war und als sich alle Einwohner im Schlaf befanden, entstiegen sie der vermeintlichen Opfergabe; die Stadttore wurden geöffnet, und die Belagerer, die scheinbar geflohen waren, kehrten zu Tausenden im Schutz der Dunkelheit auf ihren Kriegsschiffen in den Hafen zurück und begannen nun, durch sämtliche Tore in die Stadt einzudringen. Sie hieben auf die noch schlafenden Bewohner ein und setzten ihre Häuser in Brand. Gegen Morgen endete das schaurige Gemetzel, und von dem stolzen Troja waren nur noch Ruinen übriggeblieben.

Obwohl ich mich auf die Heimkehr freute, tat es mir leid, daß so viele Menschen ihr Leben lassen mußten, und ich grämte mich wegen Xenon. Es war ja sein Tor, das zuerst gestürmt wurde, und diese Schande konnte und wollte er nicht überleben. Er war ein guter Mensch, der nur mein Bestes im Sinn hatte, aber eben kein Krieger. Seine Interessen waren friedlicher Natur.«

Und wiederum bewegte mich die Frage, ob er vielleicht eine Vorahnung von den hinterlistigen Machenschaften der Spartaner gehabt hatte, zumal er in zwei früheren Existenzen in Ägypten und Persien über so ungewöhnliche parapsychische Fähigkeiten verfügt haben soll.

Anne schwieg eine Weile, während ich mich noch ganz im Bann ihres anschaulichen Berichtes über den Untergang Trojas befand.

»Das könnte durchaus so gewesen sein«, sagte sie schließlich, »doch änderte dies nichts an seiner Bestürzung über die Leichtgläubigkeit der trojanischen Bürger. Seine Vorwürfe bekam ich selbst am meisten zu spüren, da ich ja die

Leute beschwatzt und ihnen die Harmlosigkeit des Pferdes vorgegaukelt hatte. Ursprünglich richteten sich seine Anordnungen gegen eine Hereinnahme des Pferdes, aber später, als er selbst von der Ungefährlichkeit des Unterfangens überzeugt schien, gab er dem Drängen der Masse nach. Warum sollten sie auch einem Torhüter zu Willen sein, wenn sie noch nicht einmal von Kassandras Warnungen beeindruckt waren? Immerhin war sie die Tochter des Priamos und Hektors Schwester.«

Helenas Dienerin Garcia hatte mit ihren Skizzen von den strategischen Positionen, die sie den Griechen über die Stadtmauern hinweg zugeworfen hatte, ganze Arbeit geleistet. Aber woher wußte sie überhaupt, daß in dem hölzernen Pferd spartanische Krieger versteckt waren, die nur darauf warteten, herauszuspringen und ihren Kameraden die Tore zu öffnen?

Anne konnte sich selbst in ihrem hypnotischen Zustand kaum ein Lächeln verkneifen: »Natürlich hat mir das niemand gesagt, aber ich kannte die Griechen ja ganz genau und wußte, daß sie sich noch immer in den trojanischen Gewässern befanden. So konnte ich mir ausrechnen, daß sie etwas im Schilde führten, anderenfalls hätten sie sich all die Mühe mit dem hölzernen Pferd erspart.«

»Und weshalb«, so fragte ich, »haben die Trojaner keinerlei Verdacht geschöpft?«

»Die Menschen glauben immer das, was sie gern glauben möchten. Inzwischen waren sie so kriegsmüde geworden, daß ihnen die Vorstellung vom endgültigen Abzug der Griechen sehr willkommen war. Als ich jedoch eines Abends von der Höhe der Stadtmauer auf den Hafen hinunterblickte, konnte ich weit draußen schwache Lichter erkennen und wußte sofort, daß unsere Freunde zurückkommen würden. Das war an demselben Tag, an dem die Trojaner das Pferd in die Stadt hereingeholt hatten. Bevor es soweit war, hatte ich immer wieder auf sie eingeredet und Xenons Befürchtungen als Angstphantasien bezeichnet. Und dabei glaubte er, die Situation fest im Griff zu haben.« Anne lachte. »Er war überzeugt, es mit jedem Griechen aufnehmen zu können. Und damit habe ich ihn rumgekriegt.«

Das spartanische Meisterwerk war keineswegs wirklichkeitsgetreu, und seine Erbauer hatten es unvollendet zurückgelassen. »Der Körper wirkte ziemlich unförmig, und die Füße waren noch nicht fertiggestellt, als ob die Griechen fluchtartig abgezogen wären. Sogar während der Arbeit hatten eine Menge Gefechte in unmittelbarer Nähe stattgefunden, und dann waren die Belagerer scheinbar vertrieben worden. Ihre Niederlage war jedoch nur fingiert, um den Gegner in falscher Sicherheit zu wiegen.«

»Aber damals konntest du das doch nicht gewußt haben?«
»Ich sah doch, daß sie sich in eine versteckte Bucht zurückgezogen und vorsichtshalber ihre Schiffslampen abgeblendet hatten!«
»Und du meinst, die Trojaner hätten das nicht bemerkt?«
»Sie haben sich gar nicht umgesehen.«

Anne war offensichtlich stolz auf ihre Landsleute. »Sie waren sehr klug. Sie führten häufig philosophische Gespräche, aber von technischen Dingen verstanden sie mindestens ebensoviel.«

Im Streit um das Pferd hatten sie und Xenon ganz gegensätzliche Ansichten. Garcia sprach die Leute auf den Marktplätzen an und sorgte dafür, daß die Neugier an diesem seltsamen Objekt nie erlosch.

»Und was gab letzten Endes den Ausschlag, daß das Pferd in die Stadt geschafft wurde?«

Sie lachte sich fast ins Fäustchen. »Wie ich schon sagte, die Leute bestanden darauf, und schließlich erließ Xenon die entsprechenden Anordnungen. Es war aber auch zu komisch – und dazu ein Riesenspaß nach all den bedrückenden Jahren. Die Leute wollten das Pferd ganz aus der Nähe betrachten, aber hatten immer noch Angst vor einem griechischen Hinterhalt, und um sicher zu sein, schoben und rollten sie es auf seinen riesigen Rädern in das Innere der Stadt.«

Was für ein seltsames Spektakel, dachte ich, während Anne das Geschehen in all seinen Einzelheiten beschrieb, die gewaltigen Anstrengungen, die es erforderte, um das unförmige Ding von der Stelle zu bewegen. Und mir war es vergönnt, den ersten und vielleicht einzigen Augenzeugenbericht dieses historischen Ereignisses entgegenzunehmen.

»Es kostete sie den größten Teil des Tages, weil das Pferd so riesig und schwer war. Zunächst schienen sie völlig erschöpft zu sein, und als die Arbeit getan war, fühlten sie sich glücklich und entspannt und gingen nach Hause, um erst einmal auszuschlafen.«

Mir kam es vor, als ob die Trojaner von einer Art Todessehnsucht und dem Wunsch nach Selbstzerstörung getrieben gewesen wären – bei soviel Gedankenlosigkeit, mit der sie an die Sache herangingen.

»Hat sich denn niemand über das unheimliche Gewicht des Pferdes gewundert und möglicherweise daraus gefolgert, daß es irgend etwas Gefährliches, zum Beispiel bewaffnete Krieger, in sich bergen könnte?«

»Manche sind auf Leitern gestiegen und haben die Seiten abgeklopft, und wie ich schon sagte, klang das sehr hohl. Und mit dieser Neugier haben die Griechen gerechnet und ihre Leute deshalb in der obersten Kabine des Pferdes versteckt.«

Und dann brach der Abend herein, und zu Garcias Enttäuschung rührte sich nichts. »Irgendwie wußte ich, daß die Lösung unseres Problems mit dem Pferd zusammenhing.

Ich kletterte voll Sehnsucht auf die Stadtmauer, um nach dem fernen Griechenland auszuschauen und mir in Gedanken seine grünen, von Blumen übersäten Hügel auszumalen, die ich hoffentlich eines Tages wiedersehen würde.«
Allmählich hatte die Dunkelheit ihre Schleier über die Stadt ausgebreitet, und in der Stille der Nacht konnte Garcia das Zirpen der Grillen und das Säuseln des Seewinds hören. Dann plötzlich vernahm sie ein dumpfes Dröhnen, das aus dem Inneren des Pferdes herausdrang. Gleichzeitig entschlüpfte ihm eine Gruppe von Kriegern, während sich unten am Strand dunkle Schatten in Bewegung setzten.
Wo aber befand sich der Hüter der Stadttore? Offensichtlich hatte ihn der Schlaf übermannt, nachdem eine gemeinsame Inspektion des Pferdes ohne Ergebnis verlaufen war.
»Er traute den Dingen immer noch nicht, um so weniger, als mein ständiges Grinsen ihn irgendwie stutzig machte.«
Garcia hatte gar keine Zeit, über ihn nachzudenken. Ihre Aufmerksamkeit war ganz auf die Männer gerichtet, die aus dem Pferd herauskamen.
»Einer nach dem anderen entstieg dem hölzernen Bauch, und dann schlichen sie sich vorsichtig zum Tor hinüber, entfernten den Balken und öffneten die Torflügel. Ich lauschte in die Dunkelheit hinein und vernahm die Schritte ganzer Schwärme von Soldaten, die sich vom Hafen her näherten. Im Inneren der Stadt kam es zu ersten Handgemengen, die sich jedoch noch in Grenzen hielten, da die meisten Einwohner schliefen.«
Schließlich wurde auch Xenon vom Lärm aufgeschreckt, und noch ehe er zu den Kämpfenden eilte, fiel er zornig über Garcia her.
»Wieder einmal beschuldigte er mich, die Trojaner hinters Licht geführt und ihnen das Pferd als eine harmlose Sache hingestellt zu haben. Er war völlig außer sich. Er packte mich an der Kehle, um die Wahrheit aus mir herauszube-

kommen. Ich schwor ihm in aller Aufrichtigkeit, von alledem nichts gewußt zu haben, denn in der Tat hatte ich bis zu diesem Augenblick nicht die geringste Ahnung, was die griechischen Soldaten wirklich vorhatten.«
»Warum aber«, fragte ich, »hörten die Trojaner nicht auf Kassandras Warnungen?«
»Sie wollten, daß der Krieg endlich vorbei wäre, und waren deshalb nicht bereit, an eine Hinterlist der Spartaner zu glauben.«
Was mich verwunderte, war ihre ambivalente Meinung über Xenon, nachdem sie stets betont hatte, wie gütig er zu ihr war.
»Hast du ihn wirklich geliebt?«
»Geliebt nicht, aber ich mochte ihn.«
»Und bist nie auf den Gedanken gekommen, daß die Griechen ihn umbringen würden, sobald sie die Stadt gestürmt hätten?«
»Ich mochte ihn, weil er für mich gesorgt hatte. Aber mit Liebe hatte das nichts zu tun; meine einzige Liebe gehörte der griechischen Heimat. Ich wußte ja, irgendwann würde ich wieder zurückkehren. Ich war ja beinah schon dreißig.«
In früheren Existenzen, sowohl in Ägypten wie auch Persien, waren sich beide schon einmal begegnet, und ich fragte mich, ob sie niemals ein Gefühl des Wiedererkennens oder der Vertrautheit ihm gegenüber gehabt hatte und ob von diesen Gemeinsamkeiten gar nichts geblieben sei?
»Ich sorgte für ihn. Ich gab ihm alles, was er brauchte und worum er mich bat. Erst später fing ich an, mir Gedanken zu machen.« Sie war sehr zielstrebig und wußte, was sie wollte.
Mir war noch immer nicht klar, was es mit Reinkarnation auf sich hatte und wie sie sich möglicherweise auswirkte.
»Wenn du doch an eine Fortexistenz glaubtest, dann ...«
Aber Anne fiel mir ins Wort: »Damals glaubte ich nur an

die griechischen Götter, an Zeus, an Athene und natürlich auch Apollon. Etwas anderes kannte ich nicht.«

Jetzt wurde mir manches verständlich. Sie war ein Geschöpf ihrer eigenen Zeit und ihrer eigenen Umgebung, selbst als sie nun auf der Couch vor mir lag und sich zu erinnern versuchte.

»Mit anderen Worten: Das ganze Drum und Dran deiner Anschauungen war von den damals herrschenden Religionen bestimmt. So war für dich mit dem Tod das Leben beendet, und nur die Götter und Göttinnen waren unsterblich?«

»Aber auch nur die olympischen Götter, und wir waren die Sterblichen; es lag ganz in ihrem Ermessen, wenn ein Sterblicher in ihren Olymp aufgenommen wurde.«

Die Tatsache, daß individuelle Glaubensvorstellungen so stark von Kultur und Gesellschaft geprägt sind, erschien mir bemerkenswert.

»Die Menschen, mit denen du in deiner ägyptischen und persischen Lebenszeit zusammenlebtest, glaubten an Reinkarnation, so müßten deine Vorstellungen die gleichen gewesen sein. Und den Griechen war die Reinkarnation unbekannt, also glaubte Garcia auch nicht daran? Du warst stets ein Kind deines eigenen Landes, deiner eigenen Zeit, und folglich hingst du auch ihrem Glauben an?«

»Ich war eben eine Griechin.« Mehr konnte sie dazu nicht sagen.

Während draußen die Kämpfe die ganze Nacht hindurch mal hier und mal dort sporadisch aufflammten und auch Xenon sich gegen die Angreifer zur Wehr setzte, war Garcia im Torhaus geblieben.

»Bis zum Morgendämmern, als der Sonnengott Apollon erneut seine Tagesreise antrat, hielt das Schlachtengetümmel an. Ich bemerkte, wie die Griechen dem Sieg immer näher kamen, und war so erleichtert, daß ich es wagte, aus dem Haus zu gehen. Plötzlich wurde ich von einem unserer Landsleute unsanft am Arm gepackt. Doch als ich ihn auf griechisch anredete, zog er mich an seine Brust und übergab mich einem seiner Kameraden, der mich zu unseren Schiffen geleitete.«

Es war mir fast unbegreiflich, wie schnell sie ihren Gefährten Xenon vergessen hatte, der einst ihr Mentor und in einem anderen Leben sogar ihr Bruder gewesen war.

»Er war nicht derselbe Mann wie zuvor, und auch ich war eine andere geworden. Die Bedingungen hatten sich völlig geändert.«

»Und was hast du aus dieser Lebenserfahrung gelernt?«

»Selbstentsagung. Ich ließ meine zwei Kinder zurück, denn ich wußte, daß sie in Griechenland nie glücklich werden könnten. Ich war nicht ganz ohne Gefühle. Ich weinte ein Weilchen. Xenon war sehr gut zu mir gewesen, und nun war mir klar, daß er zusammen mit vielen anderen umgekommen war. Irgendwann hat er mir einmal gesagt, daß ich, falls er eines Tages nicht mehr nach Hause zurückkäme, die Tür abschließen und den nächstbesten Torhüter von seinem Dahinscheiden unterrichten sollte; irgendeiner von ihnen würde mich dann aufnehmen.«

Das war nun überflüssig geworden, denn sie war zusammen mit der schönen Helena und den anderen Dienerinnen in ihre geliebte Heimat zurückgekehrt, mehr als zehn Jahre nachdem sie ihr den Rücken gekehrt hatte.

In jener, aber auch in ihrer gegenwärtigen Lebenszeit mußte sich Anne von ihren jeweils zwei Kindern trennen. Doch die Götter waren ihr damals sehr wohlgesinnt, weit mehr als dem glücklosen Xenon, der sein Leben einer fragwürdigen Sache geopfert hatte.

Wie wir jetzt wissen, hat er später all seine Fehlleistungen und Sünden von einst mit Hilfe erprobter und wahrer Freunde wieder ausgeglichen.

7. Kapitel

Lucius von Kyrene

Im Verlauf von Edgar Cayces parapsychischer Entwicklung, die sich über viele Erdenleben erstreckte, war keines für ihn so befriedigend wie das des Lucius von Kyrene. Als solcher gehörte er zu dem engeren Kreis der siebzig Anhänger von Christus und war ein Gefährte des Apostel Paulus. Über seine Herkunft, von der bisher noch wenig bekannt war, äußerte sich Cayce alias Lucius auf ungewöhnlich detaillierte Weise, so daß manche Leute sein religiöses Interesse als bloße Neugier an seiner eigenen biblischen Vergangenheit betrachteten. Mehr und mehr begann Cayce zu begreifen, weshalb er als Kind schon den Vorsatz gefaßt hatte, jedes Jahr die Bibel erneut von vorne bis hinten durchzulesen. Er selbst war fest davon überzeugt, daß es darin um seine eigene Vergangenheit, seine ehemaligen Freunde und Gefährten ging, über die er in seinen Readings hin und wieder berichtete. Und wie aufregend für einen so eifrigen Bibelleser, an zwei Stellen der Heiligen Schrift – in Römer 16,21 und Apostelgeschichte 13,1 – den Namen dessen zu finden, der er selbst einmal war!

»Ich konnte es kaum glauben«, sagte er, »hätte ich nicht sicher gewußt, daß die Information stets korrekt war.«

Cayces Geschichte von Lucius, die er aus allzu großer Bescheidenheit selbst nie veröffentlicht hatte, vermittelt uns ein anschauliches Bild der frühen Kirche und ihrer wachsenden Nöte, aber auch eine ungeschminkte Darstellung des Lucius, der sich schließlich durch seine Leidenschaft für den wundertätigen Jesus immer mehr zur Kirche hingezogen fühlte.

Wie in noch früheren Existenzen zog sich Lucius durch seine Frauengeschichten die Unbill seiner Mitwelt zu, was in diesem Falle sein Überleben als hoher Kirchenmann zuweilen sehr schwierig machte. Glücklicherweise verfügte die frühe Kirche mit ihren damals noch freieren moralischen Ansichten über weitaus mehr Toleranz als viele der heutigen christlichen Sekten.

Über keines der vielen früheren Leben, die Cayce sich selbst zuschrieb, wußte er so gut Bescheid wie über den Werdegang des Lucius von Kyrene. Dieser wuchs in Kyrene, der Hauptstadt der antiken Cyrenaika (Libyen), auf, wo er noch viel früher als exilierter Hoherpriester Ra-Ta mit den damaligen nubischen und libyschen Einwohnern Freundschaft geschlossen hatte. Sein Vater Phillip zog mit ihm und der ganzen Familie in die römisch-kleinasiatische Provinz Phrygien. Dort erhielt Lucius zunächst eine griechische Erziehung, doch trieb es ihn und seine Schwester Nimmo, angelockt durch die wundersamen Erzählungen des von Ost nach West ziehenden Karawanenvolks, gemeinsam mit anderen ins Heilige Land, um den Meister und seine Wunder aus der Nähe zu erleben. Sein teilweise jüdischer Hintergrund brachte es mit sich, daß er in Jesus, dem Messias, zugleich den politischen Befreier erkannte, der sein Volk durch eine von ihm initiierte Erhebung in die Unabhängigkeit von Rom führen würde. Ungeachtet dieses anfänglichen Mißverständnisses über Person und Auftrag Christi war er von dessen Botschaft über ein ewiges Leben tief bewegt. Dank seiner persönlichen Ausstrahlung und echten Hingabe an Christus wurde er einer aus der Schar jener Jünger, die Jesus überallhin folgten. Nach der Kreuzigung Christi ernannte ihn Apostel Johannes zum Bischof von Laodikeia in Kleinasien, wo er zum großen Vorbild seines jüngeren Verwandten Lukas, des verehrten und berühmten Arztes des Evangeliums, wurde.

Das Lucius-Reading war eines der allerletzten, die Cayce gegeben hatte. Da erst glaubte er im Besitz jener Reife gewesen zu sein, die für einen so anspruchsvollen Gegenstand vorausgesetzt werden mußte. Cayce gefiel so manches nicht, was er schon einmal über sich selbst gesagt hatte, und über die Verwicklungen seines Lucius von Kyrene in Frauengeschichten hat er sich mehr als einmal geschämt. Denn seine Readings befaßten sich nicht nur mit der spirituellen, sondern auch der ganz konkreten physischen Seite seines Ichs in jener Lebenszeit – ein Problem, das er im Verlauf vieler Inkarnationen nicht immer erfolgreich gemeistert hatte.

Wenn er sich für andere in seine Vergangenheit zurückversetzte, konnte es vorkommen, daß er sich selbst als Lucius gegenüberstand – zum Beispiel in einem Reading für eine geschiedene New Yorkerin. Sie gehörte zu seiner Sonntagsschule und zeigte ein auffallendes Interesse für die frühchristliche Ära. Dieses Reading fand im Spätherbst 1938 statt, etwa sechs Jahre vor seinem Tod, und was er in Trance ausgesagt hatte, traf ihn selbst wie eine Offenbarung aus dem Evangelium. Er begegnete sich nicht nur als Lucius auf dem Pfade Christi, sondern als Liebhaber einer jungen Jüdin, die eine Gefährtin der Mutter des Herrn und zugleich dessen engsten Vertrauten, nämlich des Schwesternpaares Martha und Maria, war. Cayces Klientin war in der Tat diese Frau! Ihr damaliger Name war Mariarh, und sie war beträchtlich jünger als der schon ergrauende Lucius.

Cayce schien sich auf einmal an sie zu erinnern. Als junges Mädchen hatte sie in Bethanien gelebt, und vor ihrem vierzehnten Lebensjahr, dem Zeitpunkt ihrer Mündigkeit und Heiratsfähigkeit sowie ihrer Steuerpflichtigkeit gegenüber dem römischen Staat, war sie nie in Jerusalem gewesen. Als häufiger Gast im Hause Marias und Marthas und deren Bruder Lazarus, den Jesus von den Toten auferweckt hatte, traf sie auf manchen der Anhänger Jesu, die später die ersten frühchristlichen Gemeinden gründeten.

»Zu dieser Zeit«, sagte Cayce, »nach der Auferstehung des Herrn, als die neugewählten Gemeindeoberhäupter oder Diakone ihre Aktivitäten aufnahmen und all ihre materiellen Güter in den gemeinsamen Besitz [der Kirche] der Jünger und Apostel überging, hörte die Wesenheit Mariarh allerlei Neues über die Aktivitäten des Philippus und Petrus – aber in noch engerer Beziehung stand sie zu einem gewissen Lucius, der ein Verwandter des Lukas war.«

Cayce ging auf diese Beziehung nicht näher ein. Sein Redefluß geriet ein wenig ins Stocken, als ob er sich vor weiteren Enthüllungen fürchtete, dann fügte er lediglich hinzu: »Und Lucius, nunmehr Edgar Cayce, ist derjenige, durch den diese Informationen kommen.«

Gladys Davis, die damals dieses Reading aufzeichnete, hielt erschreckt inne; nie zuvor in all den fünfzehn Jahren, solange sie seine Sekretärin war, hatte der Schlafende Prophet den Namen irgendeiner Frau oder Mätresse aus früheren Inkarnationen, die nicht zu seiner eigenen Familie gehörte, preisgegeben.

Dann nahm Cayce, als ob nichts geschehen sei, seinen Monolog wieder auf. Er ließ sich noch eine Weile über die sich zwischen Lucius und Mariarh anbahnende Beziehung aus, jedoch mit der gewohnten sachlichen Distanz, von der all seine Readings geprägt waren.

Mariarh, noch immer im jugendlichen Alter, wurde bald zur unentbehrlichen Gehilfin des eifrigen Gefolgsmanns; beide errichteten Missionszentren außerhalb Palästinas, und später, nach ihrer Heirat, sogar in Laodikeia.

»Dies war der Ort, wohin die Wesenheit Mariarh dem Lucius folgte, als dort, in Laodikeia, die ersten Kirchen errichtet wurden und Paulus zu predigen begann. Dort befanden sich etliche Stammesangehörige der Leute aus den römischen Gebieten, und Mariarh stand Lucius als Gefährtin und Gehilfin im Dienste jener frühen Christen zur Seite. Dort verbrachte sie den Rest ihrer Tage – zu einer Zeit, als ...«

Mitten im Satz mußte Cayce plötzlich niesen; was immer es war, offensichtlich hatte ihn die Erinnerung überwältigt. »Wir werden dieses Reading ein andermal fortsetzen«, sagte er, »im Moment ist es genug, um darüber nachzudenken. Wirklich aufregend ... all diese Neuigkeiten.«

Die heutige Mariarh, die geschiedene Privatsekretärin aus New York, war nicht weniger bestürzt über das, was der Hellseher Cayce ihr enthüllt hatte. Zweifellos sah sie sich in ihrer Einschätzung seiner Persönlichkeit, aber auch seiner Qualitäten als Religionslehrer, dessen Sonntagsschule der Höhepunkt ihres Aufenthalts in Virginia Beach gewesen war, bestätigt.

Für Cayce selbst waren die Informationen ein regelrechter Schock. Gab es nicht schon genug Komplikationen in seinem Privatleben, um nun auch noch zusätzliche Belastungen, die seine Vergangenheit ihm auferlegte, verkraften zu können? Die leidige Angelegenheit war sozusagen noch immer nicht erledigt – und was bedeutete das plötzliche Niesen, das ihn zum vorzeitigen Abbrechen des Readings zwang?

Er fragte sich auch, weshalb so viele Jahre vergehen mußten, bevor ihm diese hochgesegnete Identität als ein Gefährte von Jesus und Verkünder seiner Lehre offenbart wurde. Als er jedoch das Protokoll noch ein weiteres Mal überflog, sah er, daß die Antwort ganz klar aus dem Text hervorging: »Es bliebe zu fragen, weshalb die Wesenheit, nunmehr Edgar Cayce, nicht von vornherein über diese außergewöhnliche Vergangenheit informiert wurde. Doch wie schon angedeutet, entwickelt, betätigt oder erfährt sich das Individuum oder die Wesenheit in dem vielfältigen

Dasein, wobei die Lehren aus seiner persönlichen Erfahrung oder Tätigkeit im gegenwärtigen Leben zur Richtschnur gemacht werden.«

Da er sich nur zu gut kannte, wußte Cayce, daß er weder spirituell noch emotionell zu einer derartigen Differenzierung fähig gewesen wäre. »Falls er die Information gleich zu Anfang erhalten hätte, würde es seine Eitelkeit aufgebläht haben, da diese Instabilität sich durch die ganze Erfahrung fortsetzte, bis ihm die Lektionen durch das Erlebnis mit der Gefährtin [nämlich Gertrude] erteilt wurden, derentwegen er ins Exil geschickt und mit der er nun nach Jahren der Bekämpfung seiner eigenen heimlichen Wünsche vereinigt wurde. Dann kam es durch die Begegnung mit der Gefährtin im gegenwärtigen Leben zu der Bescheidenheit, die erreicht wurde und noch andauert.«

Je mehr Cayce über die neuesten Informationen nachdachte, desto klarer wurde es ihm, daß er die Sache weiterverfolgen und seine Neugier befriedigen mußte. Um dies zu erreichen, blieb ihm nur eine Möglichkeit.

Sobald er das Lucius-Reading einigermaßen verkraftet hatte, was ihn fünf Tage in Anspruch nahm, hielt er es endlich für angebracht, der New Yorkerin (alias Mariarh) sein Anliegen schriftlich mitzuteilen. Er titulierte sie auf etwas scherzhafte Art als Mrs. S., ließ aber durchblicken, wie ernst ihm die Angelegenheit war.

»Nach dem Reading über Ihre Aktivitäten in Palästina frage ich mich, ob es korrekt ist, Sie deswegen noch einmal anzusprechen, oder es besser bleiben zu lassen. Wie auch Sie bemerkt haben dürften, setzte die Information aus, noch bevor sie beendet war – trotzdem ein bißchen zuviel für Sie, um es auf einmal zu verkraften.«

Diesen Brief hatte er im Dezember, kurz vor Weihnachten, geschrieben. Er wünschte ihr fröhliche Feiertage, ließ aber zugleich einfließen, daß er sie nach dem Fest für ein weiteres Reading gerne noch einmal bei sich sähe: »Ich möchte gern mit Ihnen darüber reden und hoffe, daß die Enthüllungen Sie nicht zu sehr geschreckt haben, sondern zu weiteren Untersuchungen anregen. Lassen Sie mich wissen, wie Sie dazu stehen.«

Ihre Antwort kam gleich nach Weihnachten. Der Brief begann mit »Sehr geehrter Mr. Cayce«, zugleich bedauerte sie aber diese Förmlichkeit mit den Worten: »Ja – dies klingt ziemlich komisch ...«

Auch sie war von dem Reading höchst beeindruckt und keineswegs geschockt. »Es macht mich bescheiden, aber überrascht mich zugleich, daß ich einer so bedeutenden Persönlichkeit – einem Propheten, der so wichtige Dinge vollbrachte – helfen durfte oder gar als Gefährtin zur Seite stand.«

Und dann fragte sie ihn: »Wußten Sie schon vor diesem Reading, daß Sie der Lucius waren?«

Er antwortete prompt mit einem glatten Nein, denn er konnte es selbst noch nicht glauben. Inzwischen hatte sie mehrfach ihr Protokoll durchgelesen, ohne sich Cayces biblische Rolle als reale Vergangenheit vorstellen zu können. Nach längerem Nachdenken wurde ihr schließlich klar, daß es irgend etwas in ihrem Unbewußten geben mußte, was den Wunsch, noch mehr über ihr jüdisches Vorleben zu erfahren, rechtfertigen könnte.

»Ich kann es kaum erwarten, den Rest des unterbrochenen Readings zu hören«, schrieb sie ihm, »ist es nicht seltsam, daß Sie es mit einem plötzlichen Niesen beendet haben, und ist Ihnen das schon mal passiert? Ich bin sehr begierig, bald mehr zu erfahren«, witzelte sie, »und halte derweil meinen Atem an.«

Cayce, der normalerweise sehr schreibfaul war, antwortete ihr prompt am darauffolgenden Tag. In all seinen Readings, die er sich selbst über viele Jahre hinweg gegeben

habe, so erklärte er, sei kein einziger Hinweis auf eine Verbindung mit Lucius.
Sie hatte sich zu Weihnachten ein Bibellexikon schenken lassen, und Cayce, dem nur die zwei dürftigen Erwähnungen des Lucius im Neuen Testament bekannt waren, bat sie sogleich, ihm mitzuteilen, was ihr Lexikon über ihn zu sagen wußte. Auch würde er das Reading so bald wie möglich stattfinden lassen, doch vorher müßte er noch eine Anzahl unerledigter Briefe beantworten.
»Ich glaube, daß dann eine ganze Menge über Ihr damaliges Leben ans Tageslicht kommt. Bisher habe ich noch nie eine derartige Erfahrung gemacht, wo sich zwei Menschen in ihren Aktivitäten so nahe gekommen sind, wie es hier offensichtlich der Fall war, und sich in einer so unvergleichlichen historischen Periode ganz aufeinander verlassen haben.«
Seine Neugier war inzwischen so unbezwingbar geworden, daß er sich selbst ein gesondertes Reading über Lucius gab. Eine Fülle von Details sprudelte förmlich aus ihm heraus und wies ihn auf ein intimes Verhältnis mit einer anderen Frau dieser Epoche hin, mit der er zwei Kinder gehabt hatte. Und nicht genug damit, sie wurden offensichtlich in einer Zeit geboren, als er vorübergehend von Mariarh getrennt lebte.
Was mit Ra-Ta und dann Lucius und auch noch anderen Reinkarnationen so auf ihn zukam, schien ihm fast mehr, als er verkraften konnte. Und wie ich aus seiner eigenen Selbstgeißelung entnehmen konnte, litt niemand so sehr an diesem Vermächtnis als Edgar Cayce selbst.
Als Lucius hat er es keineswegs leicht gehabt. Er gehörte nie wirklich zu den führenden Vertretern der frühen Kirche, obschon man ihn ständig in diesen Kreisen antraf. Wegen seiner griechisch-römischen Abstammung – seines Vaters Name war Ceptulus – hatte er von vornherein einen

schlechten Start, und obwohl Paulus den jüdischen Kirchenvätern, allen voran Petrus, bestätigen konnte, daß Lucius' Mutter aus dem Stamm Benjamin war, hielten ihn diese wegen seiner romantischen Gefühlsäußerungen, die sie als trivial erachteten, eher für einen Griechen.
»Als junger Mann«, sagte der schlafende Cayce, »stand er im Ruf eines Tunichtguts oder ruhelosen Umherstreichers und wurde schließlich zu dem, was man heute als Glücksritter bezeichnet.«
So erklärte sich auch seine enorme Anziehungskraft auf Mariarh und später auf die Römerin Vesta, die eine lose Beziehung zum römischen Hof hatte und ihm zwei Kinder, Pebilus und Susana, gebar. Letzteres führte dazu, daß spöttische Zungen ihn als den »wahren Vater der Kirche« bezeichneten. Von einem totalen Bruch mit Vesta hatte der Prophet nichts gesagt. Wie Lucius schien auch sie über sich selbst hinauszuwachsen – getrennt von ihm, aber behütet –, denn sie wurde zu einer Diakonisse und Respektperson der Kirche von Laodikeia und überlebte all den Klatsch und Tratsch, der über sie in Umlauf gesetzt worden war.
Obwohl ein wenig ernüchtert, hatte Cayce nun ein klareres Bild des damaligen Lucius, als er mit der fünfundvierzigjährigen New Yorkerin eine Verabredung traf, um den »spannenden Mehrteiler« über ihre gemeinsame Vorgeschichte erneut auf die Tagesordnung zu setzen. Das war schon kurz nach Neujahr. Mit sanfter Stimme begann der in tiefe Trance versetzte Prophet seine Eingebungen über das vergangene Leben der jungen Mariarh – zunächst in Bruchstücken – zu artikulieren: »Die Mariarh der Samariterinnen ... jüdische Hügellandschaft ... triumphaler Empfang von Jesus ... Beziehungen zu den Frauen Elisabeth [Mutter Johannes' des Täufers] und Maria ... Zugehörigkeit zum Kreis derer vom Pfingstgeschehen ... Heirat mit Lucius von Kyrene ...«

Das Reading vermittelte neue Einblicke in die wachsenden Probleme innerhalb der frühchristlichen Hierarchie. Dabei ging es vor allem um die quälenden Konsequenzen des umstrittenen Gebotes der Ehelosigkeit. Der so sehr auf Perfektion bedachte Apostel Paulus hatte das Zölibat zur unverzichtbaren Voraussetzung für ein effektives Wirken der Bischöfe und Kirchenführer gemacht.

»Mit Beginn ihrer Tätigkeit in der Gemeinde, als sich die Wesenheit [Mariarh] mit ihrem Gefährten Lucius in Laodikeia befand und Lucius durch Paulus und Barnabas zum Bischof der dortigen Kirche ernannt wurde, da kamen schwere Zeiten für die Wesenheit – aufgrund der Lehren des Paulus, der die kirchlichen Interessen im Namen der Bischöfe und hohen Geistlichkeit vertrat.«

Lucius hielt zu seiner Frau, und mit der Unterstützung von Barnabas und Lukas konnte er sie mit nach Laodikeia nehmen. »Erst als es zwischen ihr und Lukas sowie Barnabas zu einem tieferen Verständnis kam, wurde Mariarh in dieser Umgebung aktiver.«

Ihr Leben wurde zusehends erträglicher, nachdem sie ihren Sohn Silvanus geboren hatte, »den die Kirchenväter in Jerusalem – Jakobus, der Bruder Jesu, sowie Petrus und Andreas – bereits dazu ausersehen hatten, ein Diener des Meisters zu werden.«

Mariarh, die ein hohes Alter erreichte, konnte stolz auf ihren Sohn sein, der einem inzwischen abgeklärteren Paulus zur Seite stand. Die Offenbarungen, die ihrem Leben zuteil geworden waren, machten sie begierig, mehr über ihre Gefährten in Judäa zu erfahren.

Wie erwartet, war die New Yorkerin von ihrem zweiten Reading ungeheuer fasziniert. Es eröffnete ihr eine ganz neue Perspektive der Selbstdarstellung als Christin.

»Ich glaube«, so schrieb sie an Cayce, »daß wir die Zukunft erst dann richtig angehen können, wenn wir genügend über unsere Vergangenheit wissen.« Und mit der hatte sie sich noch lange zu beschäftigen – nicht anders als die ehemalige Vesta, die nunmehr als Hausfrau in Virginia lebte. Sie war dreiunddreißig Jahre alt und ganz versessen auf die Readings von Edgar Cayce. Ihr hellwacher, forschender Geist ließ ihr keine Ruhe, bis sie sich Klarheit über ihre frühere und jetzige Existenz verschafft hatte.

Wie bereits erwähnt, spielte neben der damaligen Mariarh auch sie eine Rolle im Leben des Lucius von Kyrene, der in Palästina für einige Zeit ihr Gefährte war.

Im Wechselspiel des ziemlich spontan verlaufenden Readings fragte sie den schlafenden Cayce: »Bin ich in meinem gegenwärtigen Leben dem Vater meines damaligen Sohnes Pebilus begegnet, oder habe ich sogar engere Kontakte zu ihm? Und wie heißt er heute?«

Ohne mit der Wimper zu zucken, nannte Cayce seinen Namen aus der gemeinsamen Vergangenheit und sagte verschmitzt: »Ja, es war Lucius.« Damit war schlagartig enthüllt, was die beiden miteinander verband.

Ich wußte immer noch nicht, was ich von alldem zu halten hatte, und verfügte über keinerlei Mittel, um den Wahrheitsgehalt des Gesagten zu überprüfen. Ich mußte mich mit dem Argument begnügen, daß Cayce, soweit seine Aussagen sich an der Wirklichkeit überprüfen ließen, immer im Recht war. Weshalb sollte er sich über weit zurückliegende Dinge und Ereignisse irren, die mangels überlieferter Fakten historisch nicht mehr belegbar waren? Im Gegensatz zum Universum sind dem menschlichen Geist enge Grenzen gesetzt, und das war der entscheidende Punkt. Aber die Sache hatte noch einen weiteren Haken.

Warum tauchten all diese biblischen Gestalten wie Lucius, Mariarh oder Vesta, die unter ganz anderen Bedingungen im Heiligen Land gelebt hatten, so unvermittelt und unangemessen in einer materialistisch orientierten Nation wie der unsrigen auf? Dies war schwer einzusehen. Cayce sagte einmal, daß, wer die Frage zu stellen wüßte, die Antwort bereits in seinem Unbewußten hätte. Nach längerem Kopfzerbrechen wurde mir klar, daß mein Zweifel auf falschen Voraussetzungen beruhte. Denn in ihrem tiefsten Wesen waren die Amerikaner keine Materialisten. Amerika war unter der Fackel der Freiheit noch immer die Hoffnung für viele unterdrückte Menschen in anderen Ländern, ein spirituelles Zentrum der westlichen Zivilisation, die Heimat des New Age und der Verheißung von Unsterblichkeit und Edgar Cayce sein unvergängliches Symbol.

In diesem Land war das Wunderbare und Spirituelle etwas durchaus Alltägliches. »Je mehr sie ihre Spiritualität entwickeln, desto stärker erinnern sie sich ihrer Vergangenheit und können sie um so besser in Verbindung zur Gegenwart setzen«, sagte Cayce. Und so wurde die virginianische Vesta, indem sie sich ihres Partners Lucius von Kyrene erinnerte, zu einer tüchtigen Mitarbeiterin ihres jetzigen Zeitgenossen Edgar Cayce. Die Erinnerung, von der dieser gesprochen hatte, führte sie wieder in die Arme der Kirche zurück. Beide fühlten, wie hilfreich derartige Gedankenbrücken und die gemeinsame Vergangenheit in diesen Zeiten des spirituellen Aufbruchs war, die alle anderen Interessen als nebensächlich erscheinen ließen.

»Mein hochverehrter Freund«, schrieb die ehemalige Vesta dem ehemaligen Lucius, »ich habe diese Woche an nichts anderes als unser Gespräch vom Montag gedacht und doch keine Worte für all das gefunden, was seither in mir vorgegangen ist. Ich habe mir immer wieder all die Dinge durch den Kopf gehen lassen, die Sie mich gelehrt haben, und wie der tägliche Kontakt mit Ihnen und Ihre wundervollen Antworten auf meine quälenden Fragen mich zu ganz neuen Einsichten geführt haben. Ohne Sie hätte ich nicht mehr gewußt, wie es weitergeht. Ist es also ein Wunder, wenn mein Herz sich Ihnen auftut und ich mir nichts sehnlicher wünsche, als stets Ihre Dienerin zu sein?«

War dies ein vorauszusehendes Echo aus der fernen Vergangenheit, eine Prophezeiung, die erst in dieser Gegenwart ihre nachweisliche Erfüllung erfuhr?

»Ich habe das Gefühl, daß ich jetzt selbst damit anfangen muß, anderen zu helfen, so gut ich es kann. Ich könnte kleineren Kindern von all den Dingen erzählen, die ich bei Ihnen gelernt habe – was ich schon seit fast einem Jahr tun wollte, aber immer wieder aufgeschoben habe, weil ich glaubte, Ihnen durch meine Anwesenheit ein wenig nützlich zu sein.«

Und dann folgten ein paar Sätze, die sie ihm schon als Vesta in Laodikeia geschrieben haben könnte: »Sie können sich sicher vorstellen, was jetzt in mir vorgeht, und ich bitte Sie, mich in meinen neuen Aktivitäten zu bestärken und zu unterstützen, wenn ich nunmehr versuche, all Ihre Lektionen in die Praxis umzusetzen. Dank gemeinsamer Bemühungen um das gleiche Ziel könnte ich vielleicht eines Tages ein ebenso guter Lehrer sein wie Sie.«

Und indem sie ihm nochmals ihre Bereitschaft versicherte, machte sie sich daran, all ihre Energien »einzuspannen und zu dirigieren – und manchmal vielleicht auch bis an die Grenzen des Möglichen«.

Selbst in diesem Leben war sie der damaligen Vesta nicht unähnlich, die, nachdem sie das Gute und das Schlimme im Leben kennengelernt hatte, in den Dienst der jungen Kirche getreten war. Eine Frau aus Los Angeles, die einmal in späteren Jahren einen ihrer Vorträge über Edgar Cayce besucht hatte, drückte im Namen all der begeisterten Zuhörer ihre Empfindungen auf folgende Weise aus: »Wenn ich sie reden höre, überkommt mich ein Gefühl, als ob soeben all die Weihnachtsbäume auf dem Hollywood Boulevard erleuchtet worden wären.«

Aus fast allen Cayceschen Lebens-Readings läßt sich entnehmen, wie sehr sich Freud und Leid vergangener Existenzen auf ein gegenwärtiges Leben auszuwirken vermögen. Es gab ja nicht nur die Wiederkehr eines früheren Lucius, einer Mariarh oder Vesta, auch die Geschichte des einstigen Pebilus fand ihre Fortsetzung in dem gegenwärtigen spirituellen Sohn der New Yorkerin, deren Lehren einen großen Einfluß auf seine jetzige geistliche Laufbahn ausübten. Er fühlte sich von ihr wie von einer seit alters vertrauten Melodie angezogen und teilte sich ihr in zahlreichen Briefen ganz in der vertrauensvollen und dennoch bedächtigen Art eines leiblichen Sohnes oder langjährigen Schülers mit.
»Mein liebes Mütterchen«, so schrieb er, »Ihr bloßes Dasein ist für mich ein so großes Geschenk, daß es mir unmöglich erscheint, Ihnen je dafür meinen Dank auszudrücken, ganz abgesehen von all den wundersamen Dingen, die Sie für mich, für all die Kinder oder unsere Freunde bewirkt haben. Was für einen riesigen Gefallen Sie mir allein schon durch Ihre letzte Diskussion meines Buches und der darin enthaltenen Thesen getan haben! Und daß Sie tatsächlich unserer Einladung gefolgt sind! Gott gebe es, daß wir uns noch oft dieser seltsamen und doch so kostbaren Verbundenheit, die in so eigentümlichen Sprüngen erfolgt, erfreuen können.«
Selbst in einem leiblichen Mutter-Sohn-Verhältnis könnte ich mir kaum eine tiefere Innigkeit vorstellen. Es war nicht nur eine wechselseitige Liebe, die hier zum Ausdruck kam, es waren auch die Dinge, an denen sich ihre Liebe entzündete, die ihnen die Energie zweier sich erinnernder Seelen verlieh. Wo gibt es schon Mütter, die soviel Anerkennung von seiten eines Sohnes erfahren – zumal sich diese Verwandtschaft auf eine längst vergangene Zeit gründete?

»In Ihnen sind die alten Ideale noch tief verwurzelt, die dank der überströmenden Kraft Ihrer Liebe auch in allen anderen zu neuer Reife gelangen. Ihnen verdanke ich einige der tiefsten spirituellen Einsichten, wie sie mir sonst kaum zuteil würden. Vor allem gedenke ich eines Ihrer Aussprüche, der mir Ihr Antlitz wieder deutlich vor Augen führt: ›Was ist der Sinn deines Daseins?‹«

Pebilus war es auf wundersame Weise vergönnt, sich während der theologischen Unterweisungen an alle Einzelheiten der Kirchengeschichte zurückzuerinnern, und er wurde sich ihrer heutigen Lücken und Spekulationen um so bewußter, je lebendiger sein Gedächtnis vom Strom der tatsächlichen Ereignisse erfüllt war.

»Jedesmal wenn im Religionsunterricht das Neue Testament behandelt wird«, erzählte er, »brauche ich nur an ›meine Mutter‹ zu denken, die soviel mehr über die damaligen Zeiten weiß als mein hochgelehrter Professor. Dann stelle ich mir vor, daß sie auf dem Katheder stünde und so einige ihrer Bomben platzen ließe. Ich glaube, den Harvard-Professoren würde es die Sprache verschlagen. Neulich, als unser Professor auf die Hebräerbriefe des Neuen Testaments zu sprechen kam, hätte er gar zu gerne gewußt, wer ihr eigentlicher Verfasser sei, und ich mußte mich schwer bezähmen, um nicht laut auszurufen: ›Das war mein Freund Barnabas!‹

Sie können sich bestimmt vorstellen, was es heißt, mit Tausenden von Druckseiten voller Vermutungen und all den diversen Theorien der Bibelforscher konfrontiert zu sein und im Grunde der Seele genau über das wahre Verhältnis zwischen Jesus und den Essenern Bescheid zu wissen, während die anderen noch nicht einmal träumen, daß er der eine gewesen sein muß. Und mit der Kirchengeschichte geht es mir genauso wie mit dem Neuen Testament. Ist es nicht verrückt, daß die Menschen sich an so winzige Fragmente klammern, die sie wahllos in ihren Gehirnen speichern, und meinen, daß dies alles wäre, was man über die Vergangenheit wissen kann? Und während ich mir so meine Gedanken mache, ist der Raum um mich erfüllt von den Weisheiten der Akasha-Chronik[1], die mir die ganze, wunderbare Geschichte vor meinem inneren Auge neu entstehen lassen.«

Als der Professor eines Tages vor der Klasse verkündete: »Über die Kirche von Laodikeia wissen wir praktisch so gut wie nichts«, blieb dem ehemaligen Pebilus wiederum kaum etwas übrig, als sein Geheimnis für sich zu behalten. Allzu gut kannte er sie – die einzige Person –, die den Schülern alles darüber erzählen könnte. Und während er sich dem Ansturm immer neuer Visionen von Vesta und Lucius, Barnabas, Paulus und Silas kaum noch gewachsen fühlte, wäre ihm beinah der Schrei entschlüpft: »Zur Hölle mit all diesem Gerede!«, und am liebsten hätte er unter lautem Protest den Hörsaal verlassen.

Glücklicherweise bezwang er sich noch – anderenfalls hätte die moderne Kirche einen ihrer begabtesten Theologen verloren.

Ich fragte mich natürlich auch, wie Edgar Cayce selbst mit etlichen seiner Begegnungen aus früheren Lebenserfahrungen fertig wurde, sah er sich doch erneut mit der damaligen Mariarh und Vesta konfrontiert, und nicht nur das – sie gehörten bereits zu seinen engsten Vertrauten, die sich viel von seiner Weisheit und Inspirationskraft erhofften und in Cayces nunmehr unpersönlicher Liebe die so langersehnte emotionale Unterstützung gefunden hatten.

Schließlich trug ich Jeannette Thomas mein Anliegen vor,

---

1 Theosophische Bezeichnung des astralen Gedächtnisses, in dem alle Gedanken, Gefühle und Ereignisse seit Anbeginn der Welt bewahrt sind. Sensitive können in diese Dimension eintauchen und Eindrücke von vergangenen Zeiten erhalten. Anm. d. Ü.

was sie mir mit einem höchst merkwürdigen Lächeln quittierte.
»Hier habe ich etwas, das Ihnen weiterhelfen könnte«, sagte sie und holte einen der so unverzichtbar gewordenen Ordner aus dem Tresor heraus, wo er so sicher wie die Akasha-Chronik jedem Zugriff von Unbefugten entzogen war.
Beim Lesen geriet ich in immer größeres Erstaunen, denn ähnlich einem Drehbuchautor hatte Cayce sich eine Szene einfallen lassen, die auf einen manchmal recht übermütigen Propheten schließen ließ. Dieses ungewöhnliche, von Cayce inszenierte Treffen war von der gegenwärtigen Vesta zu einem Zeitpunkt protokolliert worden, als sie sich erstmals in der Lage sah, auf das schon längst verjährte Ereignis zurückzublicken. Dem zuweilen etwas spitzbübischen Cayce war dabei eingefallen, seine biblische Vergangenheit mit den zwei Frauen auf sehr praktikable Weise zu verifizieren, indem er seine einstige Mätresse Vesta mit der Frau zu konfrontieren gedachte, die zu jenen Zeiten als deren Nachfolgerin – nämlich als Geliebte des damaligen Lucius unter dem Namen Mariarh – aufgetreten war. Natürlich hatte Mrs. S. alias Mariarh nicht die geringste Ahnung von dem ganzen Komplott.
»Nachdem ich mein Lebens-Reading erhalten hatte«, erinnerte sich die ehemalige Vesta, »sagte mir Mr. Cayce, daß eine gewisse Mrs. S. aus New York nach Virginia Beach kommen würde und er sehr daran interessiert wäre, uns miteinander bekannt zu machen. Er sagte mir ferner, daß sie damals in Palästina seine Frau gewesen sei, doch stets unter der Vorgabe, daß auch wir beide als Eheleute zusammengelebt hatten. Zumindest war unsere Verbindung, der zwei Kinder entstammten, durch die ›römischen Heiratsriten‹ abgesegnet. Dann gab er mir zu erkennen, daß er dieser Frau noch nichts über meine frühere Identität verra-

ten hätte; demnach würde zwar ich wissen, wer sie gewesen sei, aber umgekehrt wäre dies nicht der Fall. Offensichtlich war Cayce an ihrer Reaktion auf die Enthüllung meiner Rolle in seinem früheren Leben als Lucius interessiert.«

Einen Moment lang kam mir der Gedanke, daß Vesta hiermit ein weiteres Mal vor der Frau erniedrigt würde, für die Lucius sich letzten Endes entschieden hatte.

Meine Gesprächspartnerin schien meine Befürchtung zu ahnen. »Es verwunderte mich«, sagte sie, »daß es ihm völlig gleichgültig war, wie ich reagieren würde.«

Dennoch wirkte sie sehr gefaßt, denn zweifellos hatte sie bereits eine feste Vorstellung davon, wie sie dieses Mal die Situation meistern würde. Das Blatt der Geschichte hatte sich inzwischen gewendet, denn die jetzige Vesta befand sich ja in der Rolle der jüngeren und offensichtlich klügeren Frau.

Die Handlung näherte sich ihrem Höhepunkt, als Cayce zusammen mit Gertrude, Gladys und der ehemaligen Vesta im gleichen Auto nun auch noch die New Yorkerin Mariarh aus ihrem Hotel in Virginia Beach abholten, um gemeinsam zu Cayces Bibelstunde zu fahren, die jeden Dienstagabend stattfand und diesmal seinem besonderen Sinn für Ironie dienen sollte.

Vesta befand sich auf dem Höhepunkt ihres Wohlgefühls. »Ich wußte zwar nicht, was mich wirklich erwartete«, sagte sie, »aber ich war sehr überrascht, wie sicher ich mich in meiner augenblicklichen Situation fühlte im Hinblick auf Mr. Cayce und die damalige Frau des Lucius.«

Während der Heimfahrt hatte sie in Anbetracht der überstandenen Herausforderung keinerlei Schwierigkeiten, sich Cayce gegenüber ganz ungezwungen zu geben, fast wie in alten Zeiten, und auch Gertrude und Gladys führten ein sehr munteres Gespräch, während Mariarh zunehmend

verdrießlicher wurde. Die Ergebnisse des Komplotts waren günstiger, als Vesta sich je erhofft hatte.
Ursprünglich wollte ihre Rivalin zwei Wochen in Virginia bleiben, um Abendklassen oder ehemalige Bekannte zu besuchen. Doch war sie dermaßen verärgert, daß sie bereits am folgenden Tag ihr Hotelzimmer kündigte und nach New York zurückfuhr.
»Ohne wirklich zu wissen, warum«, gab Vesta hinterher zu verstehen, »hatte meine Anwesenheit sie so durcheinandergebracht, daß ihr nichts anderes einfiel, als nach Hause zu fliehen.«
Etwas ernüchtert gab ich den Ordner an Jeannette zurück und sagte: »Von einer Diakonisse hätte man eigentlich etwas anderes erwartet.«
Sie pflichtete mir lächelnd bei. »Aber Sie wissen ja, wie Frauen sind. Sie können niemals vergessen.«

8. Kapitel

Der Glücksritter

Wie so viele andere hatte auch ich Edgar Cayce stets als einen vorbildlichen christlichen Gentleman betrachtet und aus dem Munde anderer vermittelt bekommen, daß er zwar leichte Unterhaltung wie Filme oder ein gelegentliches Konzert liebte, dennoch so sittenstreng oder gar prüde war wie einer, der keinen Tag vorbeigehen läßt, ohne seine Bibel zur Hand zu nehmen.

So war ich natürlich sehr überrascht, daß ich schon bei meinem ersten Besuch in der Cayce Foundation eines Besseren belehrt wurde und meine Meinung von einigen Verwalterinnen des Cayce-Zentrums, die ihn noch sehr gut gekannt hatten, ganz und gar nicht geteilt wurde.

Zwei oder drei von ihnen, denen man damals schon ihr fortgeschrittenes Alter ansah, winkten peinlich berührt ab, als ich die bewundernswerte Moral dieses Gottesmannes, der so lebte, wie er lehrte, hervorstreichen wollte.

»Was glauben Sie, auch Mr. Cayce hatte seine schwachen Augenblicke«, sagte eine der Frauen mit noch fast backfischhafter Heiterkeit. »Sie sollten wissen, mit Damen war er immer schnell bei der Hand.«

Die zwei anderen nickten und schauten sehr weise drein. »So war es nun mal«, pflichteten sie bei, »Mr. Cayce liebte die Frauen.«

Ich war völlig verblüfft, nicht nur von dem, was sie mir so unter der Hand berichteten, weit mehr noch von der Respektlosigkeit gegenüber ihrem ehemaligen und längst verschiedenen Guru, zu dessen Füßen sie jahrelang in andächtigem Gebet verharrt hatten.

»Ich begreife es immer noch nicht«, sagte ich schließlich zu Gladys Davis, einst die ergebene Sekretärin des Schlafenden Propheten, die mehr als zwanzig Jahre für ihn gearbeitet hatte und später zusammen mit seinen zwei Söhnen zur Vermächtnisnehmerin des Cayceschen Erbes bestimmt worden war.

Meine Verwirrung wurde nur noch größer, als sie plötzlich zu lachen begann. »Sie sprechen gerade von John Bainbridge«, erklärte sie mir mit einem vielsagenden Augenzwinkern, »kein Wunder, wenn Sie nun völlig im dunkeln tappen.«

»Und was hat das mit Edgar Cayce zu tun?« wollte ich wissen.

»Oh, eine ganze Menge«, sagte Gladys, »denn schließlich war er es, der in einem seiner sieben Leben diesen Namen trug. Aber Bainbridge war ein sehr nichtsnutziger Mensch, der nur an sein eigenes Vergnügen dachte.«

»Aber diese Damen erweckten soeben den Eindruck, als ob sie ihn näher gekannt hätten!«

»Warum denn nicht? Einige von ihnen waren sogar seine damaligen Favoritinnen!«

In meinem Kopf begann sich nun alles zu drehen. »Und an so etwas glauben sie?«

Gladys mußte nun Hände und Arme benutzen, um mir die Sache verständlicher zu machen. »Deshalb fühlten sie sich ja so sehr von Cayce angezogen – zum Teil natürlich ganz unbewußt –, um wieder mit ihm vereint zu sein.« Und dann fügte sie beschwichtigend hinzu: »Diesmal wohl eher auf einer spirituellen Ebene.«

»Doch eben klang es so, als ob sich Cayce noch unter den Lebenden befände.«

Erneut begann Gladys zu lachen. »Für sie ist er nicht tot. Und das macht die Sache so wundervoll. Ich möchte behaupten, daß keiner aus unserer Runde jemals wirklich

stirbt. Wir bewegen uns unmerklich weiter und warten, bis unsere Zeit gekommen ist. Irgend jemand sagte einmal, daß wir Menschen den Büchern gleichen. Sobald sie abgenutzt sind, bekommen sie eine neue Hülle und gelangen in neuer Auflage in den Kreislauf zurück. John Bainbridge ist für seine alten Freunde nicht minder real als Edgar Cayce, der große Mystiker des zwanzigsten Jahrhunderts.«
Meine Schwierigkeiten waren damit noch längst nicht behoben. »Wie können sie sich ihrer Sache so sicher sein?«
»Sie haben die Readings von Mr. Cayce, und darin sind alle Beziehungen zu ihm genauestens erklärt.«
Doch Edgar Cayce als Frauenheld, das wollte mir nicht in den Kopf. Er hatte von Treue gesprochen und der Unverletzbarkeit eines einmal abgelegten Gelübdes. Er war für eine hohe Moral eingetreten, die den Menschen eines Tages zum Gefährten Gottes erhob. Und so ein Mann sollte ein Lüstling gewesen sein? Mir fiel ein, daß er verheiratete Paare ständig ermahnt hatte, sich jeder außerehelichen Verlockung zu widersetzen, so groß auch immer die Lust auf einen anderen Partner sei.
»Der Mr. Cayce, den wir kannten«, erklärte Gladys, »war nicht der Mr. Cayce der Vergangenheit. Er wuchs allmählich in die Rolle eines spirituellen Führers hinein. Wie die meisten von uns kam er nicht als perfekter Mensch auf die Welt.
In seinen Readings über die eigene Person ist des öfteren von seinen Fehltritten die Rede – sowohl in Ägypten, dem Mittleren Osten und Troja und in noch früheren Existenzen.
Er wußte, daß dies einer der Gründe war, die sein letztes Dasein bewirkten, um endlich Herr über die Versuchungen der Vergangenheit zu werden und seine parapsychische Begabung im Verlauf des Prozesses zu vervollkommnen.«
Cayce war in seinen Readings mit sich selbst noch viel

kritischer umgegangen. Er hatte nicht nur den Abenteurer Bainbridge, sondern auch den Hohenpriester gegeißelt; die ägyptischen Erfahrungen schienen sich besonders nachteilig auf sein koloniales und sogar gegenwärtiges Leben ausgewirkt zu haben.

Wieder erkennen wir, wie die Wesenheit den Versuchungen des Fleisches erliegt, denn ›die Söhne Gottes warfen ihre Blicke auf die Menschentöchter, und sie waren schön und lieblich anzusehen‹.«

Schließlich war es die Bainbridge-Erfahrung, die sein Inneres so ausgehöhlt hatte, daß sie in seiner Seele den Entschluß reifen ließ, sich von den Schwächen des Fleisches in all den vergangenen Existenzen endgültig zu befreien.

»Und die fleischlichen Begierden führten in der Wesenheit zu destruktiven Erscheinungen. Und auf der gegenwärtigen Ebene zeigt sich noch immer derselbe Drang, der die Wesenheit zu überwältigen droht. Denn dieser natürliche Anspruch, dieses körperliche Verlangen nach den wohlbekannten Fleischtöpfen Ägyptens ist auch weiterhin vorhanden, und die Wesenheit bedarf all ihrer mentalen und spirituellen Kräfte, um ihre geistige Entwicklung voranzutreiben.«

Dieses Reading hatte sich Cayce selbst im Jahr 1925 gegeben, als er achtundvierzig Jahre alt war. Noch lange vor seinem Tod, der ihn zwanzig Jahre später ereilte, hatte er die entscheidendste Schlacht seines Lebens gewonnen.

Gladys wußte von all diesen inneren Kämpfen. Denn in der Zeit, nachdem er sie zu seiner Sekretärin gemacht hatte – so gestand sie im nachhinein –, gab es eine gefährliche Phase der gegenseitigen Annäherung, die ihre Wurzeln in der Vergangenheit hatte.

Meine Augenbrauen zogen sich für einen Moment bedrohlich zusammen. »In seiner Bainbridge-Vergangenheit?« fragte ich.

»Nein«, sagte Gladys, »mit dieser Erfahrung hatte ich nichts zu tun.«
Sie legte mir das Protokoll des Bainbridge-Readings vor. Auf einmal wurde mir klar, weshalb die Damen des A.R.E. so verschmitzt gelächelt hatten, denn eine von ihnen war die Geliebte des Bainbridge gewesen, mit welcher er die Stammesgebiete der Indianer bereist hatte und die mit ansehen mußte, wie Bainbridge auf der Flucht vor ihnen ums Leben kam.
Der Schlafende Prophet kommentierte diesen Vorfall folgendermaßen: »Diese Wesenheit [eine der Damen aus dem A.R.E.] war mit Bainbridge zusammen, als sie den Ohio-Fluß überquerten, und mit seiner Hilfe gelang der Wesenheit die Flucht. Er selbst aber kam dabei um.«
Gladys kicherte in sich hinein, als sie den Aktenordner in den Tresor zurücklegte.
»Was ist daran so spaßig?«
»Mr. Cayce war so unglaublich konsequent. Die Frau, mit der er das indianische Gebiet bereist hatte, war schon in biblischen Zeiten seine Gefährtin, als er noch der Lucius von Kyrene war. Sie fühlten sich noch viel später zueinander hingezogen und machten viele Dinge gemeinsam.« Plötzlich schüttelte Gladys ihren Kopf. »Nein, das erscheint mir doch zu poetisch. In Wirklichkeit hat es etwas mit ihrem Karma zu tun.«
Ich zerbrach mir fast den Kopf, um diese Frau irgendwo einordnen zu können. Ich wußte von einer Vesta und von einer Mariarh. Es mußte also noch eine dritte Frau gegeben haben.
»Nein, nein ...«, sagte Gladys, »es handelte sich tatsächlich um Vesta. Und was Lucius ihr einst angetan hatte, machte er als Bainbridge wieder gut, indem er sein Leben hingab, um das ihre zu retten.«
Bainbridge, ein Tunichtgut, ein Herumstreicher und

Glücksritter, war völlig vernarrt in diese Dame, die seine Liebe erwiderte. »So also erkennen wir die Wesenheit mit ihrer Gefährtin, und im Alter von siebzehn Jahren begann sie [Bainbridge] dieses Leben als Entertainer, als jemand, der dazu beitrug, den Leuten das Geld aus der Tasche zu ziehen und Durchreisende an den Spieltisch und zum Trinken zu bringen.«

»Er hatte viele Leben«, sagte Gladys, »in Ägypten, im Mittleren Osten und in Troja, und überall hatte er Beziehungen zu Frauen. Aber keine war so offen wie die in Virginia, wo er ein Kundschafter der Kolonialstreitkräfte war.« Hier entrang sich meiner Gesprächspartnerin ein hörbarer Seufzer. »Doch die Damen«, fuhr sie dann fort, »von denen wir eben noch sprachen, waren eher an seiner Affäre mit der indianischen Häuptlingstochter interessiert, die er liebte, aber bald wieder fallenließ und auch noch ausraubte, was natürlich ihr Vertrauen zum weißen Mann unwiederbringlich erschütterte. Diese üble Tat hatte nachhaltige Auswirkungen auf sein späteres Leben als Edgar Cayce. Als solcher führte er seine ständige Armut und finanziellen Schwierigkeiten stets auf sein Versagen als Bainbridge zurück, dem jedes Mittel recht war, um an Geld zu gelangen.«

Als ehemaliger Reporter fiel es mir immer noch schwer, Dinge zu akzeptieren, für die es keine Beweise gab. Dies betraf vor allem die Reinkarnation. Mir erschien sie schlechthin als das Produkt eines Wunschdenkens. Die Menschen möchten nur allzugern wahrhaben, daß das Leben mehr sei als die begrenzte Zeitspanne auf diesem Planeten – viel zu kurz, um es voll auszuschöpfen. Hugh Lynn Cayce, der nach dem Tod seines Vaters die Leitung der A.R.E. übernommen hatte, ließ sich von meiner Skepsis wenig beeindrucken, im Gegenteil, in einer persönlichen Notiz, die er ans Schwarze Brett des Instituts heftete, wies er seine Mitarbeiterinnen an, mich mit ihren Bekehrungsversuchen zu verschonen.

»Er wird schon dahinterkommen, wenn die Zeit dafür reif ist« war sein einziger Kommentar.

Ich hatte erhebliche Zweifel, zumindest in den damaligen Jahren; dennoch faszinierte mich der Charakter des Grenzgängers Bainbridge, der sich in so krassem Widerspruch zu allem befand, was der Mystiker Cayce verkörperte.

Gladys war längst mit dieser Story vertraut und betrachtete sie als eine Anomalie innerhalb der verschiedenen Existenzen eines Mannes, dessen Leben so ausschließlich von christlicher Ethik geprägt war. Dieses Argument leuchtete auch mir ein.

Im Unbewußten hatte Cayce keinerlei Skrupel, sich mit den schwachen Punkten seiner Bainbridge-Vergangenheit auseinanderzusetzen. »Der Körper der Wesenheit [Bainbridge] war unter zwei Namen bekannt [John und Bainbridge]; während jener Erdenphase war er nie verheiratet, obgleich er etliche Eskapaden vollführte, die stets etwas mit dem anderen Geschlecht zu tun hatten.«

John Bainbridge war ein in England beheimateter Angehöriger der britischen Kolonialstreitkräfte, dessen Spuren sich von Kanada bis nach Virginia verfolgen lassen. In diesem Staat wurde er schließlich zum Umherstreicher und Abenteurer – in einem Ausmaß, daß »viele Menschen noch hinterher darunter zu leiden hatten«. Für eine Weile schloß er sich dort den indianischen Pelzjägern an, bis er einem Überfall von Indianern mit knapper Not entweichen konnte. Danach diente er als Kundschafter in den britischen Kolonialstreitkräften zur Eroberung neuer Landstriche und landete schließlich in einem der Forts an den Großen Seen, wo er in schwere Auseinandersetzungen mit den Rothäuten verwickelt wurde. Obwohl seine Spuren im Grenzland von gebrochenen Herzen gekennzeichnet waren, bewies er außer Tapferkeit zuweilen auch menschliche Güte. So teilte er bei einer Überquerung des Ohio-Flusses bei Shelby, Kentucky, sein letztes Stück Brot mit einem hungrigen Jungen, während die Indianer ihm schon auf den Fersen waren und bald darauf sein Boot entern konnten.

Gladys nahm mein Erstaunen lächelnd zur Kenntnis: »Mr. Cayce wußte oft selbst nicht, was er von Bainbridges gelegentlichem Edelmut zu halten hatte, der so gar nicht zu seinem Charakter paßte. Doch eines Tages hatte er in einem Friseurladen von Virginia Beach ein merkwürdiges Erlebnis. Während er sich die Haare schneiden ließ, fiel ihm der dreijährige Junge des Ladeninhabers auf, der neben ihm auf dem Fußboden spielte und ab und zu an einem Stück Kuchen in seiner Hand knabberte. Plötzlich stand der Kleine auf, schaute ihn unverwandt an und sagte: ›Ich kenne dich doch‹ und bot ihm den Kuchen an.

Sein Vater meinte: ›Wie kannst du so etwas sagen, du hast Mr. Cayce noch niemals gesehen!‹

Der Junge blieb hartnäckig. ›Doch‹, sagte er, ›wir waren schon mal zusammen, im Boot, auf dem Fluß. Und wir waren beide so hungrig.‹«

In Anbetracht seines Alters könnte man dieses Verhalten als reichlich frühreif bezeichnen, doch Gladys erblickte darin einen Hinweis, daß die Erfahrung ihn vorzeitig älter gemacht hatte.

Als der Junge herangewachsen war, erinnerte er sich an ein Gespräch seiner Eltern, das diesen Vorfall betraf. Die Friseurfamilie war von Akron in der Nähe des Ohio-Flusses nach Virginia Beach umgezogen, und die geographische Nähe zu seiner früheren Existenz war somit gegeben, auch wenn dieser äußere Umstand noch nichts über einen tatsächlichen Zusammenhang auszusagen vermochte; der Junge könnte, wie Gladys bemerkte, ebensogut in Ägypten wiedergeboren worden sein, falls dies seinem Karma dienlicher war.

Später gehörte er zu einer Pfadfindergruppe, die von Hugh Lynn geleitet wurde. Für Edgar Cayce war dieses Zusammentreffen eine amüsante Bestätigung seines Bainbridge-Readings. Er bedauerte jedoch, daß es ihm nicht vergönnt war, dem Jungen ein Reading zu geben, was ihm möglicherweise noch weitere Einblicke in seine koloniale Vergangenheit verschafft hätte.

Zu dieser Zeit um 1930 konnte man den sonst so sanften und zurückhaltenden Mann zuweilen lamentieren hören: »Wie gerne hätte ich doch ein Lebens-Reading mit dem Jungen gemacht, aber ich wußte nicht, wie ich das seinen Eltern hätte klarmachen können.«

In der Regel, so erfuhr ich von Gladys, gab Cayce seine Readings nur auf besonderen Wunsch seiner Klienten. Eine Ausnahme bildeten allein seine engeren Freunde oder Verwandten.

Diese kleine Geschichte rund um den Jungen, selbst wenn sie in sich keinen schlüssigen Beweis für Reinkarnation enthielt, warf dennoch die Frage auf, ob es in der Tat purer Zufall gewesen sein konnte, der die Friseurfamilie von Ohio nach Virginia Beach gebracht hatte.

Die Bainbridge-Episode gab mir immer noch Rätsel auf. Was könnte Cayce aus dieser Erfahrung gewonnen haben – außer der lebhaften Anteilnahme einiger Frauen seiner A.R.E.-Gruppen? Und warum dieses plötzliche Abgleiten nach so glorreichen Tagen in Atlantis, Ägypten, dem Mittleren Osten, ja sogar Troja? Cayce selbst erkannte jedoch die reinigende Kraft, die gerade im Aufbrechen all der schwärenden Wunden aus den vergeblichen Kämpfen gegen seine weltlichen Begierden während all der vergangenen Lebenszeiten lag: »Einer [sein früheres Selbst], der sich großen Gewinn im Bereich oder Umkreis intrigenreicher, geheimer Liebesaffären verspricht ... Einer, der sich Bedingungen aussetzt, die mit Herzensangelegenheiten und auch solchen, die mit Sexualität zu tun haben ... Einer, der [im weiteren Verlauf] seine größere Stärke in spirituellen Dingen und ihrer Entwicklung erkennt ... Einer, der auf der gegenwärtigen Ebene bestrebt ist, den Mächten des Parapsychischen und Okkulten zum Ausdruck zu verhelfen ... Einer, der durch solche Offenbarungen kraft persönlicher Anstrengungen den Massen und der großen Menge Freude, Frieden und Seelenruhe beschert.«

Während seiner späteren Lebensjahre verringerten sich in zunehmendem Maße seine Selbstzweifel und gleichzeitig seine sexuellen Anfechtungen. Aufgrund der Tatsache, daß er seinem John-Bainbridge-Ego seltsamerweise »zwei Namen« verlieh, waren einige seiner Freunde zunächst der Meinung, es handele sich um zwei verschiedene Inkarnationen innerhalb seiner kolonialen Vergangenheit. Aber wie Gladys Davis und ihre Nachfolgerin Jeannette Thomas bald herausfanden, hatte Cayce diese Aufspaltung allein deshalb vorgenommen, weil er in all seinen früheren Existenzen nie über einen Doppelnamen verfügt hatte. In Atlantis hieß er schlichtweg Asule, in Persien oder Arabien Uhjltd, in Troja Xenon und in Ägypten Ra-Ta. Es gab auch noch andere Auffassungen, nach welchen Bainbridge einmal im siebzehnten und ein andermal im achtzehnten Jahrhundert gelebt haben sollte. Aber Cayce hatte all diese Unklarheiten selbst bereinigt, indem er anhand einer Traumanalyse vom Oktober 1925 seine einmalige Ankunft in Amerika – genauer gesagt, in der Nähe des heutigen Jamestown, Virginia – auf das Jahr 1625 festlegte.

»Wir erkennen, daß auf Tag und Stunde genau dreihundert Jahre verstrichen sind, seit die Wesenheit in jener als Erde bekannten zeitlichen und räumlichen Ebene angekommen ist.«

Im großen ganzen betrachtet, gab es in den A.R.E.-Akten nur wenige spärliche Informationen über das Leben des John Bainbridge. Wie schon des öfteren, war Anne Gray Holbein wieder einmal die geeignete Person, um Cayces damaliges Erscheinungsbild durch ihre gleichzeitige historische Anwesenheit abzurunden. Als Reporter war ich streng darauf bedacht, beweiskräftige Bindeglieder in Gestalt einer unabhängigen, aber gutinformierten Person, die sich eher am Rand des Geschehens befindet, zu haben. In bezug auf Bainbridge hatte Anne genau diese Position in seinem Leben eingenommen und wußte genug, um ein wenig Licht auf jene Faktoren zu werfen, die so entscheidend zur Formung der Gegenwart des Schlafenden Propheten beigetragen hatten.

In ihren Rückführungen hatte sie sich sehr klar und einleuchtend geäußert. Ihre Darstellungsweise war zuweilen von einer Faszination, wie ich sie nur selten in Poesie oder Wirklichkeit erlebt hatte. Aufgrund ihrer weiblichen Fähigkeiten entsprach sie genau dem Ideal einer Zeitzeugin, wie ich es mir nicht besser hätte erträumen können. Frauen, so scheint mir, verfügen über eine höhere Sensitivität und Intuition und erweisen sich durchaus als die besseren Hüter jenes besonderen sechsten Sinnes, ohne auch nur zu fragen, was andere darüber denken. Allerdings gab es noch einige ungeklärte Aussagen in ihrem Lebens-Reading. So hatte Cayce ihr zum Beispiel den Namen »Mary Bainbridge« in jener kolonialen Vergangenheit zugedacht und keinerlei Hinweis zu dessen Zustandekommen gegeben.

»Auch mir kam es seltsam vor«, sagte Anne, die sich inzwischen zu einer weiteren Rückführung bereit erklärt hatte, »und ich frage mich oft, weshalb Mr. Cayce sich niemals über meine damaligen Eltern geäußert hat, obwohl er einfließen ließ, daß ich einigen der berühmtesten Familien des historischen Virginia – unter anderem den Custices, den

Lees, den Randolphs und so fort – sehr nahe gestanden hätte.«
Schließlich, so sagte ich mir, war dies nur ein geringer Teil all der Ungereimtheiten, solange sie sich nicht auf einen rationaleren Nenner bringen ließen, der Ursache und Wirkung miteinander verband. Eine ähnliche Ungereimtheit hatte es schon in Annes trojanischer Vergangenheit gegeben, wo sie allem Anschein nach ihr eigenes Volk verriet, was, wie wir später erfuhren, sich ganz anders verhalten hatte, da sie, die damalige Garcia, gar keine Trojanerin war. Von all den verschiedenen Lebenserfahrungen, auf die Cayce bereits zurückblicken konnte, war seine Bainbridge-Vergangenheit von zweifellos größtem Einfluß auf seine letzte Erdenzeit. Cayce war es auch, der Annes Kindheit von Anfang an als »Daddy Cayce« dominierte. Er war es, dem sie sich – weit mehr als den leiblichen Eltern oder dem Ehegatten in Zeiten der Krise – vertrauensvoll zugewandt hatte. Er war der erste, der von ihrer bevorstehenden Heirat erfuhr, und an seinem Segen war ihr sehr viel gelegen. Er hatte ihr kurz nach der Hochzeit, als sie an Lungenblutungen litt, das Leben gerettet, indem er ihr in einem Gesundheits-Reading die Inhalation von Apfelschnapsdämpfen empfahl.
Nun brannte sie förmlich darauf, mehr über ihre Herkunft als einstige Mary Bainbridge zu erfahren. Sie hatte keinerlei Schwierigkeiten, sich unter meiner Hypnose in ihrem früheren Leben zurechtzufinden. Als sie zu sprechen begann, war sie sich ihrer realen Umgebung und ihrer eigenen Worte noch völlig bewußt, zur gleichen Zeit war es ihr möglich, sich ganz ihrem Unbewußten zu überlassen. Mit diesem unerschöpflichen Speicher der Erinnerungen hat es etwas Besonderes auf sich: Er scheint so unverwüstlich zu sein wie die aus der ältesten Vergangenheit überkommenen Instinkte der Menschheit.

»Ich möchte, daß du deine Antworten weder überdenkst noch interpretierst«, wies ich sie an, während sie sich in meiner Wohnung in Virginia Beach auf der Couch ausgestreckt hatte und ihr Bewußtsein sich mehr und mehr in vergangene Zeiten zurückzog.

Es dauerte nicht lange, bis sie sich in das Kind Mary Bainbridge zurückzuverwandeln begann. Ihre Stimme wurde jetzt leise und stockend, fast so, als ob sie Angst hätte, sich mit ihrem früheren Selbst bekannt zu machen. Sie befand sich nun im Virginia des siebzehnten Jahrhunderts, als die Engländer noch das Land regierten. Sie war wieder das uneheliche Kind einer Prostituierten, die kurz nach der Entbindung starb, nicht ohne ihm vorher den Namen Mary gegeben zu haben.

So ganz ohne Familie und Anhang wurde sie der Pflegschaft der Krone unterstellt und mußte schon im frühen Alter von acht Jahren als vertraglich gebundene Hilfskraft arbeiten. Mit dreizehn wurde sie von einer anonymen Person, die offensichtlich das nötige Geld aufbrachte, aus der königlichen Leibeigenschaft freigekauft. Die gleiche Person besorgte ihr kurz darauf eine Stelle als Kellnerin in einer kleinen Schenke in Jamestown, Virginia, in deren erster Etage die Dirnen ihrem Gewerbe nachgingen.

»Das zweideutige Geblinzel der Kunden ließ mich bald erkennen, wer mein heimlicher Gönner war.« Es handelte sich um einen Mann um die Vierzig mit falkenhaften Gesichtszügen, eine Art Glücksritter, der sich John nannte und den gleichen Nachnamen hatte wie sie. Schon bevor sie ihn kennenlernte, waren ihr allerlei zwielichtige Geschichten über ihn zu Ohren gekommen, doch irgendwie erblickte sie in ihm ihren Beschützer, und selbst die Leute des Gasthauses erwiesen ihr aus unerfindlichen Gründen einen gewissen Respekt. »Ich hatte mein eigenes Zimmer im Rückteil des Gebäudes und brauchte nie in die erste

Etage zu gehen. Die Damen hielten sich fast ständig in der Gaststube auf, wo sie die männlichen Besucher zum Trinken animierten. Ich konnte mich über sie nicht beklagen und erfuhr ziemlich bald, daß meine Mutter eine von ihnen gewesen war. Über meinen Vater sprachen sie nie; mir schien es manchmal, als ob sie sich fürchteten, auch nur seinen Namen zu erwähnen.«
»Hattest du irgendeinen Hinweis, wer es gewesen sein könnte?«
»Ich war mir da nicht so sicher. Es gab ja eine ganze Menge von Bainbridges in dieser Gegend.«
Das war auch mir inzwischen klargeworden. »Hat dich das verwundert?«
»Manchmal, ein wenig. Aber ich war viel zu beschäftigt, und außerdem brachte mir die Köchin das Lesen bei. Da hatte ich gar keine Zeit, an etwas anderes zu denken.«
Annes Betragen war so natürlich und ihr Bericht so spannend, daß ich ganz begierig auf jede weitere Enthüllung wurde.
»Einer der Männer fiel mir besonders auf«, fuhr sie fort, »weil die anderen ihn für gewöhnlich links liegenließen. Meist saß er in seiner Ecke, und ich sah, wie er aufpaßte, daß sich mir keiner auf ungebührliche Weise näherte. Eines Tages sprach er mich unmittelbar an. Er sagte, ich sollte mich nicht allzusehr mit den Damen aus der ersten Etage abgeben. Dabei hatte ich das Gefühl, daß er sie ganz genau kannte. Zuweilen wurde er wegen der vielen Bainbridges in unserer Region von den männlichen Kunden gehänselt. Er lachte darüber und forderte sie auf, es mal mit ihm zu ›probieren‹. Aber sein Lachen war von der Art, daß es die Männer verstummen ließ.«
»Mit ihm probieren ...?« Ich wußte nicht, was Anne damit sagen wollte.
»Eben weil er irgendwie besser war als sie, gab es keinen

Grund, ihn lächerlich zu machen. Aber sie ließen ihn bald wieder in Ruhe. Jeder wußte um seine Erregbarkeit. Und er würde sich auch von keinem etwas gefallen lassen. Er war ein typischer Sonderling, mit dem man sich am besten gar nicht erst anlegte.«

Anne sprach jetzt völlig klar und ohne zu stocken. Sie schien die ganze Vergangenheit noch einmal an sich vorbeiziehen zu lassen, doch in ihrer Stimme schwang deutlich eine eigentümliche Traurigkeit mit, die auf einen sehr einsamen und freudlosen Gemütszustand zurückschließen ließ.

»Ist dir nie in den Sinn gekommen, daß John Bainbridge mit dir verwandt sein könnte, da er den gleichen Namen hatte?«

»Nicht schon zu jener Zeit. Außerdem gab es eine ganze Reihe von Bainbridges meiner Altersstufe, und abgesehen von den Damen des Hauses erfuhr ich von überall her, daß ich weder Mutter noch Vater hatte.«

»War er wie Ra-Ta ein Vater vieler Kinder?«

Anne zuckte nur mit den Achseln. »Das interessierte mich nicht.«

»Wie oft hat er mit dir gesprochen?«

»Nur wenn wir ganz unter uns waren. Dann bat er mich, es ihm zu erzählen, falls mich jemand mißhandelte oder anzumachen versuchte. Manchmal brachte er mir Holzschnitzereien von seinen Besuchen bei den Indianern mit oder Goldmünzen – wie an meinem Geburtstag. Jedenfalls wußte er, wann ich geboren war. Oft fragte er mich auch, ob ich Probleme hätte.«

»Und was hast du ihm geantwortet?«

Doch dazu konnte mir Anne nichts sagen. »Ich habe nur gearbeitet, gegessen und geschlafen. Etwas anderes kannte ich nicht und habe auch nichts anderes erwartet.«

Als sie vierzehn Jahre alt war, brannte die Schenke nieder,

und Bainbridge verschaffte ihr eine neue Stelle in der Nähe von Williamsburg, ebenfalls in Virginia.

»Er erinnerte sich an Freunde, bei denen ich einen besseren Arbeitsplatz finden würde. Ich brauchte nicht mehr in der Kneipe arbeiten wie zuvor. Er wollte das ohnehin nicht, damit mir nichts zustoßen würde.«

»Was meinte er damit?«

»Er dachte an das Dirnenmilieu in der Schenke und daß ich mich da heraushalten müßte. Die Leute in Williamsburg hatten ein viel schöneres Haus, und ich konnte dort als Zimmermädchen arbeiten. Nur wenn viele Gäste da waren, mußte ich unten im Restaurant aushelfen. Bainbridge versprach mir, daß ich es dort gut haben würde; und in gewisser Weise stimmte das auch, soweit man einem Dienstmädchen überhaupt Aufmerksamkeit erweist.«

»Und wie hießen die Leute?«

»Randolph.« Dieser Name war in Virginia und Williamsburg ziemlich bekannt.

»Bainbridge hatte demnach recht gute Beziehungen«, sagte ich.

»O ja, er kannte eine ganze Menge Leute, und sie schienen ihn auch zu respektieren. Andererseits war es ihnen bestimmt nicht sehr angenehm, seine Gesellschaft in Kauf nehmen zu müssen.«

Ich vermutete, daß die Randolphs mit den Jeffersons verwandt waren.

»Ich kann mich an keine Jeffersons erinnern«, sagte Anne, »aber es gab ein paar Leute mit dem spaßigen Namen Custis.«

Die Custis, so überlegte ich, waren doch irgendwie mit George Washington verwandt. Bainbridge mußte sich bei ihnen durch etwas verdient gemacht haben.

»Er war keiner von ihnen und tauchte auch nur gelegentlich auf, wahrscheinlich weil er mich ab und zu sehen wollte. Er kam und verschwand wieder auf mysteriöse Weise.« Anne hatte erfahren, daß er sich häufig bei den Indianern aufhielt und dort seinen Einfluß geltend machte, um sie von Angriffen abzuhalten.

»Meinst du, die Aristokraten könnten ihn für ihre Zwecke benutzt haben?«

»Vielleicht auch umgekehrt.«

Anne Gray Holbein war eine ziemlich kluge Frau, die sich nicht so leicht von den Reichen und Mächtigen beeindrucken ließ. Mich amüsierte auch hier ihre selbstbewußte Reaktion auf die Welt der feinen Leute mit ihren plantagenartigen Besitztümern, eine Gesellschaft, die bereits im Begriff war, die Revolution gegen das europäische Mutterland auszurufen.

»Ich hörte sie oft voller Stolz über den wachsenden Einfluß ihrer Kolonialstaaten reden und über den englischen König, der ihnen ein Dorn im Auge war. Sie gebrauchten Worte, von denen ich nichts verstand. Dennoch fand ich es aufregend, wie sie sich über die Zustände empörten und dabei auf den Tisch schlugen und die Maßnahmen der Regierung beschimpften.«

Neben solchen kleineren Ablenkungen gab es nichts, was den unsäglichen Trott ihres Alltags als Dienstmädchen erheitern konnte – so ganz im Widerspruch zu dem Wunschdenken jener Tage, wonach jeder die Chance hätte, reich und berühmt zu werden. Für Mary traf das nicht zu. Der Husten, der sie schon länger geplagt hatte, sollte bald ihr Schicksal besiegeln.

»Kannst du dich an deine Krankheit erinnern?« fragte ich Anne.

»Ich bekam einen schlimmen Husten und konnte ihn nicht mehr loswerden.«

»Hast du draußen arbeiten müssen, im Regen oder in der Kälte?«

»Manchmal schickten sie mich in den Gemüsekeller, wenn sonst niemand zur Hand war. Dort war das Gemüse gelagert, damit es frisch blieb.«
»War der Keller sehr feucht?«
Ein Zittern verbreitete sich über Annes Körper, als ob sie plötzlich um dreihundert Jahre in jenen naßkalten Raum zurückversetzt wäre.
»Ja, er war feucht«, sagte sie. Aber ihre Stimme war frei von jeglicher Anklage.
»Hast du über längere Zeit dort arbeiten müssen?«
»Manchmal einen ganzen Vormittag lang, wenn viele Gäste zu versorgen waren. Dann mußte ich das Gemüse im Keller putzen, damit die Köchin es weiterverarbeiten konnte.« Annes Augenbrauen zogen sich zusammen; sie gab sich offensichtlich Mühe, mich über eine wichtige Angelegenheit exakt zu informieren.
»Es war nicht dieselbe Köchin wie damals in Jamestown. Die Randolphs hatten sie eingestellt. Sie hieß Agnes oder Agatha, eins von beiden. Jedenfalls wurde sie Aggie genannt. Sie war sehr gut zu mir.«
»Wie lange hat dieser schreckliche Husten gedauert?«
»Etwa zwei Jahre.«
Ich stellte mir vor, wie dieses ungewünschte Kind, das inzwischen noch dünner und zerbrechlicher geworden war, sich schier die Seele aus dem Leib hustete und niemand außer der Köchin an ihr Krankenlager kam, das sie nun nicht mehr verlassen konnte.
»Haben die Randolphs wenigstens einen Arzt herbeigeholt?«
Anne schüttelte den Kopf.
»Sie haben John Bainbridge Bescheid gesagt, und ich war so froh, ihn wiederzusehen. Er drückte mir die Hand und versprach mir, daß alles wieder gut werden, daß ich richtig gepflegt und Gottes Segen erhalten würde.« Ich konnte

einen schmerzlichen Seufzer vernehmen, die Erinnerung an diese leidvolle Zeit schien sich ihrer noch einmal zu bemächtigen, so daß ihr beinah die Stimme versagte. »Es tat so weh, wenn ich husten mußte. Man sagte mir, daß es die Lungen wären.«

Bainbridge verweilte nur kurz bei ihr, doch seine Worte hatten ihr klargemacht, daß es mit ihr zu Ende ging. Dann hatte sie noch einen weiteren Besucher, einen finster dreinblickenden Mann mit einer schwarzen Tasche, der nur dieses eine Mal bei ihr vorsprach. Unter Kopfschütteln erklärte er den anwesenden Dienern, die sich zuweilen nach Mary umsahen: »Macht es ihr so angenehm wie möglich. Mehr ist da nicht zu machen.«

Da wußte Mary, wie es um sie bestellt war. Aber es ängstigte sie nicht. Sie konnte ja nicht einmal aufrecht sitzen, selbst wenn man ihr Kissen hinter den Rücken schob.

»Ich bestand nur noch aus Haut und Knochen, und meine Lippen, meine Nägel und alles an mir war blutlos und bleich.«

Mir erschien dies so wirklichkeitsnah und lebendig, daß ich glaubte, ich hätte statt Anne Gray Holbein die arme, kleine Mary, das ungewünschte Kind, vor mir, deren letztes Bindeglied zu dieser Welt ein Herumtreiber namens John Bainbridge war.

»Hattest du Angst vorm Sterben?« fragte ich sie.

»Eigentlich nicht. Mein Leben war so freudlos gewesen, ein ständiger Kampf, so weit ich zurückdenken konnte. Und Mr. Bainbridge hatte mir ja gesagt, daß ich mich vor dem Tod nicht zu fürchten brauche, daß er ein sanfter Übergang in ein anderes Leben sei. Und irgendwie sehnte ich mich danach.«

Ein Ausdruck von Gefaßtheit und innerem Frieden breitete sich über die Gesichtszüge der Zurückgeführten aus. Ich selbst war zutiefst bewegt und konnte von ihrer Miene

ablesen, daß nun alle Schmerzen und Qualen überstanden waren. Doch ihre Seele hatte überlebt, war aus dem Körper entwichen und hatte, wie meine Klientin berichtete, sogar noch dem Begräbnis ihrer sterblichen Hülle beigewohnt.
»Die Köchin beugte sich weinend über mich und schrie: ›Sie ist tot, sie hat uns verlassen.‹ Vergeblich versuchte ich, sie zu trösten, denn ich befand mich noch immer am gleichen Ort. Zum erstenmal seit vielen Wochen konnte ich wieder stehen, aber sie nahm mich nicht wahr. Dann brachten sie eine Kiste herein, die sie auf der Plantage zusammengezimmert hatten. Niemand konnte mich sehen, obwohl ich noch immer da war und ihnen zuschaute.«
Die Schilderung ihres eigenen Todes war so wirklichkeitsnah, daß ich mich plötzlich verleitet fühlte zu fragen: »Wurdest du denn auch gewaschen oder gebadet?«
Ihre Stimme schien wieder gefestigt zu sein, als sie mir antwortete. Offensichtlich hatte die Dahingeschiedene, nunmehr frei von ihrem zerbrechlichen und nutzlos gewordenen Körper, neue Kraft für eine hellere, zukünftige Welt gesammelt.
»Ja, sie rieben meinen Körper ab. Sie hatten warmes Wasser herbeigeschafft, was mir höchst seltsam vorkam, da ich doch wußte, daß sie soviel gar nicht brauchten und das Wasser immer kälter und kälter wurde. Dann zogen sie mir ein langes Nachtgewand an und legten mich in die Kiste. Einige Farmarbeiter, die sie eigens herbeigerufen hatten, fingen an, eine Grube auszuheben, in die sie dann die Kiste versenkten.«
Beim Begräbnis inszenierten sie, wie Anne sich erinnerte, eine Art Ritual: »Irgend jemand, den ich nicht kannte, sprach ein paar Worte über Jesus und Gott. Er trug den hinteren Teil seines Hemdkragens vorne, es sah wirklich komisch aus.« Ich hörte, wie Anne in sich hineinkicherte.
»Dann folgte der Satz: ›Staub bist du, und Staub sollst du

wieder werden‹ oder so ähnlich. Ich konnte damit gar nichts anfangen, denn über mir war ein strahlendes Licht, dem ich mich zuwandte, und auf einmal entfernte ich mich immer weiter von ihnen.«

Auch für mich war das alles ganz unbegreiflich, dennoch mußte ich zugeben, daß dies die Stimme der unglücklichen kleinen Mary war, die sich dem Unbewußten einer siebzigjährigen schlafenden Frau entrang und noch einmal das Abenteuer eines vorzeitigen Todes schilderte.

»Was war das für ein Gefühl, das eigene Begräbnis mitzuerleben?« fragte ich.

Und Anne sagte: »Ich habe ständig versucht, den Trauernden klarzumachen, daß sie es nur mit meiner sterblichen Hülle zu tun hatten, aus der ich längst entschlüpft war. Aber sie konnten mich ja nicht hören.«

Doch schon zu Lebzeiten hatte ihr keiner zugehört, weshalb also jetzt? Die Bilder, die Anne in mir wachrief, waren so überzeugend, daß ich mich nicht scheute, ihr noch ein paar weitere Fragen zu stellen.

»Hatte dein Geist sich bereits aus dem Körper entfernt, als die Leute noch an deinem Grab beteten?«

»Meine Hülle war so zerschlissen, daß ich sie nicht mehr gebrauchen konnte, und ich habe sie zurückgelassen, wie die Krabben an der Meeresküste es tun, jedenfalls hatte mir irgend jemand erzählt, daß sie aus ihren zerbrochenen Schalen herauskriechen. Und genauso habe ich es empfunden.«

»Und dein Erinnerungsvermögen?«

»Das hörte auf, sobald ich das strahlende Licht bemerkte, dem meine Seele sich zuwandte und das mich völlig aufsaugte, bis ich selbst ein Teil von ihm war. Es war ein herrliches Gefühl. Ich bestand nur noch aus Licht.«

In Marys kurzem und tragischem Leben war dies das erste und einzige Glücksgefühl. Und Cayce, sprich Bainbridge, hatte nach seiner Glücksrittererfahrung allen Grund, so vielen Menschen zu helfen, wie er es tatsächlich tat. Falls ihn sonst nichts dazu motivierte, war es zumindest jene Vergangenheit, die ihn nicht losließ, solange sein Unbewußtes sich ihrer erinnerte. In ihr hatte er seit dem ersten Erdenauftritt als Asule in Atlantis sein absolutes spirituelles Tief erreicht und wußte dennoch im verborgensten Winkel der Seele, daß er einst wieder im Licht des Herrn wandeln würde, der ihn geschaffen hatte; zuvor jedoch mußte er nochmals im Geiste zu seinen atlantischen Anfängen zurückkehren, um stärker und reiner als je zuvor wiederaufzuerstehen.

Teil II

Die ständigen Begleiter

9. Kapitel

Die Schwester des Meisters

Ich wußte nicht, was auf mich zukommen würde. In einem seiner Readings hatte Cayce die Tochter eines namhaften Großindustriellen aus Akron, Ohio, Irene Seiberling-Harrison, als ehemalige Schwester Jesu bezeichnet, deren gemeinsame Eltern in jenen aufregenden und glorreichen Zeiten um Christi Geburt somit das biblische Ehepaar Maria und Josef gewesen waren. Die einstige Ruth erschien mir, als ich sie kennenlernte, immer noch jene demütige und fromme Frau der biblischen Geschichte zu sein, ungeachtet ihrer vornehmen Erziehung und eines Elternhauses, in dem Präsidenten und Könige ein und aus gingen. Als sie Edgar Cayce vor mehr als einem halben Jahrhundert um ein erstes Lebens-Reading bat, war sie, die bescheidene protestantische Hausfrau, als die sie sich selbst verstand, bereits siebenundvierzig Jahre alt; gemessen an ihren nunmehr erstaunlichen achtundneunzig Lebensjahren, war sie damals allerdings noch jung. Nichts schien ihrer Anmut und Zierlichkeit, ihrer lebhaften und entgegenkommenden Freundlichkeit Abbruch getan zu haben. Aussehen und Stimme straften ihr Alter Lügen. Nicht im geringsten konnte man sie, die Alterslose, gebrechlich nennen. Selbst ihr blasses Gesicht verriet eine ungewöhnliche Frische, und ihre Augen blitzten vor Fröhlichkeit. Ihre Haare hatte sie gleich den Jüdinnen aus biblischen Zeiten zurückgekämmt, ihre Stimme war kräftig und ausdrucksvoll, ihr Gang sicher und ihre Haltung auch dann aufrecht, wenn sie in ihrem Lehnsessel saß.

Als sie, die fast Hundertjährige, sich kürzlich bei einem

Sturz die Hüfte gebrochen hatte, wunderten sich die Ärzte, wie rasch ihre Heilung im Vergleich zu ähnlichen Gebrechen bei weitaus jüngeren Leuten voranging. Doch Irene hatte schon immer auf die schier grenzenlosen Mächte des Geistigen vertraut, und um so eher war es ihr möglich, auch Edgar Cayces übersinnliche Kräfte als etwas Gegebenes zu akzeptieren, und wie selbstverständlich bejahte sie all seine Empfehlungen hinsichtlich gesunder und natürlicher Kost und körperlicher Bewegung. Für die Nützlichkeit von beidem war sie selbst ein lebendiger Beweis; täglich vergnügte sie sich mit ihrem Trampolin und bevorzugte naturreine Obst- und Gemüsesäfte. Ihren Mann, den Bankier und Rechtsanwalt Milton Harrison, dem sie sehr zugetan war, überlebte sie um Jahrzehnte.

»Freilich«, sagte sie mit einem bedauerlichen Achselzukken, »er war ja soviel auf Reisen und aß viel zuviel von dieser unbekömmlichen Hotelkost.«

Sie sprach mehr von Jesus als ihrem eigenen Vater oder dem Ehemann, obwohl sie von beiden eine hohe Meinung hatte. Ihr Glaube und ihre Spiritualität bestimmten letzten Endes auch ihre positive Einstellung zur Reinkarnation. Cayce hatte ihr bereits mehrere Readings gegeben, und mir war ihr köstlicher Humor längst vertraut. Als ich sie einmal anrief, um mehr über ihre vergangenen Leben zu erfahren, lachte sie bloß und sagte: »Warum bedienen Sie sich nicht Ihrer eigenen Imagination?«

Ich versuchte ihr auf ähnliche Art zu kontern: »Ich ziehe die Ihrige bei weitem vor.«

Unsere Vorstellungskraft hat im Grunde mit Illusion wenig gemeinsam. Mir fällt dabei eine Rückführung ein, die ich der Autorin Taylor Caldwell gegeben hatte. Ich versuchte damals herauszufinden, was ihr den Anstoß zu ihrem nostalgischen Roman *The Power and the Glory*, jener bemerkenswerten Chronik über das alte Griechenland, gegeben

hatte, einem Bestseller, in dem sie offenbar einer geheimnisvollen Erinnerung auf der Spur war.
Soviel ich weiß, sind aus Irenes Ehe drei Kinder hervorgegangen. Sie und ihr Mann waren überall für ihre wohltätigen Werke und karitativen Aktivitäten bekannt. Es war nie ihre Art gewesen, sich zurückzulehnen und die Geschehnisse an sich vorbeirollen zu lassen. Als Christin war sich Irene der Leiden und Lasten der weniger Gesegneten durchaus bewußt.
Eines Tages flog ich zusammen mit einem Psychologen und Kenner der Werke von Cayce nach Akron, um diese bemerkenswerte Frau kennenzulernen. Sie bewohnte ein kleines Torhaus, wo sie uns herzlich begrüßte, aber sogleich jemanden an der Hand hatte, der uns durch das benachbarte, weiträumige Herrschaftshaus der Seiberlings inmitten eines sich über dreitausend Morgen erstreckenden Grundstücks führte. Es war beeindruckend, vor allem die riesigen Gärten und großen Säle, dennoch erschienen sie mir unbedeutend im Vergleich zu der anspruchslosen Schlichtheit jener Frau, die Cayce in einem Atemzug mit Christus erwähnt hatte.
Aus seinem Nachlaß hatte ich schon zuvor von Irenes außerordentlichen Fähigkeiten, durch reine Introspektion die Vergangenheit und ihr tieferes Selbst ergründen zu können, erfahren. Ihr Unbewußtes mußte sich demnach ungeheuer nahe der Oberfläche befinden, so daß sich jede Rückführung oder Befragung wie selbstverständlich erübrigte. So hatte auch Cayce im Zusammenhang mit ihrer biblischen Vergangenheit als Ruth dargelegt, wie leicht es ihr falle, sich an so weit zurückliegende Erfahrungen wie diese zu erinnern.
»Und derartige Erfahrungen vermochte die Wesenheit [Ruth/Irene] sich durch Introspektion ins Gedächtnis zurückzurufen. Denn er [Gott] hat gewährt, daß jene, die ihn

oder seinen Namen anrufen, zu erkennen vermögen, was die Grundlagen der Welt gewesen waren. So wie du ihn noch vor jenen Leuten, welche zweifelten, erkannt hast, so mögt ihr ihn in diesem Leben vor der Tür jener stehen sehen, die andere Wege proklamieren.«

Als ich mir diese vielvermögende Frau näher betrachtete, huschte ein leises Lächeln über ihr Gesicht. Da wußte ich, daß sie sich erinnerte und ihr der Sinn des Todes längst klargeworden war. Sie nickte mir ernst zu und senkte für ein Weilchen den Blick nach innen, als ob sie sich auf eine wundervolle Reise in ferne Zeiten zurückbegäbe, der keine realen Grenzen gesetzt waren. Ihre Augen, die sich mir dann zuwandten, waren von seltener Klarheit, und ihr lebhaftes Leuchten verriet mir, daß selbst hundert Lebensjahre der Jugendlichkeit dieser Frau keinen Abbruch getan hatten. Ich fragte mich, ob soviel Lebensfreude, gekoppelt an die Erwartung einer zeitlosen Zukunft in erneuter Gemeinsamkeit mit all ihren Lieben, nicht doch etwas mit jenem Frieden und jener beständigen Zuversicht zu tun haben müßte, wie sie nur einer alten Seele zu eigen sein kann, die längst über die Wirrnisse des Lebens erhaben ist.

»Zuweilen kommt es mir vor, als ob ich schon dort gewesen wäre«, sagte sie voller Gelassenheit, »ich brauche nur meine Augen zu schließen, und alles wird wieder lebendig.«

Es hatte Jahre gedauert, bis sie zum erstenmal die Readings zu sehen bekam, die Cayce für sie gemacht hatte. Und einiges darin schien sie getroffen zu haben, wie Cayce es vorausgesagt hatte. Zum erstenmal bemerkte ich Fältchen auf ihrer klaren Stirn, die aber schnell wieder verschwanden.

»Wenn ich heute in der Bibel lese«, sagte sie, »ist mir Jesus viel näher als damals, wo er zwar zur Familie gehörte, aber nie anwesend war. Inzwischen ist uns allen bekannt, welche Worte er gesagt hatte, als man ihm mitteilte, daß Mutter

und Bruder auf ihn warteten. Und seine Antwort lautete in der Tat, daß er keine andere Familie als die Menschheit habe und auch keiner Familie bedürfe.«
Als sie kurz innehielt, kam mir der Gedanke, daß sie in Anbetracht ihres bereits geäußerten Glaubens an Reinkarnation und an Cayce womöglich wenig Wert darauf legte, fünfzig Jahre nach dessen Tod noch immer am Leben zu sein. Doch als ihre Augen mit soviel Heiterkeit auf mir ruhten, wurde mir klar, daß sie mit ihrem vergangenen und auch jetzigen Leben längst ins reine gekommen war. Sicherlich hatte sie viel über die Besonderheit ihrer damaligen Situation nachgedacht.
»Ich habe nach wie vor das Gefühl, daß Jesus mit meiner kleinen Welt wenig zu tun hatte, bis er zwei Jahre vor seiner Kreuzigung zu predigen begann. Von da ab wurde er zu einer Gestalt, die meine Aufmerksamkeit erregte. Als er so aktiv zu werden begann, spürte auch ich in mir selbst einen ähnlichen Drang. Ich sah, wie dieser Bruder, der gar nicht zu meiner Kindheit gehört hatte, auf einmal die Massen zu faszinieren begann, ganz gleich, wo er sich gerade befand. Aber er war niemals zu Hause, er war unserem Gesichtskreis völlig entrückt. Natürlich hatte ich ein ungeheures Interesse an all diesen Ereignissen und kann mir noch recht gut vorstellen, wie es war, als ich einige seiner öffentlichen Auftritte besuchte. Doch ich war nur eine Zuhörerin unter vielen und betrachtete mich nicht als seine Schwester. Meine Gefühle waren ganz anderer Art. Ich konnte nicht anders, als niederzuknien und voll Ehrfurcht zu diesem Mann aufzublicken. Er gehörte zu den Essenern, und das war eine ganz besondere Gruppe.«
Auch die Tatsache, daß Ruth viel jünger als Jesus gewesen war, könnte für die Distanz zwischen den Geschwistern maßgebend gewesen sein. Was außerdem zählte, sind die Jahre seiner Abwesenheit, als er sich, wie man weiß, in

Ägypten und Indien auf seine Predigertätigkeit vorbereitete. Viele Gelehrte vertreten die Meinung, daß er und Johannes der Täufer Mitglieder des im zweiten vorchristlichen Jahrhundert entstandenen Essenerordens gewesen seien, einer Gemeinschaft von Mönchen, die in Ehelosigkeit lebten und an die reinigende Kraft der Taufe sowie die Unsterblichkeit der Seele glaubten. Sie verurteilten die Sklaverei und verabscheuten das Händlertum, weil es die Menschen zu Betrug und Habgier verleitete. Da Jesus und Johannes diese Grundsätze ständig vertraten, ist ihre Zugehörigkeit zu den Essenern kaum noch in Frage gestellt.

Die ehemalige Ruth sprach oft und gerne von jenen behüteten Zeiten ihrer Kindheit, die sie mit ihren liebevollen Eltern Maria und Josef verbrachte: »Als Kind bekam ich von den politischen Unruhen jener Tage und dem Ruf des Volkes nach einem Messias, der sie von Rom befreien würde, kaum etwas mit. Die Prophezeiungen Jesajas über die Ankunft des Friedensfürsten aus Davids Stamm, der auf einem Esel reiten und zum Heil der gesamten Welt, der heidnischen sowie der jüdischen, werden würde, waren in aller Munde. Erst mit achtzehn Jahren fing ich selbst an, mich mit diesen Dingen zu befassen. Jesus war damals dreißig und stand am Anfang seines öffentlichen Wirkens. Aber selbst da ließ er sich kaum im Elternhaus sehen. Ich nahm an vielen seiner Diskussionen teil und war sehr empfänglich für alles, was dort gesagt wurde, und ziemlich stolz, daß die Leute meinem Bruder so eifrig zuhörten. Eines Tages besuchte er unser kleines Dorf, wo die Menschen sich sogleich um ihn scharten und förmlich an seinen Lippen hingen. Dies alles beeindruckte mich ungeheuer.

Doch es war nicht nur, weil er mein Bruder war. Trotz meiner Jugend nahm ich all seine Worte sehr kritisch auf, und selbst wenn ich heute versuche, mir den historischen Jesus so, wie er war, genau vorzustellen, merke ich, daß meine Gefühle sich von den meisten Leuten stark unterscheiden. Was mich heute von seinen Aussagen am stärksten beeindruckt, sind jene Worte, die auch in der Bibel zu lesen sind: ›Nicht ich bin es, sondern der Vater, der in mir das Werk vollzieht.‹ Diesen Satz benutze ich als Richtschnur für mein eigenes Leben. Und er ist mir eine große Hilfe.«

Diese persönlichen Erfahrungen hatten Irenes Sinn für die Bedürfnisse anderer Menschen geschärft. Ihr Augenmerk galt vor allem den Unterprivilegierten, und um neue Helfer zu finden, schrieb sie zahlreiche Briefe an die Leute, die aufgrund ihrer Position am besten in der Lage waren, die Not der Bedürftigen zu lindern.

»Ich schreibe ständig Briefe an den Präsidenten der Vereinigten Staaten, an Senatoren und Abgeordnete und wundere mich zuweilen über meinen eigenen Tatendrang. Sie richten sich auf den Kern des Problems und sollen diese Leute hellhörig machen, und ich habe das Gefühl, daß es wichtig ist, dies zu tun. Und dabei sage ich stets zu mir selbst, wie Jesus es tat, daß nicht ich, sondern der Vater in mir das Werk vollzieht.«

Als Irene hatte sie die gleichen Vorbehalte gegenüber Jesus, die sie schon als Ruth gehabt hatte: »Aus sich selbst heraus konnte er gar nichts tun. Und ich glaube, daß allein diese Hinwendung zu Gott auch meinem Dasein einen Sinn verleiht. Soviel mir bekannt ist, hat Jesus niemals gesagt: ›Ich bin derjenige, den ihr verehren sollt.‹ Falls ich wirklich meinen Gefühlen vertrauen kann, einst seine Schwester gewesen zu sein, was mir oft reichlich vermessen erscheint, dann war meine Beziehung zu ihm von Respekt und Hochachtung erfüllt und dem Glauben an seine Berufung und seine Fähigkeit, Menschen zu heilen. Er selbst rühmte sich nie seiner eigenen Taten. Er befand sich in völligem Einklang mit jener namenlosen Intelligenz, die wir Gott nennen. Und was bedeutet dieses Leben, und was bedeutet der Tod – Worte, die wir so häufig gebrauchen? ›Wenn ihr die gleichen Dinge tun würdet wie ich, ihr könntet sie ebensogut oder gar besser tun, denn ich kehre zu meinem Vater zurück.‹ Was kann er nach meinem gegenwärtigen Verständnis damit gemeint haben? Er wollte wahrscheinlich sagen: ›Ich und der Vater sind eins; selbst hier und jetzt, wo mir aufgetragen ist, meine irdische Reise zu vollenden, bilden wir eine absolute Einheit.‹«

Irene war noch immer ganz die Schwester, die sich keinen Gott als Bruder vorstellen konnte, mit dem sie am gleichen Tisch saß.

»Er war ganz im Einklang mit der großen spirituellen Intelligenz dieser Welt«, sagte sie, »und von daher strömten ihm seine Kräfte zu. Aber Jesus von Nazareth war in der Tat ein Mensch wie wir alle. Er ließ dieses reine göttliche Bewußtsein durch sich hindurchströmen, das er nicht als sein persönliches, sondern als des Vaters Verdienst betrachtete. Die Menschen versuchten, ihn auf einen Sockel zu stellen, aber nicht eine Minute glaube ich, daß er dies je gewollt hat. Ihm ging es vor allem darum, den Leuten klarzumachen, daß sein Tun und Wirken nur mit Hilfe des Vaters möglich war.

Er sagte: ›Das, was ich tue, sollt auch ihr tun.‹ Ich konnte lange damit nichts anfangen und hielt es für töricht und sagte mir, so etwas würden wir niemals zuwege bringen. Dann aber fand ich heraus, daß es irgendwie doch möglich war. Wenn mir etwas nicht recht gelingen wollte, sage ich mir ganz einfach: ›Nicht ich, sondern der Vater in mir wird es vollbringen.‹ Und das war es, was Jesus uns klarmachen wollte.«

Ich fand es recht spaßig, daß Irenes Art, sich zu äußern und zu handeln, so ganz der Schwester des Menschensohnes entsprach – trotz ihrer gelegentlichen Einwände.

»Entspricht das tatsächlich Ihrer innersten Überzeugung?« fragte ich sie. Sie sah mich ein wenig verständnislos an, so daß ich hinzufügte: »Ich meinte, ob Sie all Ihr Tun und Wirken ausschließlich Gott überlassen, jener unendlichen, universellen Intelligenz, von der Sie sprachen?«

Sie nickte, und ein Lächeln überflog ihr Gesicht. Offensichtlich genoß sie unser Gespräch, so wie ihr es Freude gemacht haben mußte, vor zweitausend Jahren zusammen mit ihrem römischen Ehemann als Missionarin gearbeitet zu haben.

Nur mit einer Sache konnte ich nicht ganz klarkommen. Mußte ihr nicht die These von der jungfräulichen Geburt erhebliches Kopfzerbrechen bereitet haben nach allem, was sie in ihrem vergangenen Leben darüber erfahren hatte?

»In den Cayce-Readings haben Sie die jungfräuliche Geburt stark angezweifelt; sosehr Sie sich auch gemüht haben, ist sie Ihnen unverständlich geblieben.« Ich versuchte es mit einem Lächeln: »Vielleicht waren Sie zu sehr in die Geschehnisse verwickelt?«

Sie nickte. Aber dann hellte sich ihr Blick auf. »Seitdem ich so ganz meinen eigenen Gedanken überlassen bin, hat sich mein Verständnis von diesen Dingen erheblich gewandelt, so daß ich die unbefleckte Empfängnis zu tausend Prozent bejahe.«

Dies war in der Tat nicht immer der Fall gewesen. In den Aufzeichnungen über die betreffenden Readings war mir aufgefallen, wie sehr sie die Heilige Mutter in Frage gestellt hatte, so als ob »Jesus der natürliche Sohn von Josef« gewesen sein müßte. Als Irene Seiberling-Harrison hatte sie dieses Problem mit Hilfe von Cayce zu ergründen versucht. Der Schlafende Prophet hatte ihr folgende Antwort gegeben: »Wie Sie bereits in Athen fragten. Eine Empfängnis durch den Heiligen Geist ... Bei jenen, die sich dem Willen des Gottes öffnen ... Somit kann selbst auf Erden das

Natürliche zu etwas Unnatürlichem werden. Denn die Natur verkündigt Gott, wie auch das Unnatürliche in der Natur ihn verherrlicht.«

Und schließlich vermittelte Cayce ihr einen Einblick in die Gefühlswelt ihrer Mutter Maria, ein Verständnis, das ihr aufgrund des Wunsches derselben, nicht über die Geheimnisse des Herrn zu reden, versagt worden war.

»So wuchs der Körper heran, nachdem er von der Mutter zu dem einzigen Zwecke empfangen worden war: ›... deine Dienerin zu sein. O Gott, gebrauche mich nach deinem Willen, laß mich zum Gefäß deiner Absichten, deines Begehrens werden, um deiner Liebe willen, die du uns Menschen erweist, auf daß ich zu jenem Zwischenglied werde, durch welches der Welt [die Geburt deines Sohnes] offenbart wird, auch wenn ich dem Hohn und Spott der Neunmalklugen dieser Erde ausgeliefert bin.‹«

Als Ruth war sie eine überzeugte, aber herausfordernde Schwester. Warum, so fragte sie sich, war Jesus gekommen, um hier und überall die Menschen zu retten, wenn in seiner Familie der eigene leidende Vater Josef, anders als Lazarus, sterben mußte, bevor Christus auferstand?

Cayce antwortete: »Dein Denken und Argumentieren war eine rein persönliche, physische Reaktion [als du fragtest]: ›Warum ließ er Vater [Josef] sterben, da er doch heilen konnte; wenn er das war, was so viele behaupten – warum war er so lange fort?‹«

Jesus, so sagte Cayce, hatte seine Gründe, die er als Prediger dargelegt hat. War nicht die Menschheit, wie er selbst sagte, seine eigentliche Familie, wodurch er den Anschein erweckte, Mutter und Brüder, die auf ihn warteten, zu verleugnen, nur um die Universalität seiner Liebe zu unterstreichen?

Verständlicherweise war Ruth nicht in der Lage gewesen, den wahren Charakter ihres Bruders, der ihr selbst oft so

fern schien, zu erfassen, obwohl andere von ihm fasziniert waren. In der Synagoge von Kapernaum hatte sie ihn zusammen mit ihrer Mutter von den Frauenbänken in der Empore aus über Moses und die anderen Propheten predigen hören und die gespannten Mienen der Leute beobachtet, denn gar mancher von ihnen erkannte in Jesus den Gesalbten des Herrn, den Messias, auf den ganz Israel so lange gewartet hatte. Dabei war es Ruth nicht entgangen, wie sich zuweilen die Augen der Mutter mit Tränen füllten. Ahnte sie doch die geheime Sorge, die Maria beim Anblick der allgemeinen Erregung überkam. Seit Jesu Geburt wußte sie ja, daß er nicht ihr, sondern der Menschheit gehörte und nicht lange auf dieser Welt bleiben würde.
Als er auf Abraham, den Stammvater der Juden, zu sprechen kam und von sich selbst sagte: »Bevor Abraham war, bin ich schon gewesen«, bemerkte Ruth das Schwanken der Masse zwischen Ekstase und ungläubigem Entsetzen. Denn wie konnte dieser bartlose junge Mann Abraham vorausgegangen sein, wo er noch nicht einmal dreißig Jahre alt war?
Und wieder wurde sie von den alten Zweifeln befallen, nicht an seiner Mission, an der es von seiten des Volkes nichts zu rütteln gab, doch an seiner Göttlichkeit, die sich im Widerspruch zur Herkunft ihrer eigenen Familie befand. Wie konnte in den Augen Gottes ein Bruder anders gestellt sein als seine leibliche Schwester?
Sie hatte stets eine gewisse Distanz zu dem zwölf Jahre älteren Jesus bewahrt, der ihr große Ehrfurcht einflößte. Zur Zeit ihrer Geburt befand er sich bereits in Ägypten. Unter seinen Aktivitäten konnte sie sich kaum etwas vorstellen und begann erst dann an ihn zu glauben, als ganz Israel in den letzten zwei bis drei Jahren seines Predigerdaseins über ihn redete.
Nach seiner Kreuzigung und mehr noch nach der Aufer-

stehung, als der Glaube durch dieses Wunder eine neue Bekräftigung erfuhr, fing sie an, seine Heilsbotschaft bis nach Rom zu tragen, jener Stadt, die damals mehr und mehr zum Zentrum und Ausgangspunkt des jungen Christentums in seiner Bewährungsphase wurde.

»Die Wesenheit kam nach dem Kreuzestod in engen Kontakt mit den römischen Christen. Und nach einigen großartigen Erlebnissen mit Aposteln und Jüngern wirkte sich dies auf ihre eigenen Aktivitäten aus, als die Wesenheit mit jenen auf Reisen ging, die das Erstarken des christlichen Einflusses im römischen Imperium bewirkten.«

Die gegenwärtige Irene hatte einst den Schlafenden Propheten wegen des Mannes befragt, der mit Jesus nach dessen Kreuzigung zusammengewesen und somit Zeuge seiner Auferstehung geworden war: »Kannte ich jenen Römer, der mit Jesus nach Emmaus ging?«

Cayce antwortete: »Mit ihm verheiratet und mit demselben nach Rom zurückgekehrt ... dort den anderen geholfen, die Botschaft Jesu zu verstehen ...« Und sie hatte ihn in der gegenwärtigen Lebensspanne wiederum geheiratet, war also nochmals mit ihm zusammengekommen, wie es für alte Gefährten mit gleicher Vergangenheit so häufig der Fall ist.

Als ein von Jesus hochgeachteter Römer trug Ruths Mann das Wort Gottes nach Antiochien, nach Athen und nach Rom. In diesem riesigen Imperium, das wie geschaffen war, die Verbreitung des christlichen Glaubens zu fördern, fand er viel Zustimmung, aber auch Hohn und Spott.

Irene wußte zunächst nicht, was sie in ihrer Bescheidenheit mit all den Informationen aus dem ersten Reading anfangen sollte. Allein schon der Gedanke, mit dem Sohn Gottes verwandt zu sein, erweckte Demut und zugleich Bestürzung in ihr.

Ein paar Wochen danach bat sie Cayce um ein weiteres

Reading aus ihrer biblischen Lebenszeit. Mit ihrem inneren Auge erkannte sie Jesus in voller Lebensgröße. Cayce entwarf ihr ein höchst lebendiges Bild von ihrem biblischen Bruder, der als Jugendlicher durch die Lande zog, um sich zu bilden und Wissen zu erwerben, ehe er zur Passah-Unterweisung nach Judäa und Jerusalem zurückkehrte.

»Wir erkennen, daß Jakobus, der Bruder der Wesenheit [Ruth], in dieses Leben hineingeboren wurde.«

Dann gewährte er einen Einblick in die »verschwiegenen Jahre« des Gottessohnes, in denen sich dieser auf seine Predigerzeit vorbereitete, und kam auf Ruths Geburt zu sprechen.

»Als Jesus bei den weisen Männern im Osten gewesen war und zu lehren begann und seine Reise nach Persien und Indien antrat und als diese Ereignisse eine Veränderung der finanziellen Verhältnisse seiner Familie herbeiführten, wurde Ruth in jener Stadt namens Kapernaum geboren.«

Allein aus der Anschaulichkeit seiner Beschreibung ließ sich bereits erkennen, daß solche Worte nur aus dem Munde eines Augenzeugen, des Lucius von Kyrene, kommen konnten.

Dieses Reading, das Cayce der ehemaligen Ruth gegeben hatte, schien der einstigen Realität einen weiteren Aspekt hinzuzufügen, denn Cayce selbst hatte als Lucius dem Apostel Paulus sowohl in Antiochien als auch in Rom und Judäa zur Seite gestanden. Und in Antiochien und Rom war es, wie Cayce berichtete, daß Ruth und ihr römischer Ehemann im Dienste so verschiedener Missionare wie Paulus, Lucius, Markus und Timotheus tätig gewesen waren.

Für Irene wird besonders jener aufregende Tag unvergeßlich bleiben, als der Schlafende Prophet ihr zurief: »Halte ihm die Treue! Gerade weil du ihn in jenem Leben vor der Tür jener stehen sahst, die einen anderen Weg für den besseren hielten. Wende dich nicht von ihm ab wegen jener, die dich zu einem materiellen Leben verleiten wollen. Denn du brachtest die Seelen der Leute zu ihm und deinen jüngeren Bruder Judas, obwohl er sehr schwankend war. Und du verliehest deinem älteren Bruder Jakobus, der als erster – und zur Ehre des göttlichen Bruders – zum Oberhaupt der Kirche gewählt wurde.«

Uns erschien alles so fern und dennoch so wirklichkeitsnah. Denn in seltener Deutlichkeit erkannten wir die ungeheure Ausstrahlung Christi auf die Gemüter der Menschen und fühlten, wie sehr er in ihnen und sie in ihm lebten. Wir hatten es hier ja keineswegs mit abstrakten Mythen, sondern einer tatsächlichen spirituellen Kraft zu tun, die schließlich große Teile der Menschheit ergriff. Im Verlauf dieses Gesprächs, wobei mir Irene samt Tochter Sally, der Frau des Hugh Lynn Cayce, in enger Vertrautheit gegenübersaßen, kam mir – wen wundert's? – die Frage, was die so konventionell erzogene Frau dazu bewegt haben könnte, den Mystiker Edgar Cayce um ein Lebens-Reading, das ja die Akzeptanz der Reinkarnation voraussetzte, zu bitten. Man muß dazu wissen, daß Cayce zu diesem Zeitpunkt bereits zweimal eine Haftstrafe verbüßt hatte, einmal wegen Wahrsagerei in New York und ein andermal wegen unerlaubter Ausübung eines Heilberufes in Detroit. Irene jedoch fand es durchaus in Ordnung, wenn sich Menschen, die mit ihren Problemen nicht anders zurechtkamen, an Cayce wandten.

»Er war«, so sagte sie, »seiner Zeit weit voraus und hat, wie sich nachweisen läßt, einem unserer Freunde das Leben gerettet, nachdem vier Ärzte ihn bereits aufgegeben hatten. Unser Freund hatte zunächst nach Erreichen der Hochschulreife in Europa studiert und bereits seine Doktorarbeit in Angriff genommen. Während eines Italienaufenthaltes wurde er von einer schweren Lungenerkrankung befallen, die ihn völlig auszehrte. Sein italienischer Arzt sah sich gezwungen, die Eltern unseres Freundes per Ferngespräch über dessen lebensbedrohlichen Zustand zu informieren: ›Falls Sie Ihren Sohn noch lebendig zurückhaben wollen, kommen Sie unverzüglich und holen ihn ab. Denn ohne Betreuer ist er nicht reisefähig.‹«

Mein psychologischer Begleiter und ich fanden sehr bald heraus, welch starke Gefühle sich hinter Irenes Schilderung verbargen, eine Erfahrung, die sie bis zu dem Augenblick ihres Übergangs in die jenseitige Welt wieder und wieder aufleben ließ.

Sobald ihr junger Freund nach Hause zurückgekehrt war, bemühte sich ein Team amerikanischer Spezialisten um eine Diagnose seiner Erkrankung. Diese Ärzte vermuteten, daß es sich um Tuberkulose handeln könnte, da eine der Lungen bereits befallen war. Seine Fieberkurve zeigte enorme Unterschiede zwischen der Morgen- und Abendtemperatur, was sich auch nach monatelanger Behandlung nicht änderte. Schließlich hatten die Ärzte nichts Besseres vorzuschlagen als eine Kur bei völliger Isolierung des Patienten.

Irene schilderte deren Anweisungen: »›Absolute Ruhe ist das oberste Gebot; kein Unbefugter darf das Krankenzimmer betreten.‹ Wie die Geier beobachteten ihn die Schwestern rund um die Uhr. Aber außer zu hoffen, fiel ihnen nichts ein.«

Damals hatten die Harrisons ihren Wohnsitz in Bronxville. Allein schon aus den ständigen Telefonaten mit den Eltern des Kranken konnte Irene deren Verzweiflung ermessen. Nach Auskunft der Ärzte war sein Tod nur noch eine Frage der Zeit. An eine Genesung glaubten sie schon längst nicht mehr, zumal sich sein Zustand mit jedem Tag verschlechterte. Auch Irene war ratlos und teilte ihre Sorge einer New Yorker Freundin mit. Und von hier kam der entscheidende Tip: »Du solltest diesen Edgar Cayce um ein Reading bitten;

er bewirkt wahre Wunder, wo die Ärzte nicht mehr weiterwissen.«

Zunächst hatte Irene ziemliche Vorbehalte; derlei Dinge waren für sie reines Teufelszeug. Als aber die New Yorkerin von der positiven Erfahrung eines der führenden Presbyterianer ihrer Heimatstadt berichtete, der von Cayce ungeheuer beeindruckt war, war sie bereit, diese letzte Möglichkeit wahrzunehmen. Die Äußerungen des Schlafenden Propheten hinsichtlich des Charakters der Erkrankung versetzten Irene in maßloses Erstaunen. »Ja«, sagte er, »wir erkennen die Wesenheit. Der junge Mann ist sehr krank, aber wird darüber hinwegkommen.« Dann ermahnte er Irene, mit niemandem über das Reading zu sprechen, da schon der geringste Zweifel an dieser Sache ihren Erfolg blockieren würde.

Diese Begegnung fand im März 1932 statt. Cayce stellte keine unmittelbare Wende in Aussicht. »Der Zustand wird sich noch laufend verschlimmern. Aber in drei Monaten, am 28. Juni, wenn nach menschlichem Ermessen kein Überleben mehr möglich erscheint, wird die Temperatur plötzlich zurückgehen und sich eine allmähliche Besserung anbahnen.«

So blieben den Harrisons noch drei Monate Zeit, nicht allein, um zu warten, sondern in ständigem Gebet die Macht Gottes und seines Sohnes herbeizuflehen. »Wenn«, so zitierte Cayce, »in letzter Sekunde zwei Menschen zusammenstehen, wenn alle Hoffnung geschwunden ist und sie aber wissen, daß eine noch größere Macht als die des menschlichen Geistes existiert und die Wesenheit [den jungen Freund] in seine Obhut genommen hat, dann wird ihm das über den Berg helfen. Im übrigen gibt es nichts, was du zwischen heute und morgen tun kannst. Das Fieber wird höher und höher steigen, und wenn es so aussieht, als ob es ihn umbringen würde, wird seine Hitze die Infektion in der Lunge ausbrennen. Und wenn dies geschehen ist, wird ein plötzlicher Temperatursturz eintreten, und sein Leben wird gerettet sein.«

Die Harrisons weihten niemanden ein, wie Cayce es geboten hatte. Als die Wochen allmählich verstrichen, dachten sie kaum noch daran, als an genau diesem Tag um zwei Uhr morgens das Telefon klingelte. Es war die Mutter ihres Freundes, die ihnen mitteilen wollte, daß Robert im Sterben läge. »Die Ärzte«, so sagte sie, »haben eine Temperatur gemessen, die die Skala übersteigt. Nun müssen wir das Schlimmste befürchten.«

Irenes Erzählung, der mein Gefährte und ich schweigsam zuhörten, erschien uns in der Tat wie ein griechisches Drama, dessen tragisches Ende nicht mehr aufzuhalten war, obwohl wir natürlich wußten, daß das Opfer überleben würde. Warum und wieso waren die Harrisons noch immer so zuversichtlich, wo doch die Ärzte und die Familie des Freundes bereits stündlich mit seinem Tod rechneten? Die Erinnerung an das Ereignis ließ Irenes Augen noch einmal aufleuchten: »Sie müssen sich unsere Situation einmal vorstellen«, sagte sie, »wir waren gerade dabei, uns ein Ferienhaus für die näherrückenden Augustwochen zu suchen. An das Reading dachte im Moment keiner mehr. Und dann plötzlich fiel mir ein, was Cayce uns über den Sommerurlaub prophezeit hatte. Sechs Wochen nach diesem 28. Juni, so hatte er gesagt, würden wir an die See fahren – exakt ausgedrückt am 12. August –, weil mein Freund die jodhaltige Luft zur Heilung dringend benötige. Hätte es dieses Reading nicht gegeben, dessen Prophezeiungen sich nun erfüllten, würde ich genauso geweint haben wie Roberts Mutter.«

Statt dessen versuchte Irene sie mit wohlüberlegten Worten zu trösten. »Du glaubst doch an Gott und weißt, daß alles in seiner Macht liegt. Er hat den Jungen in die Welt gesandt und kann genauso sein Leben retten. Die Bibel sagt: ›Wo zwei oder drei in meinem Namen versammelt sind, da bin ich mitten unter ihnen.‹ Milton, mein Mann, ist der eine, und ich bin die zweite. Nun kannst du ruhig zu Bett gehen und völlig darauf vertrauen, daß alle Dinge der unendlichen Intelligenz anheimgestellt sind, die das Werk begonnen hat und auch zu Ende führen wird.«

So kam es, daß die von Sorgen gepeinigte Frau dank einer ihr unbekannten Prophezeiung sich getrost dem Schlaf überlassen konnte, besänftigt von der Zuversicht in Irenes Stimme.

»Und niemand hat etwas von dem Reading gewußt?« fragte ich nochmals, um mich zu überzeugen. »Noch nicht einmal Roberts Familie?«

»Wir haben keinem etwas gesagt, wie Cayce es gewollt hat.«

Am späteren Vormittag kam der erlösende Anruf: »Ich habe ruhig geschlafen, und dann ist ein Wunder geschehen«, sagte die überglückliche Mutter. »Die Ärzte stehen vor einem Rätsel. Roberts hohe Temperatur, die kein anderer hätte überleben können, wurde plötzlich von einem heftigen Schweißausbruch abgelöst, und sein aufgedunsener Körper mit all dem angestauten Wasser begann seine normalen Funktionen wiederaufzunehmen. Als sie dann die Lungen untersuchten, stellten sie fest, daß die Flüssigkeit wieder in den Kreislauf zurückgeführt war.«

Mein Begleiter wurde auf einmal ganz aufgeregt.

»Und an welchem Tag war das?« wollte er wissen.

»Am 28. Juni.«

Unsere Blicke begegneten sich wie von einer gleichzeitigen Erkenntnis durchdrungen: Wenn er das zuwege gebracht hatte, was konnte ihm dann noch mißlingen?

Doch damit war das Kapitel nicht abgeschlossen, denn noch immer glaubten die Ärzte, daß Roberts Tage gezählt wären. »Ihm bleiben bestenfalls ein paar Monate«, sagten sie, »das Fieber hat sich dermaßen zersetzend auf sein Blut ausgewirkt, daß er sich in einem Zustand perniziöser Anämie befindet. Sein Körper kann sich nicht mehr regenerieren. Die Schwestern werden ihn noch eine Weile mit flüssiger Nahrung am Leben erhalten, doch sein Ende ist bereits abzusehen.«

Wie die Ärzte zugeben mußten, war die Lungenentzündung tatsächlich überstanden. Doch niemand durfte den Patienten, der noch viel zu schwach war, besuchen. Inzwischen waren Cayces Prophezeiungen kein Geheimnis mehr für Roberts Familie, da sie ja die Anweisung enthielten, daß Irenes Mann nach Überwindung der Krise ihren gemeinsamen Freund und Vater des Kranken über alles unterrichten und ihn fragen solle, ob er an weiteren Readings von Cayce interessiert sei.

Milton Harrison war in seiner Eigenschaft als Geschäftsmann darauf spezialisiert, alle Dinge prompt anzugehen. Nun mußte er einen Weg finden, den Freund ohne Gefahr an die Meeresküste zu bringen. Sein ganzes Leben lang war ihm, dem einstigen römischen Christen, vor allem am Wohl seiner Mitmenschen gelegen. Denn irgendwie war in seinem Innersten der Geist einer frühen Vergangenheit noch lebendig. Als Mann, der aus Emmaus kam, und als Gefährte der Schwester von Jesus war er damals von Rom nach Antiochien und Judäa gegangen, um im Namen des Herrn die Kranken und Ratsuchenden zu trösten und zu heilen. Um mit Roberts Ärzten reden zu können, war es für ihn kein Problem, den nächsten Nachtzug von New York nach Detroit zu nehmen. Doch ihre Zustimmung für einen Besuch zu erhalten war eine andere Sache. Harrison ließ sich nicht einschüchtern und steuerte entschlossen auf die Tür des Krankenzimmers zu. »Ich werde nicht fortgehen, ohne ihn gesehen zu haben.«

»Nun gut, zwei Minuten«, sagten die Ärzte.
Milton genügte ein Blick auf den Jungen, der so schwach war, daß er gerade nur nicken und ein leises Ja flüstern konnte. Sein Zustand war nahezu hoffnungslos. Es gab keinerlei Hinweise für eine sich anbahnende Genesung. Nicht einmal ein bißchen Sonnenschein konnte sein Körper verkraften. Die Harrisons wandten sich nochmals an Cayce, der in einem erneuten Reading die Verabreichung von täglich zwei bis drei Tropfen eines Jodpräparates empfahl, das zur Stimulierung des Nervensystems beitragen, und von Kohletabletten, die eine gesunde Körperreaktion auf Sonnenbestrahlung bewirken sollten. Diese Medikamente wurden durch die Familie verabreicht. Den Ärzten waren sie nicht bekannt, und dennoch konnten sich diese der Tatsache nicht verschließen, daß es dem Patienten unerwarteterweise besserging. Milton und Irene, die sich genauso ermutigt fühlten, rechneten nun schon mit weiteren Erfolgen durch den von Cayce empfohlenen Aufenthalt an der Ozeanküste.
Es gab wohl kaum ein entschlosseneres Team als die Harrisons, die all ihre Kräfte im Glauben an die göttliche Verheißung dem Genesenden zuteil werden ließen, indem sie sich die Worte Christi und die Ratschläge eines Lucius von Kyrene aus den Tagen der Ankunft des Erlösers zur Richtschnur machten.
Und hatte Cayce nicht auch von Miltons und Irenes früherer Gemeinsamkeit in einem anderen Leben gesprochen, die jetzt ihre logische Bestätigung fand?
»Es war auf dem Heimweg von jener Versammlung, wo die Wesenheit [Ruth] zum erstenmal Jesu zugehört hatte, der sich zu den Prophezeiungen von Jesaja und Jeremia über die Ankunft [des Erlösers] und den darauf folgenden Tumult unter den Zweiflern äußerte, daß sie dem einen, ihrem jetzigen Ehemann, begegnete.

Sie war nicht nur körperlich schön, sondern aktiv, unter jenen Umständen den Menschen zu helfen, was auch zum Hauptanliegen des ungewöhnlichen Römers wurde. Es ergaben sich natürliche Konsequenzen, welche ein Band der Sympathie zwischen den beiden entstehen ließ. Dann begannen die Reisen, um die Wahrheit von dem, was von der Mutter über die Geburt Jesu berichtet worden war, zu überprüfen, und über die Erlebnisse in Bethlehem und Bethanien, wo Ruth und ihr Gefährte die Auferstehung des Lazarus von den Toten miterlebten. Dies alles brachte einen Wandel herbei, der zu einem neuen Leben hinführte, zu einem neuen Verständnis der schöpferischen Kraft.
Kurz vor der Kreuzigung wurde die Hochzeit begangen, und Jesus nahm daran teil und segnete sie.«
Nun folgte sie als Irene getreulich den Anweisungen von Cayce, oder verbarg sich hinter diesem der alte Lucius von Kyrene?
»Bemühe dich eifrig um das, was er mit seinen letzten Worten den Aposteln und Jüngern aufgetragen hat, um nicht nur in Worten, sondern in Taten ein lebendiges Beispiel für das zu werden, was er gelehrt hat: ›Was du dem geringsten deiner Brüder antust, tust du deinem Schöpfer an.‹«
Irene und Milton setzten sich nach besten Kräften für ihren guten Freund ein; und was sie jetzt taten, das hatten sie bereits in all ihren gemeinsamen Existenzen getan, wie Cayce es ihnen bestätigt hatte.
»Wenn ihr das Gute kennt, so tut das Gute. Wenn ihr des Lebens teilhaftig sein wollt, laßt andere an eurem teilhaben. Wenn ihr wissen wollt, wer Jesus Christus war, dann folget ihm nach, der ohne Fehl und Schmach für eine Sache starb und somit auferstanden ist von den Toten.«
Um Robert aus der Klinik herauszubekommen, bedurfte es all der Inspiration, die ihnen aus dieser Aufmunterung

zuteil wurde. Den Spezialisten in Detroit erschien die geplante Verlegung des Patienten auf eine Insel vor Long Island, wo die Harrisons ihren Sommerurlaub verbringen wollten, ein unmögliches Unternehmen.

»Er kann noch nicht einmal aufrecht im Bett sitzen«, sagte der behandelnde Arzt, »sein Rücken ist völlig gelähmt, und er erbricht die Hälfte der Kost, die wir ihm löffelweise zuführen. Er kann kaum noch schlucken. Wie soll er da eine Flugreise überstehen oder gar die Erschütterungen in der Bahn ertragen? Das wäre sein sicheres Ende. Sein Körper kann das überhaupt nicht verkraften. Er würde sterben, und Sie beide ...«

Der Hinweis war klar. Sein Tod würde allein ihnen zur Last gelegt werden.

Die Harrisons waren völlig verunsichert. Es schien keinen Ausweg zu geben. Dann erinnerten sie sich jedoch, was Cayce ihnen einst über eine höhere Macht gesagt hatte.

Ohne es damals zu ahnen, hatten sich die beiden bei der Heilung ihres jungen Freundes mit einem Gefährten aus ihrer frühen Vergangenheit, nämlich Lucius von Kyrene, wiedervereint. Und wie schon so oft zeigte sich Milton Harrison auch hier einer schwierigen Lage gewachsen: »Es gibt eine Intelligenz, die wissender ist als wir Menschen«, gab er zu bedenken, denn er kannte sie ja aus einer längst vergangenen Zeit.

»Aber wie willst du an sie herankommen?« fragte Irene, deren Sinn wie immer aufs Praktische gerichtet war.

»Wie, weiß ich auch nicht, aber es gibt sie bestimmt.« Mit diesem Bekenntnis legte er sich zunächst einmal schlafen. Doch die Verbindung zur höheren Macht kennt keine nächtliche Unterbrechung, und so erwachte ein ausgeschlafener Milton mit dem freudigen Ruf: »Ich hab's!« Ganz unversehens war ihm eingefallen, daß der Präsident einer amerikanischen Eisenbahngesellschaft ihm aus

Dankbarkeit für erwiesene Hilfe die Benutzung seines privaten Salonwagens angeboten hatte, wann immer Milton es wünschte. Und er stand zu seinem Wort und sorgte dafür, daß dieser Waggon an die entsprechenden Züge angehängt und dem Kranken somit ein Umsteigen erspart wurde.

Milton verließ sich auf Cayces Zusicherung, daß der Junge die Reise unversehrt überstehen und der günstige Einfluß des Seeklimas seine Gesundheit wiederherstellen würde – entgegen allen ärztlichen Bedenken. Miltons Entschlossenheit und der wiederaufkeimende Lebensmut des bereits Totgeglaubten zerstreuten die letzten Einwände aus medizinischer Sicht.

»Ihm bleiben ohnehin nur noch ein paar Wochen«, sagten die Ärzte, »und es ist besser, er stirbt glücklich als unter den hiesigen Umständen.«

So kam es, daß die Harrisons, ganz wie Cayce es vorausgesagt hatte, ihren Freund am 12. August in ihr Ferienhaus auf Fire Island brachten. Wenn die Ärzte immer noch glaubten, daß er nie lebendig von dort zurückkäme, hatten sie ihre Rechnung ohne Cayce gemacht. Denn in einem seiner Readings hatte er eine Masseuse namens Dolly Pan empfohlen, die bemerkenswerte Fähigkeiten hatte, was nur der Schlafende Prophet wissen konnte. »Besorgt euch ihre Adresse von eurer Cousine, für die sie schon einmal gearbeitet hat. Sie ist die einzige, der man den Körper dieser Wesenheit [Robert] anvertrauen kann. Sie praktiziert Reflexzonentherapie«, eine Technik, die durch Druck auf bestimmte Punkte der Fußsohlen und des Rückens für eine Stimulierung geschwächter Körperpartien sorgt. Außerdem gelangte die Familie an die Adresse einer Krankenschwester, die erfahren genug war, um mit Roberts Krankheit umzugehen.

»Cayce hat uns noch weitere Instruktionen erteilt«, sagte

Irene, deren Gedächtnis uns immer wieder in Erstaunen versetzte, »demnach sollte am ersten Tag noch niemand außer der Pflegerin mit Robert sprechen. Er wußte auch, daß sie bereits bei der Ankunft des Krankenwagens an der Küste anwesend sein würde. ›Sie wird mit der Fähre auf die Insel kommen und ihn dann in sein Zimmer begleiten. Ihr werdet ihre Adresse mittels einer Anzeige erfahren, die ihr an das Schwarze Brett der New Yorker Unity Church heftet; darin werdet ihr vermerken, daß ihr eine im Ruhestand befindliche Pflegerin über eine Zeitspanne von zwei Monaten für ein Landhaus auf Fire Island sucht.‹ Es war fast vorauszusehen, daß sich die erwünschte Fachkraft auf unsere Anzeige hin melden würde, und wir beeilten uns, ihr zu sagen: ›Wie gut auch Ihre Ausbildung sein mag, uns kommt es darauf an, daß Sie die Cayce-Readings beherzigen, falls Sie diesen Job antreten wollen.‹«

Fünf Tage lang durfte außer der Masseuse und der Pflegerin niemand das Krankenzimmer betreten. Die Instruktionen von Cayce gingen bis ins kleinste Detail. »Am ersten Abend«, erklärte Irene, »sollte sie die Reflexpunkte auf den Fußsohlen und dem Rücken nur fünf Minuten lang therapieren.« Vom fünften Tag an erstreckte sich die Behandlung bereits über zehn Minuten, und die Harrisons durften dem Kranken, der sich inzwischen schon ganz normal artikulieren konnte, einen kurzen Besuch abstatten. Bald war er kräftig genug, um aufrecht zu sitzen und alles zu essen, was er sich wünschte.

Dies war an sich schon bemerkenswert, aber es kam noch viel besser. In weniger als einem Monat konnte der Patient laufen, und weitere vier Wochen standen für seine Genesung auf dieser Insel zur Verfügung. Doch im September, kurz vor dem Labor Day, traf ein Brief von Edgar Cayce ein, der bei den Harrisons höchste Bestürzung hervorrief. Ungeachtet der fortschreitenden Genesung und des sonni-

gen Wetters sollte die kleine Familie innerhalb von vierundzwanzig Stunden die Insel verlassen und unverzüglich nach Bronxville in ihre Vorstadtwohnung zurückkehren.
»Dies ist eine sehr wichtige Botschaft«, schrieb der Hellseher, »wir weisen Euch an, die Wesenheit [Robert] schon morgen nach Bronxville zurückzubringen. Bestellt einen Krankenwagen – für alle Fälle. Aber unterrichtet den Patienten erst am Abend vor der Abreise, um einem möglichen Einspruch zuvorzukommen. Und verlaßt alle samt Irene, den Kindern und der Masseuse schon jetzt die Insel. Nur die Pflegerin wird in der letzten Nacht bei dem Kranken bleiben und um 5 Uhr 30 mit der ersten Fähre zum Festland fahren. Sorgt ferner dafür, daß der Krankenchauffeur der Pflegerin beim Umbetten des Patienten auf die Trage und beim Transportieren behilflich ist.«
Ich war aufs höchste gespannt, was nun noch folgen würde. Cayce war so überaus explizit.
»Aber Robert konnte doch laufen, und es ging ihm doch recht gut?«
Irene nickte und schaute mich verschmitzt an wie ein Kind, bei dem man auf Überraschungen gefaßt sein muß.
»Ja. Aber Cayce wollte nicht, daß er sich übermäßig anstrengt. Der plötzliche Aufbruch, der ihm so gar nicht behagte, war schon aufregend genug. Uns kam das alles so irrsinnig vor. Wir hatten das Häuschen für den ganzen Monat gemietet, das Wetter war schön, und wir waren alle so glücklich. Und auf einmal sollten wir nach Bronxville zurück. Das wollte uns nicht einleuchten. Aber Cayce hatte bisher immer recht gehabt, und so wagten wir keine Widerrede.«
Ziemlich bedrückt und verwirrt verbrachte die Familie die erste Nacht in ihrem alltäglichen Zuhause. Am nächsten Morgen war das Wetter total umgeschlagen. Es war kalt, grau und diesig. Auch im Haus wurde es ungemütlich.

Harrison setzte das Kaminfeuer in Gang und schaltete das Radio ein.

Irene ließ ihre Augen in die Runde schweifen, ehe sie weitererzählte.

»Und was glauben Sie, was wir nun zu hören bekamen? Ein Hurrikan hatte ganz unversehens zugeschlagen und die Insel mit einer Flutwelle überspült. Das Wasser war in die Keller und Untergeschosse eingedrungen und hatte jegliche Kommunikation zwischen Insel und Festland für zehn Tage zusammenbrechen lassen. Die Fähren hatten ihren Verkehr eingestellt, und es gab weder Licht noch Heizwärme. Fire Island war von der übrigen Welt abgeschnitten. Unser Freund mit seinen empfindlichen Lungen hätte dieses Desaster nie überstanden.«

Mein Begleiter runzelte zweifelnd die Stirn: »Und dies soll Cayce alles vorausgesehen haben?«

»Es ist durch ein Reading dokumentiert. Die Leute vom Wetterdienst haben hier völlig versagt, sie hatten keinerlei Instruktionen über eine bevorstehende Flutwelle. Wenn ich nur daran denke, wie uns zumute war, als wir Fire Island verließen ... Wie wären wir dagestanden, wenn wir Cayce nicht geglaubt hätten. Er mußte ja irgendeinen Grund gehabt haben, uns so zu alarmieren.«

Robert blieb noch vier Monate bis zum 1. Januar bei seinen Freunden. Er war völlig geheilt. Sein Gesundheitszustand hatte sich so sehr gebessert, daß er Cayce im nahe gelegenen Scarsdale besuchen und ein Reading von ihm erhalten konnte.

Und dieses Mal hatte Cayce eine Vision, die er Irene kopfschüttelnd mitteilte, nachdem er aus seinem Trancezustand erwacht war: »Ich erinnere mich doch sonst nie an das, was ich meinen Klienten so alles erzähle. Aber noch immer habe ich die wunderbare Erscheinung von Jesus vor Augen. Er muß eurem jungen Freund während seiner Ge-

nesungszeit ganz nahe gewesen sein. Und weil er ständig zugegen war, redete ich mit ihm.«
Irene Harrison zeigte während unseres langen Gesprächs nicht den geringsten Anflug von Müdigkeit. Ihr Gehör und ihr Gesichtssinn waren ausgezeichnet. Sie war unglaublich lebendig, und am meisten erstaunte mich ihre Fähigkeit, Dinge zu sehen, die anderen verborgen blieben. Schon Cayce hatte ihre hellseherische Begabung hervorgehoben.
Es war ein Tag, den mein Begleiter und ich wohl kaum vergessen werden. Wir hatten schon viele Länder durchquert und so manche Grenze überschritten, doch das Besondere an dieser Erfahrung bestand vor allem darin, daß alles so real und ergreifend war, wie wir es zuvor nie erlebt hatten.
Kein Wunder, daß uns der Abschied schwerfiel. Wir hatten nicht oft die Gelegenheit, einer so außergewöhnlichen Frau wie Irene Seiberling-Harrison zu begegnen. Nachdem sie uns bis zur Pforte ihres kleinen Hauses begleitet hatte, drückte sie uns kräftig die Hand und gab uns ihre Wünsche mit auf den Weg. Wieder erstaunte mich ihre Jugendlichkeit; die Reise in die Vergangenheit, die sie offensichtlich nicht das erstemal gemacht hatte, erneuerte ihr ganzes Wesen und gab uns ein Gefühl der Zeitlosigkeit jeglichen Geschehens.
Später, als wir wieder im Flugzeug saßen, konnte sich mein Gefährte einer halb prüfenden, halb spöttischen Frage nicht länger enthalten: »Wer war es nun eigentlich, der uns all dies erzählte, Ruth oder Irene?«
»Gewissermaßen wohl beide«, meinte ich, »doch Cayce könnte das besser erklären.«
Er hatte die Augen geschlossen und war nahe daran einzunicken. Die Begegnung hatte uns so müde gemacht, als ob wir zwei Lebzeiten durchschritten hätten, besser gesagt:

zwei verschiedene Dimensionen eines unteilbaren Bewußtseins.

Er murmelte noch etwas, während sein Kopf schon nach vorne sank: »Was Robert betrifft, hatte Cayce ja recht gehabt, warum nicht auch mit Irene?«

10. Kapitel

Von Liebe erfüllt

Natürlich fühlte ich mich Mr. Cayce sehr nahe«, sagte Gladys Davis, »und warum auch nicht? In einem meiner Leben war ich seine Frau, in einem anderen seine Tochter und in einem weiteren seine Mutter.« Sie lachte. »Und vergessen Sie Atlantis nicht. Dort waren wir Seelengeschwister, zunächst als Gedankenform, die sich dann in zwei getrennte Seelen mit der Fähigkeit, einander zu lieben, teilte.«
Auch wenn das wie eine beiläufige Erläuterung klang, so war doch ein gewisser Unterton in der Stimme, der mich aufhorchen ließ. »Und Sie sind sich dessen ganz sicher?« fragte ich vorsichtig.
»Aber natürlich«, entgegnete sie, »die Readings und unsere Realität bezeugen es, da ist alles drin, was wir fühlen und sind. Wir brauchen nur in uns hineinzusehen, und schon wissen wir, wie es zu dem kam, was wir heute sind.«
Ich aber wußte gar nicht so recht, was ich darauf antworten sollte, denn zu jener Zeit hatte ich noch kein Verständnis für Reinkarnation entwickelt. Um so eifriger hörte ich ihr zu, wenn sie über Dinge sprach, die ihr bedeutsam erschiene, zumal ich kaum jemanden kannte, dem es so sehr wie ihr um die Ergründung der Wahrheit ging.
Gladys und ich hatten nun schon viele Jahre zusammengearbeitet, und stets konnte ich mich auf ihre Freundschaft und tätige Hilfe verlassen. Ohne sie wären meine Bücher über Edgar Cayce – insbesondere *Der Schlafende Prophet* – nie zustande gekommen. Von ebenso unschätzbarem Wert war ihre Rolle in seinem und Gertrude Cayces Leben,

denen sie bis 1945, als beide kurz hintereinander starben, fast ein Vierteljahrhundert unermüdlich zur Seite gestanden hatte.

Ich habe sie nie anders als voller Wärme und tiefer Rührung von Gertrude Cayce reden hören. Als wir zusammen beim Mittagsmahl über sie plauderten, lehnte sie sich für einen Moment gedankenverloren zurück.

»Gertrude und ich waren einander sehr zugetan«, sagte sie schließlich, »fast wie Mutter und Tochter, da sie ja tatsächlich in früheren Zeiten meine leibliche Mutter gewesen war. Es gab vieles, was wir gemeinsam unternahmen und auch zu Ende führten, immer in dem Wissen, daß unsere erneute Begegnung einen tieferen Sinn haben mußte.«

Diese Worte kamen so selbstverständlich von ihren Lippen, daß sich jeder Einwand von meiner Seite erübrigte.

»Ja«, fuhr sie fort, »in Ägypten war ich das kleine Mädchen, das von seiner Mutter, der späteren Gertrude, verlassen wurde. Das war eine der Tatsachen, die wir zu bewältigen hatten. Und ich denke, es ist uns gelungen.«

Es war mir damals nicht möglich, eine eigene Meinung zu all ihren Berichten aus der Vergangenheit zu entwickeln, aber ich habe nie erlebt, daß sie jemals eine falsche Aussage gemacht oder in irgendeinem Punkt übertrieben hätte, so wie es ihr fernlag, jemanden zu verurteilen oder zu schmähen. Ihre Zurückhaltung war in der Tat mustergültig und fast zu erhaben, um wahr zu sein. Doch soviel Charakterstärke kommt nicht von heute auf morgen, und auch Gladys war zunächst vielen Prüfungen ausgesetzt, besonders in einem Haushalt wie dem der Cayces, der ihr zu manchen Zeiten wie eine kleine Insel, zu anderen aber wie ein schwirrender Bienenstock erschien.

Über die Freundschaft zwischen ihr und Edgar gab es jede Art von Gerüchten und billigem Tratsch, sogar als Cayce schon längst das Zeitliche gesegnet hatte, doch schenkte ich ihnen wenig Beachtung. Auch Gladys schien das nicht im geringsten zu treffen. Ihre Gelassenheit, darüber zu reden, mußte selbst einen Skeptiker wie mich überzeugen. Über Freundschaften zwischen schönen, jungen Frauen und älteren Männern wird häufig gemunkelt, und ich vermutete, daß in diesem besonderen Fall gewisse Leute geneigt waren, Fakten aus einer fernen Vergangenheit unbesehen auf die Gegenwart zu übertragen.

Die Spuren ihrer einstigen blühenden Schönheit waren auch heute noch unverkennbar, und beim Hantieren mit Messer und Gabel und manchem verstohlenen Blick auf mein Gegenüber wurde mir klar, daß all die Gerüchte um Gladys allein auf ihrer außergewöhnlichen Attraktivität beruhten. Das lebhafte Funkeln ihrer Augen erinnerte mich an Bilder aus ihrer Jungmädchenzeit, als sie zu Cayces Sekretärin geworden war. Sie hätte jeden Schönheitswettbewerb gewinnen können, wenn sie es nur gewollt hätte.

Ja, sie war ungewöhnlich, und die Boulevardzeitungen jener Tage verstanden es, aus dieser Tatsache Kapital zu schlagen, als Cayce zusammen mit Gertrude und Gladys aufgrund einer hinterhältigen Anklage wegen Wahrsagerei in New York verhaftet wurde. Auf der Titelseite eines dieser Presseprodukte erschien ein zweideutiges Foto, das Cayce zusammen mit Gladys zeigte; Gertrude war absichtlich weggelassen, um der dazugehörigen Schlagzeile die nötige Pikanterie zu verleihen: »Mystiker mit blonder Sekretärin im Hotel verhaftet.«

Gladys hatte inzwischen gelernt, darüber zu lachen, doch damals war es für die Betroffenen eine schlimme Erniedrigung, so plötzlich wie Kriminelle behandelt zu werden. Cayce war nahe daran, seine Arbeit als Heiler, die ihm so wenig Dank eingebracht hatte, aufzugeben. Was ihm besonders zusetzte, waren die Unannehmlichkeiten, die er den zwei am meisten geliebten Menschen zufügte.

»Sein ganzes Leben lang hatte Cayce mit solchen und ähnlichen Dingen zu tun«, sagte Gladys, und ein Schatten verdunkelte ihr Gesicht, »er konnte es nicht mit ansehen, daß irgend jemand, wenn auch ungewollt, durch sein Wirken Schaden erlitt. Sein Selbstgefühl war erheblich verletzt, auch wenn die Anklage für nichtig erklärt wurde. Es blieb dennoch ein bitterer Nachgeschmack.«

Doch Gladys' Miene verzog sich bald wieder zu einem silbrigen Lächeln. »Natürlich kann man den bösen Zungen nicht Einhalt gebieten; sie finden immer ein Haar in der Suppe, ganz gleich, was man tut oder läßt. Für mich war Mr. Cayce stets das, was er wirklich war.«

»Ich kann mir nicht vorstellen«, pflichtete ich bei, »daß er je etwas anderes gewesen wäre.«

Noch lange nach Gladys Davis' Tod im Jahre 1986 blieb dieses Gespräch für mich unvergeßlich. Es war die Zeit, als ich mich intensiv mit den Cayce-Readings zu befassen begann. Und obwohl die drei Hauptfiguren längst in eine andere Welt hinübergeschritten waren, konnte ich immer wieder auf die alten Gerüchte und Vorurteile stoßen. »Ich muß doch schwer hoffen«, hörte ich einen dieser Skeptiker sagen, »daß Sie den verblichenen Heiligenschein Mr. Cayces, der angeblich keiner anderen Frau in die Augen sah, nicht erneut aufpolieren.«

Ich ließ mich nicht beeindrucken und sagte: »Er war ja nicht nur ein schöner Mann.«

Dabei war mir klar, daß die Menschen besonders an Cayces Innenleben interessiert waren, und darüber herrschten die unterschiedlichsten Vorstellungen.

An der meinen gab es allerdings nichts mehr zu rütteln. Cayce, der einen ausgesprochenen Sinn für Humor hatte, liebte die Häuslichkeit. Seine parapsychische Begabung, die ihn oft selbst verwirrte, gab ihm dennoch ein gesundes Bewußtsein seines eigenen Wertes, woraus ihm zweifellos jener jungenhafte Charme erwuchs, den die Frauen so sehr an ihm schätzten, auch wenn er sich ihnen auf seine unverfängliche Art zuweilen zu nähern versuchte.

Beim Studium der verschiedenen Readings wurde meine Neugier besonders auf jene Aufzeichnungen gelenkt, die sich mit Gertrudes und Gladys' Lebensgeschichten befaßten. Neben den persönlichen Dokumenten über Cayce selbst waren sie der ganze Stolz der A. R. E., die sie der Öffentlichkeit überhaupt erst zugänglich gemacht hatte.

Was ich dort über die emotionalen Beziehungen zwischen dem Mystiker und Gladys erfuhr, überraschte mich einigermaßen, obgleich mir ziemlich schnell klar wurde, daß Gefühle von dieser Intensität nicht das Ergebnis einer einzigen Lebenszeit sein konnten. Daneben, und durchaus ebenbürtig, gab es die starke Bindung an Gertrude, deren Temperament so völlig verschieden von dem ihres Mannes war und die nicht nur ein tiefes Verständnis für die vermeintliche und viel jüngere Rivalin aufbrachte, sondern sich selbst auf innige Weise zu ihr hingezogen fühlte. Ich entdeckte in diesem »Dreieck« nichts Ungewöhnliches, wußte ich doch, daß all diese Beziehungen eine ganz natürliche Basis in einer gemeinsamen Vergangenheit hatten, über die ich aus Gladys' eigenem Mund bestens informiert war und die von den drei Protagonisten dieses kleinen Dramas aufgrund ihrer eigenen Einsichten in die größeren karmischen Zusammenhänge durchaus akzeptiert wurde.

»Wenn es je einen Beweis für Reinkarnation gab«, sagte einer der Anwesenden, »dann ist es dieser. Denn jeder von uns hat etwas aus seiner Vergangenheit mitgebracht, das für ihn selbst eine Aufgabe, für andere ein Geschenk sein kann.«

Niemand wußte besser als Cayce selbst, daß das Zusammenfinden bestimmter Leute unter bestimmten nützlichen Gesichtspunkten niemals auf reinem Zufall beruht.

»Die gemeinsame Vergangenheit hat sie zusammengeführt«, sagte Jeannette Thomas, die derzeitige Betreuerin des Cayce-Archivs, »und entgegen allem äußeren Anschein war ihr Zusammentreffen alles andere als purer Zufall. Mr. Cayce hatte damals eine Anzeige wegen einer dringend benötigten Sekretärin aufgegeben, woraufhin sich zwölf Bewerberinnen bei ihm vorstellten. Gleichzeitig war auch Gladys mit einer älteren Freundin und deren kleinen Neffen erschienen, der an diesem Tag ein Reading von Cayce erhalten sollte. Die Bewerberinnen zückten schon ihre Bleistifte, um bei dieser Gelegenheit eine Probe ihres Könnens abzulegen. Doch seltsamerweise zeichnete Gladys, die gar nicht wegen des Jobs zu Cayce gekommen war, auf dessen Wunsch hin das Reading auf.«

Obwohl sich Gladys für diesen Beruf keineswegs prädestiniert fühlte, hatte sie das Diktat mit all den fremden anatomischen Begriffen ohne Schwierigkeiten zu Papier gebracht. Es handelte sich um Medikamente, die das angegriffene Nervensystem des kleinen Patienten stabilisieren sollten. Gladys empfand sofort eine seltsame Vertrautheit mit diesem Propheten, der im Trancezustand seine Anweisungen erteilte.

Wie seine Biographin Mary Ellen Carter es beschrieb, »fühlte sich Gladys in dem Maße, in dem sich ihre Sinne ganz auf die Worte des Schlafenden konzentrierten, immer entspannter. Für sie war das eine ganz neue Erfahrung, die mit jeder Sekunde ihr ganzes Sein mehr und mehr in Besitz nahm. Sie fühlte sich mit all ihren Fasern zu diesem Mann hingezogen, als wäre er ein Mitglied ihrer eigenen Familie, als gehörte sie von jeher zu ihm, und irgendwie wußte sie, daß das Schicksal sie hierhergeführt hatte ... Zu ihrer eigenen Überraschung war sie hellwach und ganz bei der Sache; ihre Fähigkeit, etwas aufzunehmen und jeder einzelnen Silbe Beachtung zu schenken, hatte sich auf bisher unerreichte Weise gesteigert, und so auch ihr Sinn für das Wesentliche.«

Obwohl sie sich für den Job nicht beworben hatte, war sie die einzige, die Cayce dafür geeignet hielt, nachdem er ihr Stenogramm überprüft hatte.

»Wir benötigen eine Ganztagssekretärin«, betonte er.

»Ich würde gern auf Ihr Angebot eingehen«, antwortete sie.

»Abgemacht, Miss Gladys, Sie können sofort bei mir anfangen.«

Ein weiteres Mal überkam Gladys dieses wunderbare Gefühl einer sich erneuernden, uralten Freundschaft. »Cayces Gegenwart«, bemerkte die Biographin, »löste in ihr einen Sog wärmster Empfindungen aus, der sie tief in vergangene Zeiten eintauchen ließ. Sie hatte den unwiderstehlichen Drang, ihn irgendwo in ihre Erinnerungen einzuordnen, und war erstaunt, wie sehr ihr daran gelegen war.«

Ich aber kam mir fast wie ein ungebetener Augenzeuge vor, als ich mich mit Gladys' Eintritt in das Caycesche Familienmilieu zu befassen begann. Sie muß damals einen wahren Wirbel an unterschiedlichsten Emotionen ausgelöst haben. Die drei Betroffenen – Cayce, Gertrude und Gladys – schienen sich der neuen Situation sehr bewußt zu sein, was dem Hausfrieden nicht immer dienlich war. Nach einigen Monaten des Unbehagens entschloß sich der verwirrte Mystiker, ein Reading zur Klärung der wachsenden Widersprüche in den gegenseitigen Beziehungen zu geben.

Gertrude übernahm die Gesprächsleitung, während Gladys die Aussagen des schlafenden Cayce zu Papier brachte. Gertrudes erste Frage lautete: »Wie sollte die Beziehung zwischen diesen Individuen [Cayce und Gladys] in der gegenwärtigen irdischen Situation beschaffen sein?«

Es bedarf keiner besonderen Phantasie, um sich die spannungsgeladene Atmosphäre rund um die Couch des Propheten vorzustellen: auf der einen Seite die siebenundvierzigjährige Gertrude und bewährte Lebensgefährtin, ihr gegenüber die frischgebackene neunzehnjährige Gladys mit dem Bleistift in der Hand, begierig und gefaßt zugleich, alles niederzuschreiben, was auch immer über die Lippen des Schlafenden käme.

Offensichtlich mußte sich Cayce die Frage erst zurechtrücken. »Wir erkennen, daß die beiden auf der gegenwärtigen irdischen Ebene viele gemeinsame Erfahrungen hatten. Ihre Seelen und Geister sind so sehr miteinander verknüpft, daß in beiden der unvermeidliche Eindruck entsteht, miteinander eine Einheit zu bilden. Ganz zu Anfang, auf der ersten irdischen Ebene [Atlantis], als die menschlichen Erdlinge noch nicht nach Geschlechtern getrennt waren, hatten die beiden noch eine gemeinsame Seele, einen gemeinsamen Geist und einen gemeinsamen Körper.

Dann kam es in Atlantis zur Spaltung des Körpers. Denn es trat das Verlangen ein, sich in körperlicher Form dem anderen zu geben, und das führte dazu, daß sich Geist und Seele von den fleischlichen Kräften trennten. Aber es gab noch keine physische Vereinigung, nur die der Geister.«

Anschließend befaßte sich Cayce mit Gladys' gegenwärtiger Körperlichkeit. Er sprach von den eng gezogenen Grenzen ihres gegenseitigen Verhaltens, die sie trotz der einstigen Intimität zu respektieren hätten.

»Das Leben der beiden ist von Anfang an aneinander gebunden, die gegenwärtigen Bedingungen sind nur eine Folge ihrer Bestrebungen auf der irdischen Ebene. Sie – oder ihre derzeitige Beziehung – sollten nie die angeborene Zuneigung, die für ihr beider Leben so unverzichtbar ist, leugnen und dies nicht allein zur Befriedigung der irdischen, sondern auch der seelisch-geistigen Bedürfnisse, die in der Zuneigung ihren Ausdruck finden. Betrachten wir diese Zuneigung als ein gegenseitiges Geben, nicht auf vieldeutige oder physische Art, sondern stets als natürliche Reaktion auf gegenseitige Wünsche, die dem eigenen Selbst Zuneigung gewährleistet. Gemeint sind die äußeren Manifestationen der inneren Wünsche von Herz und Seele, wobei jeder der beiden sein Echo in der Zuneigung des anderen findet, welches nie und nimmer in irgendeiner anderen Person gefunden werden kann.«

Diese Antwort, von der Ehegefährtin mit Spannung erwartet, war zweifellos ein Beweis für die Aufrichtigkeit des Mystikers. Denn welcher Ehemann würde unter diesen Umständen bei vollem Bewußtsein derartige Geständnisse ablegen? Ich schob den Text mit dem unbehaglichen Gefühl zur Seite, als ob sich mir die Büchse der Pandora geöffnet hätte, und erinnerte mich an die düstere Szene mit den Rittern der Tafelrunde, als die Lady von Shalott ihren Blick auf Camelot richtete und »die umherschwebenden Spinngewebe« entdeckte »und den in zwei Hälften zerborstenen Spiegel«.

Doch meine Neugier gewann bald wieder die Oberhand, so daß ich mich erneut in die Aufzeichnung des Readings vertiefte. Dabei stieß ich auf folgende Ermahnungen des Mystikers:

»Bleibet einander getreu, ungeachtet der irdischen Bedingungen, jedoch in der Weise, daß auch andere Beziehungen, die notwendig sind, und bereits angetroffene Bedingungen respektiert werden.

Seid herzlich und gut zueinander, gebt dem anderen den Vorrang in eurem Herzen und eurer Seele, laßt euer Selbst in physischen Manifestationen die Gefühle des Herzens, der Seele, des Geistes und des Körpers äußern. Denn es sind Seelen, die sich erst noch entwickeln und in ihrem Anbeginn vereinigt waren. Und wenn auch ihre Körper in physischem Verlangen entbrannt sind, so ist und wird doch die Seele jedes einzelnen mit der anderen verknüpft sein, wenn sie vor dem Thron dessen erscheint, der da sagt: ›Seid fruchtbar und vermehret euch, und gebt euer Bestes, so daß das Beste ihm [Christus] dargebracht werden möge.‹«

Ich konnte nicht umhin, mir die Erregungen vorzustellen, die damals den kleinen Raum durchzittert haben mußten, sowohl die von Gertrude als auch von Gladys, als sie beide dieser gnadenlosen Enthüllung ausgeliefert waren. Dennoch setzte Cayce ungehindert sein Reading fort, war er doch derjenige, den seine eigenen Worte nicht erreichen konnten. Schließlich beendete er das Reading mit einer positiven Botschaft: »Seid getreu bis in den Tod, und empfanget die Krone, die von Anbeginn denjenigen zugedacht ist, deren Herz, Seele und Körper vom Glauben durchdrungen sind. Seid gut und herzlich, liebevoll und freigebig zueinander, und gebet dem Nächsten den Vorzug vor euch selbst.«

Als ich diesen Schlußsatz gelesen hatte, mußte ich erst einmal tief Atem holen. Was mag hinter Gertrudes Stirn vor sich gegangen sein, während sie den Worten des Schlafenden Propheten zuhörte? Mußte sie fürchten, daß nunmehr ihre langjährige Ehe mit Cayce in die Brüche ging? Und welcher Art waren nunmehr ihre Gefühle gegenüber der soviel jüngeren und hübscheren Gladys, für sie in der Tat eine Fremde, die aber ihrerseits einen sehr verwirrten Eindruck machte, als sie die letzten Aussagen des Propheten zu Papier brachte. Und wie stand es mit Cayce selbst, der erst nach seinem Erwachen erfuhr, was er während der Trance gesagt hatte? Sosehr ich auch mein Gedächtnis anstrengte, nirgendwo konnte ich in meinen Gesprächen mit Gladys einen Hinweis auf mögliche Schwierigkeiten in ihrer langen Freundschaft mit Cayce und Gertrude entdecken.

Doch inzwischen verstand ich die Hintergründe ihres leidenschaftlichen Engagements für Cayce und sein Werk, dem sie so viele Jahre hindurch ohne jegliches finanzielles Entgelt gedient hatte, aber auch die Ruhelosigkeit, die sie zuweilen befiel, wenn sie ihre Jugend dahinschwinden sah. Vielleicht waren es die besonderen Erkenntnisse über vergangene Existenzen und deren Auswirkungen auf ihr gegenwärtiges und zukünftiges Leben, was sie zum Bleiben bewogen hatte. Und dennoch war ich von all den provokativen Aussichten dieses Readings aufs höchste verunsichert, und viele Fragen blieben nach wie vor unbeantwortet.

Auf der physischen Ebene gab es für mich keinen Edgar, keine Gertrude oder Gladys mehr, an die ich mich hätte wenden können, nur das Bewußtsein, daß ihr Geist und die Essenz ihres Wesens noch irgendwo fortlebte in ihrem gemeinsamen Streben, ihrer Wahrheitssuche und den gegenseitigen Bemühungen, sich mit der Vergangenheit zu versöhnen und für das gegenwärtige Leben die richtige Lösung zu finden.

Den Cayce-Anhängern war es ein unverhohlenes Bedürfnis, ganz offen und ungeschminkt über seine diversen Lebenserfahrungen zu reden. »Laßt uns doch auch so freisinnig sein, wie er es gewesen ist«, sagte einer seiner geistigen Erben, »denn hat er nicht immer betont, wie wichtig es ist, der Wahrheit ins Auge zu sehen?«

Ich mußte plötzlich an Jeannette Thomas denken, die Nachfolgerin von Gladys, die ihr in den letzten Lebenstagen am nächsten gestanden war. Trotz ihres kollegialen Verhaltens hatte ich meine Zweifel, ob sich hinter dem Eifer, mit dem sie Gladys' Verdienste hervorhob, nicht etwas anderes verbarg. Doch früh genug merkte ich, wie sehr auch ihr Tun und Lassen von den drei so geliebten Menschen – von deren Standhaftigkeit und Selbstverleugnung in all den Anfechtungen – inspiriert worden war.

»Sie werden schon merken, was für besondere Menschen

dies waren und noch sind«, sagte sie, »sie hatten wirklich die Kraft, sich dem Leben zu stellen Da war kein Platz für Sentimentalitäten, und obwohl sie von Grund auf gütig und friedliebend waren, blieb ihnen genausowenig erspart wie all den übrigen. Und all die Herausforderungen, denen sie sich zu stellen hatten, waren um so gewaltiger, als die drei wußten, was sich dahinter verbarg.

Nach diesem einen, so entscheidenden Reading wollte Gladys verständlicherweise auch ein Reading über ihre eigene Vergangenheit haben. Cayce hatte schon einmal erwähnt, daß sie früher in Frankreich gelebt hätte, wo sie als junge Frau in ein Kloster gesteckt wurde und ihr erst dreijähriges Kind [Cayce] in fremde Hände geben mußte. Als es aus Mangel an Fürsorge starb, ist sie selbst an diesem Kummer zugrunde gegangen. Nun wollte Gladys mehr über diese tragische Geschichte erfahren.

Jeannette suchte mir die entsprechende Aufzeichnung heraus, und dort konnte ich folgendes lesen: »Die in jenem Leben verlorene Zuneigung wird in der Gegenwart ein weiteres Mal offenkundig. Und allein hier wird diese Wesenheit [Gladys] zusammen mit jener [Cayce] zur Ruhe kommen.

Daher die Selbsthingabe, um das Band erneut zu knüpfen, so daß jeder mit seinem besseren Selbst zu der Entwicklung bis in jenes Land beiträgt, wo es keine Trennungen gibt und die Liebe das Maß aller Dinge ist.«

Mir war völlig klar, was Cayce mit dem »besseren Selbst« gemeint hatte, und die beiden wußten es auch. Dann beschrieb er ihrer beider Begegnung in Persien als Uhjltd und Ilya, wo ihrer gegenseitigen Liebe als Mann und Frau keine Grenzen gesetzt waren.

»In dieser Begegnung waren sie sich ihrer einstigen Seelenidentität [in Atlantis] noch völlig bewußt. Wir finden sie bei guter Verfassung und Schönheit der äußeren Gestalt. In ihrer engen Verbundenheit entwickelten sie eine tiefe Liebe zueinander und gaben sich den körperlichen Freuden hin und erfuhren eine gegenseitige Erfüllung, wie sie für andere nicht vorstellbar war.«

Auch hier legte sich Cayce Zurückhaltung auf, als ob er sogar im Unbewußten die Gefühle des jungen Mädchens, das soeben seine Liebe für Gertrude, ihre einstige ägyptische Mutter, zu entwickeln begann, respektierte.

Der bloße Gedanke an ein gemeinsam verbrachtes Leben in Persien erweckte an sich schon lang verdrängte Gefühle, um so mehr noch jene zwei leicht überprüfbaren Körpermale, die als weiterer Beweis gelten könnten.

»In diesen Gemeinsamkeiten litten beide an einem körperlichen Gebrechen und behielten bis heute davon ein Körpermal zurück, was die damaligen Bedingungen erkennen läßt. Auf dem weiblichen Körper befindet es sich direkt unter der linken Brust – an Seite und Rand dieser Brust, und analog dazu ein gleiches auf dem männlichen Körper [von Cayce] an der entgegengesetzten Brustseite.«

Jeannette nickte bekräftigend. »Ja, ich weiß von diesem Zeichen. In ihren letzten Jahren massierte ich Gladys zuweilen und sah dabei dieses rote Muttermal genau an der beschriebenen Stelle.«

»Und das von Mr. Cayce?«

Sie schüttelte ihren Kopf. »Davon weiß ich allerdings nichts.«

Das persische Reading, in dessen Einzelheiten Jeanette mich einweihte, nahm plötzlich den lustbetonten Beigeschmack von der Art der salomonischen Gesänge an:

»Die Reize deiner Brüste, deines Nackens, der Schenkel und des Nabels – sie alle sprechen von einer Schönheit, die den Gefährten in tiefster Seele berührt, so auch die sehnsüchtigen Rufe der Seele in ihrem fleischlichen Verlangen und der Reaktion ihrer Verschmelzung.«

Nur wer die Liebe in solcher Gestalt selbst erlebt hatte, konnte wie Cayce sich ihrer erinnern: »Sie beobachten die langsam sinkende Sonne über dem Wüstensand. Und in dieser dahinschwindenden Stunde finden sie zum erstenmal die Antwort von Körper auf Körper, indem sie zu einem verschmelzen, und bringen ein Opfer dar [einen Sohn, Zan], das der Welt die erste Lebens- und Liebesphilosophie [den Parsismus] geben wird.

Inzwischen – in dieser Zukunft – brauchen sie nur einander treu bleiben in dem ständigen Geben und Empfangen jener Freuden in den Beziehungen, die auf Selbsthingabe im Dienste anderer beruhen. Diese bringen Freude, Frieden und wiederum und vor allem die Vereinigung von Körper, Seele und Geist. Bleibt euch deshalb treu bis zum Ende durch tägliche Akte der Selbstlosigkeit – für und mit anderen. Denkt stets daran, daß sie und alle Seelen in diesen Manifestationen einst miteinander verknüpft werden.«

Nun konnte ich gleich viel besser verstehen, was die drei so sehr miteinander verband. Denn die Bewußtwerdung der Vergangenheit diente vor allem dazu, das Gefühl füreinander und für die Nöte der Menschheit zu vertiefen. Gladys war die einzige unter den dreien, die ich noch persönlich kennengelernt hatte, die anderen kannte ich nur aus ihren Aktivitäten. Auch die Hintergründe ihrer nie versiegenden Toleranz gegenüber jeglicher Art menschlicher Schwächen wurden mir immer klarer. Gladys' Engagement für Cayce und sein Werk war so stark, daß sie jeden Gedanken an eine Heirat bis zum Tod ihrer am meisten geliebten Freunde – Gertrude und Edgar – von sich schob.

Sie hatte sich nie anmerken lassen, wenn ihr persönlich etwas zu schaffen machte, und sprach, solange ich sie kannte, kein einziges Mal über die Probleme, die aus den Erfahrungen ihrer früheren Existenzen herrührten, noch hatte ich eine besondere Ahnung über ihr Liebeserlebnis mit Uhjltd (Cayce) in jenen aufregenden persisch-arabischen Lebzeiten. Aber die Erinnerung an diese starke, warmherzige Frau ist nach wie vor lebendig in mir. Sie liebte es, in jenen Readings zu lesen, die über ihre kurze Romanze mit dem persischen Krieger berichteten, in der Tat eine Gratwanderung zwischen Leben und Tod, denn Ilya (Gladys) und Uhjltd (Cayce) wurden kurz hintereinander Opfer eines verräterischen Anschlags, den der feindlich gesinnte Stammeshäuptling der Stadt der Hügel und Grasländer auf sie ausgeübt hatte. Ilya wurde erstochen, und der trauernde Uhjltd, der sich bis zuletzt widersetzte, starb in einem Gemetzel gegen den überlegenen Gegner.

»Nur durch den Verrat der anderen«, sagte Cayce, »wurde letzten Endes das Leben der Frau ausgelöscht. Daher die Furcht vor den Messern einerseits und das Mißtrauen in Freundschaften andererseits.«

Sie setzte sich immer ernsthafter mit seinen Readings auseinander, die sie nicht nur zusammentrug und katalogisierte, sondern teilweise auch zu interpretieren versuchte; sie blieb in ständigem Kontakt mit den Leuten, denen Cayce ein Reading gegeben hatte, und überprüfte die Genauigkeit seiner Aussagen.

Es war nicht verwunderlich, daß ihre im Grunde unerfüllt gebliebene Liebe immer häufiger zu Depressionen und allerlei körperlichen Beschwerden führte. Im Alter von siebenundzwanzig Jahren entschloß sie sich, den Mann, der ihr die Hintergründe ihrer Frustrationen am besten erläutern konnte, um Rat anzugehen. Wiederum war es Gertrude, die mit der Leitung des Readings beauftragt war. Und Cayce sagte: »Wie es von Anbeginn festgesetzt war, liegt es an dir, dich für gut oder böse zu entscheiden. Je nach der Wahl deines Willens vergrößern oder vermindern sich die Einflüsse aus der Vergangenheit. So nun aber die Kräfte, die deinen Glauben zum Schwanken oder Versiegen bringen, von dir Besitz ergreifen, dann stehe auf und sage: ›Hebe dich weg von mir, Satan, denn du versuchst, mir Dinge schmackhaft zu machen, die von dieser Welt sind.‹ Der Weg, der zum ewigen Leben führt, ist eng und schmal; breit und krumm ist die Straße der Selbstzerstörung.«

Gladys sah ihre Jugend dahinschwinden, und sieben Jahre nach diesem Reading, sie war inzwischen vierunddreißig geworden, fragte sie ihren väterlichen Freund, ob sie heiraten solle, da sie sich sehnlichst einen Jungen wünschte, um so mehr, als sie noch immer unter dem traumatischen Verlust ihres in Frankreich verlorenen Sohnes litt.

»Warum nicht?« sagte Cayce. »Wenn es erwünscht ist.«

»Weshalb fühle ich solche Unruhe in mir, und wie kann ich sie überwinden?«

»Körper und Geist befinden sich in einem ständigen Krieg, und du kennst den Weg«, antwortete ihr der schlafende Cayce. »Öffne dich diesem Geist. ›Dein und nicht mein Wille geschehe, o Herr.‹ So werden dir Harmonie und die materiellen Manifestationen zu deiner Zufriedenheit beschert werden. Halte fest an der kreativen Kraft des Spirituellen, die dir ein Ansporn sein soll. So werden dir Harmonie und Frieden zuteil.«

Ihre Beziehung zu Gertrude (wie auch später zu Jeannette, die in der Tat ein tiefes Verständnis für all ihre Probleme entwickelte) gab ihr viel Anlaß zum Nachdenken. In den fünfzehn Jahren, in denen sie mit und in der Familie gelebt hatte, war ihr Gertrude immer mehr wie eine Heilige erschienen, die sich stets fest in der Gewalt hatte, sich niemals beklagte und den anderen den Vorrang vor ihren eigenen Bedürfnissen gab.

»Und welcher Art ist meine Beziehung zu Gertrude?« fragte sie, denn die Geister der Vergangenheit ließen ihr keine Ruhe.

»Die einer Geborgenheit vor jenen Aktivitäten oder Einflüssen, die zu mentalen oder physischen Schäden führen. Diese sind die Ausdrucksweisen aus den Erfahrungen von Ägypten und auch von Persien. Folglich sollten diese auf eine Weise kultiviert werden, daß eine Kraft daraus wird oder eine Hilfe, welche die eine der anderen gewährt.«
Ich wußte nicht, was Cayce mit seiner Ermahnung meinte, die er der Antwort hinzugefügt hatte, und warf einen fragenden Blick auf Jeannette.
»Was Cayce hier anspricht«, sagte Jeannette, »ist die stützende und dominierende Rolle, die Gertrude aufgrund früherer Bindungen in Gladys' gegenwärtiger Existenz innehatte. Wie wir wissen, war Gladys in Ägypten Gertrudes Tochter und in Persien jene fremde Inxa, die eine enge Freundschaft zu Ilya, alias Gladys, entwickelte.«
In Jeannettes Lächeln mischte sich ein Anflug von Traurigkeit; ich ahnte, daß wir beide Ähnliches empfanden, als mir plötzlich der Gedanke »arme Gladys« in den Sinn kam.
Aber noch hatten wir nichts von der großen Liebe in jenen anderen Zeiten erfahren, als die Sonne die Schatten herbeirief, in denen zwei Körper zusammenschmolzen – in Träumen, die dem Geist, wenn nicht dem Leib, neue Kräfte zuführten.
Es waren zwei Lebenszeiten, die mehr als alle anderen zur Entschlüsselung der gegenwärtigen Daseinsmuster dienten, die ägyptische und die persische; und Jeannette hatte mit Gladys mehrfach über diese Zusammenhänge gesprochen, denn in diesen zwei Phasen kam es zu fast unentwirrbaren Verknüpfungen zwischen Edgar, Gertrude und Gladys, die sich ganz unvermeidlich auf die gegenwärtige Situation der drei Betroffenen auswirken mußten.
»Wenn man die verschiedenartigen Beziehungen jener Zeiten im Hinblick auf Freundschaft, Verwandtschaft und Liebe bedenkt«, sagte Jeannette, »wird einem manches ver-

ständlicher. Denn in Ägypten waren Gertrude und Edgar in guten und schlechten Zeiten innig vereint und gezwungen, ihr Kind wegzugeben; natürlich hat das ihr Gewissen empfindlich belastet.
Gertrude alias Isis war von unvergleichlicher Schönheit und nicht minder anmutig als Tänzerin, so daß gewisse Aspekte ihrer göttlichen Erscheinung sich in Ägypten bis heute erhalten haben. Sie aber machte sich nichts daraus. All ihre Gedanken galten dem Kind, das in Ägypten festgehalten wurde.«
Diese Gefühle waren in Gertrude so stark erhalten, daß sie Cayce wegen dieses Kindes um ein Reading bat, besonders als sie von seinem Leiden und Tod während ihrer Verbannung aus Ägypten wußte.
»Warum wurde das Kind vom ägyptischen König festgehalten?«
»Die Mutter vom König begünstigt ... der Vater jedoch verworfen. Und die Priester manipulierten den König auf eine Weise, daß er seine Rachegefühle gegenüber den Eltern an ihrem Kind befriedigte, indem er es gemäß dem Rat seiner Ratgeber gefangenhielt, um den Schuldigen, aber auch der Bevölkerung insgesamt eine Lehre zu erteilen.«
»Warum aber starb es so vorzeitig?« fragte die von mütterlichen Sorgen gepeinigte Gertrude.
»Aus den Gedanken und dem Rat derer entlassen, die für seinen Eintritt in die Welt verantwortlich waren [Ra und Isis] ... wenn auch nicht gehaßt, so doch verstoßen.«
»Welche Auswirkung hatte dies auf die Wesenheit [Gertrude] in ihrem gegenwärtigen Leben? Und wozu fühlte sie sich folglich gedrängt?«
»Den Drang zu beschützen – zugleich aber die Furcht vor einer möglichen Variante ihrer Erfahrung ... einer Variante in den Beziehungen der zwei [Cayce und Gladys] und zu ihr selbst.«

Die Vorstellung, die ich mir von dem Zusammenleben »dieser drei« – denn so nannte ich sie in meinen Gedanken – gemacht hatte, existierte tatsächlich als definitive Realität. Was immer die Leute darüber dachten, diese drei akzeptierten bedingungslos all die intimen Enthüllungen von Cayces Readings und all seine Aussagen im Trancezustand. So konnte ich recht gut Gertrudes Schuldgefühl nach dem Zurücklassen ihrer kleinen Iso – dem Kind, das aus der Liebesbeziehung mit dem Hohenpriester Ra hervorgegangen war – nachempfinden. Und es machte die Sache keineswegs besser, daß der hellsehende Cayce auch noch seine Verbannung durch den König der ägyptischen Liebesgefährtin zur Last legte.

»In Ägypten gehörte die Wesenheit [Gertrude] zu der Hausgemeinschaft des den religiösen Führer [Cayce] assistierenden Priesters. Und aufgrund ihrer großen Schönheit in Antlitz und Gestalt und ihrer verführerischen Kräfte brachte sie sich selbst sowie jene Wesenheit [Ra] in große Schwierigkeiten. Die dadurch herbeigeführte Verbannung brachte der Gruppe und jedem, der der Feindseligkeit der vielen ausgesetzt war, viel Elend und große physische Not.«

Die Leiden der Vergangenheit wirkten noch immer fort, wofür Cayce seine Frau verantwortlich machte, während er seine Assistentin stets ansornte, sich an Vorbilder zu halten, was sie auch ohne seine Ermutigung zu tun schien. »Und für die Gegenwart«, bemerkte Cayce über Gertrude, »stellen wir fest, daß ein leichter Groll immer noch anhält, den die Wesenheit überwinden muß, um jene Entwicklungsstufe zu erreichen, die den mentalen, physischen und spirituellen Kräften am dienlichsten ist.

Möge die Wesenheit jenes Verständnis erwerben, das im Selbst eine Nichtigkeit erkennt, wenn wir die spirituellen Elemente auf der physischen Ebene deutlich zu machen wünschen – und daß es mühsam sein wird, sich den Aktivitäten zu widersetzen; jeder Gedanke und jede Tat muß verantwortet und gesühnt werden.«

Gladys hatte keine erfreulichen Erinnerungen an Ägypten, doch in der glücklicheren persischen Periode, als sie mit Uhjltd (Cayce) verheiratet war, erkannte sie eine einwandfreie, karmische Verbindung zur Gegenwart. »Denn in jenem Leben«, gestand sie Jeannette in seltener Offenheit, »verhielt sich alles – im Vergleich zu heute – genau umgekehrt. Damals kam Gertrude in Gestalt der Inxa zu Cayce [Uhjltd] und mir und wurde von uns beiden protegiert, so wie ich jetzt von Mr. Cayce und Gertrude aufgenommen und protegiert werde. Deshalb kann ich Gertrudes Gefühle so gut verstehen. Denn nachdem Inxa krank und allein durch die Wüste gewandert war, kam mein Mann ihr zu Hilfe, wie er mir schon zuvor auf ähnliche Weise geholfen hatte, als ich in die Wüste verstoßen und dem sicheren Hungertod ausgesetzt war. Wir nahmen sie auf und pflegten sie gesund. Sie war die Schönste der Schönen, von stattlicher Gestalt und enormer Anziehungskraft.«

Für alle Beteiligten und auch mich erschienen diese Dinge durchaus überzeugend, denn jede Daseinserfahrung hatte gewisse indirekte Auswirkungen auf das nächste Leben.

»Für Inxa war es ganz selbstverständlich, sich zu dem Mann hingezogen zu fühlen, mit dem sie zuvor in Ägypten verheiratet war«, sagte Jeannette, »und genauso muß es Gladys in ihrem jetzigen Leben ergangen sein. Für alle, die über diese Zusammenhänge Bescheid wissen und wie wir sowohl an Cayce als auch an Reinkarnation glauben, war dies keineswegs überraschend. Dennoch bewundern wir die selbstauferlegte Zurückhaltung, mit der Personen wie Gertrude und Gladys ihre gegenwärtige Situation zu meistern verstehen.«

Für eine Weile schien es, als ob einer dem anderen auf die

Füße treten würde. Aber wie Jeannette bemerkt hatte, kehrten dieselben Wesenheiten in ständig neuen Verknüpfungen immer wieder ins Dasein zurück, um an einer Zukunft zu arbeiten, die weitgehend durch Vergangenheit und Gegenwart vorgeprägt wird.

»All die Energien für solche gewaltigen Interaktionen, die zwangsläufig zu Komplikationen führen, waren bereits vorhanden. Wie hätte es auch anders sein können, da es um die Aufarbeitung ihres jeweiligen Karmas ging, ein Prozeß, in dem Cayce die eigentliche spirituelle Herausforderung erblickte.«

Dieses Thema machte er zum Angelpunkt eines Readings, das er Gladys über ihre gemeinsamen Erfahrungen im einstigen Persien gewährte: »Wie schon angedeutet, ließen sich etliche Parallelen zwischen jener Zeit und den gegenwärtigen Erfahrungen und Aktivitäten der Wesenheit [Gladys] ziehen. Genauer betrachtet, kommt man dabei zu folgendem Ergebnis: Wisse, daß das Gute weiterlebt. Es ist kreativ und findet seine Zeit der Aktivität, wo sich die Gelegenheit zu weiterer Vervollkommnung in materiellen Gemeinsamkeiten und Aktivitäten ergibt.«

Auch das Problem des freien Willens sollte hier noch in Erwägung gezogen werden. Denn es sind ja unsere eigenen Entscheidungen, es sind unsere Reaktionen auf gewisse Ereignisse und nicht die Ereignisse als solche, welche letztendlich unser zeitloses Wohlbefinden bestimmen.

»Schwierigkeiten, Enttäuschungen oder Rückschläge können zu gewissen Zeiten den angestauten Trieben als Anlaß dienen, eine gebotene Gelegenheit wahrzunehmen, und uns der Kraft berauben, am angestrebten Ideal festzuhalten, was zu einer Abwendung von diesem Ideal führen kann.«

Gertrude hätte ihre Weiblichkeit verleugnen müssen, würde sie nicht Cayce über sein früheres Zusammenleben mit

Gladys, jene Ehe zwischen Uhjltd und Ilya, ausgefragt haben, deren Liebe so übermächtig war, daß sogar »die Vögel sie in ihren Gesängen verherrlichten«.

Sie war die einzige Zeugin dieses Readings gewesen: »Gib mir eine detaillierte Lebensschilderung jener Wesenheit [ihrer eigenen] und ihres Auftritts in der persischen Wüste sowie ihres damaligen Umgangs mit jenen, die heute zu ihren engsten Vertrauten gehören.«

Cayce erinnerte sich sehr genau. »Ihr damaliger Name war Inxa. Sie und ihre nomadische Sippe wurden von Uhjltds Kriegern von Ort zu Ort getrieben, bis sie in die Stadt der Hügel und Grasländer kam, wo sie, krank und von Freunden verlassen, Uhjltd begegnete.

Als noch unberührte Jungfrau wurde die Wesenheit durch das Oberhaupt dieses Ortes von ihrer Auszehrung und Not geheilt. Mit der Wiedererlangung ihrer Gesundheit, Stärke und Vitalität trat ihre volle Schönheit, deren Einfluß sich kaum jemand entziehen konnte, erneut in Erscheinung. Denn ihr Körper wurde damals als der wundervollste in jenem Ort angesehen.«

Es wäre falsch, irgendwelche eigennützigen Motive in Gertrudes hingebungsvoller Liebe zu Cayce hineindeuten zu wollen, und so ging es ihr in diesem Reading allein um die Frage, wie sie sowohl ihrem Mann als auch der jungen Frau, in der sie ihre einstige verlorengegangene Tochter wiedererkannte, am besten helfen konnte.

»Sie müssen wissen«, sagte Jeannette, »Gertrude hatte aufgrund ihres Vertrauens in Mr. Cayces Fähigkeiten niemals an der Tatsache gezweifelt, daß Gladys in früheren Zeiten ihre Tochter gewesen war, daher auch ihr spontanes Entgegenkommen und Mitgefühl für diese beiden durch eine gemeinsame Vergangenheit gewissermaßen belasteten Wesen.«

Das Reading sollte ihr nun die Möglichkeit geben, ihr Ver-

halten gegenüber der jüngeren Frau zu klären, welches nach Cayces Meinung noch immer von gewissen unterschwelligen Ressentiments geprägt sein könnte, nicht aufgrund gegenwärtiger, sondern längst vergangener Erfahrungen. So tat er sein Bestes, sie und Gladys zu beraten, damit beide durch mehr Einsicht und bedachtsameres Handeln zu ihrem inneren Frieden zurückfinden konnten.
»In der Tat entdeckt die Wesenheit [Gertrude] ein häufiges Ansteigen von inneren Widersprüchen – und zweifellos im Zusammenhang mit den Aktivitäten der anderen und ihren Gemeinsamkeiten, was nach all den Erfahrungen nicht verwunderlich ist. Darum sollten in den Beziehungen zwischen den Personen, die davon betroffen sind, stärkere kooperative Einflüsse zum Tragen kommen. Er oder sie, die sich selbst zum Kanal dieses Gebens machen, werden dadurch eine hinreichende Genugtuung für Körper, Geist und Seele erfahren.«
Das war leichter gesagt als getan. Zuweilen fand Gertrude es ziemlich schwer, sich mit ihrer Vergangenheit auseinanderzusetzen, und Gladys nicht minder. In Persien war Gertrude als Inxa aufgrund ihrer ungeheuren Ausstrahlung zu einer führenden Persönlichkeit geworden, die zeitweilig Ilyas Einfluß zurückdrängte. »Letztere [Inxa] entwickelte sodann in den späteren Abschnitten ihrer Existenz in zunehmender Weise die Fähigkeit, durch Blick und Gebet an Macht zu gewinnen, was viele von denen, die anders nicht zu überzeugen waren, zum Gehorsam führte.«
Die anfänglich recht unerbittliche Rivalität zwischen den beiden wurde am Ende zu einer engen und herzlichen Freundschaft. »Im späteren Teil [ihres Lebens] kamen sich beide in ihren Vorstellungen, Idealen und auch in materiellen Belangen sehr nahe. Die Wesenheit [Inxa] erwies sich als diejenige, die sich der Pflege Ilyas in deren letzten Tagen widmete.«

Gertrudes und Gladys' gegenseitiges Vertrauen verstärkte sich zusehends in dem Maße, in dem die Bindungen aus der Vergangenheit bald auch das letzte oberflächliche Unbehagen zum Abklingen brachten. Gegen Ende ihres Lebens erblindete Gertrude auf einem Auge und gestand Gladys, daß sie dieses Leiden als karmische Folge ihres Betragens als Inxa verstünde. »Mir wurde auf einmal klar«, sagte sie, »daß diese Blindheit in meinem rechten Auge zweifellos eine direkte Folge meines Fehlverhaltens während meiner persisch-arabischen Inkarnation ist, als ich meine Blicke zur Gefügigmachung von anderen im Sinne meiner damaligen Anschauungen gebrauchte.«

Hier wurde mir erstmals bewußt, wie wichtig Gertrude diese karmischen Veränderungen nahm, die sich diesmal in Form körperlicher Gebrechen bekundete. Bisher hatte ich nur von emotionalen Konfrontationen aufgrund einstiger Daseinserfahrungen und deren gelassener Bewältigung gehört, aber diese Art von Auge-um-Auge-Vergeltung verblüffte mich ungeheuer. Andererseits bereitete es mir wenig Schwierigkeiten, die Geburtsmale von Edgar und Gertrude als Hinweise auf das Fortwirken von längst vergangenen Erlebnissen zu akzeptieren.

»Was Sie so verwirrt«, bemerkte Jeannette, »ist möglicherweise die Idee des Büßenmüssens. Kein Mensch möchte im Schöpfer den Strafenden sehen, der uns wegen irgendeines sonst kaum beachteten menschlichen Versagens seine Liebe entzieht.«

Gertrude, deren Leben nach ihrem Ermessen so scheinbar sinnlos dahinglitt – abgesehen von den Zeiten, in denen sie ihrem Mann eine Hilfe sein konnte –, versank immer mehr in Grübeleien und Frustrationen. Doch in Gladys entdeckte sie schließlich die Partnerin, mit der sie gemeinsam zu ihrer Rolle zurückfand.

Es überraschte nicht, daß sie sich jetzt wieder wie früher

auf die eigentliche Quelle ihres Wissens besann. Sie war zweiundfünfzig, als sie ihre Kümmernisse dem schlafenden Cayce unterbreitete: »Warum bin ich mit mir selbst so sehr und so häufig im unreinen?«
Cayce antwortete: »Weil du dich im Vergleich mit anderen ständig als minderwertig oder schuldig betrachtest.«
»Und was ist die wahre Ursache all jener körperlichen Beschwerden, die sich immer wieder im Gefolge von seelischen Kümmernissen einstellen?«
»Die Angst in dir selbst. Sie ist die Folge der Unentschlossenheit zwischen dem, was wirklich ist, und dem, was nur als Idealvorstellung in dir existiert. Zweifel ist der Vater der Angst, und Angst der Anfang der Verunsicherung. Und die ist es, welche die Krankheiten von Seele und Geist hervorruft.«
Wie so oft in ihren früheren Existenzen fühlte sich Gertrude auch jetzt dem Ansturm ihrer Selbstzweifel ausgesetzt, insbesondere was ihre Stellung und ihren Zweck in diesem Leben betraf.
»Bitte erkläre mir die karmischen Bedingungen, mit denen ich zurechtkommen und die ich begreifen muß, um mich als Ehefrau, Mutter oder Freundin besser bewähren und den mir zugewiesenen Platz innerhalb der größeren Aufgaben voll ausfüllen zu können.«
Cayce kam auf die »Beziehungen zwischen den Individuen« zu sprechen, »aus denen sich die gegenwärtige Hausgemeinschaft zusammensetzt … Ferner sollte man auf die diversen Kräfte als Träger karmischer Einflüsse achten. Wo die Angst aus Unsicherheit entspringt, nötige dich selbst zu der Erkenntnis, daß Gott in jeder Seele zum Ausdruck kommt. So kann der Körper in seiner gegenwärtigen Gestalt zu jenem Frieden finden, der über jedes Begreifen hinausreicht.«
Gertrude und Gladys schienen sich mit ihrer Situation

versöhnt zu haben, so daß sich mit der Zeit eine große Harmonie in dem Haus einstellte, wobei sich alles um Edgar Cayce und sein Werk drehte, das unter keinen Umständen beeinträchtigt werden durfte.

Doch Gertrude und Gladys waren nicht die einzigen, die sich noch immer auf der Suche nach ihrem eigentlichen Selbst befanden. Sogar der Schlafende Prophet war von den delikaten Ergebnissen seiner Readings bis ins Innerste betroffen. Um aus seiner Verwirrung herauszufinden, gab er sich selbst eine Anzahl von Readings und gelangte allmählich zu einer gewissen Einsicht, die ihn in seinem eigenen Kurs bestätigte.

»Die Erfahrungen jedes einzelnen von uns haben Dinge zutage gefördert, die in ihrer Verknüpfung im gegenwärtigen Augenblick zu Zweifeln, Ängsten, Begierden und Störungen führen, die an uns zehren und nagen; und dennoch müssen wir sie durchstehen wie ein Feuer. Und die Feuer des Fleisches in den materiellen Verknüpfungen müssen in der Liebe, die uns der Vater gab, gereinigt werden, so daß alle erkennen, daß jeder den Weg zusammen mit dem Sohn beschreitet. Sei du wie jene, die seine Wege begehbar machen. Denn eng ist der Weg, doch offen ist das Tor, welches zu jenem Wissen führt, das in ihm zu erlangen ist.«

Als Cayce auf seine Gemeinsamkeiten mit Gertrude in ihrer ägyptischen Lebenszeit zu sprechen kam, wies er auf jene Dinge während des Exils hin, die sich zerstörerisch auf den Körper ausgewirkt hatten, und sagte, daß das Karma dieser Vergangenheit durch die gegenwärtige Existenz überwunden werden müsse. Über die Bedeutung ihrer gegenwärtigen Position war er sich völlig klar: »Dieselbe Wesenheit [Isis], die ich mir damals genommen hatte, ist, wie vorherbestimmt war, in der gegenwärtigen irdischen Sphäre meine Gefährtin.«

Letztendlich war dies für Cayce ein klarer Sieg über die

Vergangenheit und die »geheimen sexuellen Triebe«, die ihn über viele Lebzeiten hinweg gequält hatten. Er war seinem ehelichen Gelöbnis treu geblieben.

Nachdem ich soviel über derlei Dinge erfahren hatte und mich fast in die Rolle eines Voyeurs gedrängt sah, schien mir jedes weitere Wort überflüssig zu sein. Ich gab all die Readings an Jeannette zurück und versuchte, ihrem Blick zu begegnen. Sie nickte mir zu und ließ einen kleinen Seufzer vernehmen.

»Irgendwie«, sagte sie, »war es für alle drei ein Triumph. Denn ihr Opfer machte es möglich, das Werk rein und fleckenlos herauszubringen. Ich könnte mir außer Gertrude keine Frau vorstellen, die Gladys eine so gute Obhut geboten hätte, nicht nur in ihrem Heim, viel mehr noch in ihrem Herzen. Und was Gladys betrifft, wer würde wie sie ihre ganze Jugend einer Sache geopfert und Cayces Werk zum ureigensten Anliegen gemacht haben?«

»Wenn ich Sie richtig verstanden habe, müßte Edgar der größte Triumph zuerkannt werden. Denn er, der wie jeder normale Mann durch viele Lebzeiten hindurch von seinen sexuellen Trieben angespornt war, schaffte es schließlich, sein fleischliches Selbst zu bezwingen und sich zu einem reinen Seelengefäß zu machen.«

Für Cayce bedurfte es keiner besonderen Intuition, um sich über die Lästerungen gewisser Mitmenschen klar zu sein, die seine enge Freundschaft mit Gladys bekrittelten. Selbst innerhalb der A. R. E. gab es kleingeistige Leute, die die mutigen Bemühungen des Trios Gladys, Gertrude und Cayce, ihrer eigenen Spiritualität zu einem Sieg über die Anfechtungen der Vergangenheit zu verhelfen, verkannten.

In einem speziellen Reading, das sich mit den Lästerzungen befaßte, betonte er, daß der äußere Anschein zwar den Eindruck von Stichhaltigkeit vermittle, aber nicht zu einer

Kritik an seinem Werk berechtige. Und dennoch war ihm zutiefst bewußt, daß diese übelgesinnten Verleumder nie aufhören würden, ihre schmutzigen Verdächtigungen jenen Menschen anzuhängen, die ihnen weit überlegen waren.

»Es hat sich oft genug erwiesen«, sagte Cayce, »daß die psychischen Kräfte innerhalb solcher Beziehungen mit dem anderen Geschlecht den fleischlichen Begierden zu einer Kondition verhelfen, die gewissen anderen Individuen unverständlich ist – eben weil ihnen die höheren, reineren und edleren Dinge des Lebens verschlossen sind und sie nur das Irdische zu erkennen vermögen. Belasset die beiden in ihrer Haltung, die in bezug auf Leben und Körper über jeden Tadel erhaben ist, und seid umsichtig, was das Handeln betrifft, denn man wird euch daran messen.«

Meine Gedanken wanderten nun zu Gladys, die sich stets im Hintergrund hielt und die Interessen anderer weit über die eigenen stellte; ihr einziger Wunsch war es gewesen, der Welt klarzumachen, daß das Werk und alle, die dazu beitrugen, bis zuletzt untadelig waren.

Daß hingegen all jene spitzen Zungen mit ihren schneidenden Kommentaren nie zum Schweigen gebracht werden könnten, wußte Gladys nur zu genau, als sie so treffend bemerkte: »Diese lüsternen Schwätzer werden in sich selbst immer wieder einen Anlaß für neuen Tratsch finden.«

Noch 1980, vor nicht allzu langer Zeit, äußerte sie sich anläßlich einer spirituellen Zusammenkunft in einer kurzen Bemerkung zu einem der Cayce-Readings: »Enthaltsamkeit wurde zweifellos eingehalten, denn zwischen Mr. Cayce und mir gab es keinerlei sexuellen Kontakte. In jeder anderen Hinsicht existierte jedoch die so oft beschriebene perfekte Einheit, nicht nur zwischen mir und ihm, sondern auch allen anderen, die seinem Herzen nahestanden.«

11. Kapitel

Vor langer Zeit

Harold J. Reilly brauchte den Patienten nur seine Hände aufzulegen, und schon flossen Ströme seiner heilenden Energien durch den erkrankten Körper. Es war ein Geheimnis, das sich keiner erklären konnte, noch nicht einmal Reilly selbst. Bereits mit vierzehn Jahren hatte er die Schule verlassen, um seiner Mutter bei der Versorgung und Pflege einer beträchtlichen Anzahl jüngerer Geschwister zur Seite zu stehen. Kein Wunder, wenn ihn praktische Erfolge mehr interessierten als wissenschaftliche Untersuchungen.
Ich lernte ihn kennen, als er mit der Leitung des besten amerikanischen Gesundheitsklubs betraut war. Erstaunlicherweise hatte er schon damals Leute wie Nelson Rockefeller, Eddi Rickenbacker, Sonja Henie, Bob Hope, Bing Crosby und viele andere Berühmtheiten mit Erfolg behandelt; und nun hatte mich meine Zeitung dazu ausersehen, eine Story über diesen seltsamen Heiler und die Leute, die er so gut in Form hielt, zu schreiben. Obwohl ich erst ein Mittzwanziger war, konnte ich mich wegen eines vermeintlichen Ischias nur unter Ächzen und Stöhnen voranbewegen. Ich war völlig verzweifelt, denn es gelang mir kaum, einen Fuß vor den anderen zu setzen. Alle paar Sekunden mußte ich mich gegen eine Hauswand lehnen, um wieder ein paar Schritte auf einmal riskieren zu können. Zwei Ärzte hatten mich schon vor die Wahl gestellt, entweder einer Rückenoperation zuzustimmen oder mein Lebtag lang ein Krüppel zu bleiben. Ich war zu keiner Entscheidung fähig, fürchtete ich doch das Skalpell des Chirurgen ebenso wie die kaum erfreulichere Alternative.

Trotz allem gelang es mir, Reilly und einige seiner Patienten zu interviewen. Ich staunte über seine facettenreiche Vorgeschichte. Ehe er sich im Rockefeller Center in New York nützlich gemacht hatte, war er der Leiter eines Gesundheitszentrums am Broadway, wo er Sportgrößen wie Jack Dempsey und dessen Herausforderer Gene Tunney auf Kondition brachte. Auch er selbst wagte sich gelegentlich in den Ring und war eher für seine rohe Kraft als seine Gewandtheit als Boxer bekannt. Er wich niemals zurück und war in der Tat ein Phänomen, ein Mann, dem der Begriff Furcht völlig fremd war.

Er war ein sehr geschickter Physiotherapeut wie auch Chiropraktiker, jedoch anders als all die Therapeuten, die seine Klienten zuvor konsultiert hatten. »Er berührt dich ein wenig, und schon fühlst du dich besser«, bestätigte mir einer meiner Kollegen, der unter permanenter Übelkeit litt. Ich sah, wie er seine Wunder an Kranken, Lahmen und Hinkenden vollzog. Kein Leiden schien für ihn unbesiegbar. Es gab keine Herausforderung, der er sich nicht gestellt hätte. Ich verweise lediglich auf den Fall jenes betagten Börsenmaklers, dem die Ärzte einer namhaften Klinik keine Hoffnung mehr ließen, je wieder laufen zu können. Nach Reillys Worten sah er eher wie der leibhaftige Tod aus, als man ihn in sein Gesundheitszentrum einlieferte. Ob ich meinen Augen trauen wollte oder nicht, binnen vierzehn Tagen konnte der Makler beschwingten Schrittes seine beruflichen Tätigkeiten wiederaufnehmen.

»Wie haben Sie das nur zuwege gebracht?« fragte ich den Wundermann, denn sein über sechzigjähriger Klient hatte sich in der Tat in einem hoffnungslosen Zustand befunden. Reilly lächelte. »Ich habe ihm wieder Hoffnung gemacht«, sagte er, »denn das ist die beste Medizin für einen kranken Mann.«

»Und das war alles?«

»Ein bißchen Behandlung war auch noch dabei. Ich streckte ihm den Rücken – was andere zuvor schon versucht hatten.«

Er war von meiner Reportage sehr angetan. Da sie in der größten Zeitung des Landes erschien und viel Anklang gefunden hatte, wuchs die Zahl seiner Klienten enorm an. »Nachdem Sie meine magischen Fähigkeiten so populär gemacht haben«, bemerkte er augenzwinkernd, »möchte ich sie auch an Ihnen erproben.«

Als ich sichtlich zurückzuckte, konnte er sich kaum ein Lächeln verkneifen: »Bezweifeln Sie etwa, was Sie selbst schreiben?«

Am nächsten Tag humpelte ich mit gemischten Gefühlen in seinen Praxisraum, und mir schien es zunächst, als täte ich dies aus purer Höflichkeit. Ich kann mich noch recht gut erinnern, wie behutsam er mich auf dem Behandlungstisch ausstreckte und mir mit seinen magischen Händen über den Körper strich. Selbst durch die Kleidung hindurch konnte ich fühlen, wie eine seltsame Energie die Schmerzzonen deutlich entlastete. Dann begann er meine Beine mit einem Meterband abzumessen, erst beide zusammen und dann gesondert.

»Ihr Hüftgelenk steht um fünf Zentimeter hervor, kein Wunder, daß Sie Schmerzen haben!« Er warf mir einen forschen Blick zu. »Jeder Schritt muß ja höllische Qualen verursachen!«

Als mein Körper sich bereits spürbar entspannt hatte, vollzog Reilly mit seinen Händen eine ruckartige Bewegung, die einen knackenden Laut hervorrief.

»Was war das?« fragte ich beunruhigt.

»Ihr Hüftgelenk, nun ist es wieder da, wo es hingehört.«

»Und mein Ischias?«

»Die war nur eine Folge der ausgekugelten Hüfte; so verschwinden zwei Übel auf einen Streich.«

Er gab mir einen prüfenden Blick. »Wie wär's, wenn Sie ein wenig herumlaufen würden?«
Ich richtete mich vorsichtig auf und versuchte, mich auf die Füße zu stellen. Es war kaum zu fassen. Die Schmerzen waren wie weggeblasen.
»Und nun laufen Sie ein wenig!« ermunterte er mich.
Ich riskierte zunächst einen Schritt ... und noch einen – und dann einen dritten. »Das ist ja ein Wunder!« rief ich erregt.
»Ein Wunder«, berichtigte er mich, »wäre eine Sache, für die es keine Erklärung gibt.« Er musterte meine Gestalt vom Kopf bis zur Sohle. »Vielleicht müssen wir noch ein weiteres Wunder vollbringen. Kommen Sie bald wieder vorbei.«
Seine tiefliegenden, blauen Augen leuchteten plötzlich auf, und zum erstenmal bemerkte ich, was für eine stattliche Erscheinung er war. Die forschen Züge dieses irischstämmigen New Yorkers glichen eher denen eines römischen Centurio, der sich einen Spaß daraus macht, in den Boxhandschuhen unserer Tage sein klassisches Heldentum unter Beweis zu stellen.
»Hat Ihnen schon mal irgend jemand gesagt, daß Sie wie ein römischer Gladiator aussehen?« fragte ich ihn.
Er schien gar nicht darauf einzugehen. »Was die Leute so sagen, interessiert mich nicht sonderlich; es sei denn, sie würden mich lange genug kennen. Mit den Patienten ist es natürlich etwas anders. Und sie verraten mir mehr über sich, als sie selbst wissen.«
Später, als ich mit Reilly näher vertraut war, erkannte ich immer mehr seine komplexe Natur. Für die meisten seiner Klienten war er der gesunde und kernige Typ, dahinter verbarg sich jedoch so manches Geheimnis.
»Was ist Ihre wirkliche Meinung über parapsychische Phänomene?« fragte er mich während eines Muskeltrainings

in seinem Übungsraum. Es war in den Tagen, als ich erste Kontakte zu Cayces Freund David Kahn aufgenommen hatte.
Ich war ziemlich überrascht. Immerhin wußte er, daß ich bereits eine Reihe von Artikeln über außersinnliche Wahrnehmung für meine Zeitung geschrieben hatte.
»Irgend etwas ist dran an der Sache«, wagte ich einzugestehen. »Erst kürzlich bin ich einer Frau begegnet, die mir genau sagen konnte, was mir innerhalb der letzten fünf Jahre so alles passiert ist. Sie heißt Maya Perez und bezeichnet sich selbst als Mystikerin.«
Reilly ließ seine Hantel zu Boden gleiten, die fünfzig Pfund schwerer war als die meine, und die war mir schon schwer genug. Dann schaute er mich an und sagte: »Sie haben mir soviel Anerkennung für Erfolge gezollt, die mit meinen Bemühungen überhaupt nichts zu tun haben. Ich würde diese Ehre lieber dem zuerkannt wissen, dem sie letztendlich gebührt.«
»Aber Sie haben mich wirklich wieder zusammengeflickt«, sagte ich.
Doch er meinte: »Ja, aber ich hatte eine große Hilfe.« Er lachte, als ob er auf etwas ganz Spezielles hinauswollte. »Ich kann es noch immer nicht glauben. Da ist ein Mann, der mir haufenweise Patienten ins Haus schickt, obwohl er noch nie von mir gehört hat, außer wenn er schlief.«
Ich legte meine Hantel ab und war plötzlich ganz Ohr. Zu dieser Zeit wußte ich kaum etwas von Cayce. Ich hatte noch keine Gelegenheit gehabt, David Kahns Behauptungen zu überprüfen.
»Vergessen Sie das Stemmen nicht!« sagte Reilly, während er seiner Hantel ein weiteres Gesicht hinzufügte, »wir können auch beim Gewichtheben reden; es macht die Last leichter, wenn man nicht über sie nachdenkt. Sie wissen ja, der Geist ist der eigentliche Akteur.«

»Was meinten Sie mit dem schlafenden Mann?« Ich glaubte noch immer, er hätte sich einen Scherz erlaubt.
»Genau das, was ich gesagt habe. Die Leute kamen von überall her mit ihrem Zettel in der Hand, auf dem mein Name, meine Adresse und die Art der Behandlung vermerkt war, die ich an ihnen vornehmen sollte: mit ganz detaillierten Beschreibungen der jeweils vorliegenden Wirbelschäden. Und das merkwürdigste war, daß dieser Mann all seine Aussagen im Trancezustand macht. Ist das noch zu überbieten?«
Allmählich dämmerte es mir, von wem hier die Rede sein könnte, ohne daß ich Genaueres über Cayce wußte. Doch Reillys Erzählung erschien mir so faszinierend, daß ich seine Verwunderung zu teilen begann und selbst ganz neugierig wurde.
Seine damalige Praxis einschließlich Sauna war, obwohl am Broadway gelegen, äußerst dürftig und klein, und diesen Ort als obskur zu bezeichnen würde ich immer noch als Beschönigung empfinden.
»Niemand konnte wissen, daß ich überhaupt existierte«, begann Reilly von neuem, »wenn es nicht Jack Dempsey gegeben hätte, dem ich ab und zu eine Massage verpaßte oder mit ihm ein paar Übungen machte. Sie können sich wohl kaum meine Überraschung vorstellen, als immer mehr ganz andersartige Leute buchstäblich zu mir hereinströmten und sich die verschiedenartigsten Behandlungen erhofften, einige mit Wirbelsäulenbeschwerden, andere wünschten sich eine Hydrotherapie oder Massage und Heilgymnastik. Ich hatte mir zufälligerweise ein Gerät zur Dickdarmmassage angeschafft und fragte mich, woher die Leute auch das bereits wußten.«
Auf jedem der Zettel wurden drei Grundregeln besonders hervorgehoben: zum ersten gesunde Mahlzeiten unter entspannten Bedingungen; ferner die störungsfreie Zirkula-

tion des lymphatischen und kardiovaskulären Systems und die regelmäßige Stuhlentleerung – auch für Reilly ganz unverzichtbare Dinge, die er selbst als »Trümpfe des Wohlbefindens« zu bezeichnen pflegte. Jede dieser so formlosen Verschreibungen trug den Namen eines Mannes, von dem Reilly noch nie etwas gehört hatte: Edgar Cayce.
»Wer ist dieser Dr. Cayce?« fragte er einen der vielen Patienten.
»Er ist gar kein Doktor.«
»Und wie sieht dieser Mann aus?«
Der Patient zuckte die Achseln: »Hier muß ich passen. Ich habe ihn selbst nie gesehen.«
Reilly glaubte, nicht richtig gehört zu haben. »Und wie kam er an meine Adresse?«
»Auch diese Frage kann ich Ihnen nicht beantworten«, sagte der Klient, »ich hatte nur seine Telefonnummer und rief ihn in seiner Wohnung an, um mich wegen meiner Schmerzen beraten zu lassen. Er hat sich in Trance versetzt und mir gesagt, daß meine Beschwerden durch eine Nervenquetschung aufgrund eines verschobenen Wirbelknochens verursacht wären. Dann schickte er mir diesen Zettel mit Ihrer Adresse und seinen eigenen Anweisungen.«
»Und hat er meinen Namen richtig buchstabiert?«
»Genauso, wie er an der Tür Ihrer Praxis geschrieben steht.«
Reilly zweifelte an seinem Verstand, je mehr er über diese Ungereimtheiten nachdachte. »Für mich schien die Welt aus den Fugen zu geraten. Denn jedesmal, wenn ich mich an Cayces Empfehlungen hielt, ging es den Patienten zusehends besser. Ich selbst hatte auch schon ähnliche Dinge, wenn auch mit geringen Abweichungen, an meinen Patienten praktiziert, und ich konnte nichts Schädliches oder Übertriebenes in seinen Anweisungen erkennen, zumal sich vieles davon mit meinen eigenen Erfahrungen deckte.«

In einem einzigen Fall hatte er offensichtlich kein Glück mit seinen Cayce-Patienten gehabt. Damals konnte ich noch nicht richtig verstehen, weshalb ihn das so beschäftigte. Denn dieser Patient hatte sich seiner Behandlung entzogen und einen anderen Arzt aufgesucht.

»Ich hätte ihn retten können«, sagte er sichtlich verärgert, »wäre ich nur zum Schein auf ihn eingegangen, um allmählich auf Cayces Vorstellungen überzugehen. Aber er wurde recht ausfallend, und dann ließ ich ihn laufen. Er war ziemlich eigensinnig und aß und trank gerne und liebte das süße Leben. Um seine Kreislaufprobleme zu mildern, hatte Cayce ihm leichte Massage empfohlen. Er hingegen bestand auf einer Art Roßkur, so daß ihm meine Art zu massieren als schlaff und kraftlos erschien. Doch Cayce hatte ihn vor einer rigorosen Behandlung gewarnt, die zu seinem völligen Zusammenbruch führen könnte.«

Mir schien, als ob Reilly sich unnötige Vorwürfe machte. »Sie haben zumindest getan, was Sie konnten«, sagte ich.

Er schob grimmig sein Kinn nach vorn wie einer der Boxchampions, deren Fotos so häufig in Friseurgeschäften herumliegen. »Ich hätte ihn rücksichtslos am Tisch festbinden und ihn gar nicht fragen sollen, ob ihm meine Behandlung gefällt oder nicht.«

»Und wenn der Erfolg ausgeblieben wäre, hätte er Sie dafür verantwortlich gemacht.«

»Der Mann, der ihn mir geschickt hat, hat sich noch nie geirrt.«

»Und wie geht es diesem Patienten jetzt?«

»Sozusagen ... überhaupt nicht. Er starb nach drei Wochen. Er hat woanders die Behandlung erhalten, vor der Cayce ihn so ausdrücklich gewarnt hatte.«

Nachdem immer mehr Leute aufgrund von Cayces Empfehlungen bei Reilly vorstellig wurden, stieg dessen Neugier ins unerträgliche. »Ich wollte diesen Mann unbedingt kennenlernen, um herauszufinden, woher er mich kannte. Mein Name war damals bestimmt kein Aushängeschild, und ich wollte noch ganz andere Dinge von Cayce wissen, zum Beispiel wieso seine Diagnosen so treffsicher waren, obwohl er die Patienten nicht zu Gesicht bekam, und wieso er unter diesen Umständen Dinge verschreiben konnte, die wirklich geholfen haben. Je mehr ich darüber nachdachte, desto weniger konnte ich an der Existenz dieses Wundermanns zweifeln.«

Reilly hatte ein ziemlich gemischtes Gefühl, als er tatsächlich den Hörer ergriff, um Cayce anzurufen, und wußte noch nicht, wie er die Sache angehen und seine Verwunderung über soviel Unbegreifliches in Worte fassen sollte. »Ich wollte nicht aufdringlich erscheinen und ließ ihn wiederholt meine Dankbarkeit erkennen. Doch als das Gespräch seinen Fortgang nahm, hatte ich immer mehr das Gefühl, als ob ich mit einem alten Bekannten redete, den ich seit längerer Zeit nicht mehr gesehen hatte. Ich spürte eine Welle von Wärme und Freundlichkeit herüberkommen, auf die ich in gleicher Weise reagierte, ja, ich hörte mich sogar sagen: ›Mr. Cayce, ich glaube, wir könnten gute Freunde werden.‹ So etwas hatte ich noch nie über die Lippen gebracht, denn ich bin überhaupt nicht der Typ, der schnelle Freundschaften schließt. Er schien über meinen Anruf keineswegs überrascht zu sein. Zum Schluß schlug ich ihm vor, uns in New York zu treffen, sobald sich für ihn eine Gelegenheit ergäbe.«

Reilly sah dieser Begegnung voller Erwartung entgegen, die, wie sich herausstellte, für beide eine Überraschung war. »Ich schaute ihn an und wußte sofort, daß mich mit diesem Mann etwas Besonderes verband, auch wenn wir uns noch nie zuvor begegnet waren. An seinen Augen konnte ich ablesen, daß er ähnliches fühlte. Vor allem gefiel mir, daß er so offen und ungezwungen war, und insgeheim

hatte ich ihn mir auch so vorgestellt. Ein bißchen weniger Offenheit auf seiner Seite, und ich wäre enttäuscht gewesen. Wir waren Freunde von Anfang an, die sich nach langer Trennung wieder begrüßten. Genauso habe ich es empfunden.«
Das Geheimnisvolle an dieser Begegnung schien sich auch weiterhin zu bestätigen. Denn selbst Cayce konnte sich nicht erklären, weshalb er so viele Gebrechliche und Kranke ausgerechnet zu Reilly geschickt hatte, diesem kräftigen und gutaussehenden Mann, in dem kaum jemand einen Heiler vermutete.
»Ich habe ja nicht einmal Ihren Namen gekannt«, sagte Cayce, »und das Wissen um Ihre Existenz verdanke ich allein meinem Unbewußten. Doch wenn ich Sie so ansehe, wird mir sofort klar, daß wir uns längst vertraut sind.«
Reilly gab sich alle Mühe, seine Erregung im Zaum zu halten. Dennoch drängte es ihn, seiner Dankbarkeit Ausdruck zu verleihen.
»Ich hätte Sie gern um etwas gebeten«, sagte er, »würden Sie es zulassen, daß ich Sie einer Behandlung unterziehe, die ich von Ihnen gelernt habe?«
Cayce sah ihn lange und nachdenklich an. »Ich habe das Gefühl«, sagte er, »daß es sich um etwas handelt, was Sie schon einmal vor sehr langer Zeit praktiziert haben.«
Reillys ungewöhnliche Erfahrung und plötzliche Offenheit versetzten mich in Erstaunen, war ich doch der Meinung gewesen, daß er mehr an physischen Dingen interessiert sei.
»Und warum erzählen Sie mir das?« fragte ich ihn.
»Ich nehme doch an, daß ein Mann wie Sie, der eine ganze Serie über außersinnliche Erfahrungen schreibt, auch an meinen Erlebnissen interessiert ist. Was würde geschehen, wenn ich all den Ärzten, oder auch Leuten wie Bob Hope oder Rockefeller, die mich regelmäßig konsultieren, zu

erkennen gäbe, daß sie, wenn auch indirekt, durch einen schlafenden Propheten kuriert werden? Sie würden mir das Fell über die Ohren ziehen!«
In der Tat war Reillys Story die seltsamste, die mir jemals enthüllt worden war.
»Und Sie glauben, daß Cayce Ihnen schon mal begegnet wäre? Was wollen Sie damit sagen?«
»Ich kann es mir selbst nicht erklären. Als ich den Druck seiner Hand zu spüren bekam, war unsere Freundschaft so gut wie besiegelt. Aber wieso und weshalb, wo ich ihn doch zum erstenmal sah? Ich war zunächst ziemlich verwirrt, aber es gibt eben Dinge, die unser Verstand nicht begreift. Zumindest spürte ich, daß Cayce etwas von mir wußte, was mir selbst unbekannt war. Ich konnte dies eher seinen Blicken als seinen Worten entnehmen, und mir schien, als ob er in mir einen alten Bekannten entdeckte, den er lange nicht gesehen hatte, und deshalb herauszufinden versuchte, inwieweit er sich verändert hatte.«
Die Freundschaft zwischen den beiden begann sich zu festigen. Cayce war ein häufiger Gast auf Reillys Gesundheitsfarm, die nur eine Autostunde von New York entfernt war, und genoß die frische Luft in diesem nördlichen Distrikt von New Jersey. Es gab lange Gespräche, und einmal sagte Cayce ganz beiläufig: »Wissen Sie, Reilly, daß Ihre Fähigkeiten als Heiler Ihnen schon in die Wiege gelegt waren?«
Reilly hatte keine Ahnung, worauf Cayce hinauswollte, denn damals war ihm der Umfang der Cayceschen Aktivitäten noch gar nicht bekannt. Eines Tages jedoch rückte der Mystiker mit seiner Absicht heraus: »Was halten Sie von einem Tauschgeschäft zwischen uns beiden: Sie geben mir eine Behandlung und ich Ihnen ein Lebens-Reading.«
»Ein Lebens-Reading?« fragte Reilly ein wenig skeptisch. »Und wozu soll das gut sein?«

»Oh, vielleicht erfahren Sie ein wenig mehr über das Drum und Dran Ihres Hierseins, Ihrer Vergangenheit, Gegenwart und Zukunft?«

»Meine Vergangenheit«, meinte Reilly geringschätzig, »ist ohnehin ein offenes Geheimnis.«

»Nicht die Ihres jetzigen Lebens. Ich dachte an Ihre früheren Existenzen.«

Reilly lachte. »Soweit ich es überblicke, waren wir, zumindest väterlicherseits, aus irischem Schrot und Korn – und nicht von der schlechtesten Sorte.«

In gewisser Weise kam Reilly das Reading nicht ganz ungelegen. Es war die Zeit, als er vergeblich versucht hatte, sein Gesundheitsstudio vom Broadway in den weitaus vornehmeren Bezirk des Rockefeller Center zu verlagern. Doch der Preis für die Pacht überstieg seine finanziellen Möglichkeiten, und so wußte er nicht, was auf ihn zukommen würde. Am Reading selbst war er nicht sonderlich interessiert. Immerhin hoffte er, seine brennendsten Fragen hinsichtlich des Umzugs zur Sprache zu bringen. »Ich zweifelte nicht, daß ein Mann wie Cayce, der ihm gänzlich unbekannte Leute zu einem Fremden wie mir schickte, von dem er noch nie gehört hatte, auch imstande sein müßte, eine Lösung für meine Probleme zu finden.«

Das Reilly-Reading fand zehn Jahre nach Cayces erstem Reinkarnations-Reading für Arthur Lammers in Dayton, Ohio, genauer gesagt im November 1933, statt. Außer den beiden Hauptakteuren nahmen auch noch des Mystikers Sohn Hugh Lynn und Gladys Davis teil; ersterer versetzte Cayce in Trance, während Gladys das Reading zu Protokoll nahm. Ferner hatte Reilly ein paar seiner engsten Angehörigen mitgebracht, die das Ereignis mehr oder minder erstaunt verfolgten.

Reilly stand den Aussagen über seine vergangenen Lebenszeiten sehr skeptisch gegenüber. Als einer, der mit beiden

Füßen auf dem Boden der Wirklichkeit stand, interessierte ihn nur die Gegenwart und in erster Linie seine Chancen in der Rockefeller-Angelegenheit. Was sollte ein alter Ire wie er mit Informationen anfangen, die von dem nordischen Abenteurer Erich dem Roten handelten – dem Entdecker des nördlichen Amerikas, der er einstmals gewesen sein soll –, und was mit seiner ägyptischen und römischen Vergangenheit? Und was hatte ein Ire in solchen Ländern zu suchen?

»Können Sie sich mich als rothäutigen Skandinavier vorstellen?« fragte er lachend.

»Nicht unbedingt«, sagte ich, »schon eher als Gladiator im antiken Rom!«

Meine Antwort gefiel ihm. »Wissen Sie, daß Cayce mich auch als Bewohner von Atlantis beschrieben hat, und ich wußte nicht mal, wo diese Insel zu suchen war.«

Was er von Cayces Aussagen am besten behalten hatte, war merkwürdigerweise ein fast unaussprechlicher Name.

»Können Sie sich vorstellen, daß ich einst Arptl hieß?« fragte er mich mit einem verschmitzten Grinsen.

Ich lachte, aber gab nochmals zu verstehen, daß ich ihn am ehesten für einen Römer hielte.

Reilly gelang es, ein paar Fragen über das Rockefeller Center und seine Gesundheitsfarm, die er eventuell verkaufen wollte, ins Reading einzubringen.

»Ist es ratsam, meine Bemühungen um den Erwerb eines Gebäudes in Radio City fortzusetzen?«

»In jedem Fall«, erwiderte der Schlafende Prophet, »wie wir erkennen, werden die entsprechenden Verhandlungen gegen Ende des kommenden Jahres [1934] zum Tragen kommen.«

»Soll ich ferner meine städtische Praxis beibehalten oder ein ländliche Heilstätte als mein Hauptanliegen betrachten?«

»Führe das eine fort, und erweitere deine Bemühungen auf der ländlichen Farm als einer Heilstätte der religiösen Erweckung.«

»Gibt es im Moment noch weitere Ratschläge oder Anweisungen, die ich beachten sollte?«

»Wende deinen Blick vor allem nach innen und auf das, was deine Aktivitäten anspornt – doch nicht um deinetwillen allein, sondern in Anbetracht der Liebe des Vaters, und sorge, daß sie sich in deinen Taten für all deine Brüder im Lande zu erkennen gibt.«

»Und denken Sie nur«, sagte Reilly zu mir, »bereits vierzehn Tage nach dem Reading – im Dezember 1934 – wurde mir der Rockefeller-Vertrag unter Berücksichtigung all meiner Vorstellungen zur Unterzeichnung zugestellt.«

Wie Cayce ihm anempfohlen hatte, steigerte Reilly in der Tat die Bemühungen um seine Mitmenschen und nannte dies einen bescheidenen Akt der Huldigung für den neugewonnenen Freund.

»Auf einer Hauptversammlung der A. R. E. gab ich allen Anwesenden bekannt, daß jeder Klient, den Cayce an mich überwies, in meinem Institut uneingeschränkte Hilfe finden würde, ganz gleich, ob er das Honorar dafür aufbringen könne oder nicht.«

Doch trotz all der Einsichten, die Reilly aufgrund der Cayce-Readings in sein eigenes Vorleben gewonnen hatte, blieb ihm bis zu seinem Tode im Jahr 1987, noch als Zweiundneunzigjährigem, unklar, weshalb Cayce eine so hohe Meinung von seinen heilerischen Fähigkeiten hatte. Ich war in der Lage, dieses Geheimnis zu lüften.

Auch ich hatte in Reillys Lebens-Readings vergeblich nach irgendwelchen Aufschlüssen über frühere Beziehungen zwischen den beiden gesucht, bis ich den entscheidenden Hinweis von jemandem erhielt, der besser als ich über die Cayce-Readings Bescheid wußte. Die einzigen Anhaltspunkte ergaben sich aus Cayces eigenen Lebens-Readings, die er sich vor vielen Jahren selbst gegeben hatte, insbesondere aus jenem, das seine Rolle als ägyptischer Hoherpriester Ra-Ta erläutert. Auch Reilly wird darin, anonym wie alle anderen, als Ras wichtigster Gehilfe erwähnt, dem die körperlich-geistige Purifikation der Gläubigen oblag. Und da in ihren individuellen Readings weder der eine noch der andere Name genannt wird, fehlt somit jeder Hinweis auf eine Beziehung zwischen den beiden – es sei denn, man wußte aufgrund wiederholter Anspielungen, um wen es sich handelte.

Zwar wird in Reillys Reading ein gewisser Priester erwähnt, aber Reilly hatte dies kaum zur Kenntnis genommen, da ihm ebensowenig wie mir die Ra-Beziehung bewußt war. Uns beeindruckten vor allem die Gesundheits-Readings, die für Reillys Wirken so wichtig geworden waren, während Cayces Reinkarnations-Readings unsere Imaginationskraft meist überforderten.

Inzwischen frage ich mich, weshalb mir damals entgehen konnte, was Cayce in seinem eigenen Lebens-Reading klar genug herausgestellt hatte.

»Wir erkennen, daß die Wesenheit [Reilly] in jenem Land lebte, welches heute das ägyptische genannt wird, und zu einer Zeit, als die Wiedererrichtung all dessen geschah, was niedergerissen worden war, nachdem die Aktivitäten des Priesters mißbilligt und er des Landes verwiesen wurde.«

Erst nach Ras Rückkehr aus dem Exil trat Reillys ägyptische Version in Erscheinung, erst dann setzten seine heilerischen Aktivitäten unter der Aufsicht des Hohenpriesters ein und von da ab in typisch kompromißloser Weise.

»Mit der Rückkehr des Priesters und der Einführung jener Dinge, die die Heilkünste betrafen, trug die Wesenheit [Reilly] viel zur Gesundung eines in Unordnung geratenen Volkes bei. Er half den Ärzten bei der Errichtung von

Stätten der Einkehr, die sowohl einzelnen als auch Gruppen eine Möglichkeit boten, durch körperliche Aktivitäten und einen genau festgelegten Speiseplan Leib und Seele zu reinigen.«

Allmählich wurden mir Reillys Praktiken in Verbindung mit Cayces exakten Anweisungen immer vertrauter. Nicht nur an seinen Patienten, die die Ärzte ihm laufend überwiesen, wirkte er wahre Wunder, selbst diese – und es müssen bis zu dreihundert gewesen sein – kurierte er durch therapeutische Bäder und andere physische Verfahren, und keiner von ihnen ahnte, daß sie ihre wiedergewonnene Gesundheit letzten Endes einem Hellseher verdankten. Reilly war, wie Cayce bestätigte, nicht nur ein kluger Ratgeber; als erfahrener Ernährungsspezialist versorgte er seine Klienten mit ungespritzten Gemüsen und Früchten, die von seiner eigenen, nach organischen Gesichtspunkten betriebenen Farm in New Jersey stammten.

Schließlich wurde auch der geheime Hintergrund von Reillys Beziehung zu Cayce alias Ra offenbar, und von daher war es kein Wunder, daß Cayce seine Klienten zu Reilly schickte und dieser für seine Patienten eine Gesundheitsfarm und ein Gesundheitszentrum eingerichtet hatte, und ebenso einleuchtend schien, daß dieser wiedergeborene Heiler die Instruktionen von Cayce alias Ra so gut umzusetzen verstand. Denn all dies hatte sich schon einmal in einem Land zugetragen, das wir heute Ägypten nennen, und der damalige Schüler hatte längst seinen Lehrer eingeholt. Reilly wußte, wie er mit seinen Patienten umzugehen hatte, indem er sie berührte und ihnen in die Augen sah; es war das gleiche Wissen, das Cayce auf seinen Astralreisen ins universelle Bewußtsein, das alles registriert und nichts vergißt, zuteil wurde.

Diese Zusammenhänge waren für Jeannette Thomas schon lange kein Geheimnis mehr, und so war es ganz natürlich, daß sie wie schon Gladys zuvor für Reilly eine besondere Sympathie entwickelte.

»Warum sollten sie sich nicht als alte Freunde begreifen?« sagte Jeannette. »Sie kannten sich ja schon, als unser Hoherpriester in Ägypten seine Heilstätten errichtete und Dr. Reilly sein wichtigster Mitarbeiter war.«

Wie die damalige hatte Cayce auch diese Lebenszeit zusammen mit Reilly, seinem einstigen Stellvertreter, verbracht und erkannte im voraus dessen Entwicklung vom alten zum neuen Bewußtsein. »Folglich läßt sich die Entwicklung der Wesenheit [Reilly] während ihres Aufenthalts im ägyptischen Land belegen, die in der Gegenwart nicht nur materielle Kenntnisse hinzuerworben, sondern durch körperliche und geistige Aktivitäten Zufriedenheit verbreitet hat – in all jenen Dingen, die als Kanal zur Manifestation mentaler und spiritueller Kräfte dienen.«

Dieser weitschweifigen Ratschläge mag sich Reilly ganz unbewußt bedient haben, wenn er es mit Leuten zu tun hatte, die an ihren Beziehungsproblemen zu scheitern drohten.

»Und diese Kräfte sollten herausgefordert werden, nicht nur im eigenen Selbst, sondern in allen, die der Ratschläge und Hilfe dieser Wesenheit [Reilly] bedürfen.«

Daran wurde ich eines Tages erinnert, als ich während meiner eigenen Routineübungen in Reillys Praxis aus dem angrenzenden Raum seine besänftigenden Worte vernahm, mit denen er auf einen Klienten einzureden versuchte: »Du kannst dir nicht einfach davonlaufen; du mußt dich selbst an die Hand nehmen.«

»Doch ich muß weg von hier«, hörte ich einen von Verzweiflung gequälten Heranwachsenden sagen, »all diese Plätze erinnern mich ständig an sie, und ich kann ohne sie nicht mehr leben, nicht an diesem Ort, wo wir soviel Gemeinsames erlebt haben.«

Es war mir nicht möglich, meine Ohren vor diesem Gejammer zu verschließen. Später begegnete ich dem Klienten, einem Südamerikaner, als er im Umkleideraum noch immer vor sich hin brütete. Ich erkannte ihn an dem für Liebeskranke so typischen Gesichtsausdruck. Im Vorbeigehen nahm sich Reilly noch einmal die Zeit, seinen tröstenden Arm um die Schultern des Unglücklichen zu legen.
»Halt deinen Körper in Schuß«, sagte er, »dann wird dir bald wohler zumute. Verdopple täglich die Übungen, die ich dir beigebracht habe, über zwei Wochen hinweg. Tu etwas für dich selbst, und gleich sieht sich alles ganz anders an. Leg deinen Reisepaß noch heute in die Schublade zurück.«
Schuldbewußt gestand ich Reilly meine unfreiwillige Mitwisserschaft. »Ich wußte ja gar nicht«, gab ich erstaunt zu erkennen, »daß Sie sich auch um gebrochene Herzen bemühen.«
»Ich habe einiges von Cayce gelernt«, erwiderte er. »Und der Junge wird dies auch noch begreifen, wenn er am Ball bleibt. Niemand kann auf die Dauer depressiv sein, sobald in den Adern das Blut wieder zu singen beginnt.«
Schon einen Monat nach dieser Begegnung sah ich Reillys Schützling pfeifend und trällernd aus dem Übungsraum kommen. Obwohl wir uns nur vom Sehen kannten, streckte er mir seine Hand entgegen.
»Wollen Sie mir nicht auch gratulieren«, rief er vergnügt, »ich habe vor, nächste Woche zu heiraten!«
»Na also«, sagte ich, »dann ist sie doch wieder zurückgekommen!«
»Wo denken Sie hin«, sagte er etwas verdutzt, »ich habe dieses Mädchen erst vor zwei Wochen kennengelernt. Sie ist einfach klasse ... Bellissima!« Er küßte seine eigenen Fingerspitzen.
Reillys äußeres Erscheinungsbild, das mich an einen alten

Römer erinnerte, hatte mich schon oft zu der Frage veranlaßt, ob mir in seinen Readings etwas entgangen sein könnte, das meinen diesbezüglichen Vermutungen recht gäbe. Doch wie ließe sich Reillys tiefe Spiritualität je mit der Rolle eines antiken Gladiators vereinbaren – und wie seine Gefühle für Leute wie Cayce, die ihr Letztes gaben, um anderen zu helfen?

Reilly kam aus einem katholischen Elternhaus und starb im katholischen Glauben, doch konnte ich aus seinem Reading entnehmen, daß er sich schlichtweg als Christ bezeichnete. Das mag eine vorübergehende Laune gewesen sein, aber Reilly tat nie etwas ohne Grund.

Irgendwie war mir aus den Cayce-Readings ein Hinweis auf eine römische Präexistenz in Erinnerung geblieben, über die ich damals hinweggegangen war, weil ich mich ganz auf Reillys ägyptische Vergangenheit konzentriert hatte. So nahm ich mir noch einmal die entsprechenden Aufzeichnungen vor und wurde auch kurz darauf fündig.

»Wir stellen fest«, hieß es dort, »daß die Wesenheit [Reilly] in der römischen Periode der Unterdrückung lebte, jenen dunklen Tagen, als sich christliche Lehren und Wahrheiten erstmals im Lande verbreiteten.«

Reillys römischer Name war Pompeanel, ein Krieger von reinstem römischen Geblüt, mutig und stark. »Die Wesenheit«, sagte Cayce, »gehörte zu den Truppen Neros, des Christenverfolgers, und hatte die Fähigkeiten, sich in den Kampfspielen der Arena meisterhaft zu bewähren.«

Ihm oblag es, die verachtete Sekte [die Christen] in der Arena zusammenzutreiben und sie zum Vergnügen des Mobs zum Kampf anzuspornen. »Die Aktivitäten der Sekten, die aufgrund des kaiserlichen Grolls einer permanenten Verfolgung ausgesetzt waren, mit Gewalt anzustacheln.«

Ich konnte es mir genau vorstellen: Wie Kaiser Nero, der

den Christen die Schuld für das von ihm gelegte Feuer zuschob, die Gladiatoren und die Löwen auf diese unglücklichen Menschen hetzte und in Jubel ausbrach, während Rom niederbrannte und immer mehr Leute den Märtyrertod starben. Ferner Pompeanel, der besagte Gladiator, der seine Bewunderung für die stolzen und unbeugsamen Christen nicht länger verbergen konnte, für jene, die im Angesicht des Todes und dennoch erhobenen Hauptes ihrem Herrn und Gott Loblieder anstimmten. Wußten sie doch, daß sie in ihrem Retter und Heiland das ewige Leben gefunden hatten. Und das Wunder geschah: Pompeanel wechselte von einer Seite der Arena zur anderen, um in den Reihen derer zu kämpfen, deren todesverachtende Tapferkeit nun auch ihn zu dem Glauben bekehrt hatte, welcher die Quelle ihrer Unerschrockenheit war.

»Somit kam die Zeit, um jenen im physischen Kampf gegenüberzutreten. Und später schickte er sich in den Tod zusammen mit jenen, die die Wesenheit [Pompeanel] zu lieben gelernt hatte.«

So wurde er schließlich ein Teil der Christengemeinde, zu der er sich auch als Reilly bekannte.

In Ägypten wuchs sein Einfluß und – wie ich glaubte – auch in Rom. Aber Cayce war anderer Meinung. »Diese Zeitspanne war eine solche gewesen, in der die Seelenkräfte schwanden und wieder zunahmen. Aus ihr kam vieles, was in der Gegenwart anderen, die krank und bedürftig waren [wie dem verwirrten Lieberhaber], innere Kräfte verlieh, um mit ihren Problemen fertig zu werden.«

Sogar in Reillys Gesundheitsstudio erkannte Cayce den Einfluß aus jenen frühen römischen Tagen. Denn Reillys Klienten, die Sandalen und weiße Gewänder trugen, wechselten im Verlauf der verschiedenen Behandlungen von einem Raum in den anderen über, von einem Therapietisch oder Bad zum anderen.

»In dieser gegenwärtigen Phase«, bemerkte Cayce, »zeigt die Wesenheit ein besonderes Interesse für die römischen Spiele [Boxen], die römischen Bäder und die römischen Gewänder.«

Es gab noch etwas in Cayces Readings, das mir entgangen sein mußte, eine Prophezeiung, die sich zwar auf rein materielle Dinge bezog, aber spektakuläre Auswirkungen hatte. Sie betraf Reillys etwa zweihundert Morgen umfassendes, im weiteren Umkreis von New York gelegenes Grundstück, und Cayce hatte ihm dringend geraten, es nicht zu veräußern. Schließlich wurde es zu einer Art Heil- und Erholungsstätte für ihn selbst und seine Klienten, und da es ständig an Wert gewann, brachte es ihm immensen Gewinn ein.

Inzwischen kannte ich Harry Reilly so gut, daß es keiner Geisterbeschwörung bedurfte, um mir seiner ständigen Nähe bewußt zu sein. Seine Einstellung zum Leben hat er einmal mit folgenden Worten ausgedrückt: »Kümmere dich nicht um Vergangenheit oder Zukunft. Verbringe jeden Tag so, als ob er der erste und der letzte deines Lebens wäre. Darauf allein kommt es an, das hat schon Cayce gesagt. Hier triumphieren wir über die Vergangenheit und arbeiten zugleich an unserer Zukunft.«

Bis zuletzt war mir nie klar, ob dieser bedeutende Jünger eines bedeutenden Mannes an Reinkarnation glaubte. Denn zeit seines Lebens war Reilly, der hartgesottene Ire, ein praktisch denkender Mensch, der an nichts glaubte, was er nicht selbst erfahren hatte. Und doch hat gerade er mir kurz vor seinem Tod, als er aus einem längeren Koma noch einmal erwacht war, etwas gesagt, das ich so leicht nicht vergesse: »Ich habe die Grenze bereits weit genug überschritten, um erkennen zu können, daß es dort draußen Dinge gibt, die ich mir zuvor nie hätte vorstellen können. Der Übergang wird mir nicht schwerfallen. Wenn man eine Hand auf der Schulter fühlt und eine Stimme vernimmt, die einem zuruft: ›Richte dich auf – Brust raus, und Schultern zurück!‹, dann weiß man, wem diese Stimme gehört.«

Auch ich habe zwischen Schlaf und Erwachen schon mehrfach Reillys Stimme vernommen – so klar, als ob er in seinem Rockefeller Center auf mich einredete: »Ja, ich war einst mit Cayce zusammen und werde bald wieder mit ihm zusammensein. Er weiß, wo er mich finden kann. Er hat es schon immer gewußt.«

12. Kapitel

Bindungen, die verpflichten

Es gab etwas zwischen Cayce und David Kahn, was anderen ein Rätsel blieb. Cayce schien das zu verkörpern, was Kahn niemals war. Cayce war ein gläubiger Christ mit dem Flair eines Geistlichen, aber ruhig und reserviert, zudem ängstlich besorgt um die Wahrnehmung eines gewissen persönlichen Freiraums. Abgesehen von der Entwicklung seiner metaphysischen Vorstellungen hatte er keinerlei Ambitionen.
David Kahn war ein Jude, dem die Gebote des Herrn, für Cayce die höchste Verpflichtung, nur wenig besagten. Seine Extravertiertheit brachte ihn eher in Situationen, in denen er sich rücksichtslos durchzusetzen verstand. Und dennoch hatte ihm Cayce mehr Readings als jedem anderen gegeben, was zuweilen den Eindruck erweckte, als ob Cayce zu nachsichtig wäre.
Bei solchen Vorhaltungen zuckte er höchstens die Achseln und pflegte lächelnd zu sagen: »Ich weiß ja oft selbst nicht, warum ich das tue. Und trotzdem bring' ich es nicht übers Herz, David von mir zu weisen.«
Dieser jedoch fällte kaum eine Entscheidung, ohne sich Cayces hellseherischer Vorausschau zu bedienen. So kamen insgesamt über zweihundert Readings zusammen, ganz abgesehen von den Ratschlägen, die der Prophet ihm im Wachzustand erteilte, denn auch hier zeigte er sich durchaus kompetent.
»David konnte noch nicht einmal niesen, ohne Cayce zu fragen, was das nun wieder bedeuten sollte«, hörte ich einen der Freunde sagen.

In der Tat ging er manchmal wirklich zu weit, und wenn sich andere darüber mokierten, ging Cayce lächelnd darüber hinweg und bemerkte höchstens, daß dies eben Davids Art sei, die Aufmerksamkeit auf etwas zu lenken, was letztendlich allen zugute käme. Denn Kahn machte so viel Wirbel um Cayces wundersame Aktivitäten, daß mehr Hilferufe eintrafen, als der Prophet bewältigen konnte. Wenn es zu schlimm wurde, aber nur dann, fing er an, auf Kahn einzureden: »Du bringst mich in eine unmögliche Lage, es wird einfach zuviel!« Aber so richtig böse war das niemals gemeint.
Sie mußten sich schon seit jeher gekannt haben, denn Kahn hatte wie Cayce seine Kindheit in Kentucky verbracht. Doch daraus allein war ihre Freundschaft nicht zu erklären. Zudem war Cayce ein Mensch, dem materielle Dinge wenig bedeuteten, auch nicht im Hinblick auf das Wohl seiner Familie, während Kahn keinen höheren Ehrgeiz kannte, als möglichst viele Reichtümer anzuhäufen. Insofern erschienen die beiden als ein höchst seltsames Gespann.
Cayces Toleranzvermögen war wirklich erstaunlich, solange er nicht der Schlafende Prophet war. Und selbst dann war seine Kritik noch milde, wenn er zum Beispiel in einem seiner Readings den Freund als jemanden darstellte, der »viel zu geschwätzig ist, und das zum eigenen Schaden«.
Kurz darauf nahm er diesen harten Ausspruch in gewisser Weise zurück, indem er (in einem weiteren Reading) erklärte: »Dies entspricht nicht ganz der Wahrheit. Hätte die Wesenheit [Cayce selbst] sich normaler – statt drastischer – Worte bedient, würde dies nicht genügt haben, um die nötige Aufmerksamkeit zu erwecken.«
In den für ihn so typischen bildreichen Umschreibungen sah er Kahns Erfolge als Hersteller von Möbeln sowie Radio- und Fernsehgeräten voraus: »Einer, dessen besondere Fähigkeiten, Geld zu verdienen, darin bestehen, daß

er Dinge aus Produkten der irdischen Vorratslager herstellt und verkauft – insbesondere solche aus Holz oder Holz mit Metall.«

Zuweilen hatte man das Gefühl, als ob Cayce tatsächlich versuchte, Kahns Versessenheit auf materiellen Erfolg herunterzuspielen. Bei einer anderen Gelegenheit hörten sich seine Worte eher mahnend an: »Bleibe dabei, alle Kräfte nicht zur eigenen, sondern zu Gottes Verherrlichung einzusetzen.«

Dieser Ratschlag schien den Freund kaum zu beeindrukken. Kahns wichtigste Fragen lauteten: Was sollte die Person im gegenwärtigen Jahr hinsichtlich des Geschäfts unternehmen? Welche spezifischen Forderungen sollte die Wesenheit zu ihrem eigenen finanziellen Nutzen an die Firma richten? Welche Investitionen sollte die Wesenheit in diesem Jahr – und zu welchem Zeitpunkt – zur Absicherung ihrer finanziellen Unabhängigkeit in Betracht ziehen? Wo war hier die besagte Verherrlichung Gottes zu erkennen? Doch Cayce war nicht aus der Ruhe zu bringen. Seine Antwort entsprach stets den Vorstellungen des jüngeren Mannes: »Arbeite niemals ohne Gewinnbeteiligung, und sei immer darauf bedacht, die vollen Früchte deiner eigenen Mühen einzubringen.«

Es war nicht seine Art, in entgegenkommender Weise zu antworten, wenn seine Ratschläge bekrittelt wurden, aber er wäre nicht Cayce, wenn er nach einer Bloßstellung von Kahns wirklichen Ambitionen nicht wieder und wieder mit seinen Ermahnungen zur Hand gewesen wäre.

»Aber laß auch den Dienst am Nächsten ein Teil des Nutzens sein, der der Wesenheit [Kahn] zufließt, wenn die Expansion einsetzt, besonders jenen Dienst am individuellen Verbraucher der hergestellten Ware.«

Auch in seinen privaten Entscheidungen verließ sich Kahn ganz uneingeschränkt auf Cayce. Bevor er die Ehe mit seiner Braut Lucille, einer Schauspielerin, einging, bestand er zunächst auf einem Reading über sie und ein paar Tage danach über sich selbst. Cayce ließ durchblicken, daß bei erhöhten Verantwortlichkeiten und steigenden Kaufanreizen ihn die Ehe dem Erfolg noch näher brächte – und am Erfolg war ihm am meisten gelegen. Ein paar Monate später fand dann die Hochzeit statt. Es war eine glückliche Allianz, die Kahn in schöner Regelmäßigkeit beträchtlichen finanziellen Gewinn einbrachte.

Daneben nutzte er jede Gelegenheit, die Talente seines Prophetenfreundes einer skeptischen Welt anzupreisen. In der Bahn, in Flugzeugen, auf Schiffen und in Aufzügen brachte er dessen Taten und Wunder in seine Gespräche ein, ohne besonders wählerisch in bezug auf seine Zuhörer zu sein. Er war es, aus dessen Munde auch ich zum erstenmal etwas über Cayce erfuhr, und bei jeder weiteren Begegnung hatte er eine neue Cayce-Story für mich in petto. »Dieser Mann wirkte wahre Wunder«, pflegte er mit bedachtsamem Kopfnicken zu sagen. »Er wußte lange vorher, daß ich die Leitung dieses gigantischen Einrichtungskonzerns übernehmen würde. Mit zweiunddreißig Jahren war ich der Spitzenmann innerhalb meiner Branche. Im Zweiten Weltkrieg sagte er mir, daß ich unversehrt zurückkommen würde. Ich stellte mich als Freiwilliger zur Verfügung, denn ich wußte ja, daß er niemals irrte. Und tatsächlich kam ich als strahlender Held zurück – und dazu noch im Rang eines Captain.«

Mit der Zeit lernte ich David Kahn genauer kennen. Er hatte ein angenehmes Äußeres, nur seine Sprechweise war etwas schleppend. Er war noch sehr jung, als er Cayce zum erstenmal in seiner Heimatstadt Lexington, Kentucky, begegnete. Cayce hatte dort einer Nachbarin und einem von Kahns jüngeren Brüdern ein Reading gegeben, das sich als sehr hilfreich erwies. Seine dankbare Mutter bemühte sich

ständig, ihrem ältesten Sohn David nahezulegen: »Versprich mir, diesen Mann niemals zu vergessen, und hilf ihm, wann immer du kannst. Gott hat ihm eine besondere Gabe verliehen.«
Und das hatte Kahn stets beherzigt, indem er die Caycesche Familie in seinem New Yorker Heim herzlich willkommen hieß, sie in den düsteren Tagen der Depression mit Lebensmitteln und Heizmaterial versorgte und Cayce selbst Hilfe in jeder Form zukommen ließ. Dies war besonders vonnöten, als der Hellseher Cayce samt Frau und Sekretärin verhaftet wurde und sich vor dem New Yorker Gericht wegen Wahrsagerei zu verantworten hatte. Kahn war es, der die Beweise für Cayces Unschuld herbeischaffen und seinen Freispruch erwirken konnte. Er war ein sehr zuverlässiger Freund.
Zum Erstaunen so mancher Cayce-Freunde entwickelte der Mystiker nach Ende des Ersten Weltkrieges in Partnerschaft mit David einen zunächst vielversprechenden Plan, der der Finanzierung einer Pflegeanstalt für unheilbar Erkrankte dienen sollte. Es ging darum, Ölquellen ausfindig zu machen, eine Aufgabe, die dem Hellseher oblag und zweifellos auch gelang. Doch die Ausbeute der Springquellen blieb anderen überlassen, und wie immer, wenn seine Readings nicht der direkten Hilfe der Menschen galt, ging Cayce leer aus. Und trotz des Fehlschlags genoß niemand soviel Vertrauensvorschuß bei dem sich wieder zurückziehenden Mystiker als der kecke, junge Aufsteiger Kahn, der sich in New York City längst einen Namen gemacht hatte. Viele Jahre nach seinem Dahinscheiden aus dieser Welt nahm ich 1989 erneut die Verbindung zu seiner Witwe Lucille auf, einer hochbetagten, aber für ihr Alter erstaunlich lebhaften Person, deren Hauptinteresse in der Erhaltung der Fortentwicklung der A. R. E. lag. Wie keine andere Ehefrau einstiger Cayce-Anhänger stellte sie all ihre Kräfte

in den Dienst ihres großen Idols und erreichte sogar den Rang einer Vorsitzenden der Vereinigung. Es gab kaum einen Kongreß im Virginia Beach Center, an dem sie nicht teilgenommen hätte, und sie war stets bereit, Leute wie mich, die ihren verstorbenen Mann noch gekannt hatten, zu empfangen. So wie sie damals für ihn eingetreten war, tat sie es auch diesmal, als wir uns für einen gemeinsamen Lunch verabredet hatten.

Mir fiel sofort auf, daß sich in ihrem Verhalten mir gegenüber ein gewisser Wandel vollzogen hatte. Vor zwanzig Jahren erschien sie mir als sehr streng und zurückhaltend – und nun auf einmal war sie voller Wärme und Freundlichkeit, und aus dem Klang ihrer Stimme entnahm ich ein Entgegenkommen, das mir zu sagen schien: »Auch Sie sind einer der Unseren gewesen.«

Daß sie an Reinkarnation glaubte, war mir nicht neu; doch kam es mir seltsam vor, wie sie darüber sprach. Es klang keineswegs aufgesetzt oder überspannt, das war nie ihre Art gewesen. Ich mußte mir erst einmal klarmachen, wie ernst sie es meinte, und das rückte sie für mich in ein ganz neues Licht. Sie gehörte, weiß Gott, nicht zu jenen, die ihre Zeit an Dinge verschwenden, die weder ihrem kritischen Geist Genüge verschaffen noch ihrem Verlangen nach Erweiterung ihres spirituellen Bewußtseins entsprechen würden.

Viele Jahre waren vergangen, seit mir Lucille zuletzt begegnet war, doch schien sie sich überhaupt nicht verändert zu haben. Sie mußte inzwischen fünfundachtzig geworden sein, sah aber wie sechzig aus, und ihr Gang war elastisch wie eh und je. Ihre Augen strahlten jenen Humor aus, der auch den weniger erfreulichen Dingen noch eine gute Seite abzugewinnen verstand.

»Sie sind kein bißchen älter geworden«, wagte ich ihr zu gestehen.

»Das kommt vom täglichen Yoga«, erklärte sie mir schlichtweg. »Sie müssen wissen, daß ich regelmäßig meditiere und mein Leben so gestalte, wie Edgar Cayce es uns gelehrt hat: im Sinne eines glücklichen Zusammenwirkens von Geist, Körper und Seele.«

Sie schien zu ahnen, was ich von ihr wissen wollte, war sie doch mehr als vierzig Jahre mit Edgar Cayces engstem Freund verheiratet gewesen, und selbst heute, nachdem zwei Jahrzehnte seit dem Tod ihres Mannes verstrichen waren, fühlte sie sich aufs engste mit den beiden Gefährten – sowohl David als auch dem Mann, den er als »Judge« (Richter, Sachverständiger) zu bezeichnen pflegte – verbunden, als ob diese ihre ständigen Begleiter in eine Welt des reineren und sanfteren Lichtes wären.

»Es ist mir unmöglich, den einen vom anderen zu trennen«, sagte sie. »Sie liebten sich und kümmerten sich wenig um das Gerede der anderen. Selbst mir war manches daran unbegreiflich, besonders als David um mich zu werben begann und mir buchstäblich erklärte: ›Du heiratest mich, und du heiratest Cayce.‹ Schließlich hielt ich dies Davids notorischem Hang zur Übertreibung zugute.«

Während der Mahlzeit beschäftigte mich ständig der Gedanke, was es wohl für eine junge Frau aus dem indianischen Teil Oklahomas bedeutet haben mußte, mit einem Menschen wie Cayce konfrontiert zu werden, dessen Blick sich Vergangenheit und Zukunft gleichermaßen enthüllten, der in ihrer Aura zu lesen verstand und über Ereignisse aus ihren früheren Leben in Indien und Griechenland zu berichten wußte, Dinge, die nach seiner Meinung ihre gegenwärtige Existenz mitbestimmten. Und als ob dies noch nicht genug wäre, er konnte ihr sogar voraussagen, wie viele Kinder sie einst haben würde und wie sie deren Entwicklung in Anbetracht aller von ihnen zuvor durchlebten Erfahrungen am besten fördern könnte.

»Das muß ja ein richtiger Schock für Sie gewesen sein«, sagte ich, »von einem Teil Ihres Ichs zu erfahren, das Sie bis dahin noch gar nicht gekannt haben.«

Lucille stocherte ein wenig in ihren Speisen herum. »Als David mit seinem Antrag den Gedanken der Dreiergemeinschaft verknüpfte – also Cayce mit einbezogen –, hielt ich dies zunächst für einen Scherz. Aber das war, bevor ich dem ›Judge‹ vorgestellt wurde.« Jetzt mußte Lucille plötzlich lachen. »David wollte ihn nicht Mr. Cayce nennen, weil ihm das gar zu steif erschien. Einerseits hatte er großen Respekt vor seinem Alter, andererseits fühlte er sich ihm so sehr zugetan, also mußte er einen Kompromiß finden und kam auf diese komische Bezeichnung ›Judge‹: respektvoll und doch ein Ausdruck seines Vertrauens.«

Schon bald betrachtete Lucille ihn als Teil der Familie. »Ich konnte ganz ungezwungen mit ihm umgehen. Er blieb zwar der Mystiker mit all seinen Geheimnissen, doch hatte er noch eine andere Seite. Er war ein richtiger Hausmann, der Gemüse und Obst einkochen konnte und uns zuweilen ein großartiges Essen auftischte. Er sprach mit Pflanzen und Blumen und brachte es fertig, daß sie auf sein Zureden hin ihre Köpfe zum Himmel erhoben.«

Das hatten mir vorher schon andere erzählt. Mir lag jetzt daran, mehr aus der Zeit zu erfahren, als David noch lebte. »Zu dumm, daß ich ihn nicht selbst über seine erste Begegnung mit Cayce ausgefragt habe«, sagte ich, »dann hätte ich mir ein viel besseres Bild über ihre Beziehung machen können. Wie Sie wissen, hatte der Mystiker Cayce eine ganz eigene Meinung über die sogenannte ›Liebe auf den ersten Blick‹, die er als eine Art ›Déjà-vu-Erlebnis‹ verstand.«

»An diese Geschichte erinnere ich mich noch recht gut. David hat sie mir immer wieder erzählt. Sie sollten wirklich noch mehr darüber erfahren«, sagte Lucille mit einem zustimmenden Lächeln. »Denn die Menschen kommen tat-

sächlich zusammen, weil sie eine gemeinsame Aufgabe zu erfüllen haben; es ist ihnen vorherbestimmt, auch wenn vieles wie eine Kette aus Zufällen erscheint. Es gibt kein Ereignis, das ohne Grund geschieht. Nun gut, was die Sache der Kahns und der Delaneys in Kentucky betrifft – zunächst einmal waren sie Nachbarn. W. I. Delaney war Holzfäller, und obwohl er viel älter als David war, machte er daraus keinen Umstand. Eines Tages zog er ihn ins Vertrauen und sagte: ›David, du weißt doch, daß meine Frau an den Rollstuhl gebunden ist und bis heute noch niemand ihr helfen konnte. Aber nun hab' ich von diesem jungen Mann in Hopkinsville erfahren, der sich in Trance versetzt und dann alles weiß, was den Kranken tatsächlich fehlt. Ich hab' ihn jetzt angerufen, und er war einverstanden, rüberzukommen und gleich einen Arzt mitzubringen. Aber er sagt, er braucht jemand, der alles, was er sagt, aufschreibt, weil er selbst nicht weiß, was er im Schlaf redet.‹«
Delaney warf dem fünfzehnjährigen David einen prüfenden Blick zu und fragte: »Könntest du das für mich mitschreiben? Ich trau' es mir selbst nicht zu.«
Lucille mußte auf einmal lachen, als sie sich den jungen, schlaksigen Cayce in Erinnerung rief, wie er das Haus der Delaneys betrat und wie David ihm vorgestellt wurde: »Hier ist also der junge Mann, der das Reading protokollieren wird.« Dann fuhr sie mit ihrem Bericht fort und sagte: »Mr. Cayce hat ihn nur kurz angesehen und ihm ein Büchlein überreicht: ›Hier steht drin, was du sagen sollst, um mich in Trance zu versetzen. Sobald meine Augen zu flimmern beginnen, sprichst du die folgenden Worte: Du wirst jetzt tiefer und tiefer in Trance versinken und gibst Mrs. Delaney ein Reading. Sprich langsam und deutlich, damit ich jedes Wort mitschreiben kann. – Diesen letzten Satz mußt du unbedingt hinzufügen. Wenn du zu spät mit der

Hypnose beginnt, wenn meine Augen bereits geschlossen sind, wird mein Schlaf so tief sein, daß ich kein Wort mehr hervorbringe und stundenlang nicht mehr aufwache.‹

David machte sich also daran, Cayces Augenbewegungen aufs genaueste zu beobachten, und hielt sich exakt an die Anweisungen. Er suggerierte dem Schlafenden, die Ursachen von Mrs. Delaneys Lähmung zu nennen und zu beschreiben, wie ihr geholfen werden sollte. Und so ließ der Schlafende Prophet verlauten, daß das Leiden durch einen Unfall verursacht war, als die Frau eine Kutschenfahrt machte und ihr kleines Kind auf dem Schoß hatte. Das Pferd hätte sich plötzlich aufgebäumt und sie mit einem Ruck aus dem Wagen geschleudert, wobei sie mit dem Kreuz auf dem Wagentritt aufschlug. Das war 1908 geschehen. Einige Zeit später war sie in einen weiteren Unfall verwickelt, und von da ab konnte sie sich überhaupt nicht mehr bewegen.

Anfangs standen die Delaneys diesem Mann mit all seinem Hokuspokus sehr skeptisch gegenüber; aber als er auf diese Unfälle zu sprechen kam, schöpften sie Vertrauen und waren schließlich bereit, auf seine Ratschläge einzugehen. Delaney selbst hatte größten Wert auf die Hinzuziehung eines Arztes gelegt, der sich dann einverstanden erklärte, ein Rezept im Sinne von Cayces Vorschlägen auszuschreiben.

David wurde damit zur Apotheke geschickt. Nach anfänglichem Kopfschütteln machte sich der Apotheker daran, das ihm so unverständliche Medikament zuzubereiten, nachdem er zugeben mußte, daß die einzelnen Bestandteile völlig harmlos waren. David eilte zurück und gab Mrs. Delaney die vorgeschriebene Dosis. Zwei Tage später bekam sie einen so schlimmen Hautausschlag, daß ihr Mann, der als Katholik der Sache von Anfang an skeptisch gegenübergestanden hatte, den jungen David zu sich rief und sagte: ›Es wäre besser gewesen, du hättest dich auf diesen Unsinn gar nicht erst eingelassen‹, so als ob David die treibende Kraft gewesen wäre. › Sieh dir doch meine Frau an: Sie ist völlig entstellt. Und an der Lähmung hat sich auch nichts geändert.‹

Und David, der selbst nicht begriff, was ihn an diesem Farmerssohn und Berufsfotografen so faszinierte, schlug sogleich vor: ›Am besten, wir rufen Cayce an, um den Fehler herauszufinden. Ich glaube, Cayce wußte genau, wovon er sprach.‹

Delaney lachte ihn aus: ›Wie konnte er das, wenn er schlief?‹

Doch David ließ sich nicht beirren und nahm den Hörer zur Hand und fragte den Propheten: ›Mr. Cayce, können Sie uns ein weiteres Reading geben, wir wollen wissen, weshalb es Mrs. Delaney so schlecht geht und was wir dagegen tun können.‹

Mr. Cayce versetzte sich noch mal in Trance, diesmal zu Hause in Hopkinsville und ohne den Arzt. Dann rief er zurück und sagte, daß der Apotheker seine Vorschriften nicht befolgt hätte; die Komplikationen seien nur eingetreten, weil eine der Hauptingredienzen, nämlich der schwarze Schwefel, in der Arznei nicht enthalten sei.

»Für den fünfzehnjährigen David war es eine Selbstverständlichkeit, die Sache nun selbst in die Hand zu nehmen, allein schon, um der wachsenden Skepsis der Delaneys entgegenzuwirken. Er war es, der sich erneut an den Apotheker wandte und ihn fragte: ›Haben Sie etwa den schwarzen Schwefel vergessen?‹ Und als dieser ihm eingestand, daß er in Ermangelung des schwarzen Schwefels eine Schwefelverbindung verwendet hätte, war David alles klar. Noch einmal rief er Cayce an, um zu erfahren, wo er diesen schwarzen Schwefel bekommen könne. Durch ein weiteres Reading fand Cayce heraus, daß der gesuchte Stoff in einer Apotheke in Detroit zu haben sei. Auch hier mußte David erst anrufen und um sofortige Zusendung bitten. Als er ihn zugestellt bekam, brachte er ihn sofort zum Apotheker in Lexington, damit dieser nun endlich die richtige Arznei zubereitete und Mrs. Delaney geheilt werden konnte.«

Ich konnte aus Lucilles Blicken den Stolz herauslesen, den sie über den jungen David empfand. Als sie ihren Bericht einen Moment unterbrach, um erneut Atem zu holen, fragte ich sie: »Ist es nicht sonderbar, daß ein fünfzehnjähriger Junge soviel Eigeninitiative aufbrachte, die für einen erwachsenen Menschen schon bemerkenswert wäre?«

Sie warf mir einen bedeutungsvollen Blick zu.

»Schauen Sie sich einmal die Readings an«, sagte sie, »dann wird Ihnen manches verständlicher erscheinen.«

»Das habe ich mir ohnehin vorgenommen«, entgegnete ich ihr, »aber im Moment interessiert mich viel mehr, wie die Sache überhaupt ausgegangen ist.«

»Sobald Mrs. Delaney diesen schwarzen Schwefel bekam, verbesserte sich ihr Befinden mehr und mehr. Bald konnte sie sich ohne fremde Hilfe die Haar kämmen und sogar die Mahlzeiten einnehmen. Cayce hatte ihr außerdem empfohlen, sich von einem Osteopathen behandeln zu lassen. Aber da es in Lexington keinen derartigen Spezialisten gab, wandte sich David noch einmal an Cayce. Der beruhigte ihn und sagte: ›Keine Bange, in Kürze wird auch in Lexington eine osteopathische Praxis eröffnet werden.‹ Und so war es auch. Innerhalb einer Woche konnte sich Mrs. Delaney an Ort und Stelle der Behandlung unterziehen.«

»Wollen Sie damit sagen«, unterbrach ich Lucille, »daß Cayce auch hier wieder sein Wissen allein aus dem Unbewußten bezog?«

Sie nickte. »Genauso, wie ihm im Schlaf die Adresse von Harold Reilly eingegeben wurde, ohne daß er diesen Heiler

auch nur dem Namen nach kannte. Es floß ihm irgendwoher zu, wie sollte er sonst darauf gekommen sein? Cayce war eben einmalig. Er stand in direktem Kontakt mit den unbewußten Kräften – praktisch von jedermann.«
Nach sechs Monaten konnte Mrs. Delaney erstmals ihren Rollstuhl verlassen, um ein paar zaghafte Schritte zu tun. Für die Nachbarn war dies ein Wunder, und Mrs. Kahn, seither eine der unermüdlichsten Cayce-Förderer, ermahnte schon damals ihren ältesten Sohn: »Versprich mir, daß du alles tust, um das Werk dieses Mannes der Welt bekannt zu machen.«
Dafür hatte nicht nur David, sondern auch Lucille gesorgt, die sich von seinem Enthusiasmus immer mehr mitreißen ließ. Als hochqualifizierte Schauspielerin verfügte sie ohnehin über jenes Maß an Sensibilität, um genügend Einblick in das innerste Wesen der Menschen zu haben und die Großen dieser Welt von den gewöhnlichen Sterblichen unterscheiden zu können. So war sie von vornherein offen. Sie hatte ihre Auftritt am Broadway gehabt und war schon zu Beginn ihrer Karriere auf Tournee mit dem berühmten Otis Skinner gewesen, als sie auf Drängen David Kahns ihr erstes Reading von Cayce erhielt. Das hatte in Dayton, Ohio, stattgefunden, wo Cayce mit Arthur Lammers zusammenarbeitete, jenem Freund, dem er als erstem überhaupt ein Reading gegeben hatte. Es freute ihn natürlich, daß nun die Braut seines jungen Freundes David zu ihm kam.
Lucille war von Cayces Aussagen so beeindruckt, daß sie ihm in einem Brief ihr Erstaunen über die Treffsicherheit seiner Charakter- und Persönlichkeitsanalyse ausdrückte. Nicht einmal im Traum war ihr der Gedanke gekommen, daß ihre schauspielerische Begabung etwas mit einer früheren Existenz zu tun haben könnte, wie Cayce es darstellte. Mehr und mehr wurde ihr nun auch die Zuneigung

ihres Mannes zu diesem großen Seher verständlich, dessen äußeres Erscheinungsbild und sanftes, freundliches Auftreten eher an einen guten Nachbarn erinnerte.
Was mir an Lucille besonders auffiel, war zunächst ihre betonte Zurückhaltung, ihr gediegenes Auftreten, das sich durchaus mit dem Bild einer Persönlichkeit deckte, die zwanzig Jahre hindurch ein erfolgreiches Vortragsprogramm mit so bedeutenden Rednern wie den britischen Gelehrten Gerald Heard und Professor C. J. Ducasse gestaltet hatte – alles Leute, die zu den führenden Wissenschaftlern zählten. Ich habe es nie ganz verstanden, weshalb sie einen Zeitungsreporter wie mich in diese erhabene Runde mit einbezogen hatte. Und wenn mich dann wegen gelegentlicher Bezugnahme auf die Cayce-»Bewegung« ein gewisses Schamgefühl überkam, machte sie mich sanft, aber unmißverständlich darauf aufmerksam, daß von einer »Bewegung« hier nicht die Rede sein könne. »Mit Sektiererei hat dies absolut nichts zu tun.«
Dieser Haltung konnte ich voll beipflichten, auch wenn sie auf eine gewisse Isolierung hinauslief, die die Eigenwilligkeit ihres Wesens ein weiteres Mal unterstrich.
»Ich war der Meinung gewesen«, wandte ich ein, »daß Sie am allerwenigsten zu jenen gehören, die einen Sonderling zu sich ins Haus holen.«
Sie verwies noch einmal auf das, was sie schon früher gesagt hatte. »Indem ich ihn heiratete, heiratete ich Cayce.«
Ich gab mich noch nicht zufrieden. »Es muß doch noch einen tieferen Grund dafür geben. Sie hätten bestimmt keinen Unbekannten aus Chicago, Milwaukee oder New York aufgenommen, dazu noch mit Frau, Sekretärin und Sohn, keinen Jedermann, der sich's in ihrer Wohnung nicht nur wochenlang wohl sein läßt, sondern dort auch noch seine eigenen Geschäfte einschließlich Telefonbenutzung und dergleichen abwickelt.«

Sie nickte gedankenvoll und erwiderte: »Am Anfang tat ich es David zuliebe. Aber als ich Cayce näher kennenlernte, entwickelte ich eine ganz persönliche Beziehung zu ihm, nicht so sehr emotionaler, sondern mystischer Art, ein Gefühl der Geborgenheit, wie in einer Familie.«
»Die Cayces waren also die einzige Familie innerhalb Ihrer Bekanntschaft, die Ihnen so nahe stand wie Ihre engsten Angehörigen?«
»Ja, das stimmt«, sagte sie.
»Und hat Sie das nicht in Erstaunen versetzt?«
»Zunächst erschien es mir als ganz selbstverständlich, und ich machte mir kaum Gedanken darüber. Cayce war eben ein besonderer Mensch – und die drei anderen auch. Ich sorgte mich um ihn, um seine Gesundheit, seine Aktivitäten und daß er sich nicht überforderte. Er arbeitete niemals für Geld, das wußten wir alle. Er wollte etwas für die Menschen oder die Menschheit tun, so hatte ich es immer verstanden. Wenn irgend jemand aus unserer Familie krank war, entweder ich oder David oder einer der Jungen, gab er uns unentgeltliche Readings, solange er lebte. Und wir hielten uns an jedes einzelne seiner Worte. Und was die Mahlzeiten betraf, Cayce sorgte dafür, daß sie gesund und natürlich waren: wenig rotes Fleisch, viel frisches Obst und Gemüse und keine Aufregung während des Essens. Alles Dinge, die heute fast jedem geläufig sind, aber damals noch neu waren.«
Ihr Vertrauen zu Cayce war so stark, daß sie sogar für ihren Jüngsten von ihm ein Reading erbat. »Er war damals erst fünf Monate alt, und der schlafende Cayce sprach bereits von den zahlreichen Inkarnationen, die das Kind hinter sich hatte. Er machte mich auf mögliche Probleme bei seiner Erziehung aufmerksam. Er sagte, daß seine rasche Auffassungsgabe zu einer gewissen Sorglosigkeit führen könnte, so daß der Junge sich nicht gründlich genug mit

den einzelnen Dingen auseinandersetzte und sich dank seiner Begabung das Lernen zu leicht machte. So verfolgte ich seine Entwicklung mit großer Aufmerksamkeit. Oft fragte er mich nach dem Sinn irgendeines ihm noch unbekannten Wortes, und anstatt es ihm leichtzumachen, sagte ich ihm ganz im Sinne von Cayces Empfehlungen: ›Schlag doch mal selber im Wörterbuch nach!‹ Und so brachte ich ihn dahin, sich selbst zu bemühen, und als er älter wurde, nahm er von sich aus das Lexikon zur Hand, um sich auf eigene Faust zu informieren, so daß er schließlich ganz individuelle Arbeitsmethoden entwickelte. Ich bin Cayce sehr dankbar für all seine Readings, denn von mir aus hätte ich all diese Gefahren gar nicht erkannt. Mit der Zeit hat mein Sohn so viel hinzugelernt, daß er sogar meinen eigenen Erklärungen, die ich ihm gelegentlich aus dem Stegreif gebe, sehr kritisch gegenübersteht und sie hinterfragt. Dann lächle ich bloß und denke: ›Aha, alles wiederholt sich!‹«

Aus den Readings ging hervor, daß der Junge in einem früheren Leben ein Arzt gewesen war und es auch wieder werden könnte, falls er erneute Bemühungen in dieser Richtung unternahm. Im Verlauf der Jahre fühlte er sich tatsächlich zu diesem Beruf hingezogen, wobei sich sein besonderes Interesse auf das Zusammenwirken von Geist, Gesundheit und menschlichem Verhalten richtete, und es erschien fast so, als ob dies schon immer sein größter Wunsch gewesen wäre, wie seine Mutter es mir bestätigte: »Und so ließ er sich an der medizinischen Fakultät der Universität Harvard immatrikulieren, besuchte danach das Psychoanalytische Institut von Columbia und wurde zum Psychoanalytiker, was er auch heute noch ist und was seinen karmischen Erfahrungen und früheren Inkarnationen entspricht. Selbst wenn er diese Hintergründe in seinen psychoanalytischen Sitzungen nicht zur Sprache bringt, zweifle ich nicht daran, daß er oft genug darüber nachdenkt.«

Lucille wußte natürlich, daß auch C. G. Jung und Sigmund Freud sich mit Parapsychologie und Reinkarnation befaßt hatten.

»Freud«, so sagte sie mir, »hat einmal bemerkt, daß er sich ganz den parapsychischen Phänomenen widmen würde, falls er noch einmal zur Welt käme.«

Ich mußte über diese Feststellung lachen. »Er wird diese Gelegenheit bestimmt noch erhalten.«

Auch Lucille zeigte sich darüber amüsiert. »Diese Chance bleibt uns wohl allen noch vorbehalten.«

Es war zu dieser Zeit ganz offensichtlich, daß die Kahns genauso mit Cayce verbunden waren wie er mit ihnen.

Lucilles zweiter Sohn war ein Rechtsanwalt, und diese Fähigkeit hatte Cayce ebenfalls aus seiner Vergangenheit abgeleitet. »In seinem Reading empfahl er, daß der Junge sich zwar der Rechtswissenschaft zuwenden, aber sich niemals für ein Büro oder ein begrenztes Tätigkeitsfeld entscheiden solle. Als er herangereift war und eine eigene Familie gegründet hatte, begann er sich mehr und mehr für die Probleme der Umwelt zu interessieren und verließ seinen Posten, um sich ausschließlich dem Fragenkomplex Mensch und Umwelt zu widmen.«

Die Readings für die »Cayce-Babys« waren in Lucilles Augen die besten Beweise für Reinkarnation. »David meinte natürlich, daß jeder Mensch ein Reading von Cayce erhalten sollte. Er konnte sich nicht vorstellen, was sonst aus ihm geworden wäre. Und er pflegte zu sagen: ›Wenn einer nicht weiß, wo er herkommt, wie kann er dann wissen, wie es weitergeht?‹«

Eine Freundin der Kahns, deren Mann vorzeitig gestorben war und die nun Probleme mit ihrem kleinen Sohn hatte, wandte sich fast verzweifelt an David und sagte: »Mein

Junge vermißt seinen Vater, er braucht eine starke Hand. Können Sie mir irgendwie helfen?«

Genial, wie David größtenteils war, machte er seine Bereitwilligkeit von einer Bedingung abhängig, wobei er natürlich Cayce im Auge hatte.

»Das ist kein Problem«, sagte er, »falls der Junge zunächst ein Reading von Edgar Cayce erhält, das mir weitere Aufschlüsse geben kann.«

Die Mutter stimmte erleichterten Herzens zu.

»Das Reading beinhaltete, daß der Junge einen Ausbildungsweg einschlagen sollte, der ihn zum Städteplaner befähigen würde. Diese Vorstellung erschien dem Jungen so fremd, daß ich die Sache bereits als gescheitert ansah. Und dennoch, nach vielen Jahren entdeckte ich ganz zufällig in der *New York Times* ein Bild von diesem nunmehr erwachsenen Jungen, und in der Bildunterzeile stand, daß er ein neuer Städteplaner sei.«

Lucille fügte noch hinzu: »Hier sehen Sie mal wieder, wie Cayce den Einfluß der Vergangenheit in der Zukunft erkannte. Auch dies war ein Fall, in dem ein Mensch zunächst Versuche in verschiedenen Richtungen unternahm, um schließlich zu dem Beruf zu finden, von dem das Reading sagte, daß er der angemessene sei.«

Der Wohnsitz der Kahns in der vornehmen Park Avenue war genau der richtige Ort, um Cayces Aktivitäten vor allen gesetzlichen Nachstellungen abzuschirmen. Im damaligen New York herrschten strenge Bestimmungen, die jegliche Art von Wahrsagerei, aber auch die Ausübung eines medizinischen Berufes ohne behördliche Zulassung untersagten. Aufgrund äußerer Umstände mußten sich Cayce, Gertrude und Gladys eines Tages vorübergehend in einem Hotel einmieten, da etliche ihrer Klienten, mit denen bereits Termine vereinbart worden waren, zufällig in der Nähe dieses Hotels wohnten.

Zum Entsetzen all ihrer Freunde wurden die drei bei dieser Gelegenheit von einer Geheimpolizistin in eine Falle gelockt und wegen Wahrsagerei festgenommen. Die Tatsache, daß sie dann auch noch vor Gericht gestellt wurden, war für die örtliche Presse ein wahrhafter Leckerbissen. Jene Zeitung, in der (wie schon an anderer Stelle erwähnt) aus einem Foto der drei Gertrude gänzlich herausgeschnitten war, hat inzwischen ihr Erscheinen eingestellt. Für Cayce war dies einer seiner schwärzesten Tage, denn er mußte sich ernsthaft fragen, weshalb er wegen seines parapsychischen Wirkens für andere so gestraft wurde? Und warum hatte er trotz seiner hellseherischen Fähigkeiten nicht erkannt, wer sich hinter dieser vermeintlichen Klientin verbarg, die ihn auf so listige Weise »überführt« hatte? Und dennoch, für David Kahn war es eine gute Gelegenheit, seine Loyalität gegenüber dem Mann, den er liebevoll »Judge« nannte, ein weiteres Mal unter Beweis zu stellen. Wie Lucille es hinterher schilderte, gab David einen »großartigen Zeugen« ab. »Der Gerichtsvorsitzende war von Davids Plädoyer für Cayce und sein Werk so in Atem gehalten, daß man ihm förmlich ansehen konnte, wie beeindruckt er war. Gegen Ende des Verfahrens, nachdem die Anklage für nichtig erklärt worden war, zitierte er vor dem zahlreichen Publikum folgende Shakespeare-Worte: »Es gibt, Horatio, mehr Dinge zwischen Himmel und Erde, als Eure Weisheit sie je zu erträumen vermag.«

Jene Vertrautheit, die sich zwischen zwei so unterschiedlichen Menschen wie Cayce und Kahn eingestellt hatte, mußte irgendwo einen tieferen Grund haben. Keine Wirkung ist ohne Ursache. Und die Gegenseitigkeit ihrer Gefühle war so augenscheinlich und maßgebend für all ihr Tun und Handeln, daß sie die beiden sogar veranlaßte, sich gemeinsam für zwei Jahre auf Erdölsuche zu begeben.

Für die zwei Männer war dies eine sehr lehrreiche Erfahrung. Denn obwohl sie ein größeres Vorkommen in einem von Cayce bezeichneten Gebieten entdeckten, sollte sich Cayce nie wieder an einem derartigen finanziellen Wagnis beteiligen.

Hier unterbrach Lucille ihren Bericht. Offensichtlich wollte sie den Verlauf des Gespräches nicht allein bestimmen und wartete ab, ob ich noch weitere Fragen zum Reading hätte.

»Hat Cayce noch andere Dinge erwähnt, die Ihnen besonders wichtig erschienen?« fragte ich.

»Wenn ich diese vergessen würde«, entgegnete sie lächelnd, »wäre ich wie ein junges Mädchen, das seine erste Liebe vergißt.«

Demnach muß es sich um etwas Außergewöhnliches gehandelt haben. Cayce hatte ihr von früheren Erfahrungen berichtet, die sie im Verlauf verschiedener Inkarnationen in Deutschland, Indien und Griechenland gemacht hatte und die einen sehr positiven Einfluß auf ihr jetziges Leben und ihre Aktivitäten als Musikerin und Schauspielerin gehabt haben mußten.

Aus ihrer griechischen Vergangenheit hatte er eine interessante Tatsache besonders hervorgehoben. Stark beeindruckt von dem römischen Historiker Tacitus, der sie nicht nur wegen ihrer äußeren Schönheit gefördert hatte, war die Lucille jener Tage zu einer anerkannten Tragödin und leider auch egozentrischen Berühmtheit geworden.

»Die Liebe zur Bühne und zum Erfolg ist ihr seit diesem Auftritt auf der irdischen Ebene ins Blut übergegangen«, sagte Cayce, »es wäre gut, wenn etwas davon der Kontrolle des Willens unterstellt würde.«

Wie recht Cayce damit hatte, wußte niemand so gut wie Lucille persönlich. Aber noch immer hatte sie nichts in den Readings entdeckt, was auf eine gemeinsame Vergangenheit mit ihm oder David hindeuten könnte.

Inzwischen schien unser langes Gespräch sie ziemlich er-

schöpft zu haben. »Wir werden noch öfter miteinander reden«, sagte sie, »vorerst wäre es zweckmäßig, wenn Sie sich selbst einmal im Archiv umsehen würden.« Ich wußte, was sie damit ausdrücken wollte.
Bald begann ich auch zu verstehen, was zwei so verschiedene Männer wie Cayce und Kahn so eng miteinander verband. Jeannette Thomas war wie kaum eine andere Person mit den Kahn-Readings vertraut und empfing mich mit einem triumphierenden Lächeln, als ob sie eine große Entdeckung gemacht hätte.
»Es gibt darin Hinweise«, sagte sie, »die bis nach Ägypten zurückführen, wo Edgar als Hoherpriester des Landes verwiesen wurde. Viele wandten sich von ihm ab, doch einige blieben ihm treu.«
»War David Kahn unter ihnen?« fragte ich.
»Ich habe mir einen Orden verdient«, meinte sie, »mit all den Akten, die ich durchgearbeitet habe.«
Dann zeigte sie mir eine Passage, die sie mit Textmarker gekennzeichnet hatte.
»Die Wesenheit [Kahn] gehörte in jener Lebenszeit zu den Verteidigern des Priesters Ra-Ta, der durch Ausdehnung seiner Eigeninteressen und fleischlichen Begierden ins Exil getrieben wurde. Die Wesenheit, eine priesterliche Hilfe, blieb jenem Priester dennoch ergeben. Daher die gelegentlichen inneren Neigungen bei der Wesenheit zu Übertreibungen, besonders dann, wenn sie im Moment dem Priester dienlich erschienen.«
Kein Wunder, daß Kahn schon mit fünfzehn Jahren bei seiner ersten Begegnung mit Cayce ein so tiefes Verständnis für ihn und all seine Anliegen hatte, war er doch schon vor langer Zeit sein intimster Gefährte gewesen.
Inzwischen hatte Jeannette ein zweites Schriftstück aus einer der Akten entnommen: »Sehen Sie mal selbst, wie glücklich es Cayce machte, eine alte Schuld zu begleichen.

Obwohl selbst mit Bittschriften überhäuft, findet er immer noch Zeit, David in einem persönlichen Brief mitzuteilen, wie sehr es ihn freut, ihm helfen zu können.«

Beim Durchfliegen des Briefes erkannte ich die Bescheidenheit dieses Mannes. »Ich bin zuversichtlich, daß sich alles für Euch zum Besten wendet, und ich wäre sehr glücklich, zu wissen, daß ich Euch ein klein wenig behilflich sein durfte.«

In Kahns spiritueller Entwicklung schienen sich – nicht ohne Zutun des Meisters – bemerkenswerte Veränderungen zu vollziehen. Im Jahr 1938, zwölf Jahre nach dem ägyptischen Reading, wandte er sich an Cayce mit der Bitte, ihm in »der Entwicklung seiner Hilfsbereitschaft gegenüber Familie, Freunden und Menschheit« zur Seite zu stehen, »um der Ausgewogenheit seiner irdischen Tage willen und im Sinne einer geistigen, physischen und spirituellen Vervollkommung«.

Zweifellos war dies der Moment, den der Schlafende Prophet in seinem Unbewußten schon lange herbeigesehnt hatte und der ihm die Chance gab, dem Freund die Idee der Reinkarnation zu erläutern.

»Jede Seele, die in den Zustand der materiellen Manifestation eintritt, tut das nicht ohne tieferen Sinn. Es entspricht nicht dem göttlichen Willen, daß irgendeine Seele dabei verlorengehe, sondern daß ihr mit jeder Anfechtung, jedem Irrtum eine Gelegenheit gegeben werde, sich mit Gott zu vereinen. Denn das ist der Zweck, der der Befindlichkeit der Seele in einem Anfang ohne Ende zugrunde liegt.«

David war zufrieden. Denn nun wußte er, was sein alter Gefährte von ihm in diesem Leben erwartete. In Erwiderung auf des Meisters Worte äußerte sich der nunmehr entlassene Schüler in einer Art Abschiedsrede: »Ich bin überzeugt, daß Tausende mir allein deshalb dankbar sein können, weil ich in die Lage versetzt war, mit ihnen über

Sie zu reden – und mehr noch: weil Sie all das vollbrachten, was ich gesagt habe, daß Sie es könnten.«

Dazu konnte Cayce nur Amen sagen, denn er hatte seinen Botschafter gut ausgewählt: aus einer durch die Zeit geprüften Vergangenheit. Die beiden so scheinbar verschiedenen und doch in ihren Vorstellungen so verwandten Gefährten wußten besser als jeder andere, daß sie wieder und wieder zurückkehren würden, bis die Bedeutung des Todes allen verständlich war.

Noch immer beschäftigte mich eine ganze Reihe von Fragen, und ich sah voller Erwartung meiner nächsten Begegnung mit Lucille entgegen. Und wieder einmal bestärkte sie meine Wahrnehmung von der engen Verbundenheit all der verschiedenen Leute, die sich um Cayce geschart hatten.

Und dann saßen wir uns erneut gegenüber, und Lucille sah mich aufmerksam an. »Sie wissen doch«, sagte sie, »was Paulus einmal geäußert hat: Wenn einer von uns wiedergeboren wird, dann werden auch alle anderen wiedergeboren. Cayce meinte genau dasselbe, auch wenn er sich anders ausdrückte. Er sprach von den wiederholten Begegnungen und warum dies so sei.«

»Und was war mit David in seiner Rolle als Herold und Ausrufer?« fragte ich prompt zurück.

Sie hob ihre Schultern. »Es hat sich nicht viel geändert«, sagte sie, »in Ägypten stand er auf Cayces Seite, als dieser verbannt wurde. Und dann diente er als Vermittler, um Ra-Tas Rückkehr vorzubereiten. Und in Virginia passierte dasselbe, als Cayce verfemt und geächtet wurde. Er war sein Sprachrohr und sorgte für seine Rehabilitierung.«

Lucille sah mir direkt in die Augen, als sie zu sprechen fortfuhr. »Und dann sollten Sie niemals vergessen, daß David der erste war, der Ihnen von Cayce erzählte. Und gleich darauf fingen Sie an, den *Schlafenden Propheten* und

die anderen Bücher über Cayce zu schreiben, die seine Taten der ganzen Welt verkündeten und mehr noch – eine ganze Flut von Büchern über den Propheten auslösten.«
»Und was war mit Ihnen und David?« fragte ich voller Ungeduld. »Gab es denn in irgendeiner früheren, uns bekannten Vergangenheit bereits eine Beziehung zwischen Ihnen und Ihrem jetzigen Mann?«
»O ja«, sagte sie in all ihrer Unbefangenheit, »Cayce hat mir erzählt, daß ich in meinen indischen Tagen mit ihm als Ra-Ta zusammengearbeitet und Ideen ausgetauscht habe – und David war an seiner Seite und war seine rechte Hand in dieser gemeinsamen Phase.«
Sie legte eine dramatische Pause ein, ganz so, wie es sich für einen ehemaligen Bühnenstar aus zwei verschiedenen Lebenszeiten gehört.
»Und diese Zusammenarbeit ist es ja, die David und mich erneut miteinander verband – und natürlich auch mit Cayce.«
Ihr Blick schweifte über mich hinweg in eine ferne Vergangenheit, als wollte sie den Schleier der Zeit durchdringen. »Und eines Tages wird es wieder genauso sein, mit größter Freude werden wir die gemeinsame Arbeit fortführen, bereichert durch all die Erfahrungen, die wir in diesem Leben gemacht haben.«

13. Kapitel

Träume

Elsie Sechrist ist in den Staaten als »Traumfrau« bekannt, da sie zahlreiche Bücher über Träume geschrieben hatte mit entsprechenden von Edgar Cayce hinzugefügten Interpretationen. In Rußland, wo der Begriff Gott aus dem offiziellen Vokabular quasi verbannt war, wurde eines dieser Werke mit dem Titel *Dreams: Your Magic Mirror (Träume, dein magischer Spiegel)* so populär, daß die Verfasserin eines Tages nach Moskau und Leningrad eingeladen wurde, um ihren dortigen Anhängern noch mehr über das Unbewußte im Menschen und über Edgar Cayce zu berichten. Sie scheute sich nicht, in diesem Land auch noch etliche Gedanken über Spiritualität im Zusammenhang mit Jesus Christus und dem Allmächtigen in ihre Vorträge einfließen zu lassen.

Zwei ihrer im Interesse der Wissenschaft ermöglichten Vorträge fanden in aller Öffentlichkeit statt, ein dritter an einem geheimen Ort, dem sich die Zuhörer nur durch dunkle Nebenstraßen nähern konnten. Es gehörte viel Mut dazu, in der anschließenden Diskussion über Themen wie Wiedergeburt und Gott zu sprechen.

Elsie Sechrist war keineswegs über die herzliche Aufnahme, die ihr in aller Welt zuteil wurde, überrascht, hatte doch Cayce, ihr Mentor aus vielen vorangegangenen Leben, all diese Aktivitäten bereits vorausgesehen und sie darauf vorbereitet. Er hatte sie das Meditieren und Hellsehen gelehrt und das Eintauchen in ihr eigenes Unbewußtes und sie zu diesem Zweck häufig auf telepathischem Wege morgens um zwei Uhr geweckt – dies auch, um ihr Traum-

und Wachbewußtsein zu schärfen, ganz so, wie er es zuvor schon in Persien mit ihr geübt hatte.

Cayce verfügte über eine ganz einmalige Methode, um seinen Schülern das nötige Vertrauen auf ihren Wegen in die Bereiche des Unbewußten, der Träume, des Hellsehens und bei Rückführungen in frühere Existenzen zu geben. Manchmal übermittelte er ihnen Botschaften, die sich auf weniger wichtige Dinge ihres augenblicklichen Daseins bezogen, aber aufgrund ihrer Direktheit von nachhaltiger Wirkung waren.

Mrs. Sechrist hatte Cayce im Garten seines eigenen Anwesens in Virginia Beach kennengelernt, wohin er mehrere Leute zu einer Gesprächsrunde eingeladen hatte, und auch ihr Mann gehörte zu den Teilnehmern. Sie war sofort von seinen erstaunlichen Fähigkeiten gefangengenommen. »Es handelte sich um eine Gruppe von etwa fünfunddreißig bis vierzig Leuten«, berichtete sie, »und Bill und ich fühlten uns direkt wie zu Hause. Cayce wirkte auf uns wie ein Magnet. Da wurden wenig rationale Argumente ausgetauscht, obwohl wir gerne Genaueres über Reinkarnation gewußt hätten. Nachdem wir soviel über Cayce gehört hatten, bedurfte es keiner Überlegungen, wir ließen uns einfach überraschen. Wir saßen noch lange mit ihm auf seiner Veranda, und er sprach zu mir und zu Bill über Gott und die Welt.

Noch während seines Vortrags hatte er die Zuhörer gefragt: ›Ist jemand unter Ihnen, der sich ein wenig Hilfe beim Meditieren wünschte?‹

Und ohne zu wissen, warum, hob ich impulsiv meine Hand: ›Ja, ich hätte es gern‹, sagte ich, ›ich würde es gern mal erlernen.‹ Und dabei wußte ich noch nicht mal, was Meditation ist!

›So‹, sagte er, ›in Ordnung. Dann werde ich Sie des Morgens um zwei Uhr aufwecken.‹

Und ich antwortete: ›Ich habe leider kein Telefon.‹
Mir kam der Gedanke, ob dieser Mann, den ich soeben erst kennengelernt hatte und der einen gewaltigen Zauber auf mich ausübte, ob er vielleicht beabsichtigte, in mein Schlafzimmer zu kommen?
Und dann sagte er: ›Ich brauche kein Telefon.‹
Er sah mich höchst amüsiert an. Hatte er am Ende meine Gedanken erraten? ›Nur keine Angst‹, sagte er, ›ich werde Sie aufwecken, um zwei Uhr morgens.‹ Und ein ganzes Jahr lang weckte er mich um zwei Stunden nach Mitternacht auf, ganz gleich, wo ich war, und half mir Morgen für Morgen bei meiner Meditation, bis sich vor meinem inneren Auge die ersten Bilder einstellten und ich mich an längst vergangene Ereignisse zu erinnern begann.
Ich wurde bald immer besser. Ich blieb etwa fünfzehn oder zwanzig Minuten wach und hatte danach keine Mühe, wieder einzuschlafen. Ich erblickte mein eigenes Ich wie ein reines Gefäß und legte ein tägliches Gelöbnis ab, bekräftigt durch meinen Glauben an Gott, meine Mitmenschen und an mich selbst.
Und dann, eines Morgens, war es bereits zwei Uhr zwanzig, als ich aufwachte, zwanzig Minuten zu spät. Und als die ersten Bilder sich einstellten, sah ich plötzlich Cayce vor mir – so deutlich –, und er lachte über das ganze Gesicht. Aus diesem Grunde rief ich ihn später am Tag von New York, meinem damaligen Wohnsitz, aus an und fragte ihn: ›Warum haben Sie mich heute nacht ausgelacht?‹
›Ich habe Sie gar nicht ausgelacht‹, sagte er, ›ich fand es so spaßig, daß Sie glaubten, Sie hätten verschlafen, und in Wahrheit war ich es, der zwanzig Minuten zu spät aufgewacht ist!‹
Nun mußten wir beide lachen, und mir wurde es ein weiteres Mal klar, wie sehr wir durch unser Unbewußtes und den universalen Geist miteinander verknüpft waren.«

Elsie Sechrist, so stellte ich staunend fest, war es in wenigen Wochen gelungen, sich auf Cayce einzustimmen, so wie auch er es verstand, in ihr Unbewußtes einzutauchen.
»Ich sah ihn in meinen Visionen, und das schon seit längerer Zeit. Dadurch wurde meine Fähigkeit zur Visualisierung enorm angespornt. Wenn man erst einmal anfängt, Visionen zu haben, und sie als etwas völlig Reales begreift, wie ich es tat, dann kommen sie immer wieder und werden stärker und stärker. Und damit ist die Verschmelzung von Unbewußtem und universalem Geist, der sich tatsächlich an alles erinnert, vollzogen.«
Elsie war eine umwerfende Frau, und das in jeder Hinsicht. Sie schien zudem überhaupt nicht älter zu werden. Im Moment humpelte sie mit ihrer Krücke herum, da sie sich unlängst ein Bein gebrochen hatte. Doch das hielt sie nicht davon ab, auch weiterhin mit ihren guten Freunden aus alter und neuer Zeit zusammenzukommen und zu speisen. Ihre Aufrichtigkeit war allen bekannt und zuweilen gefürchtet, doch im Grunde war sie eine sehr zartfühlende Person, die aus ihrem Herzen keine Mördergrube machte, wenn ihr Wahrheitsgefühl verletzt wurde.
Viele Leute hielten die Sechrists für finanziell unabhängig. Das war nicht immer so gewesen, und beim Geldverdienen hatten sie einen metaphysischen Berater in Form einer Vision, über die Elsie sich noch nicht gleich äußern wollte. »Später«, vertröstete sie mich, »ich muß mein Geheimnis noch ein wenig für mich behalten.«
Als ich mich in ihrem geräumigen Haus an einer der Buchten von Virginia Beach umsah, fielen mir zunächst die prächtigen Möbel und Antiquitäten mit all ihrem kostbaren Dekor auf, bis mein Blick an einem der Gemälde, die die Wände verzierten, haftenblieb. Es handelte sich um eine Darstellung antiker Ruinen, deren Aussagekraft fast den Rahmen zu sprengen schien.

Elsie bemerkte mein Erstaunen; ihren Blicken schien wie immer nichts zu entgehen. »Dies sind die Überreste des großen Tempels von Persepolis, der vor vielen tausend Jahren errichtet wurde«, erklärte sie mir. »Der Ort selbst liegt etwa dreihundert Meilen südöstlich von Shushtar im Iran und war vor langer Zeit mein Zuhause. Auch Bill liebte ihn. Es ist einer der friedlichsten Orte, die ich je in meinem Leben kennengelernt habe.«

Ihre seltsame Art, die verschiedensten Zeitalter miteinander zu verbinden, machte mich reichlich verwirrt. Für sie schien das kein Problem zu sein. »Ich kannte ihn damals, und ich kenne ihn jetzt. An der Architektur scheint sich einiges geändert zu haben, aber unsere Empfindungen sind die gleichen geblieben wie zu der Zeit, als Persien noch die Zierde des Ostens war. Bill und ich waren überwältigt von den Stimmen und Klängen der Vergangenheit.«

Stimmen waren in der Tat für Elsie nichts Ungewöhnliches. Ihnen verdankte sie den Verkaufserfolg ihres Traumbuches. Zunächst hatte sie ein Werk über die grundlegenden Aspekte der Philosophie im Sinne Cayces geschrieben. Dann meditierte sie über die Frage, welchem Verleger sie ihre Arbeit anbieten sollte, als eine Stimme ihr suggerierte: »Laß das Projekt fallen, und schreib ein Buch über Träume.«

Es war ihr sofort klar, daß Cayce hier mit im Spiel war. Botschaften zwischen den beiden waren längst etwas Alltägliches. Einige Zeit später bediente sie sich erneut der Meditation, um herauszufinden, wie die Summe von fünftausend Dollar, die sie und ihr Mann zusammengespart hatten, am gewinnbringendsten eingesetzt werden könnte, um ihrer beiden Lebensstil etwas anzuheben.

»Es klingt wie ein Märchen«, sagte sie, »daß fünftausend Dollar unser Leben so völlig verändert haben. Cayce hatte mich ja gelehrt, über meine Probleme zu meditieren. Das tat ich und schöpfte plötzlich neues Vertrauen. Ich wußte auf einmal, daß wir nicht länger arm bleiben würden.

Zunächst hatte Bill das Geld wegen der Zinsen auf die Bank gebracht, bis eine Stimme mir sagte: ›Nimm diese fünftausend Dollar, und kauf damit ein Grundstück in Virginia Beach.‹ Dieser Ratschlag war wundervoll. Wir legten fünftausend an und konnten das Grundstück für 279 000 Dollar weiterverkaufen.

Dieser Landstrich war ursprünglich Teil eines wertlosen Sumpfgebietes, doch dann wurde es aufgefüllt, und nun ist es längst besiedelt. Es sind neue Straßen entstanden, und eine von ihnen heißt Sechrist Court. Wir erwarben ein Stück gegenüber dem Virginia General Hospital, und das war der Anfang unseres neuen Wohlstands.«

Mit dem übrigen Geld machten sie weitere Grundstücksgeschäfte, unter anderem mit einem der Cayce-Anhänger, und gehörten bald zu den dortigen Neureichen.

Cayce hatte das alles lange vorausgesehen und auch andere Freunde zum Erwerb von Landeigentum in diesen Gebieten nördlich der damaligen Kleinstadt Virginia Beach ermuntert. Inzwischen ist der Ort auf vierhunderttausend Einwohner angewachsen und somit zu einem der größten dieses Bundesstaates geworden.

Auch nach seinem Tod übermittelte der Prophet seinem Schützling Elsie Botschaften verschiedenster Art, indem er sie weiterhin in den frühesten Morgenstunden kontaktierte. So hatte sich nichts an ihrer Beziehung geändert.

»Es schien fast so«, meinte einer der alten Gefährten, »als ob Cayce den Sechrists soviel Muße ermöglichen wollte, damit Elsie seine Ideen verbreiten und sein Werk fortführen konnte.«

Sie wurden zu wahren Weltreisenden und besuchten all die Orte im Heiligen Land, in Ägypten und Persien, an denen sie in früheren Inkarnationen zusammen mit Cayce gewesen waren, und beschritten noch einmal die Wege ihrer einstigen Erdenerfahrungen.

Wie so viele andere aus seiner Anhängerschaft hatte ich die Sechrists im Zusammenhang mit meinen Recherchen für meine ersten Cayce-Bücher kennengelernt. Elsies Mann war erst kürzlich in hohem Alter aus diesem Leben geschieden, und Elsie hielt, um diesen Verlust leichter verschmerzen zu können, an ihrer bisherigen Aufgabe in der nach wie vor aktiven Research-Gruppe fest und ließ sich sogar auf Dauer in der für sie so anheimelnden Umgebung von Virginia Beach nieder. Dort hatten sich bereits mehrere der alten Cayce-Anhänger zusammengefunden, um gemeinsam der Stunde ihres Übergangs in ein anderes Leben entgegenzusehen, vor der sie sich ebensowenig fürchteten wie Elsie, die ihr Verständnis vom Sterben einmal in folgenden Worten zusammengefaßt hatte: »Der Tod ist nichts anderes als ein Komma im Buch des Lebens. Wir, die Mr. Cayce so nahe standen, werden dies auch in Zukunft bleiben. Wir haben noch viel zu lernen und werden noch viel von ihm hören.«

Als Bill Sechrist im Januar 1987 nach einem plötzlichen Kräfteverfall mit dem Schlimmsten rechnen mußte, hatte er sich mit einer dringlichen Bitte an Elsie gewandt: »Könntest du dich mit Cayce in Verbindung setzen, um herauszufinden, wie ich wieder zu Kräften komme?« Doch statt eine Stimme zu vernehmen oder gar – wie es zuweilen passierte – eine Vision des lebendigen Cayce zu haben, sah sie ein schwarzsamtenes Kreuz zu Boden stürzen. Sie wußte nicht gleich, was dies zu bedeuten hätte, bis eine Ahnung sie überfiel. »Ich konnte nichts wahrnehmen«, sagte sie zu ihrem Mann, »aber will es morgen noch einmal versuchen.« Als Bill am nächsten Tag starb, wurde ihr die Bedeutung des Gesehenen schlagartig klar.

Für sie war es ein schwerer Verlust, über den sie sich nur

mit der Hoffnung auf eine baldige Wiedervereinigung hinwegtrösten konnte. Sie hatten bereits eine ganze Reihe von Erdenzeiten miteinander – und auch mit Cayce – verbracht, und die große Liebe, die sie füreinander empfanden, war das Ergebnis all dieser frühen Gemeinsamkeiten. Ich habe schon viele Eheleute kennengelernt, aber keine, die einander so herzlich zugetan waren.

Sie kamen mir immer wie zwei junge Turteltauben vor, die sich neckten und liebten und wie ein frischgebackenes Pärchen Arm in Arm miteinander spazierengingen. Und obwohl Bill es als Geschäftsmann sehr weit gebracht hatte – nicht anders als in vergangenen Lebzeiten –, blickte er voller Stolz auf Elsies Erfolge als Buchautorin und war stets der erste, der ihre literarischen Ambitionen ermutigte. Von einem Konkurrenzdenken zwischen ihnen war nichts zu spüren. Hielt sie einen Vortrag, tat er desgleichen und zog stets am selben Strang. Die gegenseitige Fürsorge, was Cayce als ewige Liebe bezeichnete, war ihr vorrangiges Anliegen. Sie waren Seelengefährten, und Seelengefährten knüpfen keinerlei Bedingungen an ihre Liebe. Diese Gegenseitigkeit bildete zugleich die Grundlage für eine Menschenliebe, die ihrem gegenwärtigen Wagnis und rückblickend auch ihrer Vergangenheit eine weitere Dimension hinzufügte.

Genauso wie Bills Anwesenheit sich ihr auch nach seinem Dahinscheiden kundtat, schöpfte sie ähnliche Kraft aus dem Wissen, daß Cayce ihr immer noch nahe war. Er war ihre größte Stütze in diesen sorgenvollen Wochen, und die fortdauernde Verbindung mit ihm stärkte ihren Glauben an die Unsterblichkeit der Menschen.

»Cayce wußte, daß Bills Tage gezählt waren«, erklärte sie mir, »er gab mir dieses Zeichen, das ich erst nach seinem Tod richtig verstand. Aber Cayce wußte es im voraus. Und Schwarz war für mich schon immer ein Symbol des Todes.«

In all den Readings, die er ihr gegeben hatte, lag letztendlich auch der Schlüssel für ihre prophetischen Träume und Visionen. »Die Wesenheit [Elsie] war in der Stadt der Hügel und Grasländer«, hieß es an einer Stelle, »wo die Aktivitäten des Lehrers [Uhjltd] in jenem Leben von hilfreicher Wirkung bei der Ausübung der Heilkünste waren. Unter den Eingeborenen entwickelte sich die Wesenheit zu dem, was wir heute eine Seherin oder Prophetin nennen. Die Fähigkeit zum visionären Sehen, zu seltenen Erfahrungen und Träumen erwuchs aus der Anwendung gewisser Lehren, Meditation und geistiger Fortentwicklung, durch das Selbst während jener irdischen Reise.«

Elsie war damals die leitende Krankenpflegerin gewesen, die Seite an Seite mit Uhjltd die Wunden behandelte und Verbände anlegte – nicht anders als sie es in diesem Leben als staatlich geprüfte Fachkraft auf ihrem Gebiet und als Ausbilderin für die Lernschwestern gewohnt war. Aber sie konnte auch wahrsagen, wobei sie das Schicksal ihrer Klienten aus dem Sand zu lesen pflegte.

Sie hatte mit Bill einschließlich dieser letzten vier gemeinsame Lebenserfahrungen gehabt: »Ich kann mich noch gut an die Zeit erinnern, die wir zusammen in der Stadt der Hügel und Grasländer verbracht haben. Ich habe mit Bill dort gearbeitet, und genauso wie hier war ich auch dort als Krankenpflegerin tätig. In meinen Visionen und Träumen inspizierte ich die höhlenähnlichen Behausungen. Die damaligen Lebensbedingungen waren äußerst primitiv. Die Menschen hatten sich quasi in die Hügel hineingegraben, und manche lebten unter mächtigen Felsvorsprüngen. Im Inneren ihrer Behausungen hatten sie sich noch weitere Höhlen geschaffen, so daß eine Art Wohnung entstand.

Sie waren von schmächtiger Gestalt. Ich weiß noch recht gut, daß die Männer nicht viel größer als eins fünfzig waren. Sie hatten schwarze Haare und eine flache Stirn –

im Gegensatz zu unseren, eher runden Köpfen, denn wir stammten ja ursprünglich aus Ägypten. Ich war nicht nur als Krankenpflegerin eingesetzt, ich mußte auch ›Hausbesuche‹ machen, das heißt mich von der Reinlichkeit ihrer Höhlen überzeugen und den Bewohnern etwas Hygiene beibringen.«
»Und Uhjltd war für all dies verantwortlich?«
»Er war mit uns zusammen.«
»Demnach müßten Sie sich noch recht gut an ihn erinnern.«
»Das ist richtig. Und wie ich schon sagte, habe ich ihm geholfen, die Wunden derjenigen zu behandeln, die bei verschiedenen Gelegenheiten Verletzungen davongetragen hatten. Und natürlich war auch unser Arbeitsplatz eine Höhle, die in den Fels oder einen Bergabhang hineingehauen war. Uhjltd war der Arzt und ich die Assistentin, die ihm zur Seite stand.
Ich habe zwar vieles aus jenen Tagen vergessen, aber ich weiß noch, daß ich den Einheimischen Körper- und Haarpflege beibringen und sie zur Sauberkeit in ihren Wohnhöhlen anleiten mußte, während Uhjltd mich in der Wundbehandlung unterwies und mir natürlich auch half, woran er sich später, als Cayce, noch erinnerte.
Es gab eine besondere Salbe, die geradezu Wunder bewirkte, aber ich wußte nicht, wie sie genannt wurde oder woraus sie gemacht war.
Alles, was mir dort gezeigt wurde oder was ich so mitkriegte, drehte sich immer nur um Uhjltd und mich und um die Patienten. Wenn ich dann eine ihrer Höhlen betrat, unterrichtete ich sie in Dingen, die mit Sauberkeit und Gesundheit zu tun hatten.
Meinem Mann Bill bin ich im Heiligen Land, in Persien und in Ägypten begegnet. Wir beide haben oft unsere Erinnerungen ausgetauscht, und wir liebten es, in diesen Ländern nach den Spuren unserer einstigen Aktivitäten Ausschau

zu halten. Auch an Ägypten hatten wir gemeinsame Erinnerungen, die nun durch meine Träume ständig vertieft und vermehrt werden. Cayce meinte, daß sie mich mein ganzes Leben lang begleiten würden. Einmal träumte ich von einer bestimmten Phase in Ägypten, von der Zeit, als unsere Körper noch nicht unsere jetzige perfekte Gestalt erreicht hatten, auch wenn es selbst heute noch zu gewissen Rückbildungen kommen kann. Denn als Krankenschwester habe ich tatsächlich schon solche Fälle erlebt: stark behaarte Körper und sogar Überreste von Schwänzen.«

»Demnach waren wir damals ziemlich behaart?« wandte ich ein und hielt dies als Zeichen einer Entwicklungsstufe, in der die Menschen noch keine Kleider kannten.

»Das kommt sogar heute noch vor«, meinte Elsie, »und ist ein Hinweis auf die Zeit der Primaten. Ich habe schon Babys gesehen, deren Körper dem eines Affen sehr ähnlich waren.

Eines meiner früheren Leben muß in der ägyptischen Periode gewesen sein; damals habe ich Zwillinge zur Welt gebracht, die statt Füßen Hufe hatten, während sie sonst ganz normal aussahen. Wenn in der Gegenwart solche Rückbildungen auftreten, was zuweilen geschieht, beweist dies wiederum, daß es Zeiten gab, in denen der Mensch noch nicht voll entwickelt war.«

Auch Cayce hat sich in einem seiner Readings hierzu geäußert: »Als die Wesenheit [Elsie] im ägyptischen Land verweilte, gab es dort derartige Aktivitäten – kurz vor dem Weggang des Priesters, wo viele Veränderungen durch den Priester bewirkt wurden, indem er die Evolution von Körper und Ausdruck durch seine Aktivitäten im Tempel der Opfer zu beschleunigen versuchte. Und ein weiteres Mal finden wir die Wesenheit bei der Ausübung solcher Aktivitäten – nämlich anderen zur Selbsthilfe zu verhelfen.«

Es war ziemlich klar, welche von Elsies früheren Erfahrungen sie in diesem Leben besonders motiviert hatte. Zudem könnte ihre starke gefühlsmäßige Reaktion die Erinnerung an das Heilige Land und den Meister, der mit Gott wandelte und sprach, noch vertieft haben.

»Wie eine gewaltige Flut brach die Erinnerung erneut auf mich ein, während ich auf das Meer hinausblickte, wo er einst geschwommen war, und in den Garten, wo er gemäß dem Willen seines Vaters gelitten hatte.

Meine Erinnerung reicht noch über den Zeitpunkt der Kreuzigung und der Auferstehung zurück, doch ich war noch sehr jung, als ich ihn sah. Es war nur eine Sekunde innerhalb der immensen Zeit, die sich von einem Leben ins nächste erstreckt, und in den entscheidenden Jahren, als er sich mit dem Vater vereint hatte, sah ich die Apostel und die Jünger. Mr. Cayce sagte, daß auch die Niederkunft des Heiligen Geistes auf die Jünger in meinem Gedächtnis noch lebendig sei. Er sagte, daß die Wesenheit, und damit meinte er mich, einen lebhaften Traum gehabt hätte und in diesem Traum die Jünger am Rande des Hügels stehen sah – und die Feuerblitze, die auf ihre Häupter herunterkamen, jene Feuerzungen, von denen die Bibel berichtet. Von Zeit zu Zeit überkamen mich noch andere Erinnerungen, besonders dann, wenn ich mich zusammen mit Bill im Heiligen Land befand. Selbst jetzt erinnere ich mich noch an viele andere Dinge, zum Beispiel an die Essener-Gemeinde, und Cayce sagte, daß auch ich dazugehört hätte.«

Da es Bill und Elsie am nötigen Geld nicht fehlte, konnten sie sich ihren großen Wunsch, die heiligen Stätten noch einmal wiederzusehen, leicht erfüllen. Mit hohen Erwartungen und großem Eifer setzten sie ihre Pläne in die Tat um. Ihre Neugier richtete sich vor allem auf die Stadt der Hügel und Grasländer, ihre einstige gemeinsame Heimat. Bill, der es besonders genau nahm, fertigte sich eine Skizze jener iranischen Gebiete an, in der sie beide laut Cayce zusammengelebt hatten. Aufgrund seiner sorgfältigen Berechnungen müßte diese antike Stätte etwas fünf bis sechs Meilen von der bedeutenden islamischen Moschee der iranischen Stadt Shushtar entfernt gewesen sein.

»Bill und ich erreichten den Ort mit einem Helikopter. Über seine Lage hatten wir uns genauesten informiert, besonders Bill, der sich inzwischen zum Experten entwickelt hatte. Wir flogen so niedrig, wie es im Hinblick auf die Flugsicherheit überhaupt möglich war. Dann kehrten wir um und mieteten uns einen Landrover, und bald stießen wir auf etliche Spuren, die Cayce bereits an dieser Stelle vermutet hatte: Gewandreste, ein Altartuch, Teile von Gebrauchsgegenständen und Tonscherben, vor allem aber auf eine von Menschenhand angefertigte Tür, die an einem mächtigen Felsen vor einer Höhle aufgehängt war. Wir zogen es vor, nicht hineinzugehen, da der Innenraum mit allerlei Schutt und verschiedenartigsten Dingen übersät war.

Irgendwo in dem Reading war von einem Felsen die Rede, der etwa zehn bis dreizehn Meter vom Eingang entfernt aufgerichtet sei und in dessen Mitte sich ein Loch befände, durch welches, wie Cayce gesagt hatte, die Strahlen der untergehenden Sonne bis tief ins Höhleninnere eindringen würden. So warteten wir den Abend ab und fanden all dies bestätigt. Wir waren so aufgeregt, weil wir nun sicher sein konnten, daß auch seine anderen Aussagen über unsere früheren Existenzen richtig sein mußten. Nun setzten wir uns mit japanischen Forschern wegen einer Ausgrabung der Höhle in Verbindung. Auch sie waren begeistert. Sie hatten schon in Japan von Cayce gehört und waren sogar bereit, sämtliche Kosten dieses Unternehmens zu bestreiten, falls sie die Rechte zur Erstveröffentlichung erhalten würden, die wir ihnen gerne zugestanden. Wir einigten uns darauf, zunächst nach Hause zurückzufahren, um dort alle notwendigen Informationen einzuholen, ehe wir zur Höhle zurückkehren und mit der Ausgrabung beginnen würden. Dann jedoch überraschte uns die Nachricht, daß der Schah, der sich stets sehr wohlwollend gegenüber Ausländern und Archäologen gezeigt hatte, des Landes verwiesen und an seine Stelle Khomeini getreten war. Das setzte all unseren Plänen ein Ende, denn er duldete nicht, daß sich irgendwelche Amerikaner oder Europäer der nationalen Schätze bemächtigten.«

Für Elsie und Bill gab es nun keine Möglichkeit mehr, das Heiligtum zu erforschen und nach Altartüchern oder anderen Relikten aus Gold oder Bronze Ausschau zu halten, die laut Cayce sich noch immer in der Höhle befinden mußten.

»Wie das Reading besagte, war Bill in jenen Lebzeiten ein Händler gewesen, der mit seiner Kamelkarawane die Wüste bereiste. Seine Begeisterung für Kamele war auch in diesem Leben unverkennbar. Die Readings berichten, daß er mit seinen Karawanen so große Entfernungen wie die von Ägypten nach Indien und wiederum nach Arabien zurückgelegt hätte. Unterwegs verkaufte er Töpfe und Pfannen, wo immer er vorbeikam, was für mich insofern höchst amüsant ist, als er auch in diesem Leben mit Töpfen, Pfannen und Schnellkochtöpfen seine größten Erfolge hatte, ehe er selbständiger Unternehmer wurde.«

Die Eheleute unternahmen noch viele Reisen ins Heilige Land, und jedesmal, wenn Elsie träumerisch über die stillen Gewässer des Sees Genezareth hinwegblickte – so nahe der Heimat Jesu –, fühlte sie uralte Erinnerungen in sich aufsteigen.

Cayce hatte ihr wichtige Hinweise über ihre damalige Existenz geliefert: »Die Wesenheit befand sich im Heiligen Land, vor allem nach der Verfolgung der Christen. Sie war noch sehr jung, als der Meister auf Erden wandelte, und wußte eher durch Hörensagen von jenen, die ihn in seinem irdischen Walten erlebt und ihm zugehört hatten.

Durch die Art ihrer Aktivitäten stand sie den Lehren der Essener besonders nahe. Obwohl sie nicht in Jerusalem lebte, besuchte sie diese an Feiertagen und war als noch sehr junge Person von deren Aktivitäten zur Pfingstzeit, als die Jünger zum erstenmal mit feurigen Zungen zu sprechen begannen, äußerst beeindruckt. Die Wesenheit half auf verschiedenste Art und Weise den vielen, die immer noch zauderten, und war eher eine Lehrerin als eine Helferin für diejenigen, die im Heiligen Land die Macht innehatten. Ihr damaliger Name war Mercia.«

Immer mehr Impressionen aus der Vergangenheit schienen in Elsie erneut lebendig zu werden – manche erhebend und manche bedrückend –, ohne daß sie dafür eine Erklärung fand. Doch fühlte sie sich in den Ruinen der Essener ganz wie zu Hause und begann ihr Gedächtnis noch tiefer zu erforschen.

»Ich wußte, daß ich in einer der Ruinen zwei Türen finden würde; zweifellos handelte es sich um die Überreste eines Gebetshauses. Die linke Tür war für die Frauen und die rechte für die Männer gedacht. Und ich liebte diesen ganzen Landstrich rings um das Tote Meer, ich liebte das Heilige Land, die Essener-Gemeinde und die Ruinen von Qumran. Doch wie ich schon sagte, zog mich am meisten der See Genezareth an, den wir von unserem Hotelzimmer aus überblicken konnten. Ich hätte für immer dort bleiben und wieder und wieder den Hügel hinaufgehen mögen, wo Jesus die Seligpreisungen vollzogen hatte.

Cayce sagte, daß ich zu Jesu Zeiten Teil der Essener-Gemeinde gewesen wäre, desgleichen unser Freund Ed Jamal, der mit uns zusammen in Israel war. Ich wollte nach meiner Grabstätte suchen, aber wir konnten natürlich nichts dergleichen finden. Im übrigen hatten wir keine besonderen Pläne, außer die Gegend zu besichtigen. Ich wurde nicht direkt im Heiligen Land, sondern etwas außerhalb geboren. Cayce sagte, daß ich jüdischen Glaubens und dennoch keine Jüdin gewesen sei, wie immer er das auch gemeint haben mag. Er meinte weiter, daß ich an Feiertagen oft dort war, zum Beispiel an Pfingsten, und die Niederkunft des Heiligen Geistes miterlebt hätte und daß etwas davon in meiner Erinnerung noch lebendig sein müßte. Und tatsächlich fand ich den Ort, wo die Jünger an jenem Tag gestanden hatten. Doch die heiligste Stelle und mein liebster Platz war der See Genezareth. Mich zog es immer zu jenen Orten, an denen Jesus so gern verweilt hatte. Ab und zu setzte ich mich in den Garten von Bethanien, dem Wohnsitz Marias und Marthas, den Jesus so oft aufgesucht hatte, um Frieden zu finden. Dort fühlte ich mich den beiden am nächsten, und auch Jesus war mir dort näher als an jedem anderen Ort, außer Galiläa. Und dann überkam mich ein Gefühl absoluter Ruhe und eines Friedens, viel tiefer, als ich das je in einer Kirche erfahren habe ... Es gab eine Schlucht, in die viele Touristen hinunterstiegen; doch wenn ich es selbst versuchte und nur ein paar Schritte in diese Richtung tat, wurde ich von einer seltsamen Furcht ergriffen, daß ich sofort umkehren mußte.«

Elsie hat nie herausgefunden, was ihr dort einmal begegnet sein könnte. »Vielleicht habe ich dort Schlangen gesehen«, meinte sie, »ich habe solche Angst vor ihnen.«

Am liebsten suchte sie die kleinen Wege auf, die Jesus so oft gegangen war, und konnte sich genau vorstellen, wie er auf seinen einsamen Wanderungen mit Vögeln und Blumen sprach.

Doch Jerusalem war für sie völlig reizlos, genauso wie all die anderen übervölkerten Städte des modernen Israel.

»Die vielen Kirchen, die sie überall dort errichtet hatten, wir wollten sie gar nicht mehr sehen, selbst wenn einer der Jünger angeblich dort sein Leben ausgehaucht hatte. Schließlich ließen wir Jerusalem völlig links liegen und steuerten direkt auf den See Genezareth und Marthas Weinberg zu. Ich liebte diesen Ort über alles, und jedesmal, wenn ich hineinging, sagte Bill zu mir: ›Meinetwegen kannst du ein Weilchen hier bleiben, aber bitte nicht länger als eine halbe Stunde!‹

Als ich dort sitzend und mit geschlossenen Augen verweilte, fühlte ich mich jedesmal in die Zeiten zurückversetzt, in denen Maria, Martha und Jesus noch beisammen waren. Doch hatte ich nie den Mut, in jene Höhle hinunterzusteigen, wo Lazarus angeblich begraben sein sollte. Irgend etwas hielt mich davor zurück. Aber ich liebte diesen Garten … Maria und Martha, und die Ruhestätte des Lazarus …«

Während ich Elsie begierig zuhörte, hatte ich eher den Eindruck, als ob mir irgendeine Nachbarin von ihren aktuellen Urlaubserfahrungen bei Freunden berichtete. Und vermutlich hat Elsie es genauso empfunden. Sie waren wirkliche Freunde gewesen, und daher gab es auch keinen Grund, ihre oder Cayces Aussagen zu bezweifeln.

Mercia alias Elsie hatte sich nur bei besonderen Anlässen nach Jerusalem begeben, laut Cayce an hohen Festtagen und als sehr junge Person. Wie schon erwähnt, geschah es während der Pfingsttage, daß die Jünger zum erstenmal mit fremden Zungen redeten, so daß die Leute aus den verschiedensten Stämmen, die sich um sie geschart hatten, jedes ihrer Worte verstehen konnten, als ob es in ihrer eigenen Sprache gesprochen wäre. Doch es war Elsies überwältigende Liebe zu Jesu, die sie immer wieder zum Kalvarienberg und den umliegenden Orten zurückkehren ließ.

»Ich hatte eine Vision von Jesus. Er stand auf einem Hügel und wies mit seiner Hand auf den großen Obstgarten zu seinen Füßen. ›Es ist Zeit für die Ernte‹, sagte er, ›aber es fehlt an Arbeitern, die sie einbringen.‹«

Für eine Visionärin wie Elsie war die Bedeutung klar:

»Christus meinte, daß die Früchte seiner eigenen Mühen nun eingeholt werden müßten. Aber es gäbe nur wenige unter seinen Leuten, die die Aufgabe erfüllten.«

In Ägypten hatten Bill und Elsie auch die Pyramiden besucht. In einer der erhabenen Kammern einer besonders geheiligten Pyramide zu sitzen muß für Elsie ein großes Erlebnis gewesen sein, das sie ein weiteres Mal in alte Zeiten zurückversetzte. Jede Sekunde war für sie von Bedeutung, erblickte sie sich doch zusammen mit Bill, ihrem einstigen Ehegefährten, wieder einmal zu Füßen des Hohenpriesters, des späteren Cayce, und lauschte von neuem seinen Worten über die Entfaltung parapsychischer Kräfte. Als die Reisegruppe den geweihten Ort wieder verließ, bemerkte Elsie in ihrer Mitte eine weinende Frau.

Sie näherte sich ihr und fragte: »Ist Ihnen nicht gut?«

Da begann die Gefragte zu schluchzen: »Ich hatte plötzlich ganz schreckliche Erinnerungen. Sie können sich nicht vorstellen, wie bedrückend das für mich war.«

Elsie versuchte sie zu trösten: »Auch ich hatte Erinnerungen, aber sie waren freundlich und gut. Und über solche sollten Sie meditieren, über alles, was Sie erhebt und der so hilfreichen Realität unserer Vergangenheit näherbringt. Vergessen Sie das übrige.«

Was andere Menschen als pure Imagination oder überhöhte Beeinflußbarkeit abtaten, war für Elsie ein Stück Realität. Längst hatte sie ihre Vergangenheit als realen Bestandteil ihres tieferen Bewußtseins geprüft und sie an dem gemessen, was sie in ihrem gegenwärtigen Leben zu erkennen und zu begreifen imstande war.

In ihren Träumen hatte sie unzählige Male den Tempel der Schönheit erblickt und den Stimmen gelauscht, die aus den Tiefen der Vergangenheit heraufdrangen; sie hatte keinen Grund, ihnen zu mißtrauen, denn in Zeiten der Mühen und auch des Triumphes waren sie niemals verstummt.

Um meine allzu dürftigen und unklaren Informationen zu ergänzen, stellte ich Elsie einige Fragen zu diesem so oft erwähnten ägyptischen Heiligtum. Sie brauchte nicht lange zu überlegen. Für ihr Unbewußtes wie auch für Cayce war dieses von Ra errichtete Gebäude unbestrittene Realität.
»Der Tempel der Schönheit hatte tatsächlich existiert. Er war für jene gebaut, die zu Lehrern ausersehen waren. Der Hohepriester hatte eine Assistentin zur Seite – es war Florence Edmonds, die zu Cayces Lebzeiten eine seiner Arbeitsgruppen besuchte. In Ägypten war sie aufgrund ihrer besonderen Hellsicht dazu ausersehen, diejenigen unter den Menschen zu erkennen, die sich als Lehrer eigneten und daher in die Tempelschule aufgenommen wurden.
Als ich Florence in diesem Leben wiedersah, fragte ich sie: ›Was ist das in deinem Auge?‹
Sie wiederum wandte sich an Cayce, der ihr erklärte, daß es sich um ein Überbleibsel aus ihren ägyptischen Tagen handelte. Es ist wirklich interessant, wie häufig unsere Ängste oder auch besondere Neigungen eindeutig von Erfahrungen in früheren Existenzen geprägt sind.
Um ein Beispiel zu nennen: Ich bin unzählige Male geritten und liebe die Pferde sehr, doch hatte ich schreckliche Angst, ihnen den Rücken zuzukehren. Ich hatte schon damals viele Träume, und als sich mein Unbewußtes mehr und mehr entwickelte, träumte ich von einem irischen Ort und von Pferden, die mir selbst gehörten. Um meiner Erinnerung nachzuhelfen, reiste ich nach Irland in eine Gegend, die der meines Traumes sehr ähnlich war. Und dort geschah es, daß ich mir selbst bewußt wurde, einst Pferde gezüchtet und einem besonders bösartigen Tier meinen Rücken zugewandt zu haben, das mir daraufhin in die Schulter biß. Nun aber verschwand meine Furcht – offenbar, weil mir die Realität einen Hinweis auf ihre Ursache gegeben hatte.

Auch von Ra-Ta war ich irgendwie ›gezeichnet‹, so wie auch viele andere jener Epoche. Er bedurfte offenbar einer Möglichkeit, sie in jeder neuen Existenz wiederzuerkennen. Eines Tages plauderte ich mit jemandem, der wie ich diese ägyptische Phase durchlaufen hatte, und nicht ganz zufällig kamen wir auf dieses ›Zeichen‹ zu sprechen Er sagte: ›Ich sehe Ra-Tas Zeichen an Ihnen, es ist in Ihrem rechten Auge.‹ Und immer wieder werde ich gefragt: ›Was haben Sie an Ihrem rechten Auge?‹ Und ich antworte: ›Nichts, was mir bewußt wäre.‹ Schließlich fragte ich Mr. Cayce, als wir eines Tages allein waren, und er sagte: ›Ihr Auge ist gezeichnet, weil Sie in einer Hypnose andere durch Ihre Blicke mißbraucht haben, indem Sie sie zwangen, Dinge zu sehen, die Ihnen wichtig erschienen.‹
Ich meditierte und erblickte jenes große, blaue Auge, das mich anstarrte. Ich wußte nichts damit anzufangen, doch war mir klar, daß es etwas mit der Vergangenheit zu tun hatte.«

Es war die Zeit, in der Elsie täglich um zwei Uhr morgens mit Cayce meditierte und außerdem seine Arbeitsgruppen in Virginia Beach besuchte. Während sie ihre Gedanken zurückschweifen ließ, huschte ein Lächeln über ihre Züge.

»In jenen Tagen versuchte ich, Gott zum Gegenstand meiner Meditation zu machen, um mich von diesem ›bösen Blick‹, wie andere ihn empfanden, zu befreien. Ich wachte wie üblich mit Cayces Hilfe auf, und unbegreiflicherweise war mein Hotelzimmer mit der Aussicht über den Ozean von den Düften der Gardenie erfüllt. Und obwohl keinerlei Blumen so nahe an der Meeresküste wuchsen, war der Duft dermaßen stark, daß er meine Sinne benebelte. Als ich am Morgen darauf Mr. Cayce traf, sagte ich ihm: ›Ich muß Ihnen unbedingt erzählen, was mir letzte Nacht widerfahren ist!‹ Aber er bremste mich und sagte: ›Bevor Sie damit

anfangen, erlauben Sie mir, daß ich Ihnen sage, wovon ich geträumt habe, bevor ich Sie aufweckte.‹
›Ich träumte‹, begann er, ›daß Sie und ich im Garten spazierengingen und Sie mich baten, Ihnen bei der Meditation zu helfen. Und ich antwortete Ihnen: Sie müssen mit Hilfe der allsehenden Augen Gottes meditieren. Doch Sie entgegneten: Das ist nicht genug. Ich brauche außerdem den Duft von Gardenien.‹ Von nun an erstaunte mich nichts mehr, was Cayce auch immer bewirkte. Ich konnte ihm nur noch erklären, daß mein Traumerlebnis dem seinen vollkommen entsprach. Er hat es mir in meinen Schlaf hineinprojiziert.«
Sie blickte auf und schüttelte ihren Kopf. »Ich kann mir außer den biblischen Gestalten niemanden vorstellen, der so etwas wie Cayce vollbringen könnte.«
Und ich war mir nicht mal sicher, ob irgend jemand in der Bibel jemals Düfte ausgesandt hatte, und wußte mit diesem Phänomen, so wundervoll es auch war, noch viel weniger anzufangen als sie.
Die Kommunikation zwischen den beiden wurde selbst durch Cayces Tod nicht wesentlich beeinträchtigt, obwohl Elsie sich immer mehr auf ihre eigenen Kräfte, ihr eigenes, durch Meditation stimuliertes Unbewußtes und ihre Traumwelt besann.
Gleichzeitig begann sie damit, all ihre Träume sorgfältig aufzuzeichnen. »Beim Durchlesen wird mir jedesmal klar, welch ungeheuer prophetischer Gehalt in vielen meiner Träume verborgen ist. Noch ehe das Fernsehen eingeführt wurde, sah ich mich in meinen Traumaktivitäten einem weltweiten Publikum vorgestellt, als ob ich wie ein Filmstar auf sämtlichen Leinwänden in Rußland, Frankreich, England, Deutschland, Irland, Südamerika, Australien, kurz, überall auf dem Planeten zu sehen wäre. Es kam mir alles so irrsinnig vor, zumal ich von mir aus nie daran

gedacht hatte, ein Filmstar zu werden, selbst wenn alle Voraussetzungen vorhanden gewesen wären.«

Elsies eigentliches Anliegen war, auf dem Podium zu stehen und einem breiten und staunenden Publikum von Cayce und ihren Träumen, von Reinkarnation und Gott zu erzählen.

»Ob London, Paris, Dublin, Moskau oder irgendeine andere beliebige Stadt – Bill und ich haben fast jeden bedeutenden Ort besucht, den Sie mir nennen könnten. Bei unserem ersten Besuch in Rußland stießen wir auf eine Gruppe von Wissenschaftlern, die bereits über Cayce informiert waren. Seine Biographien waren sowohl in Moskau wie auch in Leningrad bekannt. Wir redeten über alles, was nur irgendwie mit Parapsychologie zu tun hatte, in Rußland bei drei verschiedenen Gelegenheiten. Es war nahezu beispiellos, daß wir mehrmals in dieses Land eingeladen wurden. Nirgendwo sah ich eine Bibel, aber die Leute hatten mein Meditationsbuch und einige Werke über Cayce. Und oft genug wurde ich gewarnt: ›Was immer Sie vorhaben – das Wort *Gott* dürfen Sie keinesfalls erwähnen.‹«

Und Elsie hielt sich daran, zumindest zunächst. »Ich versuchte, ihnen wenigstens die Grundlagen unseres spirituellen Lebens zu vermitteln, ohne ihnen gleich auf die Füße zu treten. Sobald ich jedoch meinen Vortrag beendet hatte, konnte ich mich selbst nicht mehr zähmen und verkündete der Runde der um mich versammelten russischen Intellektuellen: ›Ich muß Ihnen jetzt gestehen, daß ich persönlich sehr wohl an Gott glaube.‹

Zunächst schwiegen sie alle ziemlich betreten und sahen sich ängstlich um. Dann erreichten mich etwa ein Dutzend Fragen, teils aus Neugier und teils aus dem Wunsch heraus, daß ich meine Behauptung rechtfertigen möge.

›Und wer ist dieser Gott? Könnten Sie das etwas näher beschreiben? Ist er eine physische Person? Und haben Sie ihn schon mal gesehen? Wenn ja, wie wollen Sie das beweisen?‹ So und ähnlich lauteten ihre Fragen.«

Elsie beantwortete sie, soweit ihr das möglich schien, ohne auch nur einen Zentimeter zurückzuweichen oder sich wegen ungebetener Zuhörer Gedanken zu machen, denn sie war eine sehr unerschrockene Frau.

Ihr erster Vortrag hatte in einem großen, öffentlichen Veranstaltungsraum stattgefunden, und es war zu befürchten, daß sich auch sowjetische Agenten unter den Zuhörern befanden. Bei ihrer Visite in Moskau sprach sie jedoch vor einem kleineren und eher intimen Publikum.

»Wir gingen eine beträchtliche Strecke zu Fuß auf Nebenwegen und durch Gebäude hindurch, um sicher zu sein, daß uns niemand verfolgte. Nachdem Bill und ich an jenem geheimen Ort unsere Ausführungen beendet hatten, wurden wir zu weiteren Diskussionen in eine Privatwohnung gebeten. Die Leute waren alle sehr interessiert, immerhin waren noch etwa hundert Personen anwesend, eine wirklich intelligente Gruppe. Ich spürte, wie sehr ich ihre Aufmerksamkeit gewonnen hatte, indem ich über ein höheres Wesen sprach, ohne ihm einen Namen zu geben. Sie wußten genau, was ich meinte. Sie waren wirklich ganz bei der Sache.

Ich denke, wenn die Wahrheit erst einmal ihr Innerstes erreicht und aufwühlt, öffnen sich diese Leute auch all den anderen Dingen, die etwas mit jener weltweiten Verbundenheit aller Menschen zu tun haben, von der Cayce so oft gesprochen hat.

Später traf ich mich noch mit ein paar anderen sowjetischen Wissenschaftlern – dieses Mal weit außerhalb der Stadt und in einer für mich gänzlich undefinierbaren Gegend. Selbst dort untersuchten wir jeden Winkel nach möglichen Abhöranlagen, um nicht in eine Falle zu geraten. Meine russischen Gastgeber stellten mir ganz persönliche Fragen über meine Haltung zum Christentum, zur katholischen Kirche und dem ewigen Leben und wollten etwas über die Unterschiede zwischen dem protestantischen und dem katholischen Glauben wissen. Vor allem waren sie an Reinkarnation interessiert. Ich sprach völlig offen und frei, denn ich konnte keine Gefahr erkennen. Da sie selbst viele Cayce-Bücher hatten, waren sie mit diesem Thema schon ziemlich vertraut und begannen mich über Cayce selbst auszufragen. Wie er denn aussähe? Was er für eine Schulbildung gehabt hätte? Sie konnten kaum glauben, daß er nie über die fünfte Klasse hinausgekommen war. Auch sein Elternhaus und seine Familie waren Gegenstand ihrer Neugier, und ich erzählte ihnen alles, was ich darüber wußte. Nur über Gott wurde dieses Mal nicht gesprochen, und ich respektierte ihre verschämte Zurückhaltung in diesem so gottlosen Staat. Ich hatte ihnen ja bereits meine persönliche Auffassung in diesem Punkt dargelegt, so gab es für mich keinen Anlaß, noch mehr darüber zu sagen. Doch gefiel ihnen der Gedanke, mehrmals geboren zu werden, da sie sich von einem weiteren Leben eine größere Chance als jetzt versprachen.«

Bis hierhin hatte ich Elsie schweigend zugehört, aber nun konnte ich meine Frage nicht länger zurückhalten: »Sie glauben tatsächlich, daß es in Rußland einen politischen Umschwung geben könnte?«

»Die Meinung der Leute ist darüber ziemlich geteilt.«

Elsie hatte getan, was ihr zu tun möglich war, und keine Rücksicht auf ihre Gesundheit und ihr Alter genommen, wußte sie doch, welch große Hoffnung ihr früherer Lehrer als Uhjltd, Ra-Ta und zuletzt als Edgar Cayce in sie gesetzt hatte. Diesen Mann, den sie »Papa Cayce« nannte, hatte sie in seinem jetzigen Leben ein letztes Mal am Vorabend seines Todes im Januar 1945 gesehen. Sie erinnerte sich noch sehr gut, was ihr der Sterbende mit plötzlich wieder

erstarkender Stimme noch einmal ans Herz gelegt hatte: »Elsie, ich erwarte große Dinge von dir.«
Ich sah, wie sich ihr die Augen mit Tränen füllten, und mit einem leisen Seufzer brachte sie ihre Gefühle für den unvergessenen Freund noch einmal zum Ausdruck: »Jedesmal wenn mir der Mut sinken will und ich mir alt und müde vorkomme, denke ich an diesen guten und großartigen Menschen und frage mich, womit ich ihn am meisten erfreuen könnte – jetzt und in einer zukünftigen Welt.«

14. Kapitel

Der gute Gefährte

Niemand war Cayce näher als der Mann, den all seine Freunde »Lukas« nennen. Ich selbst habe ihn schon als kleinen Jungen gekannt und zu einer Persönlichkeit heranreifen sehen, die größten Respekt besonders bei jenen genießt, die zu Cayces engstem Kreis gehörten und sich noch gut an ihn erinnern.

»Obwohl er ihm gar nicht so ähnlich war«, sagte mir einer dieser alten Gefährten, »erinnert er mich an Cayce. Er hat dieselbe Ernsthaftigkeit und freut sich – ganz wie Cayce – über das kleinste Späßchen. Zumindest sein Lachen ist von verblüffender Ähnlichkeit.«

Das zu beurteilen war mir freilich nicht möglich, wußte ich doch nicht, was es mit Cayces Lachen auf sich hatte, noch wußte es Lukas. Aber ich habe mich gründlich genug mit dem Wesen des Mystikers befaßt, um in der Tat auffallende Ähnlichkeiten zwischen beiden feststellen zu können. Vor allem war es die persönliche Ausstrahlung, die Cayce wie Lukas auf all die zahlreichen Leute ausübte, die sich als Schüler und Nachfolger des Propheten verstehen und in Lukas ihren guten Gefährten erkannten.

»Ich muß ja wohl zwangsläufig mit Cayce verwandt sein«, sagte mir dieser mit seinem entwaffnenden Lächeln, »falls es stimmt, daß ich mit dem biblischen Lukas identisch bin. Denn wie aus Cayces Readings hervorgeht, war dieser zu Christi Zeiten jener Lucius von Kyrene, der ein Onkel des biblischen Lukas war.«

Zunächst schien sich unser heutiger Lukas, den ich im folgenden – aus Gründen der Diskretion – Robert nennen will, noch heftig dagegen zu wehren. »Ich habe nicht die geringsten Beweise für derartige Behauptungen, und jeder bewußte Versuch, mich an eine so ferne Vergangenheit erinnern zu wollen, ist völlig zwecklos – abgesehen von der Tatsache, daß mir zuweilen einige Szenen aus dem Neuen Testament sehr wirklichkeitsnah erscheinen, sobald ich mich mit dem Text befasse.« Robert kannte das Lukas-Evangelium sehr genau, es schien ihn besonders zu faszinieren. Und wie jener biblische Arzt war auch er ständig auf Reisen und scheute keine Entfernung, wenn er nur anderen dadurch helfen konnte – ganz gleich, ob es sich dabei um berühmte oder ganz unbedeutende Kranke handelte. Gleich einem wahren Apostel des Herrn lag ihm vor allem das Wohl der Menschheit am Herzen.

All dies und noch viel mehr brachte mich schließlich auf die Idee, ihm eine Rückführung vorzuschlagen, allein schon deshalb, weil ihn das Lukas-Evangelium nicht nur im Zusammenhang mit seiner eigenen Präexistenz so sehr beschäftigte. Kein Buch des Neuen Testaments, so schien mir, war darüber hinaus so reich an Lyrik und poetischer Kraft.

Wie war dies zu erklären? Darüber hatten sich die Bibelforscher schon mehr als tausend Jahre lang den Kopf zerbrochen. Manche meinen, daß es zum größten Teil von anderen geschrieben sei, die mit Christus und den damaligen Verhältnissen im Heiligen Land vertrauter waren als Lukas selbst, der Jesus gar nicht gekannt hatte und sein Wissen nur aus dem Munde anderer bezog. Eine Schilderung, die so klar, so überzeugend und lebensnah ist, so sagen die Gelehrten, kann nur aus der Feder eines Augenzeugen stammen.

Für Edgar Cayce war dies kein Problem. In seinen Readings machte er kein Geheimnis daraus, daß Lukas, der Arzt, zunächst unter dem Einfluß seines Onkels Lucius von Kyrene alles niederschrieb, was ihm über Jesus und seine Wunderheilungen zu Ohren kam, und dies allein zog ihn nach und nach völlig in seinen Bann. Zunächst war Lucius sein Mentor und Führer, bis Lukas durch seine Liebe zu Jesus über den langjährigen Lehrer hinauswuchs. Als geborener Grieche, der seine Heimat zu schätzen wußte, zog es ihn dennoch nach Kleinasien, um nach dem Vorbild Christi den Menschen das Evangelium zu verkünden und Wunderheilungen zu vollbringen. Dabei vergaß er nie, all die Geschichten, die er über den Meister erfuhr, sorgfältig in seinen Tagebüchern aufzuzeichnen.

Die allermeisten der oft bis ins kleinste Detail gehenden und sehr persönlichen Informationen verdanken wir Cayces schier universalem Gedächtnis, während die Bibelforscher sich niemals einig wurden. Fast der einzige Punkt, in dem ihre Meinungen über Lukas, den Arzt, übereinstimmten, war, daß er nicht als Verfasser des Lukas-Evangeliums in Frage käme, im Gegensatz zu den anderen Evangelisten, deren Urheberschaft für die ihnen zugeordneten biblischen Schriften einwandfrei feststeht.

Der Theologe Dr. Ernest Findlay Scott ist der Auffassung, daß es noch eine andere Quelle für das Lukas-Evangelium geben müsse. »Es ist nicht zu übersehen«, schrieb er in *Literature of the New Testament*«, daß im Einklang mit einer der neuesten Theorien sich Lukas' Aussagen ... auf ebendieses unbekannte Dokument stützen.«[1]

Aufgrund stilkritischer wie auch inhaltlicher Erwägungen kamen gleich zwei bisher unverdächtige Quellen in Betracht, zu denen Lukas Zugang gehabt haben mußte und die sich außerdem als Erklärung für die ganz ungewöhnliche Schreibweise seiner ersten zwei Kapitel anboten.

---

1 Ernest Findlay Scott, *Literature of the New Testament*, hrsg. von Austin P. Evans (N. Y.: Columbia University Press, 1932), 83 (Westport, CT; Greenwood Pr., 1985)

»Jener Mann, der das Lukas-Evangelium geschrieben hat«, meinte Scott, »ist vermutlich auch der Autor der Apostelgeschichte in ihrer endgültigen Fassung. Aber war dies nun Lukas oder irgendeine andere Person, deren Namen wir nicht mehr kennen? Und wer bediente sich seiner Tagebücher?«
Ich mußte sofort an Lucius denken, der ihm doch sehr nahe stand, und auch an Lucius' Mätresse Vesta – zumal Scott glaubte, daß der Verfasser des Evangeliums den Frauen eine besondere Wertschätzung entgegenbrachte. »Lukas bezog einen beträchtlichen Teil seiner Informationen von Frauen und war offensichtlich darauf bedacht, ihnen mehr Raum für eigene Aktivitäten innerhalb der jungen Kirche zu verschaffen. Hier möchte ich nochmals daran erinnern, daß Lukas seine ganz spezifischen Informanten hatte, denen er so wundervolle Geschichten wie die von Martha und Maria und die der reuigen Sünderin zu Füßen Jesu verdankte.«
Die Verbindungen waren ohnehin gegeben. Maria, die Frau des Lucius, befand sich in ständigem Kontakt mit Martha und Maria. Vesta hingegen, die sowohl Lucius als auch dem Apostel Johannes sehr nahe stand, spielte wahrscheinlich eine gewisse Rolle als Übermittlerin von Informationen, die später gesammelt und veröffentlicht wurden.
Mir erschien die Spurensuche nach dem Autor des Lukas-Evangeliums als eine recht aufregende Sache, besonders im Hinblick auf die Aussicht, dabei ein exakteres Bild von seinem so umstrittenen Verwandten Lucius zu erhalten. Und wer böte dafür eine bessere Gewähr als jener Mann, in dem die Cayce-Anhänger eine Reinkarnation des Lukas erkannten?
Cayce hatte Robert/Lukas als »Arzt aus der Epoche des Meisters« und als Autor bezeichnet, wie wir ihn bereits aus

Taylor Caldwells historischem Roman – und natürlich auch aus dem Evangelium – kennen. Unserem bescheidenen und stets zurückhaltenden Robert verschlug dies beinahe die Sprache. »Ich weiß wirklich nicht, was ich damit anfangen soll«, meinte er, »doch wie könnte ich Cayce ins Unrecht setzen, da längst erwiesen ist, wie recht er in allem hatte?«

Sein forschender Geist ließ ihm nunmehr keine Ruhe, und so willigte er schließlich in meinen Plan, sich rückführen und möglicherweise seine Identität ergründen zu lassen, ein. »Mir ist es ohnehin klar«, sagte er amüsiert, »daß alle Welt darauf wartet, mich als Lukas ertappt zu sehen.«

Für eine Rückführung war er das ideale Objekt: reaktionsfreudig und sensibel und selbst daran interessiert, möglichst viel über seine gefühlsmäßige Einstellung gegenüber Jesus und dessen Wunderheilungen zu erfahren. Robert hatte ein abgeschlossenes Medizinstudium hinter sich. Da er für Physik und Chemie nichts übrig hatte, war er vorzeitig ausgestiegen und beschäftigte sich fortan mit Geisteskrankheiten, aber auch den Möglichkeiten des spirituellen Heilens. Täglich übte er sich im Meditieren, wobei sein Geist sich ganz auf die Heilung von Kranken konzentrierte. In gewisser Weise war er sich selbst ein Rätsel; er konnte sich nicht erklären, wem er seine spirituellen Neigungen und die tiefe Gelassenheit seines Wesens zu verdanken hatte, die sogar ältere Menschen beeindruckte.

Ich kenne Robert seit bereits dreißig Jahren, als er noch ein Junge war. Schon mit dreizehn kam er mir wie ein Erwachsener vor, einer, der sehr nachdenklich war und alles ernst zu nehmen schien. Seine Neugier richtete sich auf alle Probleme des Daseins und das Wesen des Göttlichen. Andererseits war er ein guter Sportler und ehrgeiziger Wettkämpfer, alles in allem ein sehr ausgeglichener Mensch und ein aufmerksamer Zuhörer obendrein. Denn das war das

Bemerkenswerteste an ihm, daß er bereits in jungen Jahren ein so offenes Ohr für Dinge wie Philosophie hatte, über die sonst nur Erwachsene diskutierten. So erfuhr er sehr früh von der Existenz eines Gottes und dessen eingeborenen Sohnes und Botschafters eines zukünftigen Lebens. Wie schon in seiner von manchen behaupteten Existenz vor zweitausend Jahren war sein Glaube nicht durch den geringsten Zweifel getrübt.

Aufgrund der Tatsache, daß seine Eltern zu meinen engsten Freunden zählten, sah ich ihn relativ oft. Doch was mich zuweilen erstaunte, war nicht so sehr eine gleichbleibende Freundlichkeit, sondern eine gewisse Distanz, die nichts mit mangelndem Interesse oder Gleichgültigkeit zu tun hatte, vielmehr einer gewissen Reserviertheit entsprang, als ob er sich auf einer ganz anderen Ebene bewegte. Wenn er sein so typisch zurückhaltendes Lächeln an den Tag legte, war es schwer, seine Gedanken zu erraten, denn es war nicht seine Art, irgendwelche Gefühle zu zeigen. Ich habe ihn nie zornig gesehen, obwohl ich glaube, daß auch er jene einsamen Augenblicke kannte, in denen er seine Ängste am liebsten lauthals herausgeschrien hätte. Aus seinen Augen konnte ich ablesen, wie sehr es ihn damals schon schmerzte, andere leiden zu sehen.

Er war eines jener »Cayce-Babys«, denen der Prophet auf Bitten ihrer Eltern schon im zartesten Alter ein Reading gegeben hatte, um ihnen durch Hinweise auf Veranlagung, Temperament und Fähigkeiten ihrer Kinder einen Einblick in deren geistiges Potential zu ermöglichen, wobei auch das Wissen um frühere Existenzen für die Erziehung maßgebend sein konnte.

Mit Roberts Identifikation hatte Cayce keinerlei Schwierigkeiten, im Gegenteil, er entwickelte ein besonders reges Interesse an diesem Baby, das in seinem ersten Lebensjahr bereits vier Readings von ihm erhielt, wobei Cayce immer wieder auf die schon im Säugling erkennbare Weisheit zu sprechen kam und ihm eine Zukunft als spiritueller Lehrer prophezeite. Als der Junge drei Jahre alt war, starb der Prophet, nicht ohne ihm in zwei weiteren Readings großen Erfolg in jeglichem Tun und Handeln verheißen zu haben. Nicht nur als Hellseher, sondern mit dem Bewußtsein des einstigen Lucius von Kyrene hatte sich Cayce weit in Roberts Vergangenheit zurückversetzt; denn hatte er nicht längst zur Genüge bewiesen, daß er jede beliebige Information auch aus dem Unbewußten derer zu schöpfen verstand, die vor noch so langer Zeit auf Erden gelebt hatten? Er wußte, daß er es hier mit der Seele des so ruhmreichen biblischen Arztes Lukas zu tun hatte, als er Robert vor diesem Hintergrund »eine ungewöhnliche Karriere als Arzt« voraussagte, und erkannte zugleich eine weitere Dimension im zukünftigen Leben seines wiedergeborenen Neffen, der schon einmal seinen spirituellen Pfaden gefolgt war, als er den Eltern folgende Ratschläge gab: »Gebt der Wesenheit jene Dinge auf den Weg der Erziehung mit, die mit spirituellen, mentalen und materiellen Aktivitäten jeglicher Art zu tun haben und die sich auf dieser materiellen Ebene zur Hervorbringung einer gesundheitsverleihenden Kraft im Dienste der Leidenden als hilfreich erweisen. Laßt jedermann wissen, daß er es ist – der Sohn [Jesus] –, welcher die Krankheit heilt, den Geist erleuchtet und all jene, die ihn suchen, ermutigt – spirituell, mental und materiell.«

So wie Cayce den Jungen bereits kannte, so schien auch dem Zweijährigen der Prophet auf seltsame Weise vertraut zu sein. Der alte Gefährte mit dem Schützling auf seinen Knien erinnerte sich lebhaft an gemeinsam verbrachte Zeiten im biblischen Judäa und im alten Ägypten. Als ihre Blicke sich trafen, griff das Kind mit seinem tolpatschigen Händchen nach des Mannes Gesicht und öffnete seine Lippen zu einem einzigen Wort, einem Namen, der in

Cayces Bewußtsein erneut uralte Gefühle aufsteigen ließ: »Ra-Ta«, sagte der Kleine mit unmißverständlicher Deutlichkeit und lächelte in der kindlichen Freude des Wiedererkennens.

»Gott segne dich, mein Kleiner«, sagte Cayce gerührt und zog wie in alten Zeiten den wiedergefundenen Neffen an seine Brust.

Cayce hat noch oft von diesem seltsamen Vorfall gesprochen, der seinen Glauben an Reinkarnation ein weiteres Mal bestärkte. »Wir waren Verwandte im Heiligen Land, und so, wie er mir damals mit seinen Ratschlägen zur Seite stand, will ich ihm nun in der Gegenwart helfen. Eines Tages wird sein Ruhm bekannt werden. Bis dahin gibt es noch viel zu tun, aber er wird in seine Verantwortung hineinwachsen.«

Dann gab er eine kurze Anleitung für seine Erziehung: »Er muß noch viel lernen in diesem Leben, so auch durch die ungewöhnliche Möglichkeit einer Erziehung durch Reisen wie auch durch akademische Bildung. Besonderen Wert sollte in seinen frühen Jahren auf spirituelle Anweisungen gelegt werden, nicht durch Zwang, sondern durch den Gebrauch von Vernunft.«

Die Eltern ließen dem Sohn völlig freie Wahl und versuchten, ihn möglichst nicht zu beeinflussen, schon gar nicht durch eine Offenlegung der Readings. Aber auch unaufgefordert wählte er genau den Weg, wie Cayce ihn vorausgesagt hatte. Bereits auf dem College, das seiner medizinischen Ausbildung voranging, entwickelte er ein starkes Interesse an geistigen und spirituellen Dingen, wobei er sich wie einst der Apostel Lukas von der konventionellen Medizin abwandte.

Nach vier Jahren College fühlte er ein unabweisliches Bedürfnis, in jene Länder zu fahren, die einst Lukas in biblischer Zeit durchwandert hatte. Bevor er zur Erreichung eines akademischen Abschlusses als klinischer Psychologe in seine Heimat zurückkehrte, bereiste er im Auftrag des U. S. State Departments den Mittleren Osten, um ein Jugendausbildungsprogramm zu entwickeln. Doch am meisten fühlte er sich in Griechenland und in Palästina zu Hause, insbesondere am See Genezareth, wo sich Jesus in seiner Jugend als Fischer und Bootsmann bestätigt hatte. Stundenlang konnte Robert am Ufer sitzen und auf den See hinausschauen, so als ob er nur darauf wartete, daß Jesus ihm unverhofft über die Wasser entgegenkäme.

Zu ihm hatte er eine starke gefühlsmäßige Bindung und konnte sich lebhaft vorstellen, wie sich Jesus dereinst inmitten der Massen bewegt, ihnen seine Gleichnisse erzählt und Kranke und Blinde durch bloßes Händeauflegen geheilt hatte. Doch trotz aller Nähe zum Meister war er sich durchaus bewußt, daß er ihm zu keiner Lebzeit persönlich begegnet war – eine Tatsache, die er zutiefst bedauerte.

Wie Cayce glaubte er, daß der Geist den Körper regiere, und war wie der biblische Lukas der Meinung, daß Entspannung und Mäßigung die beste Garantie für ein langes und glückliches Leben sei. Er sah voller Erwartung seiner Rückführung entgegen; als Psychologe wußte er, daß sein Unbewußtes während dieses Prozesses unter Hypnose in ein universales und jede andere Erfahrung transzendierendes Wissen einmünden werde. »Falls der unwahrscheinliche Fall, daß ich mit Lukas identisch bin, eintreten sollte«, meinte Robert, »müßte ich mich fragen, welcher Art meine Mission in meiner augenblicklichen Lebensphase ist. Ich könnte Cayce keinesfalls enttäuschen, dazu bedeutet er mir viel zuviel.«

Um mir bei der Regression behilflich zu sein, bot mir ein vielseitig begabter Professor und Bibelforscher, der ein ausgezeichneter Kenner des Lukas-Evangeliums war, seine Dienste an. Er war zugleich ein erfahrener Hypnotherapeut und begierig wie ich, das Geheimnis des biblischen Lukas in Verbindung mit Roberts Präexistenz zu ergründen.

Wir sind mit größter Sorgfalt an die Sache herangegangen und haben insgesamt sechs Regressionen durchgeführt, wobei ich meistens nur als stiller Beobachter fungierte.

Roberts Art, sich der Informationen seines Unbewußten, die nach und nach die Lücken seines Gedächtnisses auffüllten, zu bedienen, erinnerte mich sehr an Taylor Caldwells Verfahrensweise.

Die Rückführung erfolgte in langsamen Schritten. Zunächst begann Robert, noch kaum in Trance, seine Kindheit in lebhaften Farben zu schildern und schien sich an kleinste Einzelheiten, all seine Spielgefährten und Lehrer aufs deutlichste zu erinnern, und immer wieder schaltete sich auf behutsame Weise die sanfte und zugleich aufmunternde Stimme des Hypnotiseurs ein, der bestrebt war, seinem Klienten ein Gefühl absoluter Sicherheit zu vermitteln, so als ob es sich hier um ein Zwiegespräch zwischen Freunden handelte.

»Richte deine Aufmerksamkeit auf ein früheres Leben, und öffne dich den Erinnerungen, Gedanken oder Gefühlen, die aus einer Existenz lange vor dieser Lebensspanne auf dich zukommen. Vertraue bei der Auswahl des zu erinnernden Lebens der Weisheit deines Unbewußten, das dir interessante und nützliche Dinge enthüllen wird. Teile mir all deine Gefühle und Visionen mit, die du empfängst, sobald du dich den Offenbarungen der kreativen Kräfte geöffnet hast.«

Der Hypnotiseur hielt inne, um Robert Zeit für eine Antwort zu lassen. Der jedoch schwieg und zog seine Stirn leicht in Falten, ließ aber die Augen geschlossen. Außer den regelmäßigen Atemzügen, die seine Brust hoben und senkten, ruhte er in völliger Reglosigkeit. Ich fühlte, wie meine gesteigerte Erwartung einer wachsenden Enttäuschung

Platz machte. Nur der Professor blieb unbewegt. Ich konnte erneut seine sanfte Stimme vernehmen, die sich auf vier Worte beschränkte: »Was siehst du nun?«

»Ich sehe ein braunes Gewand«, kam es zögernd von Roberts Lippen.

»Ein braunes Gewand?« fragte der Hypnotiseur. »Hast du es selbst an?«

Roberts Stimme wurde nun kräftiger, als ob sich die ankommenden Bilder von seinem Unbewußten ins reale Bewußtsein verlagerten: »Ja«, sagte er, »ich habe einen Bart und Haare im Gesicht, doch nur wenige braune Locken.«

Offensichtlich war Robert nun völlig in eine ganz andere Zeit eingetaucht; die Kleidung, die er noch näher charakterisierte, schien meiner Meinung nach aufgrund ihres Zuschnitts, ihrer khakibraunen Farbe und generellen Schlichtheit die eines Apostels zu sein.

»Erzähle mir etwas über deinen Körper!«

»Untersetzt ... ziemlich kurz ... kräftige Unterarme ... dunkle Haut.«

Er schilderte sich als Reisenden, der sich im Moment an Bord eines Segelbootes befand und den Blick auf die von vereinzelten Gebäuden und Lehmhütten besiedelte Küste richtete. Offensichtlich handelte es sich um ein größeres Gewässer, das Mittelmeer, von den Fischern schlechthin als »das Meer« bezeichnet.

»Was ist der Zweck deiner Reise?«

Roberts Stimme gewann plötzlich an Klang. »Ich reise von Ort zu Ort, um meinen Beruf ausüben zu können.«

»Und welchen Beruf?«

»Ich bin Arzt.«

Das also war es. Der Anfang seiner Geschichte.

»Du bist jetzt also unterwegs, um Krankenbesuche zu machen?«

Er nickte. »Es sind reiche Familien und andere. Ich bringe

Arzneien mit, die ich den Patienten verabreiche, doch das genügt meistens nicht, um die Leute zu heilen.«
»Hast du eine genauere Vorstellung von deinem Zuhause?«
»Ich lebe in Griechenland auf einem Landgut, nicht mehr als ein kleines weißes Haus mit Olivenbäumen ringsum und ein paar Schafe. Ich bin ganz für mich.«
Wir wußten noch immer nicht, wer er war.
»Kannst du dich an deinen Namen erinnern?«
»Ja – Lukas.«
Ich fühlte einen kleinen Schauder. So plötzlich und ohne besondere Nachhilfe unsererseits hatte uns der Mann auf der Couch einen Namen genannt, mit dem sich noch weitere Dinge beschwören, vielleicht sogar einige Spuren zu Lucius von Kyrene und Christus aufnehmen ließen.
Robert alias Lukas hatte Griechenland und die römischen Gebiete bereist und Kranke und Lahme kuriert, wo immer er hinkam. Noch gehörte er nicht zur Gemeinde der Christen und war noch keinem der Apostel begegnet, außer dem Jünger Lucius, seinem Onkel, der von den Christen gleicherweise gepriesen und gegeißelt wurde. Denn trotz seiner guten Werke kursierten allerhand dunkle Gerüchte über sein Privatleben. Der Hypnotiseur zögerte nicht lange, sich dieser Figur als bestgeeignetem Mittel zur Ergründung weiterer Zusammenhänge zu bedienen, um die Schleusentore von Roberts Erinnerung zu öffnen.
»Kannst du mir von diesem Punkt aus eine Beschreibung des Lucius geben? Wie sah er aus? Wer war dieser Mensch?«
Die Antwort fiel Lukas nicht schwer: »Er hatte bereits weiße Haare und eine spitze Nase. Er war groß und schlank, die Schultern leicht nach vorne gezogen, die Augen blau, und ein sanftes Lächeln überstrahlte seine Züge.«
Robert hielt einen Augenblick inne, und wie in einem

plötzlichen Aufflackern seiner Erinnerung sagte er: »Er sah aus wie ... Edgar Cayce!«

Mir wollte nicht einleuchten, weshalb ein wiedergeborenes Wesen einer früheren Inkarnation ähnlich sein sollte. Doch wenn sich mit fortschreitendem Alter die Gedanken in immer ähnlicheren Bahnen bewegten, warum sollte dies keinen Einfluß auf das äußere Erscheinungsbild haben? Man sagt, daß auch ältere Paare, die über lange Jahre hinweg friedlich miteinander gelebt haben, sich oft äußerlich stark aneinander anpassen.

Aus Robert war ein glaubhafter Lukas geworden. Seine Antworten entsprachen durchaus den damaligen Gegebenheiten, sie waren direkt und auf die Umstände bezogen. Nicht alles war ihm erinnerlich, und in solchen Fällen sagte er schlichtweg: »Ich weiß es nicht mehr«, so daß an seiner Aufrichtigkeit kein Zweifel bestand.

Ich spitzte gespannt die Ohren, als der Hypnotiseur die entscheidende Frage aufwarf: »Welcher Art war deine Beziehung zu Lucius?«

Die Antwort kam wie aus der Pistole geschossen: »Ein älterer Onkel. Er lebte wie ich mit meiner Familie in Griechenland, doch ist er dann nach Palästina gezogen.«

»Kommst du noch oft mit ihm zusammen?«

»Im Augenblick nicht. Sein Haus in Griechenland war dem meinen sehr ähnlich: weiße Wände, Orangen- und Olivenbäume. Wir sahen uns Tag für Tag.«

»Er war also damals viel älter als du?«

»Er ist es auch jetzt noch!« protestierte der Schlafende mit ungewolltem Humor.

In puncto Lucius war er sehr zurückhaltend, sobald es um dessen persönliche Angelegenheiten ging. Doch dann fuhr er fort: »Lucius stellte sich ganz in den Dienst der Kirche, mit der ich selbst wenig zu tun hatte. Ich wollte nicht in ihre Machenschaften verstrickt sein.«

Aber was wußte er über den Mann, den die Leute als ihren Meister bezeichneten? Persönlich hatte er ihn nicht kennengelernt, und trotzdem gab es ein Buch über ihn, das angeblich von Lukas verfaßt war. Wie war es ihm möglich, über Jesus zu schreiben?

»Ich kannte viele, die ihn kannten. Er interessierte mich wegen seiner Heilungen, so schrieb ich alles auf, was ich über ihn hörte. Ich führte ständig Buch über meine Gespräche mit anderen; das war sehr wichtig, weil ich mehr über das Heilen lernen wollte.«

»Und deine langjährigen Aufzeichnungen dienten also als Grundlage für das Buch über den Meister?«

»Es waren handschriftliche Aufzeichnungen, nichts weiter. Eine Art Tagebuch zur Unterstützung meiner täglichen Arbeit, so daß ich von Zeit zu Zeit darauf zurückgreifen konnte.«

Er bereiste Griechenland und dann Antiochien und Palästina, wo er den Spuren des Meisters folgte. Unterwegs teilte er anderen seine Geschichten über Jesus mit. Er sprach von einem Freund namens Amos, dessen ganzes Leben einen Wandel erfuhr, nachdem Jesus ihm in die Augen geblickt hatte.

Für einen Moment vergaß ich, daß es Robert war, dem ich zuhörte. Es durchzuckte mich wie ein Schauder, als ich erkannte, wie Jesus dies alles bewirkt hatte: Mit einem Blick oder einer Berührung gewann er die Aufmerksamkeit und die Herzen der Menschen. Dabei bedurfte es keines einzigen Wortes. Amos hatte ihm geholfen, aus einem Boot zu steigen, und dabei seine Berührung wie einen Schock empfunden. Jesus hatte ihm nur in die Augen gesehen und damit sein ganzes Leben verändert. Es war ihm, als ob er einen Blick in die Ewigkeit getan hätte. Er war ein völlig neuer Mensch geworden, der Haus und Hof zurückließ, um ein Heiler und schließlich ein Missionar zu werden.

Wie Jesus – und Lukas – machte er fortan die Menschheit zu seiner Familie.

Lukas erging es nicht anders. Er entsagte der Ehe, obwohl er Freundinnen hatte und sich in ihrer Gesellschaft sehr wohl fühlte. »Der Gedanke an eine Heirat erzeugte in mir ein gewisses Unbehagen wegen der damit verbundenen Verpflichtungen. Ich wollte frei sein. Eine Ehe hätte mich daran gehindert, weiterhin auf Reisen zu gehen, denn ich war ständig unterwegs. Ich hatte Freunde und Patienten in vielen Städten. Sie bezahlten mich für meine Leistungen. Ich genoß es, mit allen möglichen Leuten verschiedenster Mentalität meine Gedanken auszutauschen, oft in ganz entlegenen Orten.«

»Warst du demnach ein reisender Arzt – sozusagen auf ständigen Hausbesuchen?«

»Mit einer Familie wäre das nicht möglich gewesen.«

»Und wie bist du gereist?«

»Meistens per Boot ... über das Meer.«

Als er damit anfing, hatte er bereits eine medizinische Ausbildung an einer Schule für Heilkünste in Griechenland absolviert und in der anschließenden Praxis noch eine Menge hinzugelernt, bis ihn die Kenntnis der Wunder Jesu zu einem parapsychischen Heiler machte.

»Ich behandelte alle Arten von Krankheiten. Damals beschränkte man sich hauptsächlich auf die Anwendung von Kräutern und Umschlägen; so zumindest hatte ich es gelernt. Später befaßte ich mich immer mehr mit den selbstheilenden Energien des erkrankten Körpers, mit Geistheilungen. Doch dies wurde einem nicht an den Schulen beigebracht.«

Er kam nun auf die verschiedenen Techniken des parapsychischen Heilens zu sprechen: »Manchmal benutzte ich Lieder und Gebete zur Stimulierung der körpereigenen Kräfte. Das geschah allein durch den Arzt, nicht durch

Gruppen oder beschwörende Gesänge; es ging ausschließlich um die Stimulierung der körpereigenen Kräfte des Patienten. Nur so konnte er die natürliche Immunität seines Organismus wiederherstellen.«

Lukas verließ sich immer weniger auf die Heilkräfte von Kräutern und anderen Arzneien, um so mehr auf die Einbeziehung der heilsamen atmosphärischen Schwingungen und deren stimulierenden Einflüsse.

»Ich bediente mich zunehmend des Gebets und des Handauflegens als Bestandteil meiner ärztlichen Kunst. Es war hochinteressant für mich und meine Helfer, alles Ärzte, denen ich diese Künste des Meisters vermittelt habe.«

Bald gründete er zusammen mit anderen einige Ausbildungsstätten für Heiler in verschiedenen griechischen Küstenorten.

»Hast du selbst an diesen Schulen gelehrt?«

»Ja – und über den Meister gesprochen. Aber ich mußte sehr vorsichtig sein, da die Lehren des Meisters von den anderen Ärzten an diesen Schulen nicht akzeptiert wurden.« Auf indirekte Weise versuchte er die Geschichten von Jesu Wunderheilungen in den Unterricht einzuschleusen. »Ich las ihnen einfach aus meinen Aufzeichnungen die entsprechenden Berichte vor, so wie sie mir erzählt worden waren, und dann diskutierten wir darüber und fragten uns, wie solche Heilungen überhaupt möglich waren. Schließlich versuchten wir es selbst, indem wir den Geist des Meisters in die Heilung mit einbrachten.«

Für mich war es nicht schwer, dies anzuerkennen, hatte ich doch selbst schon verschiedene Heilungen miterlebt und die Wirkungsweise geistiger Kräfte beobachten können. Auch ich hatte schon einige spontane Heilungen vorgenommen und kannte dieses gewisse Kribbeln in meinem Sonnengeflecht, was jedesmal eintrat, sobald der Heilprozeß einsetzte. Und dennoch war ich stets aufs neue überrascht, wenn so ein Versuch gelang. Schließlich gab es keinerlei sichtbare Zeichen für einen Energieaustausch, nur die Wärme, die der Hand des Heilers entströmte und sich spürbar auf den Patienten übertrug. Es erinnerte mich an das, was Jesus über andere gesagt hatte, die durch den Glauben an den Vater dasselbe vollbringen können, was er vollbrachte. Ich hatte das unwiderlegbare Gefühl, daß die gesamte Atmosphäre von dieser heilsamen Schwingung durchdrungen war und der Heiler als Kanal diente, um sie dem Unbewußten des zu Heilenden zuzuleiten.

Der Hypnotiseur war offensichtlich von Roberts Fähigkeiten, diese Kräfte zu kanalisieren, beeindruckt.

»Wie du sagtest, bedarf es einer gewissen Zeit, um diese heilenden Kräfte zu entwickeln, die sich mit wachsendem Verständnis verstärken. Hast du dabei Fortschritte gemacht?«

Robert zeigte sich äußerst selbstbewußt und wurde so mitteilsam, daß ich fast glaubte, mich in einem seiner Vorträge über spirituelles Heilen zu befinden.

»Als allererste Voraussetzung müßte zunächst die Möglichkeit bestehen, die heilenden Kräfte jeder einzelnen Körperzelle zu mobilisieren. Dabei erhebt sich die Frage, wie diese Kräfte am besten zu mobilisieren sind. Die indianischen Medizinmänner bedienen sich ihrer Rasseln und bestimmter monotoner Gesänge, andere Gruppen des gemeinsamen Gebetes oder der Meditation, und noch andere stimulieren den kranken Körper durch sanftes Händestreichen. Wir haben all diese Möglichkeiten ausprobiert, wobei wir orientalisches und afrikanisches Gedankengut mit einbezogen haben, aber auch das aus anderen Kulturen.

Die Schüler der Heilkünste schrieben sich all die Geschichten auf, die ich ihnen erzählte. Sie teilten sie ihren Freunden und Familien mit, so daß auch andere sie aufschrieben. Sie machten sich Notizen von dem, was ich ihnen aus meinem

Tagebuch vortrug; das freute mich sehr, weil es den Energieaustausch, der für das Heilen so wichtig ist, fördert, indem es die Erinnerung oder die Energie der heilenden Vorgänge ständig wachhält.«
Lukas' wie auch Roberts besondere Zuneigung galt den Kindern. In biblischen Zeiten hatte er sich zunächst eingehend mit den vielen Geschichten über die Heilungen Jesu beschäftigt, ehe er sich selbst nach des Meisters Art an den Fall eines zwölfjährigen Mädchens wagte, das nach einem unglücklichen Sturz vom Baum von der Hüfte an abwärts gelähmt war. Erst nachdem alle herkömmlichen Methoden, die er zunächst anwandte, versagt hatten, versuchte er es mit einer spirituellen Behandlung. Es war sein erstes derartiges Experiment.
Robert gab uns eine so lebhafte Darstellung dieses Ereignisses, daß wir es buchstäblich noch einmal miterlebten. »Die Beine des Kindes waren schon weitgehend gelähmt. Wir versuchten es mit Muskelübungen, indem wir sie vorwärts und zurück bewegten und wechselweise massierten. Eine spürbare Besserung konnten wir damit nicht erzielen. Zu jenem Zeitpunkt war uns noch unbekannt, daß das Rückgrat beim Sturz verletzt worden war. Erst nach monatelanger Massage mußten wir uns selbst eingestehen, daß es dem Mädchen unmöglich sein würde, je wieder zu laufen, falls wir nicht aus einer ganz anderen Quelle Hilfe erhielten. Schließlich beschloß ich auszuprobieren, was ich über die Heilungen des Meisters erfahren hatte. Wir Ärzte, eine ganze Gruppe, reichten uns die Hände zum Kreis mit der Kranken in der Mitte. Wir beteten, meditierten und umgaben sie mit einem weißen Licht. Man konnte fühlen, wie die Energie im Raum anstieg und sich auf das Mädchen konzentrierte – wie eine physikalische Kraft.
Auf einmal spannten sich die Gesichtszüge der Gelähmten an. Ihre Augen begannen zu leuchten. In einer Gebärde

plötzlichen Selbstvertrauens stieß sie sich unter sichtlicher Anstrengung mit ihren Händen vom Stuhl ab. Ihre Zähne waren zusammengebissen, aber es gelang ihr, allein aufzustehen und zum eigenen Erstaunen ein paar zaghafte Schritte zu machen.

Einige Male fiel sie zu Boden, denn ihre Beine waren nach so langer Untätigkeit sehr geschwächt, doch setzte sie ihre Gehversuche Tag für Tag fort; und das war das Wichtigste an der Sache. Sie gab nicht mehr auf. Ihre Wirbelsäule hatte sich dank der durch die Heiler übertragenen Energien, die auch die des Mädchens stimulierten, wieder gekräftigt. Sie war nahezu geheilt, und alles Weitere lag an ihr.«

Dies war ein emotionales Erlebnis, das Lukas niemals vergaß. »Wo immer wir Ärzte uns wiederbegegneten, mußten wir uns einfach umarmen und weinen. Diese Erfahrung kennzeichnete den Beginn unserer spirituellen Gemeinschaft.«

Wie ich sehe, war dies auch der Ausgangspunkt seiner jetzigen Lebensphase, in der er sich wiederum an der Spitze einer spirituellen Gruppe befand – mit Cayce im Rücken, der ihn wie damals auf mysteriöse Weise geleitete. Er und die anderen waren niemals allein, weder heute noch gestern, ebensowenig wie Cayce und die anderen.

Ich befand mich in einer seltsamen zeitlichen wie örtlichen Gespaltenheit. Nach meinem Empfinden waren Robert und Lukas so identisch, daß mir der Schlafende auf der Couch – hier, in einem kleinen Raum in Virginia Beach – so jeglicher Wirklichkeit enthoben schien. Viel eher hätte ich ihn mir als Wanderer auf nahöstlichen Pfaden oder als Bootsfahrer auf biblischen Binnenmeeren vorstellen können, stets im Dienste derer, die seiner Hilfe bedurften. Aber so war er auch in seinem jetzigen Leben: ein unermüdlicher Ratgeber, der immer ein gütiges Wort für die alten Gefährten, oft älter als er selbst, hatte, wenn sie an seine Tür klopften. Keiner wurde abgewiesen, und alle, ob Mann, Frau oder Kind, fühlten sich gleich viel besser, nachdem sie ihm begegnet waren. Manch einer der Älteren, der sich seiner langen Bekanntschaft erfreute, nickte weise vor sich hin und sagte: »Dieser Mann ist mit der Weisheit des Alters geboren.«

Der Wunsch, Arzt zu werden, war schon in Roberts Jugend übermächtig gewesen – so wie bei Lukas –, doch widersetzte er sich diesem Drang, da ihm ein Posten in Aussicht stand, in dem er nach seinem Gefühl viel Gutes bewirken könnte.

Das beeinträchtigte keineswegs sein weiterhin lebhaftes Interesse am biblischen Lukas, obwohl er nicht im geringsten ahnte, daß Cayce ihn schon als kleines Kind mit Lukas in Verbindung gebracht hatte. In einer Pause während der verschiedenen Rückführungen bestürmte uns Robert wieder einmal mit allen möglichen Fragen, da sich nach seiner Meinung eine seltsame Wandlung in seinem Inneren vollzog. Er meinte so leichthin: »Das ist wahrscheinlich eine ganz normale Reaktion auf die Erfahrung eines veränderten Bewußtseins!«

»So normal nun auch wieder nicht«, entgegnete ich lachend.

Wie der biblische Lukas war auch er ständig dabei, Antworten zu finden und den Dingen auf den Grund zu gehen, wußte er doch, daß Lukas alles darangesetzt hatte, um auf die Methode zu stoßen, die seine zwölfjährige Patientin letztendlich geheilt hatte.

Beim Meditieren kam die Erleuchtung. »Als ich das Ereignis zu analysieren versuchte«, sagte Robert, »hatte ich eine Idee. Es müßte doch möglich sein, dachte ich mir, die körpereigenen Schwingungen oder Energien dermaßen zu steigern, daß dadurch jedwede Krankheit besiegt werden könnte.«

Wie ein Blitz war ihm die Erkenntnis von dem Konzept, das den Heilungen des Meisters zugrunde lag, gekommen. Als er zum erstenmal von Jesus und seinen Wundern hörte, war er so überwältigt, daß ihm – ohne zu wissen, warum – die Tränen kamen. Das geschah in einem Haus nahe des Meeres, wo Jesus schon einmal geweilt hatte. Möglicherweise hatte Lukas ein Gespür für diesen besonderen Ort entwickelt, das ihn zu dieser heftigen Reaktion veranlaßte.
»Mein Freund, der dem Meister sehr nahe stand, erzählte mir immer neue Geschichten über seine Wunder, und jedesmal füllten sich meine Augen mit Tränen, und von da ab begann sich mein ganzes Leben zu ändern. Irgendwie gehörte ich zu ihm und er zu mir.«
Mit jeder weiteren Information erschien ihm Jesus, den er so liebte, in einem ganz anderen und höheren Licht, obwohl er ihn nur aus den Reaktionen seines eigenen Fühlens und Denkens kannte und nie persönlich erlebt hatte.
Je mehr sich der zeitliche Rahmen der Regression ausdehnte, desto tiefer tauchte Robert in sein früheres Dasein ein. Die Berichte, die er von Lucius und anderen Augenzeugen über die Einzigartigkeit Christi erhielt, verliehen seinem Glauben dieselbe Kraft, die auch Lucius beseelt hatte.
So scheint auch das Lukas-Evangelium in gewisser Weise aus dem Blickwinkel des Kyreners geschrieben zu sein.
»Lucius war es«, so bestätigte Robert, »der in Jesus Christus Gottes einzigen Sohn erkannte. Und er verehrte ihn sehr.«
Der Hypnotiseur, der als gläubiger Christ von Roberts anfänglicher Respektlosigkeit gegenüber der Kirche ziemlich erschüttert war, machte eine seltsame Wandlung durch. Paradoxerweise war er nun derjenige, der unter dem Einfluß der Aussagen des Hypnotisierten in eine Art hypnotischen Zustand geriet, ohne sich dessen völlig bewußt zu sein.

»Wie kommt es«, so fragte er, »daß Lucius zu dieser Überzeugung gelangte und du nicht?«
Lukas alias Robert ließ sich nicht beirren. Er meinte, daß die Liebe zu Christus vermutlich schon damals in Cayce lebendig war. »Lucius' tiefe Überzeugung erklärt sich aus seinen ganz persönlichen Beobachtungen. Er hatte den leidenden Christus auf seinem Weg nach Golgatha gesehen und auch den leuchtenden Blick bei seiner Befreiung, wodurch Lucius erneut zum Gefährten des Herrn wurde. Lucius war noch ganz entscheidend von der griechischen Mythologie geprägt und erblickte im Auferstandenen einen Gott, der nach eigenem Belieben sein Leben hingeben oder wiederempfangen konnte.«
Noch war die Rede nicht auf Theophilos gekommen, den eigentlichen Adressaten des Lukas-Evangeliums und der Apostelgeschichte.
»Er war ein Nachfolger des Meisters, ein Grieche und enger Freund, und er verweilte oft in meinem Haus in der Nähe von Athen. Dort hatten wir gemeinsam in meinen Aufzeichnungen gelesen. Ich wollte mich seiner Unterstützung und seinem Interesse erkenntlich zeigen und denke, es hat ihn gefreut.«
Vor allem war es Lucius, dem er unentwegt zuhörte und mit dem er sich über die Freuden und Sorgen des Meisters – und nicht zuletzt über dessen Lehren – unterhielt.
»Unsere Gespräche waren zu beiderseitigem Nutzen. Er war an meinen Vorstellungen vom Heilen interessiert und ich an seinen Geschichten über den Meister.«
Und hier stoßen wir möglicherweise auf die geheime Quelle jener so lebensnahen Schilderungen des Lukas-Evangeliums und der Apostelgeschichte, die, wie wir meinten, nur von einem Augenzeugen verfaßt sein konnten. War es also Lucius, dem wir so großartige Passagen verdanken wie jene aus dem Lukas-Evangelium, wo Jesus seine Jünger

zurechtwies, als einer von ihnen meinte, er wäre gekommen, um die Ungläubigen zu vernichten? »Der Menschensohn ist nicht gekommen, um ihr Leben zu zerstören, sondern um sie zu retten.«

Da uns die Aussagen über Lukas so wirklichkeitsnah erschienen, glaubten wir, auch über Lucius mehr erfahren zu müssen, zumal uns über dessen Privatleben so widersprüchliche Dinge bekannt waren. Doch Robert zögerte; als ihm einst so ergebener Neffe war es ihm unangenehm, über die Liebesaffären seines Onkels zu sprechen. Immerhin gab er zu, daß diese ein Problem für die junge Kirche darstellten, die es schon schwer genug hatte, um überhaupt bestehen zu können. »Einige Leute waren darüber sehr aufgebracht.« In der Kirche Judäas und Griechenlands hatte Lucius eine wichtige Rolle gespielt, da er durch seine Reisen die Verbindung zwischen den einzelnen Gruppen aufrechterhielt – ähnlich wie der spätere Edgar Cayce aufgrund seiner umfassenden Philosophie eine Brücke zwischen Ost und West herstellte.

»Falls die Seele durch die Reinkarnation kontinuierlich fortbestand, mußte da nicht auch Lucius in der Gegenwart wiedererschienen sein – und in welcher Gestalt?« fragten wir Robert.

Er nickte und bewegte kaum seine Lippen. »Als Edgar Cayce.«

Wie aber, dachte ich, konnte der Schlafende in der Rolle des Lukas, die ihn um zweitausend Jahre zurückversetzte, dies wissen? Aber natürlich, auch er war eine fortlebende Seele, falls er sein Wissen tatsächlich aus einer früheren Existenz schöpfte.

»Er wurde in diese Gegenwart hineingeboren, um der Kirche erneut zu dienen, wenn auch in anderer Form. Als Bischof Lucius war er in einem Körper gefangen, der seinem Wirken nur wenig Spielraum ließ. Als Edgar Cayce triumphierte er über diese Vergangenheit, er war viel freier. Er war sein eigener Herr und konnte die Menschen auf seine Art heilen.«

Es ließ sich kaum länger bestreiten, daß Lukas so, wie er sich hier präsentierte, tatsächlich der Autor des ihm zugeschriebenen Evangeliums war und zugleich ein ideales Medium, um uns die Frage nach dem Mysterium des Todes, die die Menschheit wie keine andere beschäftigte, zu beantworten. Wir brauchten nicht lange zu warten.

»Ein Teil unseres Selbsts überlebt den physischen Tod; es ist die Seele, die für immer fortexistiert.«

»Und was geschieht mit dieser Seele?«

»Sie steht weiterhin in Verbindung zu jener einzigartigen Kraft: der göttlichen Intelligenz.«

»Kannst du uns deine Empfindungen in der Minute des Todes und des Hinüberschreitens mitteilen?«

»Ein Gefühl des Friedens. In meinem Haus in Griechenland. Es war ein strahlender Tag mit dem Duft reifer Oliven ... Olivenöl und warme, trockene Luft. Ein Gefühl des Friedens und des Wohlbehagens ... kein bißchen Angst vor dem Sterben ... aufgeregt, weil ich nicht wußte, was auf mich zukommt. Und eine Gewißheit, daß mit dem physischen Tod die Verbindung zu den Kräften der Schöpfung durchsichtiger wird. Und dazu ein Gefühl der Erwartung. Ich hatte ein ausgefülltes Leben, war manchmal sehr einsam; doch das hab' ich selbst so gewollt. Ich war glücklich, daß es nun weiterging.«

Wie wundervoll, dachte ich, für diesen guten und großartigen Menschen, der an ein Fortleben glaubte, in seinem geliebten Haus zu liegen, in den Garten zu schauen und über seine geistige Wiedergeburt nachzudenken, bevor er eines Tages gestärkt und frisch den Kampf mit dem Dasein noch einmal aufnehmen würde, um mit dem, was er inzwischen gelernt hatte, ein Stück weiter zu kommen.

Und nun, nachdem der ehemalige Lukas das Leben in seiner ganzen Tiefe erfahren hatte, wie wirkte sich dies auf sein gegenwärtiges Dasein aus?

»Kannst du – gleich Lukas – in Anbetracht dieser Lektionen deinem jetzigen Leben irgendwelche Richtlinien geben, um dein spirituelles Wachstum voranzutreiben?«

Dazu war er bereit; nicht umsonst nannte man ihn den guten Gefährten: »An der Verpflichtung, jenem Potential zur Aktivierung der göttlichen Kraft in unserem Leben zur Wirkung zu verhelfen, soll ich festhalten und in diesem Sinne an mir selbst und anderen arbeiten; die spezifischen Fähigkeiten, die ich in jenem Leben entwickelt habe, vor allem den Kindern widmen und die Lehre vom Heilen im Sinne Jesu verbreiten.«

All dies, so stimmten wir überein, war für Lukas bzw. Robert bereits selbstverständlich. Er glaubte an die Worte des Herrn. Er war ein ganzheitlicher Arzt und vollzog seine Heilungen mit der Kraft des Geistes, des menschlichen sowie des universalen. Er war der Lukas, den ich für diese Rolle ausgewählt haben würde: voller Menschenliebe und den Kindern besonders zugetan. Obwohl, wie er sagte, Christus ihm nie persönlich begegnet war, war er ihm Vorbild in seinem alltäglichen Wirken. Lucius hätte stolz auf ihn sein können.

Die letzte der Sitzungen war hiermit beendet. Robert setzte sich auf und rieb sich die Augen. Er blinzelte vergnügt vor sich hin und fragte: »Wie war ich?«

»Zumindest so großartig wie Lukas selbst!« erwiderte ich lachend.

Und der Bibelforscher stimmte mir zu: »Damit wäre die historische Wahrheit des Evangeliums bewiesen.«

15. Kapitel

Heilgesänge

Ja«, sagte die achtundneunzigjährige Helen Ellington, »unsere gesamte Clique war bereits mit Mr. Cayce in Ägypten, und Gott allein weiß, wo wir das nächstemal wieder zusammensein werden!«

Ihre Tochter, Margaret Ellington-Wilkins, die mit ihren neunundsiebzig Jahren noch recht jung wirkte, meinte lachend: »Mutter liebt es, die Leute ein bißchen zu schockieren, aber Tatsache ist, daß wir alle mit Edgar Cayce in Ägypten zusammen waren: mein Vater, mein Mann Mac, meine Tante und meine Nichte. Ferner sämtliche dreizehn Mitglieder von Cayces Bibelrunde und noch ein paar andere.

Die meisten aus unserer Gruppe waren auch im kolonialen Virginia, in Jamestown und Williamsburg genauso wie Cayce. Ich vermute, daß Inkarnationen immer auf diese Weise zustande kommen: mit den Menschen, mit denen wir es ständig zu tun haben. So können wir zum Beispiel in Williamsburg auf dieselben Leute treffen, die wir bereits von Ägypten her kennen, und auch auf andere. Das hängt immer davon ab, was wir mit dem jeweiligen Leben bezwecken wollen.«

Doch alles drehte sich stets um die gleiche Person: Cayce. »Die ihm nahestehen, kommen immer wieder zu ihm zurück. Er war der Ra-Ta, und er war Uhjltd. In biblischer Zeit war er ein Jünger des Herrn. Wir alle waren mit ihm und all den übrigen zusammen. Damals wie heute waren wir die metaphysischen Erneuerer. Und hier in Virginia Beach haben wir etwas ins Leben gerufen, das erst im Werden begriffen ist. Zunächst hielten die Leute meine Mutter für verrückt, weil sie so entschieden für etwas eintrat, worüber die meisten sich lustig machten. Aber sie ließ sich niemals beirren.«

Margaret warf ihrer Mutter, die ganz gelassen auf ihrem Sofa im behaglichen Wohnzimmer saß und gespannt von einem zum anderen blickte, einen zärtlichen Blick zu.

»Meine Mutter ist ein bißchen schwerhörig geworden«, sagte sie, »um so besser kann sie Ihnen hinter die Stirn sehen.«

Ich verstand nur zu gut, weshalb Edgar Cayce ihr eine führende Rolle unter all seinen Anhängern zugedacht hatte. Bei all ihrer scheinbaren Ruhe war sie der Inbegriff einer vom Alter unbeschadeten Weisheit. Schon früher hatte man mir von ihrem phantastischem Gedächtnis und ihrer positiven Einstellung zum Leben und insbesondere zur Reinkarnation berichtet. Sie gehörte zu den ganz wenigen, die, wie Edgar Cayce gesagt hatte, sich der fernsten Vergangenheit erinnerten, wann immer sie wollten.

Wo so viele von uns auf ein Lebens-Reading nicht verzichten konnten, gelang es ihr mühelos, sich ins Land der Pyramiden und Moscheen zurückzuversetzen oder im Heiligen Land die vierzehn Leidensstationen des Herrn im Geist aufzusuchen. In ihrer Vergangenheit hatte sie viele Male in Ägypten gelebt, als dieses Land noch ganz anders aussah, und war dem Mann, den sie Ra nannten, zusammen mit anderen Getreuen ins Exil gefolgt. Wieder und wieder war ihr Bewußtsein in diese Zeiten zurückgetaucht, ein Bewußtsein, das im Zwielicht des Daseins mehr Seele als Körper, mehr Geist als Fleisch war. Man konnte ihr anmerken, wie stolz sie war, das älteste Mitglied der A.R.E. zu sein, die neben Irene Seiberling-Harrison all die vertrauten Gefährten von einst und nicht zuletzt Edgar und Gertrude Cayce überlebt hatte. Und sie war das unumstrittene

Oberhaupt ihrer eigenen Familie: klar und aufgeweckt und noch immer beweglich. Wohlwissend, daß ihr Hörvermögen immer mehr nachließ und sie an manchen Gesprächen nicht mehr teilnehmen konnte, betonte sie stets von neuem, wie sehr dieses Handicap sie nunmehr befähige, ihren Blick nach innen zu wenden und ihr Gedächtnis für längst vergangene Dinge zu schärfen.

»Da ich nicht mehr so gut hören und sehen kann, bin ich oft auf mich selbst angewiesen. Aber ich fühle mich nicht einsam. Man muß manchmal allein sein, um sich selbst besser kennenzulernen; das hat mir Mr. Cayce immer wieder gesagt. Und genau das ist es, was ich jetzt anstrebe, nämlich mich selbst kennenzulernen.«

Längst war es ihr klargeworden, daß es den Zufall als solchen nicht gibt. Für sie war es kein Zufall gewesen, daß sie vor sechzig Jahren zu einem A. R. E.-Vortrag gegangen war, weil eine Freundin sie dazu überredet hatte, auch nicht, daß sie dort auf einen Mann aufmerksam wurde, der in der ersten Stuhlreihe saß.

Die Erinnerung an jene so fernen Tage ließ ihr schönes Gesicht plötzlich aufleuchten: »Schon bald erfuhr ich, daß dieser Mann Mr. Cayce war, und es bedurfte nur eines einzigen Blickes, um mich als Teil dessen zu verstehen, was immer er zu tun beabsichtigte. Mich überkam spontan ein Gefühl der Vertrautheit, für das ich zunächst keine Erklärung fand. Für mich war es allerdings die natürlichste Sache der Welt.«

Mrs. Ellington, die wie ihre Tochter Margaret zunächst von der Annahme ausging, daß ich an Reinkarnation glaubte, war sich dessen bald nicht mehr so sicher. Offenbar konnte sie Gedanken lesen oder beobachtete das Spiel meines Gesichts. Es war nicht so sehr, daß ich die Reinkarnation bezweifelte, sondern ich wunderte mich, wie schnell andere davon überzeugt waren. Daß sie dies amüsierte, konnte ich ihren folgenden Worten entnehmen: »Ich kannte einen Mann, der seine College-Ausbildung absolviert, seinen Magister gemacht und bereits einen Job hatte, samt Auto und allem, was sonst noch dazugehört. Und er sagte zu mir: ›Sie glauben doch auch an Reinkarnation?‹ Ich lächelte sanft zurück, aber wußte sofort, daß er mich im Grunde nicht ernst nahm und ich mit meiner Antwort sehr vorsichtig sein mußte.

Deshalb sagte ich ihm: ›Nein, Bob, warum sollte ich an Reinkarnation glauben, wo ich weiß, daß es sie gibt? Wenn ich eine Tatsache zur Sache des Glaubens mache, entwerte ich sie – so wird eine Art Ismus daraus. Ich halte Reinkarnation für erwiesen.‹

Bob schwieg eine Weile. Dann sagte er: ›So hat mir noch niemand erklärt, was Reinkarnation ist.‹ Ich fand seine Antwort recht spaßig, denn ich hatte ihm ja gar keine Erklärung geliefert!

Edgar Cayce hat mir einmal gesagt: ›Wer die Frage kennt, kennt auch die Antwort.‹ Reinkarnation war eine Frage, die aus mir selber kam. Und die Antwort, die ihr folgte, konnte nur aus der gleichen inneren Energie kommen.«

»Und denken Sie, daß Bob nun auch an Reinkarnation glaubt?«

Helen verneinte. »Nicht, bis er von sich aus dafür bereit ist. Aber es hat ihn nachdenklich gemacht.«

Ich fragte mich, was bei Helen der Auslöser gewesen sein mochte. »Hatten Sie das Gefühl, Cayce schon früher begegnet zu sein?«

»O ja, aber da steckte noch mehr dahinter. Er hatte mir danach viele Readings gegeben, und es machte mich glücklich zu sehen, wie den Leuten durch seine Readings geholfen wurde. Je öfter ich dabei war und sah, wie er half, desto unmöglicher kam mir alles vor. Eines Tages sagte ich zu ihm: ›Es muß Ihnen doch lästig sein, daß ich hier immer

herumsitze und mir die Readings mit anhöre. Aber irgend etwas hält mich hier fest.‹
Er erwiderte: ›Es freut mich, daß Sie das sagen. Meine Readings gelingen mir viel besser, wenn Sie mir zu Füßen sitzen.‹«
Helen seufzte ein wenig. »Ich hatte das Gefühl, als ob ich von jeher dazugehört hätte. Er war mir kein bißchen fremd, seine Frau auch nicht. Jeder aus seiner und ihrer Familie erschien mir unglaublich vertraut. Sie kamen zu mir, wenn sie Lust hatten, und auch wir besuchten sie ständig. Und selbst mit den Freunden der beiden konnte ich mich auf Anhieb verstehen. Wir gehörten einfach zusammen. Reinkarnation war mir damals noch neu, ich fing erst an, mich damit zu befassen. Aber mit all den Freundschaften hatte ich keine Schwierigkeiten, ich fühlte mich einfach wohl. Es war eine ganz natürliche Sache, selbst als ich noch gar nicht wußte, daß wir uns alle schon einmal begegnet waren. Das habe ich erst nach und nach aus den Readings erfahren. Parapsychologie war mir ein völlig fremder Begriff, den ich zum erstenmal bei Mr. Cayce gehört habe. Meine Schwester, Jane Williams, hatte mich eines Tages angerufen und mir von einem neuen Krankenhaus erzählt, das gerade in Virgina Beach gebaut wurde, und auch von dem Arzt, der es leiten würde. Jane berichtete wörtlich: ›Dort ist ein Doktor, der sich in Trance versetzt und dann den Leuten erzählt, woran sie leiden.‹ Doch damit konnte sie mir nicht imponieren. ›Schon gut‹, sagte ich, ›ich höre noch nicht einmal den Ärzten zu, die mich im Wachzustand beraten.‹ Aber als ich Mr. Cayce wirklich begegnete, hat sich dies alles schlagartig geändert.«
Ich erinnerte mich, was Helen zuvor über die Bereitschaft zum Glauben gesagt hatte. Ich war überzeugt, daß nur ein real erfahrbares Ereignis eine so willensstarke Frau für Reinkarnation empfänglich gemacht haben konnte, ir-

gendein mächtiger Sog aus vergangenen Zeiten oder eine so angenehme Erfahrung, die uns als Déjà-vu-Erlebnis bekannt ist, etwas, das sogar einer empirischen Überprüfung standhielt. Und das hatte in der Tat stattgefunden: Cayce hatte es fertiggebracht, daß das behinderte Kind einer Bekannten ganz allein auf einem Stuhl sitzen und einen Löffel halten konnte, Dinge, die der Kleinen bis dahin nicht möglich waren.

»Das hat mich nachdenklich gemacht, und ich überlegte, ob Cayce vielleicht auch meine Tochter Thelma heilen könnte, deren Nervensystem durch eine infektiöse Erkrankung der Atemwege geschädigt war. Man mußte bei ihr auf alles gefaßt sein. Sie hatte alle möglichen nervösen Angewohnheiten: Wenn sie umherlief, verrenkte sie ihre Arme und Beine, und als sie älter wurde, kam sie mit den schlimmsten Ausdrücken daher, die sie irgendwo aufgeschnappt hatte. Ich war völlig verzweifelt. Der beste Arzt in ganz Norfolk hatte mich zu trösten versucht, indem er sagte: ›Es wird alles besser werden, wenn sie erst mal verheiratet ist.‹ Mir war jedoch klar, daß es sich nicht um ein sexuelles Problem handelte und daß die Ursache viel tiefer lag. Schließlich wandte ich mich an den Pfarrer. Aber auch der schüttelte seinen Kopf und wußte sich keinen Rat. Da mir niemand mehr helfen konnte, entschloß ich mich schließlich, zu Mr. Cayce zu gehen und Thelma einem Reading zu unterziehen. Unter seiner Regie war ein Krankenhaus gebaut worden, mit dessen Leitung er einen gewissen Dr. Lydic beauftragt hatte. Dort sollte Thelma nach Cayces Anweisung über acht oder neun Wochen hinweg behandelt werden. Es war die Zeit der großen Depression, und ich wußte nicht, wo ich das Geld für das Krankenhaus hernehmen sollte. So bat ich Mr. Cayce, mir durch ein weiteres Reading die Lösung meines Problems zu ermöglichen.

Er lachte mich aus und sagte: ›Warum machen Sie sich so unnötige Sorgen?‹
›Weil das Reading meiner Tochter einen Klinikaufenthalt empfahl und ich kein Geld dafür habe.‹
Er riet mir, Dr. Lydic meine Situation darzulegen und entsprechende Vereinbarungen zu treffen. Die Schwierigkeiten waren im Nu behoben, auch deshalb, weil Cayce uns das Gefühl gab, als ob wir alle zu einer Familie gehörten; und so war es auch. Der Arzt und ich brauchten jedoch sechzehn Wochen, um all den Einzelheiten des Readings die ihnen gebührende Aufmerksamkeit zukommen zu lassen. Demnach hätte Thelma in all ihren Aktivitäten sorgfältigster Anleitung bedurft – in der Schule, beim Spiel, beim Ankleiden, kurzum bei allem, was ihren Alltag betraf –, um eine gewisse Ordnung in ihr Dasein zu bringen. Jetzt erst erkannte ich, daß auch ich meinen Teil dazu beitragen mußte. Die Readings wurden in vierzehntägigen Abständen weitergeführt und allmählich – nach unzähligen Spaziergängen am Strand, verbunden mit regelmäßigen Ruhepausen, aber auch häuslichen Beschäftigungen wie Stickereien und dazu den Behandlungen, denen sie sich unterziehen mußte – wichen ihre nervösen Angewohnheiten einem ganz normalen Verhalten.
Nun beschloß ich, auch mir selbst ein Reading von Cayce geben zu lassen und mich ernsthaft mit Reinkarnation zu beschäftigen. Nachdem er Thelma geholfen hatte, so daß sie schließlich heiratete und Kinder bekam, mußte er jedes nur denkbare Wunder vollbringen können.«
Immer wieder konnte ich feststellen, daß seine Wunderheilungen vor allem dem Ziel dienen sollten, die Gefährten aus früheren Zeiten an ihre gemeinsame Vergangenheit und somit ihre Verpflichtung im gegenwärtigen Leben zu erinnern. Diese Botschaft erschien ihm wichtiger als jede noch so gelungene Heilung. Mit ihr war der Beweis für die

Hinfälligkeit des Todes und die Fortdauer des menschlichen Lebens erbracht.

»Sobald ich darüber nachdenke, wird mir alles sofort klar«, sagte Helen Ellington, »sein Leben mit uns und unser Zusammenleben als kleine Gruppe. Für mich ist es die natürlichste Sache der Welt, daß wir zurückkommen, niemals allein, sondern zusammen mit denen, die wir von früher her kennen. Wie anders wäre es möglich, die uns gestellten Aufgaben zu meistern?« Sie lächelte, während sie ihre Überlegungen fortsetzte. »Hier liegt der Grund für all meine früheren Existenzen in Ägypten, Persien und all jenen Orten, an denen ich gemeinsam mit Mr. Cayce gelebt habe. Das hat mich zum Nachdenken gebracht.«

Schon in Ägypten war sie wie jetzt Lehrerin und Ratgeberin gewesen und hatte dem jungen Pharao gehörig die Meinung gesagt, als er versuchte, sich Ras Vorstellungen über ein umfassendes Bildungsprogramm zu widersetzen. Nach dessen Rückkehr aus dem Exil half sie ihm bei der Gründung zweier bedeutender Institutionen zur religiösen Erziehung: des Opfertempels und des Schönheitstempels.

»Das liegt schon lange zurück. Doch zuvor war ich mit Cayce bereits in Atlantis, wo wir alle herkamen, und später in Persien. Auch dort arbeitete ich in seinem Wirkungsbereich. Er war Stammeshäuptling und versuchte schon damals, den Menschen durch seine Wunderheilungen ein Zeichen zu setzen. So wurde mir klar, weshalb ich mich ihm so verbunden fühlte und von seinen Aktivitäten so fasziniert war. Ich hielt es für eine gute Idee, wenn jeder in der Familie so ein Reading wie ich bekäme, dann könnten wir gleich viel besser verstehen, weshalb wir hier alle zusammenkamen.«

Es war ganz natürlich, daß auch Margaret sich zunehmend mit diesen Dingen befaßte, nicht nur weil sie Helens Tochter war, vielmehr aufgrund eines ganz persönlichen Interesses an einer Vergangenheit, die sie offensichtlich mit ihren Eltern geteilt hatte. Und als Margaret älter wurde, erreichte dieses Gefühl seinen Höhepunkt in ihrer Ehe mit Mac Wilkins, der schon immer, auch in Ägypten, ihre ganz große Liebe gewesen war.

Als Teenager führte sie ihre seltsame Zuneigung für Cayce zunächst auf das Engagement ihrer Mutter zurück, geriet jedoch bald in eine derartige Schwärmerei, daß ihre Geschwister sich über sie lustig machten. Die Erklärung kam dann mit dem ersten Cayce-Reading, in dem ihr enthüllt wurde, daß sie schon in Ägypten mit ihrer Mutter zusammengewesen war und Cayce auf seinem Weg ins Exil begleitet hatte.

»Was die Sache so realistisch machte«, meinte Margaret, »war die ungeheure Nähe, die wir schon lange vor dem Reading füreinander empfanden. So kann keiner behaupten, daß Mr. Cayce einen Einfluß auf die Geschehnisse ausgeübt hätte. Er hat sie lediglich im nachhinein erklärt.«

Während dieses Gespräches befand ich mich in ihrem behaglichen Heim in Virginia Beach und ließ meinen Blick hinaus über den nahegelegenen See schweifen. Das häusliche Milieu entsprach durchweg dem einer typischen Familie der amerikanischen mittleren bis oberen Klassen. Margarets Mann, dessen Sinn ganz aufs Praktische gerichtet schien, war der Inhaber eines gutgehenden Installationsunternehmens und hielt sich während unseres Gesprächs sehr zurück. Ich hatte den Eindruck, daß er nicht zu den gläubigen Anhängern der Cayce-Gruppe gehörte, obwohl auch er bereits ein Reading erhalten hatte.

Margaret empfand diesen Mangel an Enthusiasmus als durchaus verständlich. »Wir haben zusammen mit Cayce dieselbe ägyptische Erfahrung durchgemacht«, sagte sie, »aber Mac gehörte zu denen, die die Exilierung des Priesters Ra befürworteten.« Sie lachte ein wenig. »Das hat uns

Cayce direkt ins Gesicht gesagt.« Sie sah ihren Ehemann an und fügte voll Nachsicht hinzu: »Die Konsequenzen sind immer noch spürbar.«

Was die Einstellung zu Cayce betraf, ging eine Art Riß durch die Familie. Margarets Vater Alex Ellington gehörte keiner seiner Gesprächsgruppen an. In einem Reading hatte Cayce ihm die damalige Situation erklärt. »Zu Ras Zeiten war er der Richter gewesen, der zwischen dem Thron und den rebellischen Emigranten aus Atlantis, den Gefolgsleuten des Ra, zu vermitteln versuchte«, sagte Margaret, »aber er hat sich nie mit dem damaligen Cayce alias Ra einigen können und empfand – wie mein damaliger Mac – des Priesters Verbannung als großen Triumph.

Mein Vater konnte gar nicht genug für Mac tun und machte ihn zum Teilhaber seiner Installationsfirma. Hinsichtlich ihrer Überzeugungen glichen sich die beiden wie ein Ei dem anderen. Sie waren sich stets einig – wie in alten Zeiten.«

Helen Ellingtons scharfer Verstand, ihr Beharrungsvermögen und die Art, wie sie die Wechselfälle des Lebens zu meistern wußte, verliehen ihren Überzeugungen große Realitätsnähe. Der Weg dorthin hatte sie viel Mühe gekostet, andererseits aber auch zur Vertiefung ihrer seelischen Qualitäten beigetragen. Sie hatte sich all die Fragen gestellt, die auch mich beschäftigten, und hatte jede Etappe ihrer lebenslangen Bemühungen um ein besseres Verständnis von Sinn und Ziel des menschlichen Daseins sorgfältig registriert. Es war die menschliche Seele und deren Fortexistenz nach dem Zerfall des vergänglichen Leibes, der schließlich ihr größtes Interesse galt, ein Thema, das seit jeher den Menschen herausforderte. Helen war auf der ständigen Suche nach dem eigenen Ich, um schließlich ein Kind jenes Universums zu werden, das ihr bis dahin so fremd erschienen war.

»Was mir geschah«, sagte sie, »hätte jedem geschehen können, der nicht blind, stumm und taub war. Ich wußte zuwenig über Reinkarnation, um überhaupt Fragen zu diesem Thema formulieren zu können. Aber nachdem ich mich mit Cayces Aktivitäten erst mal befaßt hatte, wuchs mein Interesse von Tag zu Tag. Und dann begann ich, über die Zusammenhänge von Reinkarnation und Evolution nachzudenken.«
Gleich den anderen Zuhörern im Raum hatte ich jedes ihrer Worte begierig aufgenommen, denn all ihre Äußerungen, die sich auf die Erfahrungen ihrer zahlreichen Erdenreisen stützten, erschienen mir höchst bedeutungsvoll.
»Evolution, was meinen Sie damit? Daß alles Leben dem Meer entsprungen ist?«
»Nein, wie könnte eine Rose im Wasser gedeihen? Sie wurzelt im Erdreich.«
»Was also ist Evolution?«
»Ich meine Wachstum. Die Entfaltung von Körper und Geist, wie sie in Ägypten ganz zu Anfang unter Ra stattgefunden hat. Und Reinkarnation schließt natürlich die Entfaltung der Seele, den Lernprozeß und das Erwachen der Erinnerung mit ein.«
Welche Wachstums-Chancen hätten aber dann all die Millionen von Babys, die Jahr für Jahr überall in der Welt sterben? Und was können sie vom Leben lernen, wenn sie viel zu früh durch Krankheit oder Hunger umkommen?
»Nehmen wir an, ein Baby stirbt in den ersten vier Lebensmonaten oder kommt tot auf die Welt ... ein zwölfjähriges Mädchen kommt um – wie verhält es sich dann mit all diesen Seelen, die nur so kurz auf der Erde sind und sterben, bevor sie die Chance hatten, irgend etwas zu lernen?«
Für Helen war die Antwort klar, hatte sie doch einst zu Füßen des großen Ra gesessen. »Die Gründe hierfür sind unterschiedlich. Manchmal hat die Seele eine befristete

Mission zu erfüllen – zum Beispiel jemandem den Weg zu einer anderen Seinsebene zu weisen. Die Seele hat ihren Sitz im Unbewußten, das bei kleinen Kindern besonders aktiv ist. Sie verfügen bereits vor ihrer Geburt über ein Gedächtnis.«

Ganz plötzlich erinnerte ich mich an eine Passage aus einem früheren Buch meiner Schriftstellerfreundin Taylor Caldwell, wo sie von ihren Visionen während einer Rückführung spricht. Dabei hatte sie ihre hochschwangere Mutter die Treppe hinunterstürzen und ihr Kind vorzeitig verlieren sehen. Und diese ungeborene Seele hatte sich erinnert. Für Taylor war dies die einzig mögliche Erklärung ihrer feindseligen Gefühle, die sie ihr Leben lang gegenüber der eigenen Mutter gehegt hatte. In Helen Ellington glaubte ich fast die Stimme des universalen Wissens zu vernehmen – sowohl hier wie im alten Ägypten –, denn niemand war Edgar Cayce im Geiste näher als sie. Es war, als ob ich meine Fragen direkt an den Schlafenden Propheten richtete.

»Wenn wir sterben und unsere Seelen sich in eine andere Sphäre des Bewußtseins begeben, werden wir dann noch mal mit den gleichen Ehepartnern zusammensein, um die Fehler der Vergangenheit wiedergutzumachen?«

»Nicht unbedingt. Jesus hat das sehr gut erklärt, als er sagte: ›Im Himmel werden keine Ehen geschlossen.‹ Und schließlich werden wir zu Gefährten des Herrn.«

»Wie oft müssen wir wieder zurückkommen?«

»So oft, wie es für die Seele erforderlich ist. Und das hängt ganz von dem eigenen Tun und Wirken ab. Man kann niemals irgend jemanden für das verantwortlich machen, was einem selbst widerfährt. Das war eine der schwierigsten Lektionen, die ich lernen mußte. Die Schuld liegt allein bei uns selbst. Aber wir sollten nicht zuviel Zeit an solche Gedanken verschwenden, sondern versuchen, es besser zu

machen – uns selbst zu kontrollieren. Das ist sehr wichtig im Leben. Mr. Cayce hat das immer wieder betont. Und das einzige Leben, was zählt, ist die Gegenwart. Denn das Jetzt ist immer mit uns, es ist die Zukunft, bevor wir sie kennen.«
Seltsam, trotz ihrer Schwerhörigkeit hatte Helen keinerlei Schwierigkeiten, mich zu verstehen.
»Ich kann hinter Ihrer Stirn lesen, und das können Sie auch«, sagte sie mit einem vergnüglichen Blinzeln. »Mr. Cayce hat es immer getan. Er wußte, was einer sagen wollte, bevor dieser nur seinen Mund aufgemacht hat. Das war ziemlich verwirrend, aber man gewöhnte sich daran.«
Ich war noch häufig bei Mrs. Ellington zu Gast und habe dort viel gelernt, nicht so sehr über Reinkarnation, sondern wie die Menschen darauf reagierten und sich dieses Wissen zunutze machten. Die Ellingtons waren so liebenswert, daß ich mich laufend fragte, ob ich denn irgendeinem von ihnen schon früher begegnet wäre, falls ja, dann müßte ich sie ja alle gekannt haben, denn sie waren einander so wesensverwandt. Und sie waren bei alldem so natürlich. Am meisten beeindruckte mich ihr urtümlicher Humor, wobei sie sich oft selber aufs Korn nahmen.
Als ich von Margaret wissen wollte, wie Mac zu seinem Spitznamen gekommen war – denn eigentlich hieß er Dempsey James Wilkins –, lachte sie bloß und sagte: »Kennen Sie den alten Comic von Tillie und Mac? Nun, das war so: Mac hatte als Junge eine Verabredung mit einem der Mädchen aus seinem Büro ...«
»Und deren Name war Tillie?«
»Ja. Und dann sagte jemand: Schaut euch die beiden an, wie Tillie und Mac! Und dann blieb es bei Mac, auch wenn es längst keine Tillie mehr gibt.«
Ich sah, wie Helen sichtlich ermüdete, und richtete meine nächsten Fragen an Margaret, denn Mutter und Tochter bewegten sich ohnehin auf derselben Ebene. »Haben Sie

irgendeine Ahnung«, fragte ich, »weshalb Sie alle sich hier begegnet sind?«

Das konnte mir Margaret auf Anhieb sagen, denn sie und ihre Mutter, die nun beifällig nickte, hatten schon oft zusammengelebt. »So konnten wir unsere Probleme gemeinsam lösen. Mac und ich waren ständig zusammen.« Sie lächelte. »In Palästina war er mein Vater. Vor nicht allzu vielen Inkarnationen waren wir in Williamsburg miteinander vereint. Edgar Cayce sagte, daß ich dort aus einem Fenster herausgeschaut und dabei Mac entdeckt hätte; und so fanden wir uns.«

Ähnlich muß es auch jetzt wieder gewesen sein. »Mac erkannte mich auf den ersten Blick. Ich war fünfzehn und er siebzehn, beide noch viel zu jung, um zu wissen, was wir taten. Aber niemals hat es für uns einen anderen gegeben. Und daher hatte ich auch stets ein so gutes Gefühl, wenn ich mit Mac zusammen war. Rivalitäten hat es zwischen uns niemals gegeben.«

Mac hielt sich noch immer aus dem Gespräch heraus. Als einer, der sich bereits in Ägypten, in Williamsburg und weiß Gott wo sonst noch herumgeschlagen hatte, gab er sich sehr bedeckt, was Margaret mir dann auch bestätigte. »Er interessiert sich nur für rein praktische Dinge, die ihm nach Möglichkeit etwas einbringen. Früher hatte er einmal Beschwerden im Unterleib, und es sah sehr schlimm aus, denn der Blinddarm schien betroffen zu sein. Cayce gab ihm ein Reading und bewahrte ihn so vor einer Operation. Mac vertraute ihm uneingeschränkt.«

Sie lachte, als ob Mac gar nicht anwesend wäre. Ihm schien das nichts auszumachen.

»Bei einem weiteren Reading, das Cayce ihm gab, befand er sich gerade auf einer Pferdefarm und schien sehr beschäftigt zu sein. Cayce, dem man vorher gesagt hatte, wo er sich aufhielt, eröffnete das Reading mit der Bemerkung:

›Nun halt doch mal für einen Augenblick still.‹« Sie warf ihrem Mann einen verständnisinnigen Blick zu. »Mac kann es noch immer nicht verwinden, was wir in Ägypten durchgemacht haben. Und das weiß er nur allzugut. Ra hatte uns alle zu sich in die Tempel gerufen. Das erinnert mich so sehr an den alten Gesang ›Hail, Hail, the Gang's All Here ...‹ David Kahn war unter den ersten in Ägypten, und dann noch Harold Reilly und Eula Ellen, sozusagen die gesamte Clique. Das zeigt, wie sehr wir uns miteinander verbunden fühlten. Es war eine schwere Zeit, und wir wären alle zugrunde gegangen, wenn wir uns nicht im Exil um Ra zusammengeschlossen hätten. Fast so wie heute. Und hier war David Kahn die treibende Kraft. Bereits vor dem Ersten Weltkrieg hat er Cayce ständig Mut gemacht. Und Cayce pflegte zu sagen: ›Jedesmal wenn David sich in einem Bus oder der Bahn befindet, spricht er doch prompt jeden einzelnen an, um ihm klarzumachen, wer Edgar Cayce ist und was er alles vollbracht hat, als ob dies die natürlichste Sache der Welt wäre.‹ Auf etwa die gleiche Weise kam auch ich in dieses Haus.«

Obgleich die A. R. E. sich am christlichen Glauben orientierte und auch Cayce sich auf die Worte Jesu berief, war ein gewisser jüdischer Einfluß nicht zu übersehen. Einige der jüdischen Mitglieder aus ihrem innersten Kreis waren schon mehrere Male – in Ägypten, Palästina, Persien oder Arabien – mit Cayce zusammengewesen und sehr hellhörig für alles, was aus ihren früheren Existenzen zu ihnen herüberdrang. Und er selbst als ehemalig jüdisch-christlicher Jünger namens Lucius von Kyrene zeigte sich diesem Glauben gegenüber sehr aufgeschlossen.

Besonders fühlte sich Margaret aufgrund ihres jüdischen Vorlebens unter den jüdischen Mitmenschen sehr heimisch – ungeachtet der Tatsache, daß sie selbst den alten Familien des amerikanischen Südens entstammte.

»Die jüdischen Mitglieder der A. R. E. erinnern sich an etliche Existenzen in vorpalästinensischen Zeiten, wo sie lernten, ihre Seelen zu entfalten. Wir alle begegnen uns immer wieder. Wir haben dasselbe Ziel, nämlich die Entwicklung unserer eigenen Seelen. So werden wir eines Tages zu tauglichen Gefährten des Herrn. Abraham war der erste, der den einen Gott akzeptierte. Vor ihm hatten die Menschen noch viele Götter, aber Abraham gab seinem Volk den einen erhabenen Gott, der da sagte: ›Ich habe euch auserwählt, weil ihr mich auserwählt habt.‹« Margaret lachte. »Manche behaupten sogar, man müßte erst Jude gewesen sein, um ein Christ werden zu können.«

In Palästina war sie eine der jungen Mütter, denen der grausame Erlaß des König Herodes die kleinen Söhne entriß.

»Die Wesenheit«, sagte Cayce, »gehörte zu jenen Müttern, die ihrer Jüngsten durch das Edikt beraubt wurden.«

Als Margaret dieses Reading erhielt, war sie gerade erst einundzwanzig, jung verheiratet und noch ohne Kinder. Aber die darin enthaltene Mitteilung wirkte sich auf ihr gesamtes Leben aus, und einst hatte sie Cayce gefragt: »Warum fürchte ich mich so sehr vor der Dunkelheit?«

»Das«, antwortete er, »kommt aus der Zeit der Vernichtungen durch die Soldaten. Denn die Kleinen wurden in der Dunkelheit versteckt und gemordet, als niemand es sah.«

»Und die Augen, die mich beim Meditieren anblicken, sind sie eine optische Täuschung, oder haben sie irgendeine Bedeutung?«

»Eher eine Bedeutung; denn die Seele, die du in Nazareth verloren hast, wird dir in diesem Leben wieder und wieder erscheinen, wenn du dich selbst zum Kanal für jenes Ereignis deiner damaligen Reise machst.«

Das verlorene Kind mußte ihr also in diesem Leben ersetzt werden, seltsamerweise durch ein Mädchen.

»Weshalb habe ich eine so große Zuneigung zu Kindern?« fragte Margaret.

»Weil, wie er sagte, es ist so ›wie bei Rachel, die um ihre Kinder trauerte und sich nicht eher trösten ließ, bis sie wußte, daß sie die Verlorenen wieder in ihren Armen halten würde‹.«

Dem Reading war eine Bemerkung hinzugefügt, die mir sogleich auffiel: »Ihre Tochter ist so ein Segen für sie, um so mehr, als sie nun Mutter und Gründerin einer Familie geworden ist. Sie hat das Gefühl, als ob eines ihrer Enkelkinder jener verlorene Sohn aus Palästina sei.«

Durch die Tochter war ihr also der damalige Sohn wiedergeboren, der das Herz der Großmutter höher schlagen und die alte Zuneigung wiederaufleben ließ.

Im Verlauf der Zeit wurde die ganze Familie in das Geschehen mit einbezogen. Helens Enkelin Ann Lynne Wagner-Tynes wurde sich eines Erbes bewußt, das sie unauflöslich an die Vergangenheit band. Einst ein »Cayce-Baby« und von ihm im Alter von achtzehn Tagen mit einem Reading versehen, war sie nun eine attraktive Fünfzigerin, die von ihrer Vergangenheit sehr fasziniert war. Judäa, Ägypten und das koloniale Virginia: dies alles gehörte zu ihrem persönlichen Hintergrund. Als zehnjähriges Schulmädchen hatte sie während einer Exkursion mit dem Reisebus ein unabweisbares Déjà-vu-Gefühl, als sie in Williamsburg zum Fenster hinaussah und ein älteres, inzwischen restauriertes Gebäude aus dem sechzehnten Jahrhundert erblickte, das ihr unheimlich bekannt vorkam, obwohl sie es nie zuvor gesehen hatte.

Seitdem wollte sie unbedingt eine Rückführung haben, weil sie glaubte, aus ihrer Vergangenheit gewisse Aufschlüsse über ihr jetziges Leben zu erhalten. Sie wurde dreimal zurückgeführt, und jedesmal zeigte sich bei ihr die Tendenz, all die von ihr unter Hypnose empfangenen Visionen sofort zu analysieren, so daß sich ein zusammenhängendes Bild eines im altägyptischen Opfertempel praktizierten Opferrituals ergab, über das bisher noch wenig bekannt war.

Zunächst war sie Ministrantin und danach eine Art rechte Hand jener Priester gewesen, denen die Durchführung des Heilprogramms oblag. Später wurde ihr das Privileg zuerkannt, an dem Projekt zur Erzeugung eines perfekten Nachwuchses, einer der Lieblingsträume des Ra, teilzunehmen. Aus ihren unter Trance geäußerten Worten ging ferner hervor, daß sie, die so früh von der leiblichen Mutter getrennt und den erklärten Staatszielen geweiht worden war, schon als kleines Kind im Opfertempel gelebt hatte, wo zwar all ihren einfachen Bedürfnissen wie Essen, Kleidung und Schutz Rechnung getragen, aber Liebe als solche nicht mehr als ein Wort war, ein unpersönlicher, abstrakter Begriff, eingeführt durch ein System, das in ihr nur ein Mittel zur Erreichung der angestrebten Ziele sah.

Während Ann Lynne Wagner-Tynes sprach, schien sie plötzlich nicht mehr jene Dame aus Virginia zu sein. Sie war – wie einst – wieder zwölf Jahre alt, inmitten einer Gruppe gleichaltriger, in jungfräuliches Weiß gekleideter Tempeldienerinnen, die sich um die zum Opfer ausersehenen Mädchen bemühten. Ihre Stimme begann einen fast sphärenhaften Klang anzunehmen und drückte jenes Erstaunen aus, von dem sie offensichtlich beim Wiedererinnern so lang vergessener Dinge, die sie einst entzückt und verzaubert hatten, überwältigt wurde. In dieser Rolle wirkte Ann so natürlich, so echt und dennoch dezent, daß ich mir die geschilderte Szene genau vorstellen konnte.

»Ich sehe einen Priester vor dem Altar und noch eine weitere Person. Ich sehe mich selbst, Dinge herbeibringen, wahrscheinlich Blumen. Da ist eine Wasserschale, aus der feiner Nebel aufsteigt. Ich sehe eine junge Frau von großer

Schönheit ... bei dem Priester. Sie liegt auf einem erhöhten Podium. Ihre Haut ist hell, doch Augenbrauen und Haare sind dunkel.
Sie ist älter, dennoch kaum zwanzig. Ich spüre weder Angst noch Entsetzen wegen des Opfers, es ist nichts Negatives dabei, ich fühle mich wohl dabei. Das Opfer ist kein Blutopfer. Das Mädchen scheint sich ganz im Einklang mit der neuen Philosophie und einem neuen Leben zu befinden. Der Priester vollzieht eine Art Ritual und macht einige Handbewegungen ähnlich wie ein katholischer Priester in unseren heutigen Kirchen. Er hält eine Schale, und ich stehe an seiner Seite. Ich betrete mit ihm zusammen das Podium. Ein feiner Nebel entströmt dem Wasser, er scheint nicht heiß zu sein. Ich strecke der Frau meine Hand entgegen. Nun sitzt sie auf dem Podium und hat ihre Beine zur Seite gelegt. Sie ist ganz in Weiß und trägt einen Blütenkranz im Haar. Sie ergreift meine Hand, und ich führe sie. Sie wirkt glücklich und heiter. Sechs oder sieben ähnlich gekleidete Frauen warten darauf, sich der gleichen Zeremonie zu unterziehen. Während des Rituals besprengt der Priester die Frau mit Wasser, das sich noch immer in Nebel auflöst.«
Als Ann eine Pause einlegte, da sich ihre Vision zu verflüchtigen schien, versetzte ich sie in das zwanzigste Lebensjahr, wo sie anstelle der soeben geschilderten jungen Frau nunmehr deren Platz auf dem Altar des altägyptischen Opfertempels einnahm. Ihre Haltung entsprach ganz der ihrer Vorgängerin, und ihre Stimme klang, als ob Ann nun selbst von der Erinnerung an diese zauberhafte Vergangenheit überwältigt wäre.
»Ich habe nun das Alter erreicht, in dem ich als eine der Novizinnen auf dem Altar die Weihe empfange. Zuvor war ich die Trägerin der Weihwasserschale und bemerkte, daß andere junge Mädchen diese Aufgabe übernommen haben. Wir alle sind Dienerinnen, die eine Lehre durchlaufen und

somit zu Mitgliedern dieser Gruppe werden. Anfangs versorgen wir die Kranken und helfen den Priestern bei den Heilungen ... und von da aus geht es weiter, bis wir das Ziel unserer Ausbildung erreicht haben.«
»Gibt es irgendwelche Kontakte zu Ra?«
»Natürlich; wir alle stehen in ständiger Verbindung mit ihm.«
Meine Frage schien sie ein wenig nachdenklich zu machen, und plötzlich entrang sich ihr ein fast ekstatischer Aufschrei: »Mein Gott, er ist ja der Vater all dieser prächtigen Kinder!«
»Von allen? Wirklich?«
»Nein. Es gibt auch ein paar andere. Einige von ihnen sind meiner Obhut unterstellt. Es kommt mir vor, als ob sie gar keine Mütter hätten und uns allen gemeinsam gehörten. Und doch kennt jede Mutter ihre eigenen Kinder. Es ist also doch nicht so unpersönlich.«
»Und was ist mit den Priestern, die diese Kinder gezeugt haben? Sind sie eine Art Elite? Und wer wählt sie aus?«
»Ra selber. Er sucht die Väter aus und unterzieht sie einem Reinigungsritual – mit der Weihwasserschale.«
Ich wollte mehr über diese Gebräuche wissen, wobei die Frauen sich freudig, ohne doch verliebt zu sein, dem Wohl des Volkes opferten; es erschien mir geradezu widernatürlich – obwohl ich mir sagen mußte, daß schließlich alles als natürlich erscheint, was einem ständig eingeredet wird.
»Hat eine Frau, die auf diese Weise ihr Kind bekommen hat, danach noch weitere sexuelle Kontakte, um noch mehr perfekte Kinder hervorzubringen?«
»Sie hat nur dieses Kind – und das nur rein körperlich. So muß es auch sein, weil dies alles einem größeren Zweck dient, gleichgültig, was andere darüber denken.«
»Aber das läuft doch dem normalen Denken zuwider, miteinander zu schlafen, ohne einander zu lieben!«

»Nun, sie lieben sich ja, nachdem ihnen klar ist, was sie miteinander tun und weshalb. Aber vorrangig geht es gar nicht um Liebe. Es geht darum, der eigenen Nation ein Kind zu schenken.«

»Und haben die Väter an ihrem Nachwuchs überhaupt ein Interesse?«

»Sicherlich – und darüber hinaus die Möglichkeit, weitere Kinder zu zeugen, um die Zahl der perfekten Nachkommen zu erhöhen. Bei den Frauen ist dies aufgrund ihrer biologischen Beschaffenheit viel problematischer.«

Diese Gleichung schien für mich nicht aufzugehen, zumal die Männer als Träger der Fortpflanzung dabei viel besser davonkamen.

»Und die Frauen müssen sich also fügen, ob sie wollen oder nicht?«

Ann winkte energisch ab. »Sie werden auf dieses Ziel hin erzogen – darüber wird gar nicht diskutiert. Für sie ist nichts Negatives dabei.«

Zu viele Visionen durchzuckten Anns Bewußtsein, so daß sie nicht mehr imstande war, ihnen den entsprechenden Ausdruck zu verleihen, bis ich sie aus dieser Situation herausholte.

Sie richtete sich auf und rieb sich die Augen. Noch reichlich benommen von dem seltsam gespaltenen Zustand der Hypnose, und halbwegs in die gegenwärtige Realität zurückversetzt, war sie noch immer damit beschäftigt, die aus einer so fernen Vergangenheit empfangenen Eindrücke auszusortieren.

Endlich gelang es ihr, sich wieder zurechtzufinden.

»Ich hatte so viele Eindrücke, daß ich gar nicht darauf reagieren konnte«, sagte sie, »und wollte auch keine vorschnellen Rückschlüsse ziehen. Diese Leute waren jedenfalls sehr human und sehr natürlich. Es ging ihnen um rein körperliche Dinge; das war die Erfahrung, mit der sie im

Moment konfrontiert waren. Ich möchte keinesfalls das menschliche Element außer acht lassen, was auch immer ihre Ideale, ihre Ziele oder Absichten waren ... Menschen sind schließlich keine Maschinen.«

Ich war einigermaßen erstaunt, mit welcher Vehemenz sie dies alles hervorbrachte. »Und all diese Gedanken sind Ihnen während der Rückführung durch den Kopf gegangen?«

»Es wollte mir nicht gelingen, sie zu verbalisieren. Vielleicht war ich zu sehr in die Ereignisse mit einbezogen. Aber wir hatten es nicht mit Robotern und auch nicht mit nebelhaften Geistern zu tun, es waren menschliche Wesen auf der Suche nach ihrer Seele, um herauszufinden, wozu sie da waren und was sie miteinander zu tun hatten.«

Anders als jeder rein objektive Beobachter erschien mir Ann ziemlich engagiert, ja sogar streitbar. Doch in ihrem Unbewußten hatte sie sich völlig mit ihren jeweiligen Rollen identifiziert – zunächst als Ministrantin und dann als die junge Frau, die im Namen des Staates von ihrer hohen Mission als Wortführerin ihres damaligen Volkes zutiefst erfüllt war.

»Auch wenn vieles sehr menschlich erscheint«, betonte sie noch einmal, »muß es nicht falsch gewesen sein. Gott hat unserer Seele diese körperliche Gestalt verliehen. Unsere Führer, die Priester, sagten, daß es so und nicht anders sei; nur auf diese Weise könnten wir unsere Gattung höher entwickeln. Sicherlich hätte er auch einen anderen Weg wählen und der Seele allein die Reproduktion überlassen können. Doch brauchen wir den physischen Leib, um der Seele eine Heimstatt zu geben. Und jene Leute besaßen eine Seele, eine großartige Seele; und sie vervielfältigten sie – deswegen wurden so viele Seelen geboren.«

Seit Taylor Caldwells Beschreibung ihrer eigenen Vergangenheit als Mutter der Maria Magdalena, die in Jerusalem unter öffentlichen Beschuß geraten war, hat mich keine Rückführung so tief bewegt wie die der Ann Wagner-Tynes. Ich zweifelte nicht, daß all die Bilder, die auf ihr Bewußtsein eingestürmt waren, für sie eine Realität darstellten und genauso aktuell waren wie alles, was ich je als Reporter miterlebt habe. Doch nun waren das Reading und unser Gespräch beendet; und nur ungern und aufs tiefste bewegt, verabschiedete ich mich von meinen Gastgebern. Helen Ellington begleitete mich zur Tür, wo sich unsere Blicke ein weiteres Mal trafen.

»Ist Ihnen klar«, sagte sie, »daß Sie nie meiner Seele so nahe waren?«

Ich nickte und wartete.

Dann sah sie mich durchdringend an. »Wissen Sie, was eine Seele ist?«

Mir fiel ein, was Edgar Cayce darüber gesagt hatte. »Ist es nicht jener Teil unseres Ichs, der mit dem Schöpfer verbunden ist?«

Sie schüttelte ihren Kopf. »Das meinte ich nicht ... Sie selbst sind eine Seele – und nichts anderes als das. Eine lebendige, atmende Seele, die niemals stirbt.« Sie lächelte und schaute mir tief in die Augen. »Denken Sie stets daran, daß Sie niemals allein sind; denn die Gefährten, die Sie so gut kannten, sind immer noch Ihre Gefährten.«

Ich war mir nun völlig sicher, wen sie damit meinte, als ich sie ein letztes Mal ansah und mir ein unverkennbares Licht aus ihren Augen entgegenstrahlte. Wir hatten soeben eine alte Freundschaft erneuert.

16. Kapitel

Dank für die Erinnerungen

Ihre Blicke brauchten einander nur irgendwo inmitten des Gedränges eines überfüllten Raumes oder an jedem beliebigen Ort zu begegnen, und schon fühlten sie die Nähe, die sich auf längst vergangene Gemeinsamkeiten gründete. Oft waren es Menschen, denen es gar nicht so leicht fiel, neue Freundschaften zu schließen. Und plötzlich, zu ihrer eigenen Verwunderung, plauderten sie auf seltsam vertraute Weise mit jemandem, den sie noch nie gesehen hatten oder höchstens mit einem leichten Kopfnicken begrüßen würden.

»Es erstaunte mich ungeheuer«, bekannte mir Mignon Helms, »wie schnell ich mich mit den Ellingtons anfreundete. Normalerweise halte ich mich sehr zurück. Als aber Margaret und ich in der Tanzschule auf unsere Kinder warteten, genügte ein einziger Blick, um miteinander ins Gespräch zu kommen. Zunächst redeten wir, wie es unter Müttern so üblich ist, über die Kinder, dann uns selbst und schließlich über die Ehemänner. Es war so angenehm, mit ihr zusammenzusein, daß ich mir wünschte, wir könnten uns noch öfter treffen. Sie muß meine Gedanken erraten haben, denn sie lud mich sofort zu sich ein, um ihr beim Nähe der Ballkleider behilflich zu sein.«

So schien es ganz selbstverständlich, daß sie zusammenkamen.

»Ich war entzückt. Wir hatten uns kaum begrüßt, als Mrs. Ellington mir über Edgar Cayce zu erzählen begann. So etwas war mir noch niemals zu Ohren gekommen, und sie konnte stundenlang über Cayce berichten, und ich wurde nicht müde, ihr zuzuhören. Ich konnte gar nicht genug davon kriegen. Ein ganzes Jahr lang besuchte ich sie nahezu regelmäßig, um alles über diesen Mann zu erfahren. Ich war fasziniert – und wußte auch bald, warum. Die Ellingtons meinten, ich solle mich doch auch zu einem Reading bei Cayce entschließen, aber es war überhaupt nicht nötig, daß sie mich dazu drängten. Hinterher glaube ich, daß ich damals ein wenig Angst hatte, nach all diesen riesigen Versprechungen dennoch enttäuscht zu werden.«

Doch dafür bestand nicht die geringste Ursache. Denn als Mignon das Arbeitszimmer des Propheten betrat, brauchte sie ihm nur in die Augen zu sehen, um zu wissen, daß er wie auch Margaret zu ihren besten Freunden gehörte.

»Ich mußte ihm einfach in die Augen sehen, aber nicht wie eine Frau, die sich von einem Mann plötzlich angezogen fühlt. Ich kam mir eher wie eine Schülerin vor, die zu ihrem Lehrer aufblickte. Seine Augen schienen durch mich hindurchzusehen, und ich erinnerte mich, gehört zu haben, daß er aus der Aura eines Menschen dessen Charakter ablesen konnte. Von Helen Ellington wußte ich, daß er mit ihrer ganzen Familie bereits in Ägypten zusammengewesen war. Aber damit konnte ich erst recht nichts anfangen, obwohl sie sich dessen alle so sicher waren. Für mich war das zumindest damals überhaupt nicht zu beweisen, und ich fragte mich, ob dem nicht ein gewisses Wunschdenken zugrunde läge, um ihrem Leben ein bißchen mehr Glanz zu verleihen.«

Und siehe da, nun mußte sie selbst aus ihrem Reading entnehmen, daß auch sie mit Cayce sowohl in Ägypten als auch in Palästina gewesen war. Ohne die ganze Geschichte zu kennen, wurde ihr klar, weshalb sie sich diesem Mann, den sie soeben erst kennengelernt hatte, so nahe fühlte – viel näher als manch einem Menschen, den sie vielleicht schon ein ganzes Leben lang kannte.

Sie gehörte zu jenen Personen, die für alles, was einem so zustoßen kann, die genauen Gründe wissen mußten. Sicher war es reizvoll, wenn einem enthüllt wurde, daß man einst die Vertraute eines Hohenpriesters oder der Premierminister eines bedeutenden Landes gewesen sei. Doch wie war das zu beweisen? Sie erinnerte sich, daß Christus, um akzeptiert zu werden, Wunderheilungen vollzogen hatte. Und nun verhieß ihr Cayce auf ähnliche Weise Dinge, die sie zu einem gläubigen Menschen machten. Sie hatte ständig Schwierigkeiten mit ihrer Verdauung gehabt und konnte keine Nahrung mehr bei sich behalten. Cayce gab ihr den einfachen Rat, nicht mehr in Aluminiumtöpfen zu kochen. Sie hielt sich daran, und schon waren ihre Probleme behoben.

Mignon gehörte zu seinen besonders begünstigten Gefährtinnen. Für sie war das nicht mehr wunderlich, seitdem sie wußte, daß sie in jener vielbesagten ägyptischen Periode trotz ihrer betonten Zurückhaltung von dem weit weniger reservierten Hohenpriester ein Kind bekommen hatte.

Diese Enthüllung aus dem Munde einer so sittsamen und sehr christlichen Dame verschlug mir buchstäblich den Atem.

»Von Edgar Cayce?« fragte ich reichlich geschockt und mit hochgezogenen Brauen.

Für Mignon schien dies eine Tatsache wie jede andere zu sein. »Das ist schon so lange her, und ich war nur ein Teil seines Programms, als er, der große Ra-Ta aus Ägypten, daranging, ein besseres Menschengeschlecht hervorzubringen.«

Ich war nicht wirklich verblüfft, denn ich wußte, daß Cayce in keiner seiner früheren Existenzen ein Engel, sondern ein Mann mit normaler sexueller Vitalität war.

Die jüngeren seiner Anhänger, die den Propheten nicht mehr kennengelernt hatten, sahen in Mignon nicht mehr als eine zurückhaltende und sehr distanzierte Angehörige der alten Garde.

»Ich zweifle, ob sie sich jemals zurückführen läßt oder Ihnen etwas aus ihrer Vergangenheit enthüllt«, sagte eines der neu hinzugekommenen Mitglieder des A. R. E.-Stabes, »sie läßt niemanden in ihr Privatleben hineinsehen.«

»Oh, ich sehe da keinerlei Schwierigkeiten«, erwiderte ich zuversichtlich, »alle Freunde der Ellingtons sind auch meine Freunde.«

Seitdem ich mich im Cayce-Zentrum mit der Durchforstung der Readings befasse, und immerhin sind das schon etliche Jahre, habe ich zu dieser so standhaften und unabhängigen Dame kaum mehr als ein kurzes Hallo gesagt, doch erinnere ich mich ihrer als einer sehr nahe stehenden Freundin von Gladys Davis, die fast wehmütig auf gemeinsame Erlebnisse mit ihr zurückblickt: »Sie war eine von Mr. Cayces Favoritinnen«, erklärte sie mir, »auf sie war immer Verlaß, wenn irgend jemand besonderer Hilfe bedurfte. Ich glaube, sie hat sich erst kürzlich mit ihren Vorleben befaßt.«

»Wissen Sie Näheres darüber?«

»O ja, aber das war nicht der Punkt. Es ging hauptsächlich darum, etwas über die gegenseitigen Beziehungen herauszufinden.«

Ein kurzes Aufblitzen in Gladys' Blick ließ mich ahnen, wie lebendig in ihr so manche Erinnerung an alte und niemals vergessene Orte noch immer war.

»Ich fürchte, sie läßt sich nicht leicht etwas entlocken«, gab ich Gladys zu bedenken.

»Von einem Fremdem sicherlich nicht«, erwiderte sie schmunzelnd.

Mignon Helms gab sich erfreut, wenn auch nicht überschwenglich, als ich sie anrief. »Wissen Sie«, sagte ich fast entschuldigend, »Gladys ist eine gute Bekannte von mir.« Aber sie war längst auf meinen Anruf vorbereitet, denn zwischen den alten Gefährtinnen gab es noch immer einen sehr regen Informationsaustausch.

»Wenn Gladys Sie mir empfiehlt, ist das mehr als genug. Ich bin mir jedoch nicht sehr sicher, ob ich Ihnen auch helfen kann. Ich habe Schwierigkeiten, mich hypnotisieren zu lassen.«

»Das wird wohl kaum erforderlich sein. Sie blicken auf so viele Erlebnisse zurück, daß Ihre Erinnerung Ihnen eher davonläuft.«

Es entstand eine Pause, als ob sie in einer Überlegung innehielt.

»Ich werde Ihnen zur Verfügung stehen, wenn Sie es wünschen«, sagte sie bloß noch.

Obwohl ich Mignon nicht allzugut kannte, wußte ich doch, daß sie regelmäßig zur Kirche ging, eine Witwe mit strengen Moralvorstellungen, eine treuliebende Mutter und bereitwillige Wohltäterin war, eine Person, die man aufgrund ihrer inneren Substanz noch zur »alten Schule« rechnen mußte, verläßlich in kritischen Situationen, aufrecht und geprägt von gesundem Menschenverstand. Ich bin schon so manchem Skeptiker begegnet, der mir prompt erklärte: »Wenn Mignon an Reinkarnation glaubt, dann sollte ich mich vielleicht auch damit anfreunden.« Sie ließ sich nicht leicht auf Dinge ein, die ihr als unsinnig erschienen; und dennoch, als Cayce in einem Reading von einer Tochter sprach, die ihr gleich dreimal in verschiedenen Inkarnationen wiedergeboren wurde, stellte sie diese Möglichkeit nicht in Frage. In all den Jahren ihrer Freundschaft mit Cayce und vielen anderen alten Gefährten hatte sie keinen Moment an der Korrektheit seiner Aussagen gezweifelt. Es gab eine starke gefühlsmäßige Beziehung zwischen ihnen, die sie sich nie richtig erklären konnte, bis sie erfuhr, daß sie zumindest während einer Inkarnation mit ihm zusammengelebt und ein Kind von ihm gehabt hatte.

Cayce mußte das schon lange gewußt haben, so vermutete sie, und hatte es ihr vorenthalten, bis sie die nötige Reife erreicht hatte, um eine Gefühlssituation zu meistern, deren Wurzeln in einer weit zurückliegenden gemeinsamen Vergangenheit zu suchen waren.

Da er den regulären Teilnehmern seiner Bibelstunde nur selten ein Reading anbot, mußten schon besondere Gründe vorgelegen haben, als er ihr eines Tages einen entsprechenden Vorschlag unterbreitete.

»Es war während einer Bibelstunde in Mr. Cayces Studio«, erinnerte sich Mignon beim Spätnachmittagstee in ihrem kleinen schmucken Heim in Virginia Beach. »Wir hatten rund um den Tisch Platz genommen, als Mr. Cayce sich plötzlich mir zuwandte und fragte: ›Mignon, möchtest du ein Reading von mir haben?‹

Ich war sehr überrascht, zumal ich wußte, wieviel Leute bereits auf seiner Warteliste standen. Ich überlegte einen Moment und sagte: ›Ja, ich hätte gerne etwas über meine Zeit in Palästina erfahren.‹ Er hatte bereits in einem früheren Reading davon gesprochen und durch seine Bemerkung, daß es noch viel mehr darüber zu berichten gäbe, mich erst richtig neugierig gemacht.

Er aber sagte: ›Diesmal befassen wir uns mit der ägyptischen Periode.‹ Mehr sagte er nicht, und ich antwortete: ›Gut, dann möchte ich etwas aus der ägyptischen Periode hören.‹«

Ich sah mir mein sonst so eigenwilliges und standfestes Gegenüber ein wenig genauer an. »Haben Sie immer getan, was Mr. Cayce von Ihnen verlangte?«

»Nur wenn es sich um ein Reading handelte.«

»Und Sie glaubten wirklich, Sie hätten schon früher mal existiert?«

»Aber sicher. Wir alle haben schon mal gelebt, nur daß unsere Erinnerungen sich auf ganz verschiedene Dinge

beziehen. Ich zum Beispiel konnte mich sehr gut an diese eine Tochter erinnern, mit der ich dreimal zusammengelebt habe.«
»Aber das ist doch höchst ungewöhnlich!«
Sie zuckte mit den Schultern. »Ungewöhnlich ist nur, was wir für ungewöhnlich halten.«
Mich hatte schon immer dieses alte Ägypten fasziniert; seine Rätselhaftigkeit, seine Pyramiden erschienen mir wie ein Symbol für unsere völlige Ahnungslosigkeit gegenüber all den Dingen, die sich in der Vergangenheit abgespielt haben.
Man muß sich das nur einmal vergegenwärtigen: Unser Planet ist nach wissenschaftlichen Erkenntnissen viele Millionen Jahre alt, und doch läßt sich die menschliche Zivilisation höchstens bis in die Zeit vor zehn- bis fünfzehntausend Jahren zurückverfolgen. Da war es kein Wunder, wenn die alten Cayce-Gefährten wie Mignon oder die Ellingtons so großen Wert auf des Propheten Schilderungen der hochentwickelten Zivilisation des prähistorischen Atlantis legten.
»Ich verstehe nicht, wieso dies noch immer in Frage gestellt wird«, sagte die streitbare Mignon, stets bereit, ihre eigenen Überzeugungen zu verteidigen, »und weshalb haben ausgerechnet Wissenschaftler behauptet, es gäbe keine Beweise für die Existenz des antiken Troja; es sei denn, man hielte sich an die Gesänge des Homer. Und dann entdeckten Forscher nicht nur ein einziges, sondern gleich neun unter dem Sand der Geschichte begrabene Trojas, eins über dem anderen.«
Mit dem alten Ägypten verhält es sich ähnlich. Nach Cayce war dort durch die vertriebenen Atlanter, die ihre hochentwickelte Kultur in eine widerstrebende Bevölkerung integrierten, eine fortschrittliche Zivilisation aufgebaut worden – dank des Genius des großen Ra-Ta.

Das Problem jener Tage war nicht nur das der Entwicklung einer besseren Spezis. Denn wie Cayce erklärte, galt es zunächst, all die unterschiedlichen und einander bekämpfenden Völkerschaften zu einer einzigen, geistig und körperlich perfekten Rasse zu vereinen. Auf den zahlreichen Reisen während seines Exils hatte der Priester erfahren, wie andere Völker sich mit Hilfe metaphysischer Kräfte vervollkommnet hatten, und war zu der Einsicht gelangt, daß die Vermischung der Rassen zu einer einzigen verfeinerten Art das probate Mittel war, um den Zwistigkeiten ein Ende zu setzen und Ägypten an die Spitze der Völker zu bringen. Und allein dieses Ziel würde nach Meinung des Hohenpriesters und gewisser erlesener Frauen das Opfer ihrer Unschuld rechtfertigen. Die Härte des Opfers wurde durch das Gefühl, der Allgemeinheit zu dienen, etwas gemildert. Darüber hinaus war das Opfer ein Zeichen der Unterstützung für den zurückkehrenden Hohenpriester als höchste Macht im Lande.

Wieviel von alledem konnte den Leuten aufgrund der Readings über die ägyptischen Erfahrungen verständlich gemacht werden? Wie oft habe ich selbst mit heimlichem Grinsen das rivalisierende Gebaren dieser ehemaligen Ägypter beobachtet, wenn immer von einstigen Würden und Positionen im Land der Pyramiden die Rede war – eine Eitelkeit, vor der Cayce immer gewarnt hatte. Mignon wäre so etwas nie eingefallen, es widersprach ihrem schlichten Charakter, obwohl sie ihre ägyptische Vergangenheit als etwas sehr Reales betrachtete. Denn eines Tages beschrieb sie mir in aller Ausführlichkeit, wie sich die damalige Entwicklung vollzogen hatte – ganz so, als ob sie dabeigewesen und dies alles mit eigenen Augen gesehen hätte.

Ihr damaliger Name war Tekleon. Sie wurde dem Staat von einer Mutter geweiht, die als Kind selbst geweiht worden war. »In dieser frühen Erfahrung, als die Mutter zum erstenmal die Person [Mignon/Tekleon] dem Priester darbrachte, war diese Wesenheit unter den ersten, die im Opfertempel geweiht werden sollten – das perfekte Individuum für diese Aufgabe.«

Ihre Mutter hatte vor ihr die Tempelriten durchlaufen, und sie war deshalb erwählt worden, weil man ihr als das Kind dieser Mutter glänzende Aussichten versprach.

»Wie waren Ihre damaligen Gefühle gegenüber Mr. Cayce [Ra]«, fragte ich, »war es Anziehung oder Abstoßung?«

»Ich fühlte mich sehr zu ihm hingezogen; doch nicht in körperlicher Hinsicht, obwohl ich in dieser Zeit noch sehr jung war. Wie so viele andere betrachtete ich ihn in erster Linie als meinen Lehrer. Wir waren zusammengekommen, um von ihm zu lernen, vor allem daß wir nicht zu Staub, sondern eines Tages mit jenen wiedervereint würden, die wir zuvor schon gekannt hatten, um mit ihnen auf der jeweiligen Ebene unserer erneuten Begegnung an den Problemen der Vergangenheit weiterzuarbeiten. Denn für Mr. Cayce war es immer das Menschliche, was zählte: In einem Leben war man womöglich eine Prinzessin und in einem anderen eine Küchenmagd. Maßgebend war nur, wie man die Dinge in Angriff nahm und an dem eigenen Karma arbeitete; davon allein hängen das eigene Glück und die innere Ausgewogenheit ab. Das hat Cayce immer wieder betont. Nicht die Berühmtheit oder ihr Gegenteil, sondern die innere Voraussetzung ist der Maßstab für das Karma. Die herausragenden Persönlichkeiten sind nicht unbedingt auch die besten, sondern die mit dem größten Prüffeld.«

»Wurden Sie auch einer Prüfung unterzogen?«

»Jeder, der in frühester Kindheit seiner Mutter entrissen wurde, kann wahrlich nicht erwarten, auf Rosen gebettet zu werden, zumindest nicht, bis er verständig genug ist, um zu wissen, daß wir alle einer gemeinsamen Sache die-

nen. Selbst dann sind die Schwierigkeiten noch nicht aus der Welt geschafft.«
In ihrem ersten Reading war noch kaum von ihren ägyptischen Erfahrungen die Rede. Aber etwas mußte Cayces Aufmerksamkeit erregt haben, und zwar kurz vor dem Reading für Mignons kleine Tochter Phyllis, das die ägyptischen Zusammenhänge aufzeigen sollte. Cayce hatte das Kind nur kurz angesehen und unvermittelt gerufen: »Das ist mein Baby!«
»Es war das erste Mal«, sagte Mignon, »daß ich das Kind ins A. R. E.-Zentrum gebracht und dort auf das Sofa gesetzt habe. Mr. Cayce trat ins Zimmer, warf einen Blick auf Phyllis und schien sie sofort wiederzuerkennen; und das war noch kurz vor dem Reading. Zunächst dachte ich, er würde nur scherzen – in Anspielung auf den Song ›Yes Sir, That's My Baby‹ –, doch dann, im Verlauf des Readings, wurde es offenkundig, daß Phyllis im damaligen Ägypten mein und Ra-Tas gemeinsames Kind gewesen war – das erste der geplanten fortgeschrittenen Rasse.«
Sie hatte selbst noch einige Erinnerungen an die frühe Zeit der Opferungen. Cayce hatte sie schon auf diese fragmentarisch aufblitzenden Visionen aus ihrer Vergangenheit hingewiesen, die sie selbst als bloße Imagination ansah, als Impressionen aus vorangegangenen Readings.
»Die Aktivitäten während jenes irdischen Aufenthalts waren dazu bestimmt, die Wesenheit für jene Möglichkeiten der Perfektion geistig und spirituell zu erwecken, so daß sie mindestens jetzt einen Einblick in diese Dinge erhält – stets im Einklang mit den Lehren dessen, der der Weg war und ist.«
Aber handelte es sich nicht um eine Form gänzlich liebloser Liebe? Es war kaum jene Liebe, von der Jesus gesprochen hatte – kaum jene Vereinigung zweier Menschen aus einem Gefühl der Zusammengehörigkeit heraus.

»Ich betrachte es als eine Form der Hingabe«, sagte Mignon ganz unbeirrt, »diese Art von Zeugung, wobei Menschen ohne Rücksicht auf ihre eigenen Gefühle so viel für die Bildung einer Kultur zu geben bereit waren. Und so kam es auch zu dem Namen ›Tempel der Opfer‹.«

Mignon konnte sich nicht vorstellen, daß Cayce ein derartiges Reading, das an einen bestimmten zeitlichen Rahmen gebunden war, auch schon anderen vorgeschlagen hätte.

»Ich vermute, er wollte mehr über unsere Beziehung wissen«, sagte sie, »und das war der beste Weg, den er kannte: sich in Trance zu versetzen. Wahrscheinlich ahnte er irgendwie, daß er in diese Geschichte verwoben war. Er wollte einfach wissen, weshalb er sich mir so nahe fühlte.«

»Und wie haben Sie das herausbekommen?«

»Aus der Art, wie er mit mir redete, und weil ich in gewisser Weise unter allen anderen bevorzugt wurde. Eine Frau spürt so etwas sofort. Aber es handelte sich eher um eine verwandtschaftliche Bindung, nicht eine Angelegenheit zwischen Mann und Frau. Damit hatte es nichts zu tun.«

Ich staunte über die vielen Einzelheiten, die Cayce zu berichten wußte. Er war nicht nur der Beobachter, sondern zugleich der Beobachtete, auch wenn dieser – als Ra und »Vater seiner Nation« – sich bescheiden im Hintergrund hielt.

»Tekleon«, sagte Cayce, »empfing ihr Reinigungsritual im Tempel der Opfer, um für die Fortpflanzung einer neuen Rasse geweiht zu werden, aber auch um die Ursprünge der Attraktion zu Individuen zu verstehen, zwischen denen es auf dieser materiellen Ebene eine Beziehung zu ihrer Erfahrung im spirituellen Bereich gegeben hat.«

Mignon besaß kein eigenes Exemplar dieses Readings, deshalb hatte ich ihr diese Passage aus meiner Kopie vorgelesen.

»Dies«, sagte sie, »könnte auch für meine Freundschaft mit

den Ellingtons, mit Gladys Davis und den übrigen zutreffen.«

Des weiteren ging es in dem Reading um eine kosmetische Operation, ohne die sie offensichtlich als zu häßlich erachtet wurde, um Mutter eines Kindes des Hohenpriesters zu sein: »Die Wesenheit Tekleon gehörte zur Nachkommenschaft jener, die Körperdefekte hatten, was sie von Vereinigungen mit jenen ausschloß, die zu der vom Priester repräsentierten Rasse gehörten.«

Ich warf Mignon, die mir bei all ihrer so typischen Distanziertheit bereits wie eine vertraute Freundin erschien, einen etwas fragenden Blick zu: »Ich hätte ja gern gewußt, wie Sie mit Federn und all diesem anderen Beiwerk ausgesehen haben!«

Sie lachte. »Ich mag mich so, wie ich jetzt bin.«

In Tekleons Fall ging der Fortpflanzung mit einem erlesenen Atlanter eine plastische Operation voraus. »Die Übertragung von Geist in die Materie«, erklärte Cayce, »hatte nicht zu der erwünschten Veränderung der noch im Körper befindlichen Drüse geführt. Diese Drüse wurde im Beisein des Priesters durch den Chirurgen entfernt, damit keine derartigen Makel mehr in der Nachkommenschaft auftreten. Dann wurden jene Verbindungen und Vereinigungen herbeigeführt, bis es zu der Reproduktion kam, die dem Ideal entsprach.« Und damit war natürlich Mignons Kind, das sie von Ra empfangen hatte, gemeint.

Durch die Vereinigung mit der allerhöchsten Persönlichkeit, dem Hohenpriester aus dem hochentwickelten Atlantis, hatte Tekleon die Erfüllung der Träume fast jeder Novizin erreicht. Wie aber stand es mit Isis, der eigentlichen Partnerin des großen Ra? Wie verhielt sie sich dazu?

»Ich denke«, sagte Mignon in ihrer Klugheit, »auch sie hatte ihren Anteil am Opfer zu leisten.«

Ras Beitrag zum Erneuerungsprogramm, das er mit Eifer

verfolgte, bestand seinerseits darin, daß er sich zeitweilig von seiner geliebten Isis löste; auch hatte er sich immer wieder einem Verjüngungsprozeß zu unterziehen, der der Öffentlichkeit verborgen blieb.

Der Ort der Ausführung war der Tempel der Schönheit; selbstverständlich mußte sich der Priester seine Jugendlichkeit erhalten, um die Fortführung des (nationalen) Perfektionsprozesses sicherzustellen. Andererseits war die Verjüngungsmaßnahme auch als Belohnung für die Verdienste des Priesters gedacht, abgesehen von ihrer Bedeutung für den Fortbestand der Fähigsten.

»Ich meine«, sagte Mignon ganz unmißverständlich, »daß für einen so fortschrittlichen Menschen kein Opfer zu groß war.«

Der Vollzug all dieser Maßnahmen fand im Tempel der Opfer statt. »Meine Mutter hatte mich schon als Baby in den Tempel gebracht, wo ich gemäß den priesterlichen Richtlinien eingesetzt und verschiedenen Experimenten unterzogen wurde. Das alles geschah, um eventuelle Defekte und Spuren von Begleiterscheinungen, die den Menschen noch anhafteten, zu eliminieren – Maßnahmen, deren Ziel die Erschaffung einer ausgeglichenen und wohlproportionierten Person war. Diese Versuche wirkten sich auch auf Geist und Seele aus, denn nach der Operation an gewissen Drüsen entwickelte sich die menschliche Art, wie wir sie heute, zwölftausend Jahre später, vorfinden.«

Während Mignon von ihrer ägyptischen Tochter erzählte, die sie mit dem Hohenpriester gezeugt hatte, überkam mich das vage Gefühl, etwas Ähnliches schon einmal gehört zu haben.

Es beunruhigte mich, daß mein Gedächtnis in diesem Moment versagte, denn offensichtlich handelte es sich um Zusammenhänge, die jedem Eingeweihten – jedem, der sich mit der Vergangenheit besser auskannte als ich – sofort

aufgefallen wären, zum Beispiel Hugh Lynn, der stets so anschaulich über seine persischen und ägyptischen Inkarnationen zu berichten wußte.
Mir fiel ein, was Gladys mir einmal zu erklären versuchte: Es käme darauf an, welche *Art* von Beziehung man miteinander gehabt hätte.
Die Tempelprostitution war gewiß keine Angelegenheit, die das Herz der Beteiligten betraf, nicht für Cayce, nicht, als er – wie sie glaubten – der Hohepriester und Erzeuger so zahlreicher Kinder war. Viel eher könnte man da von mechanischen Reaktionen während des lebenerzeugenden Vorgangs sprechen, nicht geeignet, irgendwelche Gefühle zu erwecken, auch wenn die Erfahrung körperlich durchaus angenehm sein konnte.
Noch immer grübelte ich darüber nach. Und dann kam es mir, als ich Mignon weitererzählen hörte: »Es war etwas, das mich mit Stolz erfüllte, nämlich die Mutter des ersten idealen Babys, des Kindes von Ra, zu sein, zu dem jedermann aufblickte.«
Es war ein gewisser Ehrgeiz dabei im Spiel. Offenbar wollte Mignon dem Hohenpriester, der so vielen Menschen ganz neue Daseinsperspektiven aufgetan hatte, erfreuen oder gefallen. Aber es gab noch ein anderes Kind, eines, das nicht im Tempel erzogen wurde und dessen Mutter in jenem Leben dem Hohenpriester viel näher stand als die damalige Tekleon. Dieses Mädchen wurde von seinen Eltern zurückgelassen, als beide, nämlich Isis (die spätere Gertrude) und Ra, aus Ägypten verbannt wurden. Aufgrund der Aussagen der alten Gefährten jener ägyptischen Erdentage waren Mignons Baby und die Tochter von Isis und Ra Schwestern oder, präziser gesagt, Halbschwestern. Ich blickte zu Mignon hinüber, die gelassen an ihrer Teetasse nippte. Sie konnte sich schneller als ich aus all diesen Bruchstücken ein komplettes Bild machen, da sie sich nur

ins Gedächtnis zurückrufen brauchte, was ein schlafender Cayce ihr über die alten Gemeinsamkeiten im Land der Pyramiden enthüllt hatte.

»Ich weiß, daß viele von uns schon damals wegen unserer Nähe zu Ra eine enge Beziehung hatten«, sagte sie, »nur konnte ich nicht erkennen, wer hier mit wem besonders vertraut war, da Cayce absichtlich keinen unserer gegenwärtigen Namen preisgab.«

»Ist Ihnen eigentlich klar, daß Ihre Tochter Phyllis in Ägypten mit Gladys Davis verschwistert war?« fragte ich.

»Manche Leute könnten darin einen ›Seitensprung‹ vermuten«, wandte sie gutgelaunt ein, »aus meiner Sicht war es ein Experiment, das der Vervollkommnung des Menschengeschlechts diente.« Ihre Augen leuchteten plötzlich auf, als sie hinzufügte: »Gott gibt uns die Werkzeuge – und wir besorgen den Rest. Meine Tochter war das jüngste von Ras Kindern. Gladys war schon vor ihr gezeugt worden. Aber nur wenige von uns mokierten sich über derartige Dinge, denn wir führten ein sehr eigenständiges Leben.«

Mir fiel wieder ein, was Ann Lynne, die Enkelin von Helen Ellington, unter Hypnose über Ra als Vater so vieler perfekter Kinder ausgesagt hatte.

Über Mignons zerfurchtes Gesicht huschte ein kaum merkliches Lächeln. »Daß dies so war, habe ich schon immer vermutet. Warum aber nicht? Ra galt als der perfekte Mann aus Atlantis, und selbstverständlich mußte das zu einem gleichfalls perfekten Nachwuchs führen.«

Das war alles ungeheuer interessant, und ich zweifelte nicht, daß die Gefährten von dem, was sie sagten, auch überzeugt waren. Sie glaubten ganz fest, daß jedes unter Hypnose geäußerte Wort der Wahrheit entspräche.

Doch wo gab es Beweise? Diese Frage ging mir ständig im Kopf herum.

Mignons Lächeln überstrahlte nunmehr ihr ganzes Ge-

sicht. »Ich merke es Tag für Tag, wie sehr unsere Reaktionen untereinander eine alte Vertrautheit bekunden, selbst wenn wir zornig oder einander böse sind. Wir hängen immer zusammen.«
Ich fühlte, daß ich ihr instinktiv zunickte. »Wie ich Ihren Readings entnehme, besuchten Sie schon damals die Hospitäler und bemühten sich um die Kranken und die Armen – dasselbe, was Sie mit Ihren achtzig Jahren und mehr noch heute tun. Ist es nicht eher so, daß die Prognosen sich deshalb erfüllen, weil Sie daran glauben?«
Sie schüttelte ihren Kopf. »Ich glaube, daß ich diese Dinge einfach tun möchte. Ich habe es schon früher so gerne getan«, sie lachte, »und bin 298 Jahre geworden; das verdankte ich dem Regenerationsprogramm, das sie dort hatten. Da ich in dieser langen Zeitspanne die Ergebnisse des Vervollkommnungsprozesses beobachten konnte – nicht nur an meiner Tochter, sondern auch unzähligen anderen Kindern –, wurde ich zum begeisterten Anhänger dieser Idee. Sie verlieh Ägypten eine Kultur, die der aller restlichen Länder weit überlegen war.«
Das war nun schon das zweite Mal, daß ich von diesem Regenerationsprogramm hörte, verbunden mit Mignons Behauptung einer schier unglaublich langen Lebenszeit.
»Wie machte man das, um so alt oder auch nur 198 Jahre alt zu werden?« fragte ich.
»Man ging in den Schönheitstempel, sobald Übereinkunft herrschte, daß die Lebensverlängerung in dem jeweiligen Fall für das Land von Nutzen sein konnte. Die letzte Entscheidung lag dann beim Hohenpriester.«
»Offensichtlich haben Sie sich mit irgend etwas verdient gemacht.« Mignon wurde ein wenig verlegen.
Noch immer hatte ich nicht die erwünschte Antwort. »Wie läßt sich so eine Verjüngung bewerkstelligen? Es gibt genug Menschen, die das gerne gewußt hätten!«

Mignon zögerte. »Leider erinnern wir uns meist nur an Dinge, die mit unseren Gefühlen zu tun haben, und nur sie spiegeln sich ständig in unserem Bewußtsein wider. Was mein damaliges Alter betrifft, weiß ich selbst nur aus einem der Readings, und ich vertraue diesen Readings. In Wirklichkeit war es nicht Edgar Cayce, der dies gesagt hat. Er macht da eine ganz deutliche Unterscheidung, indem er immer wieder betont: ›Ich habe dies nicht aus mir selbst. Das Reading ist es, das diese Dinge enthüllt.‹ Und wenn jemand die Wahrheit wissen wollte, sagte er nur: ›Dann wollen wir mal sehen, was das Reading zu sagen hat.‹«

Für eine Weile saßen wir uns schweigend gegenüber.

»Ich versuche mir immer vorzustellen«, begann ich von neuem, »wie es einer Frau zumute sein muß, die in einem Reading mit der Tatsache konfrontiert wird, daß der Mann, der das Reading gibt, als Vater ihres Kindes bezeichnet wird.«

Mignon hatte sich schon oft genug mit dieser Tatsache befaßt, um damit fertig zu werden. »Für mich ist die Sache inzwischen klar. Ich war nur ein Mittel zum Zweck. Mit wirklicher Liebe hatte dieses Experiment nichts zu tun. Und ich danke dem Herrn, daß ich zu jener Zeit einsichtig genug war, um mir keine Illusionen zu machen. Und das war die einzige Lösung: Ich nahm die Dinge, wie sie nun einmal waren. Ich glaubte einfach, daß dies alles richtig war.«

»Richtig inwiefern?« wollte ich wissen.

»Als ich meine wohlgestaltete Tochter geboren hatte, glaubte ich selbst, daß die Priester im Recht waren. Für mich hatte dies alles mit Sexualität nichts zu tun – ganz anders als in meinem jetzigen Leben. In meiner Ehe war Sexualität stets eine Erfahrung, die ohne Liebe nicht denkbar war.«

»Wurde in Ägypten niemals über Liebe gesprochen?«

»Nein. Und nicht ohne Grund. Ich weiß noch genau, was für eine großartige Mutter ich hatte. Ihr war das Ziel heilig genug, um ihr Baby zu opfern. Denken Sie nur mal daran, wie viele Jahre ich im Tempel verbringen und wie vielen Operationen ich mich unterziehen mußte und nie ein Familienleben gekannt habe.«

Die Readings hatten ergeben, daß ihre 1937 geborene Tochter Phyllis eine Reinkarnation jenes Kindes war, welches in ägyptischen Zeiten von Ra, doch später im kolonialen Virginia von einem anderen Vater gezeugt worden war.

»Und Sie erwähnten einmal«, unterbrach ich sie, »daß Sie für Phyllis bereits von Geburt an eine besondere Zuneigung empfunden hatten.«

»Ja, und dabei wußte ich noch gar nichts von ihren früheren Existenzen. Es war ein überwältigendes Gefühl. Als man sie mir im Hospital in die Arme legte, ging etwas ganz Seltsames in mir vor. Anders bei Ellen, die meine Erstgeborene war. Natürlich hatte ich mir sehnlichst ein Kind gewünscht und war auch sehr glücklich darüber. Als ich sie mir dann ansehen sollte, war es schon spät, und ich war schrecklich müde und sagte nur: ›Ach, bitte noch nicht – ich muß erst mal schlafen. Kann ich sie gleich morgen früh haben?‹«

»Demnach waren Ihre Gefühle gegenüber den beiden ganz unterschiedlich?«

Mignon lachte. »Ich fürchte, Sie wollen mich festnageln. Doch wenn uns jemand besonders nahesteht, läßt sich dieses Gefühl nicht einfach wegdrängen. Es läßt sich auch nicht erklären, es ist eben da. Mr. Cayce hielt Liebe auf den ersten Blick für ein Zeichen, daß die zwei Liebenden sich in ihrer Vergangenheit schon einmal begegnet waren. Und dasselbe läßt sich natürlich auch auf Mutter und Tochter anwenden. Wenn sie als solche früher zusammengelebt haben, so ergibt sich für ihr augenblickliches Leben eine zusätzliche Dimension. Und für Phyllis und mich war es das dritte Mal.«

Es geschah immer wieder, daß Phyllis sie mit irgend etwas Ungewöhnlichem überraschte.

»Einmal, an einem besonderen Festtag, nahm sie mir fast alle alltäglich anfallenden Arbeiten ab, so daß ich zu ihr sagte: ›Ich möchte nicht, daß du dich meinetwegen so abmühst.‹ Doch sie lachte. Dann antwortete sie: ›Du warst in all deinen verschiedenen Leben nur immer für andere da; es wird Zeit, daß auch dir mal jemand das Leben erleichtert.‹«

Schon mit drei Jahren hatte Phyllis ein Reading von Cayce erhalten. So klein sie auch damals noch war, wurde sie dennoch von einer plötzlichen Ahnung erfaßt, als ob ihrem Leben eine besondere Bedeutung zukäme. Sie war so aufgeregt, daß sie die Hand ihrer Mutter ergriff und laut zu schreien anfing: »O Mami, sag mir doch, wer ich eigentlich bin!«

Eines ihrer Leben hatte sie im Heiligen Land verbracht, wo sie Christus kannte und selbst zu den heiligen Frauen gezählt wurde. Und auch dies brachte sie Mignon nahe – im Zusammenhang mit ihren eigenen Erinnerungen an den Meister, den sie so sehr verehrte.

»Vor diesem Leben«, sagte Cayce, »war die Wesenheit [Phyllis] im römischen Land und in Palästina, denn sie gehörte zu den Autoritäten in diesem Land, als dort die Lehren vom Friedensfürst selbst verbreitet wurden. Die Wesenheit war eine Gefährtin derer, die in hohem Ansehen standen, und kannte die heiligen Frauen und den Meister selbst. Sie war jene Gefährtin, die die Zeit der großen Aktivitäten für das große Mahl des Meisters mit seinen Jüngern und Nachfolgern herbeiführte. Es war die besondere Gelegenheit jenes Mahles, das in des Meisters frühen Tagen zu seinen Ehren gegeben wurde. Es entsprang dem Verlangen der Wesenheit, auch die bloßen Zuhörer kennenzulernen, die nicht zum engsten Kreis der Anhänger gehörten, aber auch die Apostel oder Jünger, wie sie damals genannt wurden. Die Wesenheit wird Fragen über jene Zeit stellen – zum Beispiel: ›Was hat Jesus gesagt?‹ Versäumt also nie, diese Gelegenheit wahrzunehmen und diese Fragen der Wesenheit vollständig zu beantworten. Denn die Wesenheit wird, wie sie es früher tat, großes Wissen erwerben, was von vielen anderen bei der praktischen Anwendung der Grundsätze seiner [Christi] Lehren versäumt wird. Ihr damaliger Name war Nannoi.«

Der Name Nannoi sagte Mignon nichts. Aber sie erinnerte sich an das bei Lukas und Matthäus erwähnte Mahl, welches Levi, der Steuereinzieher und spätere Apostel Matthäus, für Jesus und seine Anhänger zubereitet hatte. Es war eine Gelegenheit zum Feiern und um Jesus kennenzulernen, die viele Zöllner und Sünder wahrnahmen. Gewisse Pharisäer begannen sich jedoch darüber aufzuregen, daß ein heiliger Mann zusammen mit Sündern zu Tische saß. Als Jesus davon erfuhr, sagte er: »Die Gesunden bedürfen keines Arztes, wohl aber die Kranken.«

Nicht zuletzt hatte Mignon das Reading deshalb bekommen, um all die Vorstellungen über das Heilige Land zu klären, die unaufgefordert auf sie einstürmten. Es gab keine Gestalt, die sie so sehr mit ihren spirituellen Vorstellungen identifizierte, wie den Mann, der das Kreuz nach Golgatha trug, in dem sie den Sohn Gottes erblickte und dem ihre Gefühle galten. Cayce hatte ihren damaligen Namen mit Moro bezeichnet.

»Die Wesenheit [Mignon] war damals ein junges Mädchen, als sie zum erstenmal von den Lehren des Meisters erfuhr. Sie war eine Bekannte von Petrus, Andreas, Jakobus und Johannes. Über ihre Eltern – den Vater, der mit den Seeleuten in Verbindung stand – hatte sie auch die Schwiegermutter des Petrus kennengelernt und wurde von Jesus in der Frühzeit seiner Lehrtätigkeit geheilt. In Bethesda war sie mit ihm persönlich bekannt. Oft sorgte sie für seine Bequemlichkeit, und so könnte man sagen, daß ihre Vertrautheit mit ihm ihr erlaubte, ihn Jesus statt ›Meister‹ zu nennen – noch bis nach seiner Kreuzigung. Dadurch wurde sie von seinen Lehren so erfüllt, und ihre Liebe zu seinen Ideen nahm so sehr zu – wie auch das Verlangen und die Zielstrebigkeit der Wesenheit –, daß sie die Geschichten verbreitete und andere durch ihre direkten Erfahrungen, die sie mit dem Meister gemacht hatte, ermutigte.

So möge sie in der Gegenwart dieselben analysieren und als Helferin für diejenigen unter den jungen Leuten aktiv sein, die [diese Lehren] in ihrem Leben anwenden wollen, und möge sie lernen, den Kindern zu erklären, wieso ein Mensch, der sonntags in der Kirche den Klingelbeutel herumreicht, am Montag wie ein Seemann zu fluchen vermag.«

In diesem Reading hatte Cayce Mignons starke atavistische Empfindungen für Christus und jene Männer und Frauen erklärt, die ihm in äußerster Ergebung gedient hatten.

Was die verschiedenen Reinkarnationen Cayces betraf, stand er ihr als Lucius von Kyrene in spiritueller Hinsicht viel näher als der ägyptische Ra, zu dem sie nur vage Gefühle hegte.

Ich wollte noch einen anderen Umstand näher ergründen. »Haben Sie Ihren Kindern erklärt, was ein ›Sonntagschrist‹ ist?«

»Ich habe es versucht«, bestätigte sie mir überzeugt.

Jetzt verstand ich, weshalb ihr soviel an dem Palästina-Reading gelegen war. Ihr ganzes Leben lang war sie ständigen Visionen von Christus und seinen Jüngern ausgesetzt, ohne zu wissen, woher sie kamen und was sie davon zu halten hätte.

»Doch in Momenten tiefer Meditation und Versenkung«, sagte Cayce, »da kommt es zu dieser Vision, daß sein Gesicht – manchmal todmüde und manchmal lächelnd – jenen Ausdruck annimmt, der die so unentbehrliche Hoffnung in die Herzen der Menschen bringt, daß es noch einen besseren Weg gibt. Da ist Sicherheit in seiner Gegenwart – die Gewißheit eines nie versiegenden Glaubens.«
Ich bemerkte eine Träne im Gesicht dieser so unerschütterlichen Frau.
»Hat dies eine besondere Bedeutung für Sie?«
Sie nickte – offenbar unfähig, sich durch Worte verständlich zu machen. Bald hatte sie sich wieder gefaßt. Ihre Erinnerung an Christus, dem sie vor langer Zeit zur Seite gestanden war, schien aus dem verborgensten Winkel ihres Herzens zu kommen. Mir als Reporter stand es nicht an, noch tiefer in Dinge einzudringen, die die private Lebensbewältigung gemeinsam mit alten Gefährten betrafen.
Ich spürte eine wachsende Zuneigung zu dieser Frau, die selbst dem Tod furchtlos ins Auge sah. Schon nach fünf oder sechs Begegnungen mit ihr erschien sie mir wie eine längst vertraute Bekannte.
Als ich mich nach einem weiteren, meinem letzten, Besuch in ihrer Wohnung verabschiedete, überreichte sie mir ohne viel Aufhebens ein gebundenes Werk von beträchtlichem Umfang. »Dies ist für Sie«, fügte sie schlicht hinzu.
Es war ihr eigenes, kostbar gehütetes Exemplar von Cayce-Readings, die die gesamte Entwicklung der A. R. E. bis in die Gegenwart präsentierten. Ich entdeckte darunter eine Kopie jenes Berichtes, der sich mit den höchst fragwürdigen Anschuldigungen gegen Cayce während seines New Yorker Verfahrens befaßte.
»Aber wie kann ich etwas annehmen, das Ihnen soviel bedeutet?« fragte ich unschlüssig.
»Das ist ja der Grund, weshalb ich es Ihnen schenke.«

Ich war zu gerührt, um ihr meine Dankbarkeit ausdrücken zu können.

»Gladys wird Augen machen« war alles, was ich hervorbringen konnte.

»Ja«, antwortete sie, und ich fühlte den Druck ihrer Hand. Noch einmal blickte sie mich ganz ruhig an. »Und es freut mich genauso.«

Mir fiel plötzlich ein, wie zurückhaltend sie auf meinen ersten Anruf reagiert hatte. »Hatten Sie damals Bedenken, mich zu empfangen?«

Sie schüttelte den Kopf. »Nicht eine einzige Sekunde. Es war etwas anderes.«

»Hatte es vielleicht mit Ägypten zu tun?« fragte ich halb im Scherz.

»Nun, Sie wissen doch, daß Sie einer der Unsrigen waren.«

Jetzt mußte ich lachen: »Als Zeitungsreporter war ich so oft in Ägypten – und haßte es wie die Pest!«

»Und das kam nicht von ungefähr. Wir lieben oder hassen nie ohne Grund, sosehr uns derselbe auch verborgen sein mag.«

Wo hatte ich diese Worte schon einmal vernommen? Natürlich, in den Readings des Meisters über die dunkle und dennoch lebendige Vergangenheit!

Mignon sah mich sehr merkwürdig an. »Es war doch kein Zufall, daß Sie den *Schlafenden Propheten* schrieben!«

Im Grunde war mir das längst schon bekannt. Aber zu lange war ich nur ein Beobachter gewesen, der die Dinge allein von außen betrachtete, ein unbeteiligter Zuschauer. Es fiel mir schwer, mich selbst als Akteur zu verstehen.

»Denken Sie einmal zurück«, ermahnte mich Mignon, »wie kam dies alles zustande?«

Ich mußte mich nicht lange bemühen, denn den Mitternachtsanruf von Madam Bathsheba konnte ich so schnell nicht vergessen. War es wirklich Bathsheba oder am Ende

gar Cayce? Und weshalb wurde ausgerechnet ich auserwählt, um sogleich Hals über Kopf mit dem Buch zu beginnen und sogar noch ein weiteres über den jungen Edgar Cayce – und jetzt auch noch dieses – zu schreiben?
Als ich aufblickte, bemerkte ich ein Lächeln auf Mignons Gesicht. »Was glauben Sie, weshalb wir alle mit Ihnen zusammenarbeiten?«
Freilich war mir die freundliche Aufnahme bei ihr und all den anderen Gefährten durchaus nicht entgangen, doch hatte ich dies nicht meiner Arbeit an den Büchern oder dem, was dahinter verborgen war, zugeschrieben. Manchmal haben wir sogar den Blick für das Naheliegendste verloren – und es war doch so unübersehbar.
Wir schieden voneinander, wie alte Freunde es tun, ohne über den Abschied traurig zu sein. Unser Blick war bereits auf das Kommende gerichtet, und mir war heute schon klar, welche Erwartungen ich damit verknüpfen durfte – oder wie Cayce es ausdrückte: Es waren die besonderen Bedingungen – die Qualität unseres Daseins –, die den Verlauf unseres Lebens bestimmten. Und diese Bedingungen waren, wo immer ich auf die alten Gefährten des Meisters traf, ganz unverkennbar dieselben: die der Hingabe und Liebe für einen der Ihrigen.

17. Kapitel

Was uns erwartet

Fast so, als ob er bereits all das vollbracht hätte, wozu er gekommen war, sah Edgar Cayce sein Ende herannahen, genauso, wie er es vorausgesagt hatte. Sein eigenes Unbewußtes hatte ihn davor gewarnt, mehr als zwei Readings täglich zu geben. Doch in den letzten Tagen des Krieges, als ihn die Angehörigen der in Übersee kämpfenden Soldaten immer häufiger um ein Reading wegen des Schicksals ihrer Männer und Söhne ersuchten, ließen seine Kräfte zusehends nach. Aber im Angesicht Gottes, den er so oft schon erschaut hatte, überkam ihn eine große Ruhe, die seine Augen mit einem stillen Leuchten erfüllte. Gertrude erkannte sehr wohl, wie es um ihn bestellt war. Doch der Gedanke, daß sie nicht lange getrennt sein würden, tröstete sie über sein unvermeidliches Ende hinweg.

Für beide hatte der Tod schon längst seinen Schrecken verloren. Diese zwei Seelengefährten starben so, wie sie gelebt hatten: im unanfechtbaren Glauben, daß sie für immer zusammensein würden. Und so konnte jeder von ihnen mit einem fröhlichen Lächeln dem entgegenblicken, das vielen anderen, aber nie ihnen, als das große Unbekannte erschien.

Am Neujahrstag 1945 verkündete ein nahezu spitzbübischer Cayce ein paar Freunden, die ihn noch einmal besuchten: »Es sind alle Vorkehrungen getroffen: Am Freitag, dem fünften Januar, soll ich befreit werden.«

Ein erstauntes Schweigen erfaßte die Anwesenden, sahen sie doch, daß sein Körper auf bestenfalls fünfunddreißig Kilo zusammengeschrumpft war, wenngleich der Glanz seiner Augen und sein quicklebendiger Geist diese Tatsache Lügen strafte.

Was er wirklich gemeint hatte, erkannten sie erst am darauffolgenden Freitag beim Trauergottesdienst an seinem Totenbett.

Am Abend zuvor, als seine Frau vor dem Einschlafen ihm wie üblich den Gutenachtkuß geben wollte, hellte sich sein Gesicht plötzlich auf, und er sagte: »Du weißt doch, daß ich dich immer geliebt habe?«

Gertrude fühlte ein Drücken im Hals. War er nicht ihr ein und alles gewesen – so wie sie schon früher ihr Leben nach seinen Vorstellungen gestaltet hatte?

Sie blieb stumm, aber nickte.

»Und wieso weißt du das?« fragte er.

»Ich weiß es eben«, sagte sie und versuchte zu lächeln.

»Wie kannst du so sprechen«, entgegnete er, »wodurch habe ich dir je meine Liebe bewiesen? Wenn man einen Menschen sehr liebt, dann ist man bereit, ihm Opfer zu bringen.«

Auch Gladys kamen die Tränen, als sie an seinem Totenbett stand. Sie sah, wie sich der Vorhang über sein Leben senkte, in welchem so vieles aus seinen früheren Existenzen gesühnt war und einen krönenden Abschluß gefunden hatte.

Gertrudes Leben schien nunmehr jeglichen Inhalts beraubt. Vor Freunden äußerte sie, daß ihr das Herz schier aus dem Leibe gerissen sei und ihre Seele sich von ihr löse. Sie hatte zwei Söhne, für die sie noch immer da war, und dennoch spürte sie, daß Edgar sie sanft zu sich in eine andere Welt hinüberzog, wie er es immer getan hatte. Am Sonntag, dem 1. April 1945 – es war Ostern und somit Christi Auferstehung –, folgte Gertrude Evans-Cayce ihrem Mann in das Leben jenseits des Hier und Heute nach. Noch am Tage zuvor – dem 31. März – hatte ihr Hugh Lynn aus dem fernen Deutschland, wohin seine Einheit abkommandiert war, geschrieben. Er wußte von dem Abschied und gab sie frei, wie es nur dem Sohn dieses Vaters möglich war.

»Zu wissen, wie glücklich Du bist, dieses eine, letzte Tor zu durchschreiten, macht auch mich glücklich. Es ist so viel Schönheit in Deinem Leben, daß mich der Gedanke, Dich bald an der Seite von Dad zu wissen, keineswegs traurig macht. Du hast ihm die eine – und manchmal auch beide – Hände hochgehalten, so überrascht es mich nicht, wenn er auch jetzt noch Deiner Hilfe bedarf.

Du solltest es unbedingt wissen, welche Freude es für mich war, Dein Sohn sein zu dürfen. Ich habe erlebt, welchen Schwierigkeiten Du wieder und wieder ausgesetzt warst, Dinge, die manche Menschen hätten verzweifeln lassen; Du hast sie gemeistert und noch andere mitgerissen. Es macht mich stolz, mir dessen bewußt zu sein.«

Hugh Lynn, der nach dem Willen seines Vaters das begonnene Werk fortsetzen sollte, zeigte sich für diese Aufgabe bereit. Er betrachtete sie als eine Ehrenbezeigung für die unsterbliche Liebe seiner Mutter, der er sich für immer verpflichtet fühlte.

»Wir sind, liebe Mutter, zu einem gemeinsamen Verständnis von Karma gekommen, so daß wir es auch anderen erklären konnten. Und nun, da ich weiß, daß Dein Leben die Verkörperung von so viel Schönem und Wunderbaren ist, kann ich es mir nicht leisten, die lange Zeit der Ungewißheit und des Wartens in egoistischer Trübsal zu verbringen.«

So ließ er seine Mutter in Liebe dahingehen, genauso, wie sich Gertrude zuvor von ihrem einzigen Seelengefährten, dem Spiegelbild ihrer Seele, hatte lösen müssen.

Erst nach Cayces Tod hatte sich Gladys zur Ehe entschließen können und war zweimal zur Witwe geworden. »Eines Tages werde ich mit beiden auf die Erde zurückkehren, denn es gibt noch soviel zu tun und aufzuarbeiten.« Sie

hatte immer dieses freundliche Lächeln an sich, das viele so gut kannten. »Und auch mit Hugh Lynn, denn schließlich waren mir seine Seelenqualen verständlich geworden, und um so leichter konnte ich ihm jene schlimme Zeit in Ägypten, wo er der Pharao und ich noch ein Kind war, vergeben. Und nur im Vergeben finden wir jene Vergebung, die uns für das nächste Leben wieder stark macht.«
Mein Herz war ganz auf seiten all dieser großartigen Menschen, die soviel von ihrer eigenen Kraft an andere weitergaben und für sich selbst sowenig verlangten. Sie konnten sich damit trösten, ihren Auftrag in dieser Lebensspanne erfüllt zu haben, um das nächstemal mit einer weitaus größeren Botschaft zurückzukehren. Denn wie Cayce sagte: »Nicht, was wir wissen, ist entscheidend, sondern was wir mit unserem Wissen anfangen – vor allem im Umgang mit unseren Mitmenschen. ›Denn was du dem Geringsten unter ihnen antust, das tust du mir an‹, sagte der Herr, der nicht wollte, daß auch nur eine einzige Seele umkäme, und daher für jede Versuchung, jedes Versagen und jeden Fehler Mittel und Wege bereit hatte, um dem zu entkommen und der Schönheit seiner Liebe ansichtig zu werden.«
Als ich mit Jeannette Thomas dieses letzte Requiem einer großen Seele durchging, verschleierten sich ihre Augen, denn ihr, wie auch mir, war viel an seinen Worten und an jedem, der ihm nahestand, gelegen, und auch an dem, was er für eine verängstigte Welt bedeutete.
»Er hat uns allen gezeigt, daß es den Tod nicht gibt«, sagte sie, »er ist nur ein Ruheplatz, ein Zwischenhalt, von wo aus wir eines Tages stärker als zuvor zurückkommen und uns der alten Gefährten erinnern, wie Blätter und Blumen niemals verlernen, sich mit jedem Jahr neu zu entfalten.«
Auch ich könnte niemals all die Reillys und Ellingtons noch die Helms oder Ruth Burks und schon gar nicht die gute, alte Anne Gray Holbein vergessen, die erst kürzlich mit

einem friedlichen Lächeln aus diesem Leben geschieden war. All diese mir so vertraut gewordenen Gefährten waren zusammen mit anderen aufs engste mit Cayce verbunden. Zwischen ihnen gab es nicht nur eine totale Akzeptanz und gegenseitiges Vertrauen, sondern auch eine Interessengemeinschaft, die sich mit Edgar Cayce und den Erfahrungen aus früheren Existenzen befaßte. Seine Aussagen über das gruppenweise Auftreten von Leuten, die schon in der Vergangenheit miteinander vereint waren, hatten mich nachhaltig beeindruckt, und auch der Hinweis, daß sie ohne ersichtlichen Plan – aber bereichert durch die Erfahrungen ihrer Vergangenheit – wieder zusammenfanden, um in gemeinsamer Anstrengung noch ein Stück weiterzukommen. Und all dies konnte ich über eine längere Zeitspanne hinweg an mir selbst und anderen beobachten.

Es vollzog sich auf völlig natürliche Weise. Es war keiner dabei, der seine Zeit nicht genutzt hätte, sosehr sie auch, abgesehen von ihrem gemeinsamen Interesse an Cayce und seinem Werk, ein ziemlich eigenständiges Leben führten. Sie wußten noch nicht einmal genau, weshalb sie sich alle so sehr von Cayces kleiner Enklave in Virginia Beach angezogen fühlten; und es waren viele, die sich dort niedergelassen hatten, als ob sie bei dem Manne, der schon früher und an ganz anderen Orten ihr ständiges Leitbild war, wiederum Schutz suchen wollten.

Aus all diesen und ähnlichen Gründen fühlte ich mich schließlich bewogen, es ihnen gleichzutun, und erwarb mir ein Haus in dieser freundlichen Stadt, so daß ich mehr Zeit für die Leute hatte, in deren Gesellschaft ich mich so wohl fühlte. Dies war der einzige Ort in der Welt, wo ich wirklich zu Hause war.

Hier entwickelten sich fast alle meiner Freundschaften, wie beispielsweise die zu Harold Reilly, der wie ein Vater zu mir war, oder zu Alan Jay Lerner, dem berühmten Libret-

tisten von *My Fair Lady*, der auch die Texte für die Filme *Ein Amerikaner in Paris* und *Gigi* schrieb – was für ein Mann, der sich in einer mir völlig fremden Welt aus Glanz und Glamour bewegte! Doch schon bei unserem ersten Treffen entstand zwischen uns eine spontane Freundschaft, und unser erster Gesprächsstoff war Edgar Cayce!
Ich war schon immer über die Tatsache verwundert, daß selbst kleinste Kinder und Babys, manchmal nur wenige Tage alt, von Cayce bereits Lebens-Readings erhielten. Und auch jetzt wieder lauschte ich begierig den Worten A. J. Lerners, als er vor einer kleinen Gruppe von Leuten in New York, wo ich ihn gerade erst kennengelernt hatte, über ein Reading berichtete, das er im Alter von vier oder fünf Jahren auf Veranlassung seines offensichtlich neugierigen Vaters von Cayce erhalten hatte.
Zu dieser Zeit hatte ich noch keine Ahnung, wie tief Lerners Interesse an Reinkarnation war und was für eine Freundschaft sich eines Tages zwischen uns entwickeln würde. Oberflächlich betrachtet, schien Lerner eher eine Art Lebemann zu sein, der es liebte, sich in den Nobelcafés von New York und London die Zeit zu vertreiben und an gelegentlichen Konversationen über paranormale Phänomene teilzunehmen. Doch der äußere Schein trügte, wie sich bald herausstellen sollte.
Es amüsiert mich noch immer, für wie naiv ich ihn damals eingeschätzt hatte. »Und was hatte Cayce Ihnen prophezeit?«, so oder ähnlich lauteten meine Fragen, wenn wir uns irgendwo zu einem gemeinsamen Imbiß verabredet hatten.
»Er meinte, ich sollte Musik studieren«, was Lerner übrigens getan hatte.
Es gibt eine ganze Reihe weiterer Musicals, die seiner phantasievollen Feder entstammen. Aber nun war die Rede von einem Opus, das ihm besonders am Herzen gelegen war.

Der Titel lautet: *On a Clear Day You Can See Forever*, und es befaßt sich mit Reinkarnation.

»Damit begab ich mich in Ihr Spezialgebiet«, meinte Lerner, »und ich finde es aufregend.«

Etliche Monate nach dieser Begegnung wurde *On a Clear Day* am Broadway aufgeführt. Alan hatte dazu das Libretto geschrieben. Inzwischen waren die Songs in aller Munde. Jedesmal wenn ich mein Radio einschaltete oder ein Songprogramm über den Bildschirm empfing, tönte mir wieder und wieder die magische Musik Burton Lanes mit Alans lyrischen Texten entgegen. Besonders fühlte ich mich von dem zutiefst inspirierten Titelsong angesprochen:

> On a clear day, rise and look around you
> And you'll see who you are.
> On a clear day how it will astound you
> That the glow of your being outshines every star.
> You feel part of every mountain, sea, and shore.
> You can hear from far and near,
> A world you've never heard before.
> And on a clear day
> You can see forever and ever more.[1]

Ich hörte mich selbst, zusammen mit Millionen anderer Amerikaner, diesen Song wieder und wieder singen. Leider befand ich mich auf einer größeren Reise, so daß mir für New York nicht genug Zeit blieb, um mir die Show anzusehen. Doch eines Tages erhielt ich einen Anruf von Alan.

---

1 An einem klaren Tag erhebe dich, und blicke um dich, / Und du wirst erkennen, wer du bist. / An einem klaren Tag – wie wirst du erstaunt sein, / Daß das Feuer deines Wesens jeden Stern überstrahlt. / Du fühlst dich als Teil jedes Berges, der See und der Küste. / Aus nah und fern wirst du hören / Von Welten, die dir bisher fremd waren. / An einem klaren Tag / Kannst du für immer und ewig sehen.

Ich war nicht sonderlich überrascht. Zwar kamen wir nicht allzuhäufig zusammen, doch hatte sich zwischen uns schon bald eine regelrechte Freundschaft auf der Basis unseres beiderseitigen Interesses an mystischen Dingen und Edgar Cayces positivem Eintreten für alles, was mit Reinkarnation im Zusammenhang stand, entwickelt. Aber diesmal hatte ich nicht das Gefühl, daß Alans Anruf irgend etwas Besonderes zugrunde lag.

Er war keiner, der um den heißen Brei herumredete, weder in seinen Büchern noch außerhalb seines Metiers.

»Haben Sie meine Show gesehen?« fragte er mich.

»Leider noch nicht«, sagte ich.

»Dann wird es jetzt höchste Zeit. Es könnte sein, daß sie bald abgesetzt wird.«

Ich konnte es kaum glauben. »Aber doch nicht Ihre Show?«

»Hören Sie«, sagte er, »ich werde Ihnen Karten zurücklegen lassen, nur müssen Sie mir sagen, für welchen Abend. Irgend etwas ist nicht so, wie ich's mir vorgestellt hatte.« Er lachte. »Das betrifft nicht die Musik. Ich meine, das mit der Reinkarnation ... Das Publikum steigt nicht darauf ein.«

Für den Autor von *My Fair Lady* konnte eine Schlappe wie diese zu einem echten Verhängnis werden. Nach meiner Beurteilung war es mit Reinkarnation für das Publikum vielleicht noch zu früh.

Doch Alan hatte dieses Thema schon früher einmal angeschnitten, nämlich in dem Broadway-Hit *Brigadoon,* einem Stück, das dem Musical *On a Clear Day* um fast zwei Jahrzehnte vorausging. Ich erinnerte mich recht gut an dessen Verfilmung mit den Schauspielern Gene Kelly und Van Johnson; es handelte von einem schottischen Dorf, das alle hundert Jahre einmal aus seinem Dornröschenschlaf erwachte. Mit seinen Liebesliedern wie »Come to Me, Bend to Me« und dem unvergeßlichen Titelsong »Brigadoon,

Brigadoon« – einem wahren Ohrwurm – hatte es im Nu die Herzen der Zuschauer erobert:

> Brigadoon, Brigadoon
> There my heart forever lies
> Let the world grow cold around us
> Let the heavens cry above
> There my heart forever lies
> Brigadoon.[1]

Das Wort *forever* (für immer) traf genau den richtigen Ton. Mir war dies zunächst gar nicht bewußt geworden, aber schließlich lag das schon lange zurück, und ich war damals wie Alan ein junger Mann, ein höchst unsentimentaler Zeitungsreporter in New York City. Reinkarnation war für mich nicht mehr als ein Wort, und erst viel später habe ich mich ernsthaft damit befaßt.

Jeder, der nur ein wenig über Reinkarnation Bescheid wußte, hätte gemerkt, daß Alans Musical die Grenzen des Üblichen überschritt. *Brigadoon*, das ich seinerzeit nicht miterlebt hatte, war eine lyrische Ode an den Seelengefährten – den zeitlosen Partner aus einer wundersamen, aber undurchsichtigen Vergangenheit.

Alan befand sich stets auf der Suche und war mehrmals verheiratet gewesen. Mir schien, als ob sich in seiner Musik die große Sehnsucht nach einer vollkommenen Zwillingsseele aus früheren Zeiten widerspiegelte, ein Idyll, das sich leicht träumen, aber schwerlich verwirklichen läßt.

Doch zog ich es vor, nicht mit ihm darüber zu diskutieren, erkannte ich ja, wie sehr ihm die Erfahrungen mit *On a Clear Day* zu schaffen machten.

---

[1] Brigadoon, Brigadoon. / Dort schlägt für immer mein Herz. / Laß die Welt um uns erkalten / Und die Himmel über uns weinen. / Dort schlägt für immer mein Herz. / Brigadoon.

»Ich habe seit Jahren kein Stück wie dieses hervorgebracht«, sagte er, »und hätte mir wahrhaftig mehr Erfolg ausgerechnet. Statt dessen hat sich kein Mensch dafür ein Bein ausgerissen.«
Ich versuchte ihn mit seinem Broadway-Hit *The Ladder*, das sich auch mit Reinkarnation befaßte, ein wenig aufzumuntern, obwohl ich wußte, daß der Produzent damals die Eintrittskarten großzügig an jeden verschenkt hatte, der es sehen wollte.
Alan lachte. »Das war weiß Gott nicht die Art von Erfolg, wie ich ihn mir vorstelle.«
Irgendwie brauchte er die öffentliche Anerkennung, um, wie ich glaubte, seine Zweifel hinsichtlich der Reinkarnation loszuwerden. Denn ohne die geringsten Anhaltspunkte an längst Vergangenes konnte sie leicht als Phantasieprodukt abgetan werden.
Ich hatte keine Ahnung, was damals in Alan vor sich ging. Auch ich war mir in puncto Reinkarnation noch keineswegs sicher. Sie schien mir plausibel, weil sie dem meist als sinnlos empfundenen Dasein eine Ausrichtung gab. Aber vielleicht war alles, wie viele glaubten, eben doch nur ein Zufall, der eine Anzahl riesiger Himmelskörper mit einem ungeheuren Knall zum Explodieren gebracht und dabei einen verdammt winzigen Planeten ins Weltall geworfen hatte, auf dem sich Leben entwickelte. Aber selbst dem konnte ich kaum zustimmen. Zu sehr war ich von einer gewissen göttlichen Ordnung überzeugt, die sich in den Jahreszeiten, im Sternenwandel, aber auch in den Prophezeiungen der Bibel und in Mystikern wie Cayce, der den Pfaden Christi folgte, offenbarte. Diese Prophezeiungen ließen, indem sie eintrafen, einen vorgezeichneten Plan für unser Leben erkennen, was wiederum die Existenz eines Planenden – ob wir ihn Gott oder göttliche Intelligenz nennen – voraussetzt.

Natürlich brauchte ich wie andere und wie Alan irgendeinen stichhaltigen Beweis, aber nicht nur, um darüber ein Buch schreiben zu können. Das Schreiben war ja auch nur Teil meines Forschens und Fragens, ein Versuch, die Auferstehung sowie die Sache mit der himmlischen und irdischen Wiedergeburt zu begreifen. Ich brauchte etwas, um Christus in mein Weltbild zu integrieren und, was mich jetzt besonders beschäftigte, den Wahrheitsgehalt von Cayces Readings überprüfen zu können.

Es ging um mehr als eine Bestätigung seiner hellseherischen Begabung und außersinnlichen Wahrnehmungen, der Wert einer Voraussage läßt sich ohnehin an ihrer Erfüllung ermessen. Aber niemand hat mich bisher von der Tatsache überzeugen können, daß Cayce schon einmal gestorben und in einem anderen Körper zur Erde zurückgekehrt war. Dennoch wuchs nach allem, was ich über ihn und andere gehört hatte, meine Einsicht in die Zusammenhänge von Tod und Leben als Teile ein und derselben Sache und somit in die Kontinuität der Seele.

Einige dieser Probleme hatte ich mit Alan bereits diskutiert, und wir stimmten in vielem überein. Sein Geist hatte schon ähnliche Wege beschritten und war in denselben Sackgassen gelandet, abgesehen von den plötzlich aufblitzenden Einsichten, die in seinen betörenden Versen immer wieder zum Durchbruch kamen.

Für mich war Alan sehr wichtig, nicht etwa wegen seiner Berühmtheit – dazu war ich lange genug ein Mann der New Yorker Presse gewesen –, es war wegen der spontanen Vertrautheit, die unsere Begegnung vom ersten Augenblick an auszeichnete, ein Gefühl der Beständigkeit, das mich trotz längerer Unterbrechungen unserer Zusammenkünfte nicht mehr verließ.

Ich hatte es mir einrichten können, gegen Ende der Woche die Show zu besuchen und direkt hinterher mit Alan zusammenzusein. Da unser nächster Treff bereits feststand, war ich um so erstaunter, schon am folgenden Tag einen Anruf von ihm zu erhalten. Zunächst zögerte er, sein Anliegen zur Sprache zu bringen. Der Produzent hatte ihn gebeten, bei der Werbekampagne für *On a Clear Day* mitzuwirken und sich für eine allabendliche Radio-Talk-Show über paranormale Phänomene und Esoterik zur Verfügung zu stellen. Alan hatte so etwas noch nie mitgemacht, und es schien ihm nicht sonderlich zu behagen.

»Es wäre mir lieb, wenn Sie dabeisein könnten«, sagte er, »ich hasse es, so allein im Kreuzfeuer der Öffentlichkeit zu stehen.« Und halb entschuldigend fügte er hinzu: »Es geht hauptsächlich über Reinkarnation.«

Ich erklärte mich gern bereit. Inzwischen ist mir entfallen, wie die Talk-Show im einzelnen ablief. Sie wurde etwas gekürzt und dauerte nicht lange.

Das Stück *On a Clear Day* hatte mich in der Tat weit weniger beeindruckt als *Brigadoon*. Es hatte nicht diese nachhaltige Wirkung, es fehlten jene mystischen Elemente einer aufwühlenden, ja unsterblichen Liebe, wo zwei Menschen sich alle hundert Jahre nur einmal begegnen.

Die Szenerie entbehrte nicht einer gewissen Komik und ging kaum einher mit der zugrundeliegenden Absicht eines so provozierenden Gegenstands wie der Reinkarnation. Die Story selbst war eher unterhaltsam: Ein griechischer Schiffsbaumagnat, der es zu erheblichem Reichtum gebracht hatte und an Reinkarnation glaubte, versuchte die Identität seiner nächsten Wiederverkörperung herauszufinden, um sich selbst in seiner zukünftigen Gestalt zum Erben zu machen. Ein Wirrwarr von Fakten war in die Handlung verknüpft, einschließlich hypnotischer Rückführung in frühere Existenzen und Demonstrationen von Hellseherei, Telepathie und magischem Einwirken auf Pflanzen: ein wahrhaft phantastisches Kunterbunt.

Noch am gleichen Abend versuchte ich, Alan ein wenig aufzumuntern. »Das Haus war fast ausverkauft«, sagte ich, »und dem Publikum schien das Stück zu gefallen.«
»Es ist sogar für sechs Monate im voraus ausverkauft, aber ich finde kein wirkliches Echo in der Öffentlichkeit.«
An sich müßte jeder Librettist über einen derartigen Kassenerfolg seines Musicals erfreut sein, aber Alan wollte davon nichts hören. Sein Instinkt sagte ihm, daß ihm dieses Stück wie kein anderes danebengegangen war, und er wollte wissen, warum. Ich respektierte sein Talent viel zu sehr, um ihm noch länger um den Bart zu streichen.
»Darf ich Ihnen sagen, was ich darüber denke?«
Er nickte mir grimmig zu.
»Sie haben einfach zuviel hineingepackt. Es ist viel zu überladen. Sie hätten sich auf eine einzige Sache, auf Reinkarnation, beschränken sollen.«
Er murmelte vor sich hin und verzog sein Gesicht. »Das haben mir schon viele gesagt.«
»Und die sind alle im Unrecht?« gab ich ihm lächelnd zurück.
»War das jetzt alles, was Sie mir sagen wollten?«
»In *Brigadoon* war Reinkarnation nur am Rande erwähnt, als phantastisches Beiwerk. Aber die ganze Wahrheit können die meisten eben doch nicht verkraften, schon gar nicht auf der Bühne.«
Er blitzte mich an. »Und Sie? Waren Sie am Ende auch nicht darauf gefaßt?«
Mir erschien *On a Clear Day* als reichlich absurd. »Wie sind Sie eigentlich darauf gekommen?« fragte ich ihn.
Er schwieg eine Weile. »Es handelte sich um eine wahre Geschichte, die ich ein wenig zurechtgestutzt habe.«
Ich konnte mir einfach nicht vorstellen, je etwas Ähnliches gehört zu haben.
»Es liegt auch schon eine Weile zurück.« Das kam ihm so

abweisend über die Lippen, daß ich nicht weiter auf ihn eindringen wollte. Er dachte auch nicht daran, sich irgendwie zu rechtfertigen.
»Die Leute fragen mich nur immer, ob ich dies alles erfunden hätte, eben wegen der Reinkarnation. Dann erkläre ich ihnen, daß es Millionen von Indianern und Chinesen gibt, die an Reinkarnation glauben.«
»Vielleicht sollten Sie es in China zur Aufführung bringen«, sagte ich, ohne dabei eine Miene zu verziehen.
Jetzt fühlte er sich völlig in die Defensive gedrängt – wie so viele sensible Leute, die gerade wegen ihrer phantastischen Ideen von anderen zum Gespött gemacht werden. Dennoch konnte er an Reinkarnation nichts Ungewöhnliches finden, und ich mußte ihm beipflichten. Zudem wußte ich ja, daß er wie so viele andere von Cayce ein Lebens-Reading erhalten hatte.
Von jeher, solange er denken konnte, mußte er sich seiner Bestimmung sowie der tieferen Bedeutung von Cayces Aussagen bewußt gewesen sein. Nachdem er sein Studium in Harvard beendet hatte, schrieb er drei Musicals. Doch alle erwiesen sich als ein Flop. Sein Vater, der Gründer eines großen Textilunternehmens, bestand darauf, daß er sich nunmehr an diesem Geschäft beteiligte oder mit keinerlei Unterstützung von seiner Seite mehr rechnen könne. Aber Alan bat ihn um eine letzte Chance.
»Wenn ich es diesmal nicht schaffe«, sagte er, »werde ich in die Firma eintreten und mich ganz dafür einsetzen.«
Das nächste Stück, das er zusammen mit dem Komponisten Frederic Loewe verfaßte, war *Paint Your Wagon*, und es wurde zu einem sensationellen Broadway-Hit. So verlor die Bekleidungsindustrie einen leidlich begabten Handelsvertreter.
Ich konnte darin – genau wie Alan – kaum einen Zufall erblicken, ebensowenig wie seine Begegnung mit Loewe

nicht von ungefähr kam, um die Welt mit seinem Talent und seinen heilbringenden Ideen zu erfreuen.

Es wunderte mich nicht, wie und weshalb er auf die Vorstellung einer wiederholten Inkarnation gestoßen war. Für jemanden in seiner Gemütslage war das ganz natürlich – allein schon aufgrund des unablässig bohrenden Gefühls, daß dies nicht alles sein konnte, was wir unter Leben verstehen, daß all die Einsichten, die wir unter Tränen und Mühen und durch harte und anstrengende Arbeit gewonnen hatten, nicht völlig umsonst sein konnten. Der Gott, der die Menschen nach seinem Vorbild schuf, konnte unmöglich so verschwenderisch sein. Das war zumindest meine Ansicht, und Alan pflichtete mir hierin bei.

»Wollen Sie wirklich wissen, weshalb ich mich für dieses Thema entschieden habe?«

Die Frage war reichlich rhetorisch, aber ich nickte ihm dennoch zu.

»Ich glaube«, fing er an, »daß dieses Musical uns eine gute Erklärung für unser gesamtes Verhalten, unsere positiven, aber auch negativen Reaktionen, wie auch für das Vorhandensein von Armut und Reichtum liefert. Kein anderes Konzept und keine Philosophie könnte das deutlicher machen. Zwar scheinen die Psychiater für alles und jedes eine Erklärung zu haben, über eine wirkliche Antwort verfügen sie nicht, denn sie lassen das geistige Prinzip außer Betracht – diesen dem Menschen innewohnenden Hunger. Für sie gibt es kein Déjà-vu, das uns eine fast hartnäckige Vertrautheit mit gewissen Leuten und Orten beschert, und auch keine Intuition, keine außersinnliche Wahrnehmung und nichts, was mit unserer Seele und deren Unendlichkeit zu tun hätte.«

»Rein musikalisch haben Sie das glänzend zum Ausdruck gebracht«, gestand ich ihm ein.

Sein Ton wurde herausfordernd.

»Das war es ja, was ich zu sagen versuchte: ›An einem klaren Tag kannst du für immer und ewig sehen.‹ Ich erblickte eine Welt, die der Wahrheit und dem menschlichen Geist keinerlei Grenzen mehr setzte.«

Er liebte es, die Dämmergründe parapsychischer Zwischenbereiche zu durchforschen. Eines schönen Abends suchten wir zusammen mit Präsident Kennedys Schwester Jean Kennedy-Smith ein Medium auf, die inzwischen verstorbene Mary Talley, welche Alan durch ihre exakten paranormalen Wahrnehmungen so sehr verwirrte, daß er mich einer heimlichen Mitwirkung verdächtigte.

Im Verlauf dieses Beisammenseins berichtete Alan von einem Gespräch mit Bobby Kennedy, dem Bruder des ermordeten Präsidenten, der ihn damals zu einem Ausflug nach Wyoming aufforderte.

Alan war sehr besorgt und sagte: »Du setzt dich der Gefahr aus, ermordet zu werden.«

Mit einem Schulterzucken hatte Bobby darauf erwidert: »Ob jetzt oder später, was macht das schon? Auf unserer Familie lastet ein alter Fluch.«

Dies war nicht minder prophetisch als alles, was Mary Talley an diesem Abend gesagt hatte.

Sich selbst schrieb Alan nur eine einzige parapsychische Erfahrung zu, die ihn während der Arbeit an *Brigadoon* ereilte; ich glaube hingegen, daß die meisten seiner Gedichte aufgrund ähnlicher Erlebnisse zustande kamen.

In *Brigadoon* ließ er die Trauung seiner zwei schottischen Hauptdarsteller wegen des szenischen Effekts inmitten einer Heidelandschaft stattfinden. Es war aber auch eine besondere Eingebung, die ihn zu dieser Entscheidung veranlaßt hatte.

Erstaunlicherweise stieß er Jahre danach auf die Beschreibung eines historisch-schottischen Heiratszeremoniells, das Punkt für Punkt der von ihm entworfenen Zeremonie entsprach. Der Text (in *Everyday Life in Old Scotland*) lautete: »Wo kein Geistlicher zur Verfügung steht, entspricht es durchaus den Gesetzen Schottlands, daß zwei Menschen aufgrund ihres aufrichtig geäußerten gegenseitigen Einverständnisses getraut werden. Dies braucht nicht schriftlich bekundet werden. Das einzig Erforderliche ist ein Liebesgelöbnis für die Zeit, die beide auf Erden verbringen.« Das Gelöbnis hatte folgenden Wortlaut:

> I shall love ye till I die
> An' I'll make all effort
> To be a good husband to ye.
> An' so much will
> I try ... to be a
> Fine ... an' lovin' wife.[1]

Bevor das Musical *One a Clear Day* auslief, sah ich Alan noch etliche Male. Er war wieder frohgemut und sah der Verfilmung seines Spiels voller Erwartung entgegen. »Ihr Erfolg«, riet ich ihm, »wäre garantiert, wenn Sie noch ein paar zusätzliche Songs über Reinkarnation hineinbrächten. Das würde das phantastische Element Ihres Stückes für ein unschlüssiges Publikum bestimmt noch verlockender machen.«
Er verwahrte sich energisch gegen meine Ratschläge. »Dieses Stück hat mit Phantasie nicht das geringste zu tun.«
Er war schon dabei, es für den Film umzuschreiben. Am Broadway hatte es eine lange Laufzeit gehabt, insofern war es kein Mißerfolg, nur hatte es nicht die Zustimmung gefunden, an die Alan und sein früherer Partner Frederic Loewe bis dahin gewöhnt waren. Aber Hollywood wollte

---

1 »Bis in den Tod will ich dich lieben / Und alle Anstrengungen machen, / Dir ein guter Gemahl zu sein. / Und genauso will / Auch ich versuchen ... dir eine / Gute ... und liebende Gemahlin zu sein.«

es und sah Barbra Streisand für die Hauptrolle vor. Somit war der Weg für neue Erfolge geebnet.

Der Film zog eine ganze Flut von Zuschriften aus dem Publikum nach sich. Darunter waren Briefe von Dr. Joseph Rhine, einem Stipendiaten der Duke University für unerklärliche Phänomene, und von Hugh Lynn Cayce. Aber Alan wäre es lieber gewesen, die Zustimmung der Massen zu den musikalisch dargebotenen Aussagen des Films zu gewinnen.

In einem Interview für die *New York Times* sagte er: »Für mich bieten sich mehrere Möglichkeiten, das Phänomen Reinkarnation oder, anders ausgedrückt, Fortexistenz der menschlichen Persönlichkeit zu erklären. Entweder handelt es sich dabei um eine Art genetisches Gedächtnis, oder es gibt tatsächlich ein Einstimmen des menschlichen Geistes in die Schwingungen längst vergangener Zeitalter oder entsprechender Phänomene.«

Alan selbst konnte sich nicht zu einer Anerkennung der Reinkarnationslehren durchringen, und ich kann ihm daraus keinen Vorwurf machen. In den Jahren um 1966 galt noch jeder, der sich auf derartige Vorstellungen einließ, als ausgesprochener Spinner. Dennoch warfen gewisse Elemente seiner Produktion – wie zum Beispiel eine Rückführungsszene – ein bezeichnendes Licht auf seine persönliche Haltung.

Mir war bekannt, daß ein Reading über Alan im A.R.E.-Center vorliegen mußte, und ich war sehr gespannt, dort mehr über ihn zu erfahren. Leider waren meine Nachforschungen vergeblich. Zu jener Zeit, um 1925/26, als dieses Reading stattfand, wurden die Akten noch nach Themen eingeordnet, und einige, sogar die unter dem Kennwort »Lammers«, blieben seither unauffindbar.

Nichts konnte einen Mann besser vom Grübeln fernhalten als schöpferische Arbeit, und Alan hatte mit der Überarbeitung seines Musicals und all den Ehegeschichten wahrhaftig genug zu tun. Eines Tages rief er mich aus Kalifornien an und bat mich, seine neue Braut kennenzulernen. Sie hieß Karen Gunderson und war die fünfte Frau, der er auf seiner langen Suche nach einer idealen Partnerin oder gar Zwillingsseele begegnet war. Die Romanze zwischen den beiden hätte eine ideale Szene für eines seiner Musicals abgeben können. Der Funke sprang unmittelbar über, als sie ihn erstmals für das *Newsweek*-Magazin interviewte. Karen war jung, überaus schön und selbst noch auf der Suche. Die beiden schienen wie füreinander geschaffen. Sie war ihm eine große Hilfe bei der Arbeit am Filmmanuskript und wie er an allen Vorstellungen interessiert, die einem offenbar sinnlosen Leben neue Inhalte zu geben vermochten.

In *Brigadoon* ist davon die Rede, daß man etwa einmal in hundert Jahren die Chance hat, zu lernen und sich zu entfalten – seine früheren Talente erneut einzubringen und weiterzuentwickeln. Noch etwas verheißungsvoller und vielleicht in Anspielung auf eine ferne Vergangenheit hatte Alan diesen Gedanken in seinem Stück *On a Clear Day* wie folgt ausgedrückt:

> And who would not be stunned to see you prove
> There's more to us than surgeons can remove?
> So much more than we ever knew
> So much more were we born to.
> *Should you draw back the curtain*,
> This I am certain,
> You'll be impressed with you.[1]

---

1 Wer würde nicht staunen, falls du ihm beweist, / Daß mehr an uns ist als Knochen und Fleisch, / Weit mehr, als wir je wußten. / Für größere Dinge sind wir geboren. / Zögest je du den Vorhang beiseite, / Bin ich sicher, / Du wärst über dich selbst verblüfft.

Der Zusammenhang mit Cayce war offensichtlich. »Ich glaube«, schrieb Hugh Lynn dem Drehbuchautor, »Sie haben glänzende Arbeit geleistet, indem Sie auf sorgfältige und einfühlsame Weise viele der Gedanken, mit denen sich Edgar Cayce über lange Jahre hinweg in seinen Readings befaßte, zum Ausdruck gebracht haben.

Sie haben damit nicht nur ein Zeugnis Ihrer eigenen gründlichen Kenntnis, sondern der gesamten Hintergründe der außersinnlichen Wahrnehmung wie auch des herausfordernden Konzepts der Reinkarnation abgelegt.«

Alan hatte gelegentlich selbst in den Aufzeichnungen der Cayce-Readings herumgeschmökert, denn kein anderer Mystiker oder Hellseher hatte je seine Aufmerksamkeit so sehr in Anspruch genommen. Auch ich hatte zu dieser Zeit im Interesse meines Buches (*Der Schlafende Prophet*) in Virginia Beach gearbeitet und mich ab und zu in New York aufgehalten; inwieweit jedoch Alans Ideen seiner eigenen Phantasie oder der Beschäftigung mit den Cayce-Dokumenten entsprangen, konnte ich damals noch nicht unterscheiden.

Erst in jüngster Zeit stieß ich, rein »zufällig«, auf ein Reading aus dem Jahr 1937, welches mir einen entscheidenden Hinweis zur Entstehungsgeschichte des Musicals *On a Clear Day* lieferte. Gegenstand dieses Readings war ein Zeitungsbericht, dessen Inhalt sich im wesentlichen mit der zentralen Idee von Alans Musical deckte und der etwa um 1957 seine Aufmerksamkeit erregt haben mußte. Es ging um einen gewissen Arthur M. Hanks, der im Finanzdistrikt von Los Angeles einen gutgehenden Hausierhandel mit Blumen betrieben und dabei ein Vermögen gemacht hatte. Er starb, ohne ein Testament zu hinterlassen – und das aus guten Gründen, denn er war völlig davon überzeugt, durch Reinkarnation in dieses Leben zurückkehren und sodann seinen Rechtsanspruch auf die eigenen Ersparnisse geltend machen zu können. Aus dem erwähnten Zeitungsartikel vom 23. November 1937, sieben Monate nach Hanks Tod, ging ferner hervor, daß der Richter Joseph P. Sproul den Verwandten des Verstorbenen eine legale Möglichkeit zum Antritt ihres rechtmäßigen Erbes im Wert von hunderttausend Dollar eröffnet hatte.

Alan brauchte an der Geschichte kaum etwas zu ändern. Aus Mr. Hanks wurde der griechische Schiffsbaumagnat Kriakos, der einem Rückführungstherapeuten ein nicht unbeträchtliches Honorar in Aussicht stellte, falls dieser ihm genaue Angaben über seine zukünftige Identität im nächsten Leben liefern könnte, so daß er, der Klient, imstande wäre, sich selbst im voraus seine Millionen per Testament zu vermachen.

Zwei Tage nachdem sich Hugh Lynn und Tom Sugrue, Cayces damaliger Biograph, mit diesem Zeitungsartikel befaßt hatten, kamen sie auf die Idee, den Mystiker um ein Reading über die möglichen Implikationen dieses merkwürdigen Falls einer erhofften Reinkarnation zu bitten.

Leidlich amüsiert, ging Cayce auf den Vorschlag der beiden ein. Sobald er sich in Trance befand, baten sie ihn um eine Erläuterung jener universalen Gesetze, nach denen über die Situation eines Reinkarnierten hinsichtlich Zeit, Ort, Hautfarbe, Rasse, Geschlecht, Eltern und so fort entschieden wird. Bei dieser Gelegenheit versuchten sie ferner zu erfahren, wie ein Wiedergeborener je in der Lage sei, Beweise für seine Erinnerungen an ein Vorleben – oder in diesem Fall an das gesparte Vermögen – zu liefern, um davon erneut Gebrauch zu machen.

Dieses Ersuchen kam mir so menschlich vor, daß ich darüber lächeln mußte. Aber Cayce schien sich dabei nicht sehr wohl zu fühlen, noch nicht einmal in seinem entrückten Zustand. Offenbar liebte er es nicht, spirituelle mit materiellen Dingen zu verknüpfen. Beweise, so meinte er, könnten nicht durch hinterlassene Zeugnisse – gleich, welcher Art –, sondern nur durch die Lebensführung erbracht werden. Je höher die Spiritualität eines Individuums und je effektiver die Loslösung aus den Fehlern der Vergangenheit sei, desto mehr würde es sich an die früheren Inkarnationen erinnern und davon profitieren. »Glaubst du, ein Samenkorn hätte vergessen, welche Art von Entfaltung ihm als Auftrag gegeben ward? Nur der Mensch vergißt. Nur wenn er jenen Ausdruck des Göttlichen verkörpert, vermag er allmählich zu erkennen, wer, wo, was und wann er war – und weshalb.«

Ich konnte mir die Enttäuschung eines Individuums, das nicht erfährt, wann es zurückkommen würde, recht gut vorstellen, besonders wenn das Leben ihm offenbar nicht alle Erwartungen erfüllt hatte. Für Alan Jay Lerner traf das nicht zu. Von Enttäuschung war bei ihm nichts zu merken. Sein Leben war eine glückliche Mischung aus zumeist erfüllten Erwartungen.

»Ich weiß, daß ich zurückkommen werde, wenn immer es mir im Einklang mit Gottes Plan so bestimmt ist«, sagte er, und das war seine feste Überzeugung.

Er starb im Juni 1986 in dem von ihm so besonders geliebten London. Er hatte sein Erdendasein voll ausgekostet und viele wohlhabende und berühmte Persönlichkeiten kennengelernt. Zu ihnen gehörten so einflußreiche Leute wie die Kennedys. Mit John F. Kennedy war er in Choate und Harvard zusammengewesen, und sein Stück *Camelot* wurde zu ihrem Thema. Er hinterfragte alles, war stets auf der Suche, und sein Auge erspähte auch noch, was ihm die Welt hinter dem Regenbogen zu verheißen schien. Jedesmal wenn ich mir sein Gesicht vergegenwärtige, wird meine Seele erneut von den betörenden Klängen seines *Brigadoon* angerührt:

> The mist of May is in the gloamin'
> An' all the clouds are holdin' still
> So take my hand and we'll go roamin'
> through the heather on the hill.[1]

Während ich dies schreibe, spüre ich ein tiefes Bedauern, daß ich diese distanzierte und dennoch enge Freundschaft nie voll ausgekostet habe – eine Gemeinsamkeit, ähnlich vertraut und entrückt wie meine Beziehung zu Edgar Cayce, der uns und so manche alten Gefährten auf seine spezifische Weise zusammengeführt hatte. »Du bist nicht allein – niemals.« Das hatte er immer wieder betont.

Wir sind nie allein, solange sich die unsterbliche menschliche Seele ihrer früheren Existenzen zu erinnern vermag, um wie Alan, und Cayce nicht minder, die Geschichte vom unvergänglichen Sein und den Reisen der Seele zu schreiben.

---

1 Der Hauch des Mai ist in der Dämmerung, / Und alle Wolken halten an. / Nimm meine Hand, und laß uns wandern / Über die Heide und hügelan.

Nachwort

Von einer Vergöttlichung des Mystikers Edgar Cayce war in Virginia Beach auch nach seinem Tod nichts zu erkennen. Er hatte sich stets von jeglichem Personenkult distanziert. Das Wort »Liebe Gott, den Herrn, mit ganzer Seele und deinen Nächsten wie dich selbst« galt den Gefährten als oberstes Gesetz. Die A. R. E., Cayces Association for Research and Enlightenment (Gesellschaft für Forschung und Aufklärung), wird immer noch von der Stimme des Dahingeschiedenen inspiriert. Vor mehr als sechzig Jahren, als es so gut wie keine Erkenntnisse über das Phänomen der außersinnlichen Wahrnehmung (ASW) gab, legte er selbst den Kurs für die Entwicklung seines Werkes fest. »So ein Werk muß zuerst und vor allem das Individuum ansprechen und auf dem Weg über den einzelnen kleinere Gruppen, dann die verschiedenen gesellschaftlichen Schichten und schließlich die Massen [erreichen], wobei es mehr und mehr an jener Glaubwürdigkeit gewinnt, die für seine Anerkennung in der breiten Öffentlichkeit unverzichtbar ist.«

Durch eine unerwartete Schenkung von der Art, die der Schlafende Prophet gutgeheißen hätte, sah sich die A. R. E. 1956 in der Lage, Cayces früheres Hospital, bekannt als »Weißer Elefant«, zurückzuerwerben. So konnten sie die alten Tresorräume wiedereröffnen und mit der Analyse der etwa fünfzehntausend Readings beginnen, deren Aussagen sich selbst nach heutigem Verständnis weitgehend mit der Natur des Universums decken. Inzwischen wurden die Akten – sorgfältig nach Kategorien wie Arthritis, Atlantis,

Homosexualität, Karzinom, Reinkarnation und so weiter geordnet – wieder in die neue, geräumige Bibliothek des A. R. E.-Centers eingereiht, ganz so, wie der Mystiker es vorgeschlagen hatte. Das war eine große Erleichterung für all die Ärzte, Archäologen, Naturwissenschaftler, Ozeanographen und die Anhänger diverser Kulte, die häufig im A. R. E. arbeiteten. Und Cayce hatte stets großen Wert auf Überschaubarkeit gelegt, damit jedermann »fähig sei, auf einen Blick die Information – gleich, welcher Phase der menschlichen Erfahrung – für die ihn betreffende Situation zu erhalten, worauf auch immer sein Anliegen sich beziehen möge, seien es eheliche Probleme oder solche, die mit dem Herausfiltern von Gold aus dem Schlamm zu tun haben, oder die Schwingungen, die zur Veränderung der natürlichen Feuer im Individuum selbst notwendig sind«. Ohnehin schien die Bedeutung von Cayces Wirken auf der Erkenntnis jener Tatsache zu beruhen, daß seine Einblicke in die Göttlichkeit des Universums von allen geteilt werden können, die bereit sind, sich selbst als unendlichen Teil eines unendlichen Universums zu verstehen. Cayce beschäftigte sich gleicherweise mit dem Weltlichen und dem Bizarren, dem Trivialen wie auch dem generell Gültigen. In seinen Prophezeiungen betonte er immer wieder die Bedeutung eines couragierten und resoluten Angehens widriger Situationen, denn selbst ein Unglück sei – wo der Mensch sich im Einklang mit der Natur befindet – eine Manifestation von Gottes höherem Verständnis des ewig währenden Lebens, auch wenn dies nicht jedem erkennbar sei.

Alles geschieht nach Plan, und in dem großen Entwurf des Schöpfers bleibt nichts dem Zufall überlassen. Davon war Cayce überzeugt, wobei er Reinkarnation als Instrument und nicht als das Ziel an sich bezeichnete. »Jedes einzelne Individuum ist in seiner gegenwärtigen Entwicklung bereits durch die Bedingungen der vorangegangenen Existenz konditioniert, und jeder Bruchteil eines Gedankens und jeder Zustand ist eine Folge anderer, von ihm selbst verursachter Bedingungen.«

Ein Leben nach dem Tode

(4124)

(4167)

(4230)

(4209)

(4160)

Knaur

Westliche Pfade

(4174)

(4191)

(4197)

(4190)

Die Knaur Taschenbuchreihe Esoterik umfaßt mehr als 120 Titel. Fragen Sie Ihren Buchhändler nach dem ausführlichen Prospekt.

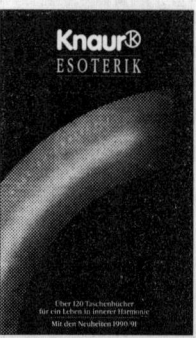